浙江省普通本科高校"十四五"重点教材

英语专业系列教材

A TEXTBOOK OF
ONLINE NEWS TRANSLATION

网络新闻编译

贺 莺　张 旭　崔振峰　编著

清华大学出版社
北 京

内 容 简 介

本教材分为上篇、中篇、下篇三部分,共 17 章,分别聚焦网络新闻编译理论基础、新闻结构要件写作及编译策略、主题新闻写作与及编译策略,既注重价值取向的理论知识学习,又兼顾反思驱动的网络新闻编译实践,旨在帮助学习者掌握标题、导语、主体、引语、背景五大网络新闻核心要件和灾难、会议、外交、体育、经济、汽车、言论七大类主题网络新闻的功能价值、差异化双语写作范式及编译策略。

本教材适合英语专业、翻译专业本科生、研究生,以及新闻传播相关专业研究生学习使用。

版权所有,侵权必究。举报: 010-62782989,beiqinquan@tup.tsinghua.edu.cn。

图书在版编目(CIP)数据

网络新闻编译 / 贺莺,张旭,崔振峰编著. —北京:清华大学出版社,2024.6
英语专业系列教材
ISBN 978-7-302-65818-4

Ⅰ.①网… Ⅱ.①贺… ②张… ③崔… Ⅲ.①互联网络—新闻编辑—英语—高等学校—教材 Ⅳ.① G210.7 ② G213

中国国家版本馆 CIP 数据核字(2024)第 058980 号

责任编辑:刘 艳 李星霖
封面设计:子 一
责任校对:王荣静
责任印制:刘 菲

出版发行:清华大学出版社
网 址:https://www.tup.com.cn,https://www.wqxuetang.com
地 址:北京清华大学学研大厦 A 座 邮 编:100084
社 总 机:010-83470000 邮 购:010-62786544
投稿与读者服务:010-62776969,c-service@tup.tsinghua.edu.cn
质量反馈:010-62772015,zhiliang@tup.tsinghua.edu.cn
印 装 者:三河市铭诚印务有限公司
经 销:全国新华书店
开 本:185mm×260mm 印 张:27 字 数:532 千字
版 次:2024 年 6 月第 1 版 印 次:2024 年 6 月第 1 次印刷
定 价:98.00 元

产品编号:079248-01

序一

习近平总书记站在统筹中华民族伟大复兴的战略全局和"世界百年未有之大变局"的高度，提出构建具有鲜明中国特色的战略传播体系，这是对我国国际传播能力建设作出的重要部署。加强高校相关学科建设和后备人才培养，建设一支适应大变局下国际传播需要的专门人才队伍，是我国国际传播能力建设满足国家发展大局所需的关键所在。这一时代课题迫切要求我国在国际语言服务人才培养方面，实现新闻与外语等专业的有效跨界融合、媒体与高校的即时联通，培养熟悉国际新闻传播特点、深谙新媒体传播手段，政治立场坚定、国际传播视野开阔、能够传播好中国声音的国际新闻传播人才。

2019 年，教育部增设"国际新闻与传播"本科专业。中国人民大学、汕头大学、上海外国语大学、厦门大学、大连外国语大学、西安外国语大学、四川外国语大学、南京传媒学院等高校纷纷开设了这一专业。同时，《普通高等学校本科翻译专业教学指南》《翻译硕士专业学位研究生指导性培养方案》等指导性文件就高校开设"传媒翻译""新闻翻译"课程提出了要求和建议。随着"新文科"建设的深入，开设高校的数量持续增加。据不完全统计，全国二十余所综合类高校（如北京大学、南京大学、中国人民大学、上海交通大学、武汉大学等）、十余所外语类高校（如北京外国语大学、上海外国语大学、广东外语外贸大学、大连外国语大学、北京语言大学等）以及多所传媒类高校（如中国传媒大学、南京传媒学院等）均开设新闻编译相关课程，越来越多的学校开设了"外语＋新闻传播""翻译＋国际传播"专业。

在此背景下，课程建设需求与师资不足、综合性教材缺乏与教学案例陈旧之间的矛盾愈发显著。初步调研显示，目前国内综合性新闻编译教材的出版集中于 2002 年至 2011 年间，近十年出版的教材多关注专门领域（以财经为主）的新闻编译。显然，新时代翻译专业、新闻传播专业实践变革的需求以及最新研究的成果均需要在新教材编写中予以体现。

《网络新闻编译》一书汲取国内外经典新闻写作和翻译教材的编写经验，吸收新闻传播和新闻翻译研究的跨学科研究成果，基于同环球网等国内主流媒体的产学合作，聚焦"高阶性""创新性""挑战度"，历时三年，经过多轮打磨，在以下方面体现了"四新"建设要求：

第一，响应国家战略，与"新文科"建设使命同向同行。教材响应国家媒体对外话语能力建设和中国对外传播能力建设战略，致力于培养国际新闻翻译人才，勇于承担在中国式现代化建设过程中"讲好中国故事、传播中国声音"的专业使命。

第二，体现时代特点，实现新闻传播与翻译专业的交叉融合。教材编写团队成员为宁波大学、西安外国语大学国家级一流本科专业（英语、翻译）资深教师，针对新闻传播理论和翻译理论开展跨学科研究，确保教材"文文结合"的理论深度，对国际新闻翻译案例开展多维、深层分析。

第三，基于长期实践，立足于满足产教融合的时代需求。教材编写团队长期与环球网、搜狐网、《宁波晚报》等媒体合作，承担新闻翻译、审校任务，打破了高校与媒体、理论研究与生产实践之间的壁垒，积累了丰富的实践经验，形成了理论与实践相结合的创新优势。多方共建的"环球网新闻大编译平台"汇集了全国数百所高校相关专业从事公益新闻生产的经验，为教材提供了体现时代需求、真实鲜活的实践素材。

第四，设计理念成熟，切实对症跨专业课程痛点。教材基于团队十余年教学实践的打磨，针对国际新闻翻译问题的跨学科属性，注重弥补学生缺乏新闻知识、缺乏实践经验、英语写作能力不足、新闻价值观不够完备以及盲目认同西方媒体等专业短板。

编写团队怀有强烈的时代使命感，对人才培养充满热情。本教材行文笔触细腻，娓娓道来，读之令人如沐春风。特此强烈推荐英语专业、翻译专业、新闻与传播专业有志从事国际新闻传播编译工作的莘莘学子细细品读，拓展视野，强化专业本领。

黄友义
中国翻译协会常务副会长
全国翻译专业研究生教育指导委员会原主任
2024 年 4 月于北京

序二

作为一家在国际新闻领域深耕多年的媒体,环球网一直致力于为全球受众提供准确、及时、多样化的国际新闻内容。然而,囿于人力和资金局限,国内能够直接面向全球派驻记者采编原创国际新闻的媒体机构和自媒体人数量十分有限。即便是环球网这样以国际新闻为特色的央媒,也常需依赖《人民日报》在全球150个国家的四五百位驻外记者提供鲜活的一线素材,而其他大多数内容生产以编译外媒报道为主。可以说,国际新闻报道离不开编译,尤其是在互联网普及和信息技术发达的今天,网络编译更是国际报道不可或缺的重要一环。

不同于新闻现场的一手素材,来自全球各大媒体的信源在编译处理中常常会出现各种各样的"状况",诸如译者被源媒体、源新闻的导向牵着鼻子走,翻译水平不足或盲目依赖在线机器翻译工具而造成"国际笑话",源新闻已经更新而译文却未更新,等等。因此,除了打造好自身的内容采编团队,环球网还特别重视与高校的合作,助力大批未来的国际新闻从业者在求学阶段就尽早实现综合素养的提升,同时为国内的采编队伍提供人才支持和储备。

2009年起,环球网与西安外国语大学共建汽车频道,由网站编辑、高校教师带领学生译员团队从事国际汽车新闻编译。此后,合作逐渐拓展至环球网多个主题版块,英、日、韩、俄、法等多个外语语种,以及宁波大学等全国十余个省份六十余所翻译本硕专业培养院校,在此基础上建成实体的国家级大学生实践教育基地和线上的大编译平台。

与传统实习项目不同,平台开创"实习生产+综合培训+科学化人才推荐"模式,在新闻编译、写作、团队管理业务领域挖掘学员思辨和语言能力,带领学员直接参与媒体核心环节的内容生产,同时着重培养学员岗位胜任力和综合职场素质,保证平台所推荐的学员能够更快、更好地适应国际传播实践工作。

加强国际新闻传播队伍建设,教材是基础。

十余年来,《网络新闻编译》一书的编写团队深耕新闻编译实践、教学、研究一线,积累了大量典型素材,培养了一批新闻译者,形成了独到的思想成果。本教材吸收了新闻学、翻译学研究的新成果,坚持用主流意识形态、主流价值观、主流媒体报道引导学生形成正确的新闻价值观，同时注重实用，在教学层面提供了课程设计的新思路，在实践层面反映了新闻编译的新经验。

"大变局"时代，我对《网络新闻编译》一书的出版充满期待。我相信，通过这门课程的学习，学生们将在网络新闻编译领域取得优异的成绩，并为推动全球交流和理解作出贡献。

石丁
环球网执行总编辑
2024年4月

前言 / PREFACE

本教材题为《网络新闻编译》，其关键词一为"网络新闻"，二为"编译"。"网络新闻"是指以网络为载体的新闻，指本教材所选用的新闻案例均来自网络。为了保证案例的典型性，所选案例主要包括国内外主流媒体在其官网及客户端发布的新闻，但不包括其在社交媒体、公众号发布的新闻。"新闻编译"强调在将原语新闻转换为译语新闻的过程中不是逐字对译，而是综合考虑多重因素，对新闻的内容和呈现方式加以编辑和调整。新闻编译是基于高阶思维的创造性翻译活动，要求译者结合意识形态、媒体立场、读者对象辩证决策。

"网络新闻编译"是一门跨英语、翻译、新闻传播三个专业的启思型新文科特色课程，其内容不仅涉及中英语言知识和新闻写作知识，而且涉及新闻价值判断体系、翻译策略及方法等，适合英语和翻译专业本科高年级以及翻译硕士（MTI）和新闻传播硕士（MJC）等专业学位研究生学习使用。

本教材配套的网课访问总量已逾70万，为浙江省省级线上线下混合式一流课程、省级课程思政示范课程；教材编写团队与环球网等国内知名双语媒体建立成熟的产学合作模式，建成省级"多语种新闻编译研究生联合培养示范工作站"，相关成果推广至全国三十多所高校，获国家级教学成果奖二等奖。

一、培养目标

本教材旨在培养谙熟国际新闻传播特点，具有国际视野、家国情怀，政治立场坚定，能够传播好中国声音的国际新闻翻译人才。具体培养目标如下：

- **知识目标**：掌握网络新闻标题、导语、主体、引语、背景五大核心要件的功能价值、差异化双语写作范式、编译策略；掌握灾害、会议、外交、体育、经济、汽车、言论七大类主题网络新闻的功能价值、差异化双语写作范式、编译策略。
- **能力目标**：具备恰当筛选、批判解读、有据评价中英网络新闻报道的高阶思维能力；具备创造性开展多主题网络新闻编译的策略能力。
- **素质目标**：树立正确的新闻价值观，充分认识意识形态对新闻翻译的宏观及微观影响，把握新闻再生产的价值和标准体系；树立正确的新闻编译观，树立国际读者意识，平衡冲突的价值诉求。

二、教材特点

教材编写团队借鉴国内外经典新闻写作教材、翻译教材的成功经验，汲取新闻传播、新闻翻译研究的前沿成果，基于与环球网等国内主流媒体的产学合作项目，融汇典型国际新闻编译案例，力求使本教材的内容设计具有高阶性、创新性和挑战度。基于编写团队十余年的教学积累及反思，本教材具有如下特点：

- **融合性教学目标彰显新文科特色**：网络新闻编译课程为跨专业的新文科特色课程，将新闻职业道德、新闻价值观、翻译价值观的构建与高阶思维能力、新闻翻译能力目标加以融合，超越语言教学藩篱，聚焦国际视野、职业素养，关注创新思维、批判思维、决策思维提升，旨在实现新闻翻译专业能力多层次培养目标的同向同行。
- **聚焦痛点学情设计教学内容**：鉴于语言专业学习者新闻知识较为欠缺，不少学习者甚至盲目认同西方媒体这一学情，教材"上篇"设计为理论驱动，重点解读针对新闻二次生产的理论认知，旨在塑造学习者的新闻价值观、翻译观；鉴于不少学习者双语新闻写作能力相对欠缺的学情，教材"中篇"设计为新闻要件驱动，旨在筑牢双语写作根基，搭建基于中英写作范式差异的新闻编译思维；鉴于学习者普遍缺乏实战经验，翻译实践数量不足、翻译质量尚有较大提升空间的学情，"下篇"设计为新闻主题驱动，贴近新闻生产实践，解读主题新闻独特的功能价值，旨在搭建基于中英新闻价值取向差异的新闻编译策略思维，提升实战能力。
- **价值主线引领教学过程**：教材以意识形态主线贯穿，形成了价值引领的媒体立场分析、新闻文本分析、翻译实践策略分析。翻译研讨过程一问功能、二问价值、三问意图、四问差异，旨在确保学习者在与西方媒体及其新闻产品直接接触的过程中，在对外讲好中国故事的过程中，能够见微知著，坚持正确的政治立场和意识形态导向。
- **实践案例提供共鸣空间**：基于同新闻媒体的产学合作，提供因事而化、因时而进、因势利导的新闻案例教学。通过丰富多样的实践案例，传授有温度、有厚度的知识，激发学习者的知识共鸣、情感共鸣、价值共鸣。

三、教材内容

本教材共分为三部分，分别聚焦理论基础、新闻结构要件写作及编译策略、主题新闻写作及编译策略，注重补充价值取向的理论知识，注重设计反思驱动的新闻编译实践。

上篇　理论基础：新闻编译的价值判断体系，共4章，通过理论学习，基于案例研讨，搭建意识形态主线、新闻编译观、新闻价值观，树立有志于新闻编译学习者的职业意识和文化自信。

中篇　新闻结构要素：写作及编译策略，共6章，聚焦标题、导语等五项新闻结构要件的中英文写作范式及编译策略，开展短篇编译实践，帮助学习者内化新闻知识。

下篇　主题新闻：写作及编译策略，共7章，聚焦七大主题新闻的撰写范式和编译策略，丰富学习者的实战经验。

四、编著者分工

本教材编写组成员来自宁波大学外国语学院英语专业、西安外国语大学高级翻译学院翻译专业，二者均为国家级一流本科专业。本教材编著者为浙江省省级教学名师，编写组成员为两校"网络新闻编译"课程一线主讲教师，且多年从事校企合作新闻项目翻译及审校工作。团队先后获得国家级教学成果二等奖、省级教学成果特等奖等多项荣誉。教材各章分工如下：

第1~5章	贺莺
第6~7章	崔振峰、贺莺
第8~10章	张旭
第11~12章	贺莺
第13章	张旭
第14~15章	崔振峰、贺莺
第16章	张旭
第17章	贺莺

由于时间仓促，水平有限，书中谬误之处在所难免，恳请广大读者批评指正。

教材编写组
2024年4月1日

目录 / CONTENTS

上篇 理论基础：新闻编译的价值判断体系 　　1

第 1 章　功能主义新闻编译观 …………………………… 3
1.1　理论导入 ………………………………………… 3
1.1.1　新闻与翻译的"前世今生" ………………3
1.1.2　功能主义新闻编译观 ……………………5
1.2　案例分析 ………………………………………… 10
1.3　理论研读 ………………………………………… 14
1.4　思考讨论 ………………………………………… 16

第 2 章　新闻编译的概念与主要实现路径 ……………… 17
2.1　理论导入 ………………………………………… 17
2.1.1　概念认知："编译"与"新闻编译" ……17
2.1.2　变译的类型及实现路径 …………………20
2.2　案例分析 ………………………………………… 24
2.3　思考讨论 ………………………………………… 27

第 3 章　意识形态与新闻编译 …………………………… 29
3.1　理论导入 ………………………………………… 29
3.1.1　翻译研究的操纵学派 ……………………30
3.1.2　大众传播学的把关人理论、议程设置理论及框架理论 ……………………………………32
3.1.3　案例分析：意识形态在新闻生产中的表现 ………35
3.2　意识形态在词汇层面的表现 …………………… 37
3.2.1　偏向化命名 ………………………………38
3.2.2　过度词化 …………………………………40
3.2.3　重新词化 …………………………………42
3.3　意识形态在媒体风格手册中的表现 …………… 44
3.3.1　涉及台湾地区的表述 ……………………45
3.3.2　涉及中国国家主权的表述 ………………48

        3.3.3 涉及民族问题的表述·················50
    3.4 意识形态在篇章层面的表现·················50
        3.4.1 意识形态的篇章话语分析框架·················51
        3.4.2 案例分析·················52

第 4 章 媒介定位与新闻编译·················61
    4.1 主流媒体的定义·················61
        4.1.1 什么是"媒介定位"·················61
        4.1.2 什么是"主流媒体"·················62
    4.2 美国主流媒体及其政治光谱·················63
        4.2.1 美国主流媒体概况·················63
        4.2.2 美国主流媒体的政治光谱·················65
    4.3 英国主流媒体及其政治光谱·················83
        4.3.1 英国主流媒体概况·················83
        4.3.2 英国报纸类别：大报与小报·················84
        4.3.3 英国主流媒体的政治光谱·················85

中篇 新闻结构要素：写作及编译策略 99

第 5 章 新闻概述·················101
    5.1 新闻的定义·················101
    5.2 新闻价值·················102
        5.2.1 影响力/重要性（impact/significance）·················103
        5.2.2 知名性/显赫性（prominence）·················103
        5.2.3 切近性（proximity/locality）·················104
        5.2.4 超常性（unusualness/oddity）·················104
        5.2.5 竞争性/冲突性（contest/conflict）·················104
        5.2.6 人情味（human interest）·················105
    5.3 新闻类别·················105
        5.3.1 按照是否具有突发性划分·················105
        5.3.2 按照功能和报道方式划分·················105
        5.3.3 按照报道内容划分·················106

第6章 标题 ... 107

6.1 概述 ... 107
- 6.1.1 揭示功能 ... 108
- 6.1.2 评价功能 ... 113
- 6.1.3 索引功能 ... 114

6.2 英文新闻标题的写作范式 ... 115
- 6.2.1 语态特征 ... 116
- 6.2.2 时态特征 ... 116
- 6.2.3 词法特征 ... 117

6.3 中文新闻标题的写作范式 ... 124
- 6.3.1 省略量词 ... 124
- 6.3.2 省略介词和连词 ... 124
- 6.3.3 省略语义结构 ... 125
- 6.3.4 使用热词和流行语 ... 126

6.4 编译策略、案例分析与演练 ... 127
- 6.4.1 新闻标题的编译策略和程序 ... 127
- 6.4.2 新闻标题的编译案例分析 ... 128

第7章 导语 ... 133

7.1 概述 ... 133

7.2 英文新闻导语的写作范式 ... 134
- 7.2.1 英文新闻导语的分类 ... 134
- 7.2.2 英文新闻导语的写作规范和误区 ... 142

7.3 编译策略、案例分析与演练 ... 144
- 7.3.1 中英新闻导语的差异性 ... 144
- 7.3.2 新闻导语的编译策略及案例分析 ... 146

第8章 主体 ... 157

8.1 概述 ... 157
- 8.1.1 新闻主体的定义 ... 157
- 8.1.2 新闻主体的作用 ... 159
- 8.1.3 新闻主体的结构 ... 159

8.2 新闻主体的写作与编译策略 ... 165
- 8.2.1 新闻主体的写作 ... 165

　　　　8.2.2　新闻主体的编译 …………………………………… 167
　　8.3　案例分析与演练 …………………………………………… 170

第9章　引语 ……………………………………………………… 179

　　9.1　概述 ………………………………………………………… 179
　　　　9.1.1　新闻引语的定义与作用 ………………………………… 179
　　　　9.1.2　新闻引语的分类 ………………………………………… 180
　　9.2　**新闻引语的写作与编译策略** …………………………… 190
　　　　9.2.1　直接引语编译 …………………………………………… 190
　　　　9.2.2　间接引语编译 …………………………………………… 191
　　　　9.2.3　部分引语编译 …………………………………………… 194
　　　　9.2.4　引述结构编译 …………………………………………… 196
　　　　9.2.5　转述动词编译 …………………………………………… 198
　　9.3　案例分析与演练 …………………………………………… 200

第10章　背景 …………………………………………………… 205

　　10.1　概述 ……………………………………………………… 205
　　　　10.1.1　新闻背景的定义 ……………………………………… 205
　　　　10.1.2　新闻背景的作用 ……………………………………… 206
　　　　10.1.3　新闻背景的分类 ……………………………………… 206
　　　　10.1.4　新闻背景的位置 ……………………………………… 207
　　10.2　**新闻背景的写作与编译策略** …………………………… 212
　　　　10.2.1　提供解释 ……………………………………………… 212
　　　　10.2.2　提供背景 ……………………………………………… 213
　　10.3　案例分析与演练 ………………………………………… 215

下篇　主题新闻：写作及编译策略　　　　　　　　　　219

第11章　灾难新闻 ……………………………………………… 221

　　11.1　概述 ……………………………………………………… 221
　　　　11.1.1　灾难新闻的定义 ……………………………………… 222
　　　　11.1.2　灾难新闻的分类 ……………………………………… 222
　　　　11.1.3　灾难新闻的功能价值 ………………………………… 225
　　11.2　**中英文写作范式** ………………………………………… 231
　　　　11.2.1　灾难新闻的内容要点 ………………………………… 231

11.2.2　灾难新闻的价值点及排序……………………………………232
　　　11.2.3　灾难新闻的导语…………………………………………………233
　　　11.2.4　灾难新闻报道的主要框架……………………………………234
　　　11.2.5　中英灾难新闻报道的差异……………………………………237
　11.3　气象灾难新闻编译案例分析与演练……………………………239
　　　11.3.1　标题常见范式……………………………………………………239
　　　11.3.2　导语常见范式……………………………………………………243
　　　11.3.3　篇章编译案例……………………………………………………245
　11.4　地震灾难新闻编译案例分析与演练……………………………246
　　　11.4.1　标题常见范式……………………………………………………246
　　　11.4.2　导语常见范式……………………………………………………248
　　　11.4.3　篇章编译策略……………………………………………………252

第12章　会议新闻 …………………………………………………… 257

　12.1　概述 ………………………………………………………………… 257
　　　12.1.1　会议新闻的定义…………………………………………………257
　　　12.1.2　会议的分类………………………………………………………258
　　　12.1.3　会议新闻的分类…………………………………………………262
　　　12.1.4　会议新闻的功能价值……………………………………………265
　12.2　中英文写作范式………………………………………………… 266
　　　12.2.1　会议新闻的内容要点……………………………………………266
　　　12.2.2　会议新闻的价值点………………………………………………267
　　　12.2.3　会议新闻的标题…………………………………………………271
　　　12.2.4　会议新闻的导语…………………………………………………274
　　　12.2.5　会议新闻报道的主要框架………………………………………277
　　　12.2.6　中英会议新闻报道的差异………………………………………279
　12.3　编译策略与演练………………………………………………… 280

第13章　外交新闻 …………………………………………………… 283

　13.1　概述 ………………………………………………………………… 283
　　　13.1.1　外交新闻的定义与分类…………………………………………283
　　　13.1.2　外交部网站新闻编译项目………………………………………284
　13.2　中英文写作与编译范式………………………………………… 285
　　　13.2.1　基本体例……………………………………………………………286
　　　13.2.2　项目规范……………………………………………………………288

　　　　　　13.2.3　会议类新闻编译范式……290
　　　　　　13.2.4　媒体活动类新闻编译范式……307
　　　　　　13.2.5　讲话类新闻编译范式……308
　　　13.3　编译策略、案例分析与演练……309
　　　　　　13.3.1　内容……310
　　　　　　13.3.2　时态……310
　　　　　　13.3.3　外国人物……310
　　　　　　13.3.4　日期……310
　　　　　　13.3.5　术语……311
　　　　　　13.3.6　其他细节……311

第14章　体育新闻……313

　　　14.1　概述……313
　　　　　　14.1.1　体育新闻的定义与分类……314
　　　　　　14.1.2　体育新闻的功能价值……314
　　　　　　14.1.3　体育新闻的生产机构……315
　　　14.2　中英文写作范式……316
　　　　　　14.2.1　体育新闻的标题……316
　　　　　　14.2.2　体育新闻的导语……321
　　　　　　14.2.3　体育新闻的主体……324
　　　14.3　编译策略、案例分析与演练……329
　　　　　　14.3.1　编译策略……329
　　　　　　14.3.2　编译案例分析……330

第15章　经济新闻……335

　　　15.1　概述……335
　　　　　　15.1.1　经济新闻的定义与分类……335
　　　　　　15.1.2　经济新闻的属性与功能价值……337
　　　15.2　中英文写作范式……339
　　　　　　15.2.1　经济新闻的标题……339
　　　　　　15.2.2　经济新闻的导语……342
　　　　　　15.2.3　经济新闻的主体……344
　　　15.3　编译策略、案例分析与演练……351
　　　　　　15.3.1　编译策略……351

　　　　15.3.2　编译案例分析：政经新闻标题翻译……………351
　　　　15.3.3　编译案例分析：政经新闻篇章翻译……………353

第16章　汽车新闻 …………………………………………… 357

　16.1　概述 …………………………………………………………… 357
　　　　16.1.1　汽车新闻的定义、分类、功能价值……………357
　　　　16.1.2　汽车新闻的主要生产机构………………………359
　　　　16.1.3　中英汽车新闻的差异化特征……………………360
　16.2　**中英文写作范式** ……………………………………………… 362
　　　　16.2.1　汽车新闻的标题……………………………………363
　　　　16.2.2　汽车新闻的导语……………………………………367
　　　　16.2.3　汽车新闻的主体……………………………………374
　16.3　**编译策略、案例分析与演练** ………………………………… 379
　　　　16.3.1　编译策略……………………………………………379
　　　　16.3.2　编译案例分析………………………………………380

第17章　言论新闻 …………………………………………… 385

　17.1　概述 …………………………………………………………… 385
　17.2　**中英文写作范式** ……………………………………………… 387
　　　　17.2.1　言论新闻的写作框架………………………………387
　　　　17.2.2　直接引语、间接引语、部分引语的特点与用法…390
　17.3　**编译策略、案例分析与演练** ………………………………… 397
　　　　17.3.1　编译策略……………………………………………397
　　　　17.3.2　编译案例分析………………………………………398

参考文献 ……………………………………………………………… **407**

上篇

理论基础：新闻编译的价值判断体系

翻译界有个颇为犀利的冷笑话，"做不了翻译的人研究翻译，研究不了翻译的人教翻译"。这一玩笑指向现实中的一个悖论：一方面，不少翻译从业者轻视理论对实践的指导作用；另一方面，不少理论研究人员存在不重视、不擅长翻译实践的倾向。毋庸置疑，这一现实助长了翻译学习者对理论的轻视。

实际上，理论和实践是相辅相成的。没有理论指导的实践大多属于盲目的实践，难以保证稳定的质量和效率。当代大多数翻译理论家也都是基于丰富的实践构建理论（如德国的功能学派）从而更好地认识和进行翻译实践的。翻译理论是具有时代性的翻译观念、规范和方法的统一体，是解决翻译问题的依据，对翻译实践具有理想性引导、批判性反思和规范性矫正的作用，翻译学习者通过理论学习形成正确的翻译观，有利于更好地从事翻译活动和反思翻译实践。具体到新闻编译，理论的宏观价值主要体现为：搭建新闻编译人员的翻译观；构建新闻编译的宏观价值判断体系。

本篇共分四章，将结合案例分析讲解对新闻编译具有宏观支撑力和解释力的主要理论，致力于帮助学习者搭建新闻编译的理论基础。本篇从价值论而言，旨在建立功能主义新闻编译观，充分认识读者期待、意识形态、媒体立场对新闻编译的影响；从本体论而言，旨在厘清"编译"的概念内涵；从方法论而言，旨在系统认识新闻编译的实现路径；最终目的是帮助学习者建立正确的新闻编译观，指导新闻再生产的全过程，为规范、矫正、评价新闻的二次传播提供重要依据。

第1章 功能主义新闻编译观

> ● **本章学习要点**
> 1. 初步建立功能取向的新闻编译观；
> 2. 认识影响新闻生产和二次传播的主要因素；
> 3. 初步建立新闻的国际传播意识和读者意识。
>
> ● **课前思考**
> 1. 如何看待翻译在国际新闻生产中的作用？
> 2. 在国际新闻领域，译者与记者的职责如何界定？
> 3. 你认为编译新闻稿件时可以对原文做哪些方面的修改？
> 4. 你认为上述修改最有可能是由哪些原因造成的？

1.1 理论导入

1.1.1 新闻与翻译的"前世今生"

新闻业诞生伊始，新闻编译就与新闻写作息息相关，成为新闻产业的重要组成部分。

1620年，荷兰人创办了世界上最早的英文报纸"科兰特"（coranto），并运往英国销售。英文"coranto"一词来自荷兰语的"krant"，意思是"current of news（时事新闻）"。1621年，英国人创办发行了自己的"科兰特"，促成了英国早期报刊的问世。当时，英国的报纸内容几乎完全依赖于翻译，而且大多是由拉丁语、德语、法语翻译而来。

早期新闻报道的主要内容是战争，新闻中往往将敌方形象加以丑化。16世纪欧洲宗教改革运动中，法国新教教派胡格诺派（Huguenots）长期遭到迫害，不少信徒为避祸迁居英国，其中部分人承担了翻译欧洲新闻的工作。他们的翻译表现出鲜明的宗教立场，他们笔下天主教徒的形象多表现为负面，而新教徒的形象则虔诚、勤勉。这表明，意识形态性和译者主体性对新闻生产的影响潜移默化、古而有之。比利时鲁汶大学（University of Leuven）翻译研究中心主任卢克·范·多尔斯勒（Luc van Doorslaer, 2010a: 180）认为，"新闻写作与翻译的这一特征延续至今"。

直至19世纪初，从国外运输报纸并加以翻译的做法一直相当普遍。美国港口城市的报纸内容大多来自入境船只携带的外刊，由译者将法语或西班牙语原文翻译为英语。然后，这些出版物被带往内陆地区，从国外"剽窃"而来的报道反过来成为被"剽窃"的对象。此处"剽窃"一词指抄袭和编辑其他机构发布的新闻报道。

翻译还支持了新闻机构的发展。以哈瓦斯通讯社（Bureau Havas）为例。该机构创办于1832年，最初主要为使馆、政府机构、银行和企业提供新闻、简报及翻译服务，之后发展壮大成为法新社（Agence France-Presse，AFP），是与美联社（The Associated Press，AP）、路透社（Reuters）和合众国际社（United Press International，UPI）齐名的全球四大国际通讯社之一。

清末民初，我国先进知识分子创办的报纸杂志也使用编译稿对重大新闻进行报道，翻译并介绍了大量的国外科学文化知识和西方时政活动。商务印书馆创立的大型综合性杂志《东方杂志》曾分门别类地摘选国内外报刊上的新闻、言论、资料进行介绍。《申报》驻京特派记者邵飘萍创办的新闻编译社采编外电新闻向北京各报发稿，对后来的办报活动产生了很大影响。

拉丁美洲独立运动期间，新闻编译也曾发挥重要导向作用。当地记者常常基于国外（英语国家为主）新闻发表译评，以支持自身的意识形态立场。

中华人民共和国成立后，新华通讯社主办的《参考消息》以传播"海外声音"为特色，以政治、时事、经济报道见长，采用保留原文风格的方式翻译国外各大通讯社和媒体的报道，包括英、法、德、俄等30多个主要语种。

20世纪末，随着全球进入数字化时代，多媒体新闻机构蓬勃发展。最早做出尝试的是国际报道信息系统（International Reporting Information System），该机构提供了8个语种的政治和经济新闻，并出售给政府和企业。1981年，迈克尔·布隆伯格（Michael Bloomberg）创建的彭博新闻社（Bloomberg News）也致力于类似的目标：向世界各地数百家新闻机构提供中、德、日、葡、俄、西等多语种版本的新闻。

在当代，翻译仍然是新闻产业的重要组成部分。国际通讯社（Inter Press Service，IPS）主编米伦·古铁雷斯（Miren Gutiérrez, 2006: 30）认为，"翻译已成为在主流媒体和新兴媒体实现国际影响力的关键"。以路透社为例，其新闻报道主要服务于国外读者，涉及19个语种，主要语种的新闻在机构内部完成翻译；全球几乎所有主要新闻媒体都订阅路透社的新闻。我国主流媒体报道的国际新闻中，编译稿也占了很大部分，新闻编译无论是对新闻工作者还是对翻译工作者来说都是一项重要工作。

同时，国际新闻传播领域开始关注翻译过程中的"本地化"问题，即如何让国际新闻为不同的文化和社会所接受。西班牙学者罗伯特·瓦尔迪昂（Roberto Valdeón，2012）认为，后工业社会尤为强调新闻事件的娱乐价值，新闻已成为大型企业必须适应不同国际市场、实现本地化的又一种商品。英国学者阿尔贝托·奥伦戈（Alberto Orengo，2005：169）指出，新闻编译可以揭示全球化的复杂性，并非因为新闻全球化针对的是国际读者，而是因为它适应了"无限多的不同文化和社会背景"。

简要回顾新闻生产与翻译的发展历程，可以发现，翻译在新闻产业的发展历程中一直发挥着重要作用。而当代新闻产品市场的"国际化"更加凸显出新闻产品"本地化"需求，新闻必须进行"调整"或者"编译"，才能走进不同的市场。

名家语录

- Language, in the absence of translation, comprises a barrier to a worldwide community of debate and opinion. Thus translation has become key to achieving international impact and reach in media organizations, both mainstream and new.

  ——Miren Gutiérrez

- Post-industrial society has put special emphasis on the entertaining value of news events and, as a result, news has become just another commodity that large news corporations have to localize for various international markets.

  ——Roberto Valdeón

- News translation can shed light on the complex nature of globalization as news becomes global not because it is aimed at the international readership but because it is adapted to infinite numbers of different cultural and social contexts.

  ——Alberto Orengo

1.1.2 功能主义新闻编译观

在众多的翻译理论中，德国功能学派的翻译理论基于实用主义哲学，在应用翻译领域产生了广泛的影响力。功能学派学者汉斯·弗米尔（Hans Vermeer，1987）认为翻译是有明确的目的和意图、在译者的作用下以原文文本为基础的跨文化的人类交际活动。翻译时，译者应根据具体要求，结合翻译目的和译文读者的特殊情况进行有选择的翻译。

关于这种选择性翻译的动因，弗米尔主要强调了"目标受众"（intended audience）。他指出，翻译就是在目的语环境下，考虑目标受众和翻译目的，对文本进行再生产。他

连用了四个"target"来强调目的语环境在各方面对翻译的巨大影响(Vermeer, 1987: 29):

Every translation is directed at an intended audience, since to translate means to produce a text in a **target** setting for a **target** purpose and **target** addressees in **target** circumstances. (每一种翻译都是针对目标受众的,因为翻译意味着在目的语环境中,考虑翻译目的和目标受众,在目标情况下生产文本。)

在此基础上,文化翻译学派领军人物、巴塞罗那自治大学(Universitat Autònoma de Barcelona)的埃斯佩兰萨·别尔萨(Esperança Bielsa)与英国华威大学(The University of Warwick)的苏珊·巴斯奈特(Susan Bassnett)在其专著《国际新闻翻译》(*Translation in Global News*)中阐述了新闻编译中原语文本、目的语文本、目的语读者之间的关系(2009: 84–85)。她们指出:

News text is viewed as "an offer of information" made by an initial producer to an end user. Journalists need to view the source text not as a finished product, but as the basis for the elaboration of a new text. (新闻原语文本只是一种信息源。新闻记者不会将原语文本视为终产品,而是将其视为生产新文本的基础。)

News translation can entail the thoroughgoing transformation of the source text and the production of a new one designed to suit a very different, geographically distant readership according to the journalistic norms of the region. (新闻翻译可能对源文本进行彻底转换,原因是需要满足目的语环境的新闻规范,满足地理距离相对遥远的目的语读者群的差异化需求。)

The new text will convey the information required to new readers with maximum efficiency. (新闻翻译的最终目的是最为有效地将信息传递给新的读者。)

鉴于新闻服务于目标受众的消费行为,且须根据受众的需求和期待进行裁剪,两位专家提出,新闻编译的主导策略是"absolute domestication",即"绝对归化"(Bielsa & Bassnett, 2009: 10)。

基于功能学派的文本类型理论,两位专家将新闻文本分为三类(Bielsa & Bassnett, 2009: 68):

• 信息型文本(informative genres):典型的硬新闻报道,如消息,包含对事实的描述;

• 解释型文本(interpretative genres):如新闻特写,其中信息由记者选择、阐释和叙述;

• 议论型文本(argumentative genres):以作者的风格为主导,如观点文章或专栏文章。

不同的新闻文本类型应采取不同的翻译规则和策略。就信息型文本而言，原作者的个人风格可降到最低，通常为干预和修改原文提供了最大的空间；议论型文本的翻译高度服从原作者的风格，修改的空间较小。新闻机构处理的文本大多属于信息型文本，应明确地对事实加以叙述，不添加主观评论。因此，新闻编译通常具有以下特点：源文本的转换程度相对较高。本章讨论的翻译策略以及翻译案例以信息型文本为主。

功能主义翻译理论强调，翻译是一种社会交际行为，受到不同参与要素的影响。与此呼应，杰瑞·帕尔默（Jerry Palmer）在《翻译研究百科全书》（*Routledge Encyclopedia of Translation Studies*）中指出，"在新闻生产和传播的过程中，通讯社、赞助人、政治机构等不同参与方的干预都会对新闻编译造成影响"（Palmer，2009：188）。

操纵学派代表人物、比利时学者安德烈·勒非弗尔（André Lefevere）吸收了功能学派的理论，但其观点更为激进，提出"翻译即改写"，这一观点的原话是"Translation is the most obviously recognizable type of rewriting"（Lefevere，1992：9）。这是对翻译本质认识的一种突破。

对于操控这种改写的动因，勒非弗尔主要从意识形态、诗学、赞助人等角度加以阐释：

- **意识形态**（ideology）：勒非弗尔指出，意识形态既指个人自身的思想也指外界社会主流思想趋势，是"左右我们行为的形式、成规与信仰"（Lefevere，1992：16）。不同的意识形态会产生不同的翻译形式与主题，影响译者的选择。在意识形态的影响下，译者关注目标文化，翻译出目标读者能够接受的文本。这种翻译不可能是客观中立的，或多或少总会带有译者个人的印记，并有意无意地体现在翻译中。

- **诗学**（poetics）：如果说意识形态是决定社会应该是什么样子的主流思想，那么诗学则是决定文学应该是什么样子的主导观念。诗学包括两个组成部分：一个是文学手法、文体、主题、原型、情境和象征的总和；另一个是认为文学在整个社会系统中扮演或者说应该扮演什么角色的观念。为了确保译作的可接受性，译者不仅要考虑自身所处时期的意识形态，还要照顾到当时的主流诗学，而诗学是一个与时俱进的历史变量。

- **赞助人**（commissioner）：赞助人可以是个人也可以是宗教团体、政党、社会阶层、出版社或媒体，是能够阻碍或促进作品阅读、写作以及改写的力量。为了获取更多利润，赞助人往往更加关注主流意识形态。

在新闻编译中，意识形态、诗学、赞助人等要素无疑发挥着重要的制约作用，成为操控新闻改写的重要底层动因。勒非弗尔的观点得到巴斯奈特的认可，巴斯奈特认为新闻改写与文学改写类似，是向全世界读者提供新闻的一种形式，但她也指出，"新闻改写通常具有隐蔽性"（Bielsa & Bassnett，2009：57）。

在上述理论框架内，来看看国际新闻实践领域的几个问题：就国际通讯社内部运行机制而言，翻译发挥怎样的作用？译者和记者的岗位职责是否泾渭分明？新闻编译是否属于重写或转换？新闻编译与篡改的边界是什么？

别尔萨与巴斯奈特领衔的华威项目对路透社等全球重要通讯社的新闻编译现状开展了广泛调研，尝试解答上述问题，她们的研究成果体现在专著《国际新闻翻译》中。

1. 译者和记者的岗位职责是否泾渭分明？

别尔萨与巴斯奈特指出，翻译在通讯社中发挥重要作用，与新闻生产过程中的其他活动"密不可分"（Bielsa & Bassnett, 2009: 56）。然而在调查中，路透社、法新社等国际新闻机构的负责人纷纷表示，自己聘用的是"记者"而不是"译者"。鉴于新闻工作中存在大量改写、重写，法新社的一位负责人指出（Bielsa & Bassnett, 2009: 81）：

> I don't want to use the word translator, because none of the journalists working for us are translators: They are editors. By necessity they must rework…choose any word you like: rework, edit, modify.（我不想用翻译这个词，因为为我们工作的记者都不是翻译：他们是编辑。他们必须改写……随便选一个词：改写、编辑、润色。）

新闻编译人员将翻译作为新闻工作不可分割的组成部分，认为新闻编译与逐字逐句的传统翻译不同，更独立、更具创作的特征、更有成就感（Bielsa & Bassnett, 2009: 65）：

> The trans-editor, challenging the secondary position traditionally attributed to the translator in relation to the writer, "is also likely to feel that her work is more rewarding, if it is more independent and more on a par with that of the writer".（编译者对传统上译者相对于作者的次要地位提出了挑战，"如果她的工作更加独立，与作者的工作更加平等，那么她也可能觉得自己的工作更有意义"。）

别尔萨与巴斯奈特指出，撰写原创新闻报道的记者与翻译新闻报道的记者没有什么区别，同一个人甚至常常将这两项任务混合起来完成，从而使得翻译工作与新闻制作中涉及的其他任务没有本质上的区别。当记者被问及自己作为新闻翻译人员的角色时，他们往往会表示惊讶，他们并不认为翻译是一个独立于文本编辑的过程（Bielsa & Bassnett, 2009）。

综上所述，在国际新闻生产实践中，记者和译者的工作是密不可分的。

2. 新闻编译是否属于重写或转换？

该问题的基础是，新闻编译或者说新闻再生产的方式具有很强的原创性。在新闻编译中，原语文本未必在译语文本中得到尊重。在新闻编译过程中，不要求避免重大改动，不要求一定保留原文的形式或内容，译者有权对文本进行干预。别尔萨与巴斯奈特认为，原文的神圣性是文学领域自主性的产物，在高度他律的新闻领域没有同等的形式。

针对这种新闻再创造的目的、形式、标准，别尔萨与巴斯奈特提出，新闻记者在实践中要遵循所属媒体的规则，适应新闻传播的新语境，因而要对原语文本从形式到内容进行大量重写或转换，造成译语文本内容的巨大差异。经过对国际新闻编译人员工作的调查，她们提出，最常见的编译形式包括（Bielsa & Bassnett, 2009: 65）：

- 调整标题和导语（change of title and lead）：新闻标题和导语（包括信息性副题）通常需要重新拟定，以便更好地满足目标读者的需求或目标媒体的发表要求。
- 删除冗余信息（elimination of unnecessary information）：由于目标读者与原语新闻所涉及的地理和文化现实距离甚远，原文中过于琐细的信息可能显得冗余，因此需要删除。
- 添加重要背景（addition of important background information）：由于目标读者发生变化，有必要添加并非已知的背景信息。
- 调整段落顺序（change in the order of paragraphs）：在新的传播语境下，信息相关性以及新闻风格存在差异，因此有必要调整段落顺序。
- 归纳概括信息（summarizing information）：在发表空间有限，或者段落冗长且与目标读者不完全相关的情况下，常使用这种方法。

国际通讯社的新闻工作人员结合自身工作如此描述实际编译流程和主要操作（Bielsa & Bassnett, 2009: 64）：

> We decide which notes to translate into English and we translate them for the English-speaking market, thinking of this market, of this audience. We add context, re-edit, reorganize the note, we give it a new title. We do a lot of work with the note; it rarely is a direct translation, just as it comes…We even combine notes if there are two or three about a subject when we do not need three notes in English on that subject.（我们决定哪些新闻要翻译成英文，我们面对的是英文新闻市场，必须考虑到这个市场，考虑到这个受众。添加上下文，重新编辑，重新组织结构，拟定新的标题。我们要对新闻做很多修改，很少直译为原稿的样子……有时甚至会合并新闻，如果同一主题下有两三条新闻，但不需要那么多，就可以合并。）

据此，有学者曾提出关于新闻编译的三个悖论，此中深意值得体会（Kyle Conway, 2010）：

你以为译语词汇与原语词汇对等，其实并不是（意即原语文稿提供信息，但与新闻译稿之间不存在语言形式层面的对等关系）；

你以为新闻措辞体现了报道客观性，其实并不是（意即新闻措辞会体现意识形态、媒体立场、译者主体性，未必没有偏向性）；

你以为新闻翻译是翻译，其实这是一种不是翻译的翻译（意即新闻翻译不是传统意义上的直译、全译而是编译）。

3. 新闻编译与篡改的边界是什么？

在功能主义翻译观的指引下，新闻编译以新闻事实客观性为原则，以新闻在目的语语境的高效二次传播为目的，不拘泥于原文的形式，可以面向不同受众，根据另一种语言的文本惯例，创造一个新的新闻文本，但这并不等于任意篡改。

是否编译、如何编译的判断标准与目的语读者的背景知识、新闻内容与目的语语境的关联度、目的语语境下新闻传播的要求等有关。

那么这种编译是否违背翻译的忠实性原则呢？别尔萨与巴斯奈特认为，为了更好地实现二次传播的目的，新闻翻译很大程度上承担的是新闻编辑的工作，遵循的准则是忠实于新闻事实的客观性而非忠实于原文形式（Bielsa & Bassnett, 2009），与其他文本类型翻译的忠实性原则有所不同。

1.2　案例分析

对比阅读以下中英文新闻报道，寻找差别，并尝试分析原因。

▶ **新华网中文版报道**

西藏自治区那曲地区聂荣县发生5.7级地震

新华网北京3月24日电 据国家地震台网测定，北京时间3月24日10时6分，西藏自治区那曲地区聂荣县（北纬32.4度，东经93.0度）发生5.7级地震，震源深度约8公里。

▶ **新华网英文版报道**

5.7-Magnitude Earthquake Jolts Xizang

BEIJING—A 5.7-magnitude earthquake struck southwest China's Xizang Autonomous Region Wednesday, said the China Earthquake Networks Center.

> The quake occurred at around 10:06 am in northern Xizang's Nyainrong County, Nagqu Prefecture. The epicenter was 32.4 degrees north latitude and 93.0 degrees east longitude, according to the center.
>
> No reports of casualties or damage are immediately available.

讨论题

1. 灾难新闻的价值一般表现在哪些方面？
2. 哪些技术指标可用于衡量地震的严重程度？
3. 面对国际读者，本则新闻具有哪些新闻价值？
4. 对比中英文标题，英文标题删减了哪些信息？
5. 英文导语选择了哪些信息？按什么顺序排列？与中文有何差异？
6. 中文报道的结构具有什么特点？是按照什么顺序排列的？
7. 英文报道的结构具有什么特点？是按照什么顺序排列的？
8. 英文报道对信源和地名的处理有何特殊之处？
9. 英文报道中补充了哪些信息？删减了哪些信息？
10. 通过这篇新闻的中英对比，你对新闻编译有怎样的认识？

下面我们将从四个方面来仔细分析以上问题。

1. 中英文新闻导语的差异性：价值点与信息排序

英文新闻编译稿的导语顺序与中文新闻原文的导语顺序差异很大。那么英文导语是按照什么原则排列信息的呢？

> **小贴士**
>
> 灾难新闻的价值点
>
> 灾难新闻属于信息性文本，最重要的信息点是"灾难类型""灾难发生地"以及"灾难严重程度"，价值点一般是"灾难严重程度"。
>
> "灾情严重程度"通过震级等技术指标及人员伤亡情况体现。"技术指标"和"伤亡人数"中较能引起读者关注的信息顺序靠前。

在这则案例中，中文报道是在地震后一个小时从北京发出的，原文并没有提供人员伤亡的信息,因此英文导语选择将"地震级数"作为首要价值点。

其次值得关注的是对于地震发生地的处理。原文中的地点("西藏自治区那曲地区聂荣县")非常具体,面向中国读者。英文导语考虑到国际读者的地理距离和认知难度,进行了简化,只保留"西藏自治区"。

> **小贴士**
>
> ### 英文新闻导语的信息排序
>
> 英文新闻导语通常按照"重要性递减"原则排列信息。
>
> 英文硬新闻多采取远景化表述,如同看一部风光片,镜头由远及近,先有远山,然后逐渐推进,看到草坪、小草。而在导语中,一般只看远山,披露最重要的新闻价值点。细节性信息则在新闻主体中逐级披露。不感兴趣的读者可以节省时间,只了解大概。

按照"重要性递减"原则,此则英文新闻导语的价值点顺序排列为:
- 价值点一:震级(5.7-magnitude)
- 价值点二:灾难类型(earthquake)
- 价值点三:地震发生地(Xizang Autonomous Region)
- 价值点四:消息来源(the China Earthquake Networks Center)

按照"重要性递减"原则排序,消息来源并不是新闻报道的核心价值点,注明信源主要是为了证明消息的权威性,因此多置于英文导语的最后,有时甚至可以不出现在导语中。中文导语多使用时空框架结构,其信息按照"来源、时间、地点、人物、事件"排序,所以信源"据谁测定""据谁报道"多居于导语最前端。

2. 中英文新闻标题的差异性:信息排序与详略程度

> **小贴士**
>
> ### 新闻标题的功能
>
> - 标题是文眼,往往将新闻最主要的价值点内嵌其中。
> - 标题与导语的关系:导语对标题展开论述,构成层级递进关系。

首先,分析一下两则新闻标题的信息排序(见下表):

中英新闻标题结构对比

中文新闻 标题结构	西藏自治区那曲地区聂荣县（发生）	5.7 级	地震
	灾难发生地	震级	灾难类型
英文新闻 标题结构	5.7-Magnitude	Earthquake	(Jolts) Xizang
	震级	灾难类型	灾难发生地

对比发现英文新闻标题与导语高度呼应，将"地震级数"放在标题最开头、最显眼的位置加以强调，使用动词"jolt"搭建主—谓—宾结构。而中文标题是"何地+何事+具体如何"的顺序，主要凸显地震发生的具体地点。

我们再来看看标题中对地震发生地描述的详略程度。在英文标题中，"那曲地区聂荣县"等具体地点没有出现。这主要是由于国际读者与中国的地理距离较远，读者背景知识有限，了解细节性地理信息的需求较少。简化翻译有助于避免给目的语读者造成"认知过载"。

3. 中英文新闻结构的差异性："一句话"与"倒金字塔"

在这则案例中，中文新闻是地震发生第一时间的短消息报道，媒体采用"一句话新闻"的形式聚焦灾难本身，后续可视事态发展、信息收集情况不断补充报道。英文媒体虽然也有"一句话新闻"的形式，但多数情况下都保持结构完整，导语和主体各专其能，信息多以"倒金字塔"结构由粗而细逐级展开。

本案例的英文译文对中文原文进行了信息分层处理，建立了相对完整的新闻结构：首先，撰写英文导语，保留最核心价值点，与标题实现对应关系；其次，将地震发生的具体时间、震中地理位置、经纬度等相对细节的信息转移到主体中；最后，鉴于灾难新闻通常涉及人员、财产损失，但发稿时尚未获得相关信息，无法重点报道，因此案例中的英文译文补充了一句说明置于文末。

4. 中英文新闻细节信息处理的差异性：地名与震源深度

1）关于中国地名的处理

中文媒体的新闻报道一般按行政区划从大到小给出地名，即使涉及读者可能不熟悉的地名，也基本不加以解释。

英文媒体发布的国际新闻报道中，凡是涉及省（自治区）等行政区划时（如上述案例中的"西藏自治区"），往往首先用所属国家定位，实现远景化。至于具体省级行政区划是否能够保留在标题和导语中，要视其国际知名度决定。如果保留，一般要加以解释，多需指出该地位于其所属国家的具体方位。例如，本案例英文导语中就使用了"southwest China's Xizang Autonomous Region"解释西藏的位置。

同样，在新闻主体中如出现更为具体的城市、城镇名称，一旦决定保留，就需要考虑国际读者的需求并加以解释。《中国日报》(*China Daily*) 对本则新闻进行编译时的做法是增补方位描述："northern Xizang's Nyainrong County, Nagqu Prefecture"。而不少外媒喜用"距离某中心城市（多为首都、省会、首府）某方向某公里处"来解释。如下面这则有关汶川大地震的新闻导语就对"汶川"进行了解释，指出其位于四川省省会成都以北约100公里处："The tremor, which measured 7.8 on the Richter scale, hit the rural county of Wenchuan, *about 100 km north of the Sichuan provincial capital of Chengdu*, at 2:28 pm local time"。

2）关于震源深度信息的处理

震源深度指震源到地面的垂直距离，是衡量地震强度的重要技术指标。地震等级相同的情况下，震源越浅，破坏力越强。全世界95%以上的地震都是浅源地震，震源深度集中在5~20公里。而在本案例中，中文新闻中"震源深度约8公里"这一信息在英文译文中未予显示。

1.3 理论研读

下文节选自专著 *Translation in Global News* 第四章（Bielsa & Bassnett，2009）。阅读并标注其中有关新闻编译与新闻生产关系的主要观点。

Translation in Global News Agencies

The need to deal with linguistic diversity in news production and the simultaneous circulation of news in different languages make translation an important part of news agency work. But news agencies do not tend to employ translators as such. This is because translation is not conceived as separate from other journalistic tasks of writing up and editing, and is mainly assumed by the news editor, who usually works as part of a **desk**, where news reports are edited and translated and sent to a specific newswire. Both processes of edition and translation imply the tasks of selection, correction, verification, completion, development or reduction that will give texts the final form in which they appear in the **newswire**.

Translation is thus an important part of journalistic work and is subject to the same requirements of **genre** and style that govern journalistic production in general. News organizations employ journalists rather than translators because only the former have the specific skills needed for the job: an experience of journalistic work and a precise knowledge of journalistic genres and style. Even if they are not journalists, news translators must work as if they were. We will see in more detail below what the process of news translation entails. At the moment, it will suffice to present it as an example of rewriting in the journalistic field, comparable to literary rewritings such as translations, anthologies, literary histories, biographies and book reviews, all of which, according to André Lefevere, entail similar processes of adaptation and manipulation of the original text (1992: 8). Like literary rewritings, journalistic rewritings are the form in which news is made available to readers worldwide, although this fact is either generally hidden or taken for granted.

News translation challenges more traditional conceptions of the translator, whose role is in this context perceived in more active terms. José Manuel Vidal has put it as follows: "The news translator is, maybe because of the nature of the medium in which she writes, a re-creator, a writer, limited by the idea she has to re-create and by the journalistic genre in which her translation has to be done" (2005: 386).

Multilingual journalists may not have specific training in translation as such, although they are often experts in news translation: able to produce fast and reliable translations on a wide range of subjects that are covered in the journalistic medium. Today, as in the early years, agency journalists are expected to be fluent in foreign languages. Moreover, both in AFP and Reuters one specific test for entry to work as news editor in a desk is the translation of a piece of news. The integration of translation in the production of news maximizes the efficiency of news organizations that have had, since their inception, to deal with linguistic diversity and to communicate information across linguistic borders. However, news organizations have also developed special structures that facilitate the flow of information and minimize the need for translation.

生词本

- **desk:** a specified section of a news organization, especially a newspaper

- **newswire:** an electronically transmitted service providing up-to-the-minute news stories, financial market updates, and other information
- **genre:** a category of artistic composition, as in music or literature, characterized by similarities in form, style, or subject matter

1.4　思考讨论

扫描二维码，阅读文章《机器人 25 秒写出九寨沟地震报道，记者这个职业还有希望吗？》（选自"刺猬公社"微信公众号）。你认为在突发事件消息类硬新闻撰写方面，机器人是否可以替代人类记者？原因是什么？

课后练习

1. 根据功能主义的新闻编译观，如何理解原语新闻文本与目的语新闻文本之间的关系？
2. 简述目的语读者、意识形态、媒体立场、诗学和赞助人对新闻编译产生的影响。
3. 新闻编译常见的操作方式有哪些？
4. 结合下面这段论述思考为何"西藏自治区那曲地区聂荣县发生 5.7 级地震"这则新闻中地震的强度等级并不是很高（里氏 5.8 级），却被迅速翻译为英文。其新闻二次传播的重点价值在哪里？

> A story about an earthquake that kills hundreds of people in one of the remoter parts of the world may be relegated to inside pages or only given a few lines, but if, for example, the earthquake happens in a region that is deemed to be more newsworthy, perhaps because it is a well-known holiday destination for readers or in a state where there are particular political sensitivities, it may be front-page news and be given wide coverage regardless of the final death-toll. (Bielsa & Bassnet, 2009: 12)
> （世界上某个偏远地区发生地震，造成数百人死亡，其报道可能仅放在内页或仅有寥寥数行；但如果地震发生在某个被认为更具新闻价值的地区，比如读者熟知的度假胜地，或者具有特殊政治敏感性的地区，就可能成为头版新闻，无论最终死亡人数如何，都会得到广泛报道。）

第 2 章 新闻编译的概念与主要实现路径

● **本章学习要点**

1. 建立对于"新闻编译"的正确概念认知;
2. 了解新闻传播研究和翻译研究对"编译"概念认知的差异性;
3. 建立正确的新闻编译观,能够区别"编译"与"篡改";
4. 掌握新闻编译的主要实现路径。

● **课前思考**

1. 除"全译"之外,你还了解哪些翻译形式?
2. 如何定义"新闻编译"?

2.1 理论导入

2.1.1 概念认知:"编译"与"新闻编译"

在第一章中,我们学习了功能主义的新闻编译观,认识到新闻编译是国际新闻记者工作的重要组成部分。这种翻译不以忠实于原文文本为目标,而以忠实于新闻客观性为依据,以实现高效的新闻二次传播为目的,因此,属于"编译"。作为本课程的核心术语,我们十分有必要对"新闻编译"的概念研究加以梳理,从而对其内涵建立较为清晰的认识。

1. "全译"之外的其他翻译形式

国内外不少学者都对"全译"之外的翻译形式进行过研究。比如法国雷恩第二大学教授、术语专家、编辑、翻译达尼尔·葛岱克在其专著《职业翻译与翻译职业》(*Translation as a Profession*)当中,对"全译"之外的翻译现象进行了较为详细的描述(Daniel Gouadec,2007:290):

They have therefore always been reluctant to offer their clients "selective translations", "synopses", "summaries", "analyses", "gists", "main points" or any other types of translated information that now comes under the English heading translation for gisting purposes and that has been known in French for a number of years as synoptic translation or selective translation or translation of relevant information.（因此，他们总是不愿意向客户提供"选择性翻译""概要""总结""分析""主旨""要点"或任何其他类型的翻译，这些现在属于英语标题翻译中的要点型翻译，多年来在法语中被称为概要式翻译、选择性翻译或相关信息翻译。）

在上面的文字中，葛岱克提到翻译界对"全译"之外的翻译类型持有抵触或保留态度，不愿给客户提供其他形式的翻译，如概要（synopses）、总结（summaries）、分析（analyses）、主旨（gists）、要点（main points）等。他认为，上述这些翻译类型在英文中可统称为"要点型翻译"（translation for gisting purposes），在法语中也久有类似的表达，比如"概要式翻译"（synoptic translation）、"选择性翻译"（selective translation）或"相关信息翻译"（translation of relevant information）。比较遗憾的是，葛岱克未能基于以上分析建构一个具有内部逻辑的完整概念系统。

2. "编译"与"变译"

黄忠廉首次提出了"变译"这一概念来对"全译"之外的翻译现象进行系统性上位表述，这是我国对世界翻译理论界的重要贡献。他在2000年和2002年先后出版专著《翻译变体研究》和《变译理论》，从现象层、规律层、原理层三个层次对变译现象进行了较为系统化、精细化的研究。

黄忠廉（2002：96）对变译的定义是："译者根据特定条件下特定读者的特殊需求，采用增、减、编、述、缩、并、改等变通手段摄取原作有关内容的翻译活动。"这一定义中的"特定条件"和"特定读者的特殊需求"指向了影响翻译的社会文化因素和读者因素，"变通手段"则指向了实现变译的具体方法。

就变译的类型而言，黄忠廉（2000）提出了11种，包括摘译、编译、译述、缩译、综述、述评、改译、译评、阐译、译写、参译。

根据变译产品与全译和写作之间的关系，他绘制了一张沙漏状的示意图（图2–1）。图中，沙漏的两端分别是"写作"和"全译"。不同的变译类型分列于沙漏的不同位置，中心位置有一个交叉临界点。临界点以下的变译形式以译为主（译的成分大于写的成分），临界点以上的变译形式以写为主（写的成分大于译的成分）。变译形式距离沙漏下端越近，译的成分就越大，距离沙漏上端越近，创作的成分就越大。

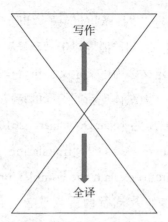

图 2-1　变译的概念体系

就变译的价值而言，黄忠廉（2000）对变译与全译在内容信息、宏观形式、译者投入、信息质量等方面的差异进行了比较。他认为，变译和全译在内容信息、宏观形式方面存在着约等、大于或小于等不同情况。但整体来讲，进行变译的译者投入的精力要大于全译，信息的质量或者说翻译效果要高于全译。这实际上是高度肯定了变译的价值。

需要注意的是，在这个体系中也出现了"编译"这个术语，但其外延显然与本书所指的新闻编译有所区别。实际上，基于前面的论述，在具体的新闻生产过程中，新闻编译的外延囊括了黄忠廉提出的所有 11 种类型，因此实际相当于"新闻变译"。换言之，新闻编译的"编译"大于黄忠廉变译概念系统中的"编译"。但在当下的新闻生产传播过程中，考虑到受众的接受心理等因素，并没有使用"新闻变译"来加以表述。

3. "新闻编译"的概念内涵

1989 年，卡伦·斯戴汀试图概括影响国际新闻制作的各种语内和语际过程，使用拼缀法创造了"transediting（translation + editing）"这个术语，成为新闻翻译研究中的常用表达。斯戴汀进而按照编译目的将其划分为三类（Karen Stetting，1989：377）：

- **清理型编译**（**cleaning-up transediting**）：为满足目的语言高效表达的要求进行编译；
- **情境型编译**（**situational transediting**）：为在新的社会语境中实现文本预期功能进行编译；
- **文化型编译**（**cultural transediting**）：为适应目的语言文化的需求和习惯进行编译。

不过，这一术语遭到了翻译研究界的诟病。首先，将"编"和"译"并置，意味着"译"不包括"编"，这是对"翻译"概念的误解，缩小了其概念内涵；其次，斯戴汀只提出了三种编译类型，未能囊括编译行为的全部类型。

以上争议的核心在于如何定义"翻译"的问题。实际上,新闻传播界和翻译界对"翻译"一词的认识存在较大差别。新闻传播界对于"翻译"的定义多为狭义定义,指纯粹的语言转换,而翻译研究界的定义多为广义定义,包含全译及其他多种翻译转换形式。

显然,狭义定义的"翻译"无法体现新闻编译的特点。正如比利时鲁汶大学翻译研究中心主任卢克·范·多尔斯勒所述(van Doorslaer,2010b:186):

> Traditional and popular views of "translation proper" as a purely linguistic transfer are not appropriate to explain the complex processes of change involved in news text production.(传统及流行的观点认为"翻译本身"是一种纯粹的语言转换,这无法解释新闻文本产生过程中复杂的变化过程。)

新闻翻译不是简单的"做翻译",而是以翻译的手段"传播信息"(马景秀,2015:72),新闻翻译也是"做新闻"。在定义新闻编译的时候,需使用广义的翻译定义,关注新闻生产实践,从新闻专业主义精神出发。相较而言,以下学者对于新闻编译的定义较为贴近这一认知:

> 新闻编译是将用原语写成的新闻转化、编辑成为用译语语言表达出来的新闻的翻译方法。(张志成,2013:103)

> 新闻编译是把一种文字写成的新闻用另一种语言表达出来,经过再次传播,使译语读者不仅能获得原语新闻记者做报道的信息,而且还能得到原语新闻读者大致相同的教育或启迪,获得与原语读者大致相同的信息和/或文学享受。(刘其中,2009b:2)

值得一提的是,卢克·范·多尔斯勒通过将"journalist"和"translator"拼缀,也创造了一个新术语"journalator",用以指代从事国际新闻编译工作的人员(van Doorslaer,2012:1049),颇有新意。

2.1.2 变译的类型及实现路径

根据前文的理论论述,笔者认为"译"即"易"也,"易"就是"变"。那么具体到新闻编译,究竟包括哪些"变"的方式?本节将依托黄忠廉的变译理论体系对新闻编译的类型简要解读。

1. 摘译

摘译指选取原文部分内容进行全译的变译活动。当受到时间、空间限制无法全译的时候,这是一种常见的变译方法,也广泛用于报告、专著、文学作品的出版中,如《英格兰银行金融稳定报告摘译》《自传的回声(摘译)》等。

在新闻编译中，由于版面、时间限制，一篇比较长的新闻报道可能无法全译；或者考虑到新闻倒金字塔结构中处于主体后部的信息过于具体，目的语读者可能不感兴趣，因而只选择其中某些部分加以翻译，这就属于新闻摘译。

2. 编译

编译指"编""译"结合的变译活动，"编"是编辑。

黄忠廉的这一提法与斯戴汀类似，是把编辑和翻译区别开来，先编辑再翻译，或先翻译再编辑。这一变译类型在图 2-1 中的位置临近摘译，与全译的距离也较近。当然，如前所述，黄忠廉变译概念系统中的编译的内涵要小于本书所说的新闻编译。

3. 译述

译述指"译""述"结合的变译活动，"述"是译者用自己的语言去转述原作的主要内容或者部分内容。

译述需要经历"摘编所需内容 → 重组原作结构 → 重写所需内容"等步骤，这种变译形式距离全译的距离又远了一步。民国时期采取本土章回体小说的形式翻译外国小说，就属于译述。

译述的方法在国际新闻生产中也多有使用。比如，近年来外媒开始关注中国的社交媒体，不少中国网民在微博等社交媒体中热议的话题也都会出现在国际媒体的报端。外媒一般要对社交媒体所描述的事件加以译述。比如《国际先驱论坛报》(*International Herald Tribune*) 就曾经对大家很熟悉的"我爸是李刚"这一新闻事件进行过译述报道。

4. 缩译

缩译指采用浓缩性的语言传达原作主要内容的变译活动。

缩译就是抓关键词句，概括具体内容，做到纲举目张、提要式的翻译。比如《经济学原理》这样的大部头著作的缩译本，可以让读者在有限的时间内尽快了解书的全貌和精髓。国际新闻生产中，也存在这种对新闻原文删繁就简、提要式的翻译形式。

5. 综述

综述指对众多文献加以汇总，形成综合性陈述的变译活动。

撰写学术论文多会用到文献综述。当然，综述活动不仅限于学术文献。在新闻报道中，也经常会看到这种形式："综述：道指收跌……纳指收高……"。这种新闻实际上就是对当日盘中个股走势情况的综述。再如，国内发生重大事件后，我国民众往往希望了解世界各国的反应。国内媒体如《参考消息》《环球时报》(*Global Times*) 以及环球网等常会围绕一条主线，选取不同国家多个主流媒体的报道，基于多篇原稿翻译，编发拼盘式的新闻综述报道。例如：

- 外媒关注神舟十三号发射成功（环球网）
- 美好祝福，各国领导人新年贺词来了（人民网）
- 外媒高度关注世界互联网大会 突出报道习近平贺信（人民网）

6. 述评

述评指对众多原文进行综述的基础上，再加以评价的变译活动。

"述"即综述，"评"包括评价、建议、预测展望等，"述评"可以是先述后评，也可以是边述边评。

"新闻述评"已成为一种新闻体例，又称"记者述评"。它融新闻和评论为一体，兼有新闻报道和新闻评论的功能和作用，既报道事实，又对新闻事实作出必要的分析和评价，有述有评，评述结合。例如：

独家述评 | "数字养老"只是一道选择题（新浪看点）

7. 译评

译评指将原作翻译之后再结合其内容展开评论的变译活动。

"译评"可以是先译后评、边译边评，也可以引译作评、自译自评。这种变译方式中写作的成分较大。例如《美国公司法判例译评》是一部关于美国公司法审判案例分析的作品，既有翻译的成分也有译者评价的成分。国际新闻媒体对中国新闻进行编译后，在自身意识形态框架下，添加各种专家的分析、评价，就属于译评。

8. 改译

改译指根据特定要求，改变原作形式、部分内容乃至原作风格的变译活动。

"改译"可以是内容、形式、风格的改变。严复用桐城派古文翻译《天演论》是一种改译，将莎士比亚的十四行诗译成五言版、七绝版、离骚版、诗经版也是改译。

国际新闻生产中，由于中英主题新闻在报道框架、写作范式方面存在差异，编译媒体的媒介定位和风格与源媒体存在差异，对原文的形式乃至风格加以调整是常见操作。

9. 阐译

阐译指在译文中对原作内容直接加以阐释并与之浑然融合的变译活动。

读者可能不熟悉的概念、术语等都可以成为阐译的对象（词、句、段、篇均有可能）。例如：

> 原文：**Vasco da Gama** and **Columbus** enlarged the world, and **Copernicus** enlarged the heavens. (Bertrand Russell, *History of Western Philosophy*)
>
> 译文：达迦马**绕好望角抵印度**，哥伦布**西行发现新地**，而世界为之扩大。哥白尼**立日中心之说**，而宇宙为之扩大。（罗素著，许国璋译《西方哲学史》）

许国璋译《西方哲学史》（*History of Western Philosophy*）时，分别对瓦斯科·达伽马（Vasco da Gama）、哥伦布（Columbus）、哥白尼（Copernicus）进行了阐译。具体而言，是采用文内隐注的方式补充说明了几个人的贡献。例如，"绕好望角抵印度""西行发现新地""立日中心之说"，添加这些背景信息有助于让不熟悉西方文明的中国读者理解文章的论述逻辑，理解为什么说这些名人拓展了世界和宇宙的边界。

这种阐译的方式在新闻编译中也比较多见。新闻记者不能想当然地认为读者无所不知。当进行跨语言、跨文化的国际新闻传播时，尤为如此。例如，我国政府机构的设置、职务名称、行政区划、地理位置等，国外读者往往不甚了解，这就经常需要在英文中补充阐释。

10. 译写

译写指翻译原作的全部、部分内容或主要内容并加以评论、阐释和拓展的变译活动。

"写"这一术语终于出现了。"译写"在图2-1中距离"写作"很近。显然，"译写"这一概念涵盖了前面所说的"译评""述评"和"阐译"。译写的方式比较多样，可以先写后译、先译后写，也可以译写相成。

11. 参译

参译指独撰作品时，直接摄取原作主要内容或部分内容进行翻译以供参考的变译活动。换言之，翻译产品仅作为创作的一种参考。

综上，本节借助黄忠廉的变译理论框架，较为系统地介绍了新闻编译可能涉及的类别，也借此对新闻编译的相关概念体系搭建出了一个基础认知框架。下节将通过案例具体分析新闻编译实践中的各种操作。

2.2 案例分析

阅读以下两则新闻，分析基于新华网的报道，外媒采用了哪些编译手段。

▶ **新华网新闻报道**

广东省委主要负责同志职务调整 李希兼任广东省委书记

2017-10-28 来源：新华网

新华网广州10月28日电 日前，中央对广东省委主要负责同志职务进行了调整。胡春华同志不再兼任广东省委书记、常委、委员职务，李希同志兼任广东省委委员、常委、书记。

10月28日，广东省召开领导干部会议，中央政治局委员、中央书记处书记、中央组织部部长陈希同志在会上宣布了中央决定，称这次调整，是中央从大局出发，根据工作需要和广东省领导班子建设实际，经过通盘考虑、慎重研究决定的。

李希同志1956年10月出生，甘肃两当人。曾任甘肃省张掖市委书记，省委秘书长，2004年12月后任陕西省委常委、秘书长、延安市委书记，上海市委常委、组织部部长，市委副书记，辽宁省委副书记，2014年5月任代省长，同年10月任省长，2015年4月任省委书记，2017年10月任中央政治局委员。是十七届、十八届中央候补委员，十九届中央委员，十九届中央政治局委员。

▶ **外媒编译报道**

China Appoints New Boss for Guangdong, Former Leader Likely to be Promoted

Saturday October 28, 2017

By *The New York Times*

BEIJING: China on Saturday appointed a new **top official** for **the southern export powerhouse province of Guangdong**, whose former leader sources say is likely to be promoted to a vice premier, **part of a reshuffle after the end of a Communist Party Congress**.

President Xi Jinping on Wednesday unveiled a new senior leadership at the end of the twice-a-decade congress, with new members appointed to the three elite party bodies that run China.

Over the next few weeks and months, a series of other reshuffles will take place as the party moves people into new party and government positions and as others retire.

In a brief statement, the **official Xinhua news agency** said that Li Xi had been moved from his post as **party boss** in the northeastern province of Liaoning to run Guangdong Province as its **party chief**, replacing the incumbent, Hu Chunhua.

Guangdong, which borders Hong Kong, is one of China's most economically important provinces.

Xinhua did not say what position Hu would assume, but sources with ties to the leadership said he is likely to be promoted to become one of China's vice premiers.

Hu, who spent a large part of his career working in restive Xizang, had been considered a **candidate for the Standing Committee, the seven-man party body that is China's elite ruling body headed by Xi**, but failed to make it on.

The State Council Information Office, which doubles as the party's spokesman's office, did not immediately respond to a request for comment.

1. 媒体立场分析：新华社与新华网

新华社隶属国务院管理，是党和政府的官方媒体，我国法定的新闻监管机构，一流世界性通讯社。

新华社的主要职能包括：对内，把握正确的政治方向和舆论导向，履行"喉舌""耳目"职能，发挥"消息总汇"作用；对外，全面加强国际传播能力建设，不断提升国际报道和对外报道水平，讲述中国故事，传播中国声音，阐释中国特色，充分发挥对外宣传主力军和主阵地作用，维护国家利益，服务外交大局。

新华网是由新华社主办的综合新闻信息服务门户网站。新华网中文版的报道以中国国民为主要受众，以党委、政府行为为报道主体。新华网还承担对外发布党和政府重要公告的职能。"每遇重大活动、突发事件先看新华网、必看新华网"已成为各大媒体的广泛共识。

2. 中英新闻对比分析

1）改译：结构

本案例的中文新闻来自新华网人事频道，主要发布我国省级以上领导的人事任免公告及任前公示。中文新闻采用硬新闻短消息的形式,旨在实现信息发布功能,语言简洁、客观中立。全文结构呈现三部分:第一部分为导语,陈述广东省委主要领导职务变更的具体情况;第二部分为主体,交代任职宣布的细节及调整原因;第三部分为新闻背景,提供了新任广东省委书记的简要履历。

相比之下,英文新闻属于典型的时政新闻,为契合英文新闻写作范式要求,改译了新闻导语,补充了中央高层领导变动的背景信息,补充了广东省是中国经济大省的背景,结构更为完整;针对国际读者的认知背景,对涉及中国政治体制的特色表达进行了省略或阐释。

2)改译:导语

中英文导语对比

中文导语	英文导语
日前,中央对广东省委主要负责同志职务进行了调整。胡春华同志不再兼任广东省委书记、常委、委员职务,李希同志兼任广东省委委员、常委、书记。	China on Saturday appointed a new **top official** for the southern export **powerhouse** province of Guangdong, whose **former leader** sources say is likely to be promoted to a vice premier, part of a **reshuffle** after the end of a Communist Party Congress.

英文新闻考虑到国际读者的认知需求,在导语中省略了两位省领导的名字(后面主体部分才提到名字并详述),改用"top official""former leader"指代,方便读者理解。

英文新闻改用了带有感情色彩的用词,如"powerhouse""reshuffle",贴近《纽约时报》(*The New York Times*)秉持的中左立场措辞风格。

英文新闻补充了新闻背景,即此次广东省主要领导职务调整是党的十八大后全国人事调整的一部分(part of a reshuffle after the end of a Communist Party Congress),进一步吸引读者阅读兴趣。

3)阐译:中国特色术语

中文导语中出现了"省委书记、常委、省委委员"等头衔,国际读者不易理解。英文新闻选择省略"常委、省委委员",仅对主要职务"省委书记"根据功能进行阐译,译为"top official for the province",既交代清楚了省委书记为省一把手的职务情况,又减轻了国际读者的认知负载。主体中,仍避免了使用大写的专名直译"省委书记",而是使用"party chief""party boss"这种相对模糊但便于读者理解的表达。

英文新闻主体中提及"中国共产党中央委员会政治局常务委员会"的时候,也仅使用了简称"the Standing Committee",随即提供阐译"the seven-man party body that is China's elite ruling body",说明其组成和地位。

英文导语对广东省在中国经济发展中的战略地位予以补充阐释,从而衬托其主要领导调整的国际新闻价值:"the southern export powerhouse province of Guangdong"(中国南部出口大省)。主体中再次补充广东省毗邻香港,是中国的经济大省:"which borders Hong Kong, is one of China's most economically important provinces"。

在对信源新华网进行描述的时候,《纽约时报》用"official Xinhua news agency"对其媒体地位进行了补充阐释,外媒对新华社、新华网的类似阐释方式还有"state-run/owned media outlet"等。值得注意的是,这种看似无害的评价实际上带有深深的意识形态烙印。由于西方媒体崇尚新闻自由和公正性,多标榜自身不受政府或财团干预,因此,给新华网打上"官媒"标签,无异于对其媒体公信力的公开指摘。英国广播公司(British Broadcasting Corporation,BBC)虽然也是公营媒体,却总自称为"public service broadcaster"。2023年4月4日社交平台推特(Twitter)给美国国家公共广播电台(National Public Radio,NPR)账号打上了"美国官方媒体"(US state-affiliated media)的标签。被盖章"官媒"的NPR立即提出抗议,其首席执行官约翰·兰辛(John Lansing)称此举"不可接受"。推特随后将标签改成了"政府出资媒体"(government-funded media)。NPR继续抗议无果后,在推特上公布了可以获取该媒体信息的其他途径,并停止在推特上发文。而早在2022年3月,《人民日报》、新华网、央视、《环球时报》、环球电视新闻网(CGTN)与财新网等账号就被推特贴上了"中国官方媒体"(China state-affiliated media)的标签。针对这些账号,推特明确表示会进行"限流",即不会向用户推荐或推广这些账号和账号发布的内容。2023年4月21日,推特突然撤下了"官媒"(state-affiliated media)和"政府出资"(government-funded)等标签。

2.3　思考讨论

2014年,《经济学人》(The Economist)的一篇新闻特写"What China Wants"经澎湃新闻编译发布,国内多家媒体转载。结果被指断章取义、报喜不报忧,进而引发了全网对于新闻编译尺度的讨论。扫描二维码,阅读文章《"选择性翻译"的规范问题——"澎湃译文事件"》(选自腾讯"大家"栏目),总结其中有关新闻编译尺度和规范的观点,进行小组讨论并提出自己的看法。

📝 课后练习

1. 如何定义本章所指的"新闻编译"这一概念？

2. 本章所说的"新闻编译"是否等同于变译术语体系中的"编译"？

3. 翻译界和新闻传播界对"翻译"这一术语的认识存在怎样的差异？

第 3 章　意识形态与新闻编译

● **本章学习要点**

1. 初步掌握新闻编译的意识形态主线；
2. 从多个理论视角认识意识形态对新闻话语生产的影响；
3. 熟悉意识形态在新闻价值、媒体立场视角、新闻框架、新闻用词等宏观和微观层面的表现；
4. 掌握意识形态影响下的国内媒体用词规范；
5. 学会分析不同意识形态框架下媒体对新闻事件报道的差异。

● **课前思考**

1. 什么是意识形态？
2. 意识形态如何影响新闻话语生产？具体有何表现？
3. 如何认识意识形态影响与新闻客观性之间的关系？

3.1　理论导入

当代文化研究之父、英国社会学教授、媒体文化理论家斯图亚特·霍尔（Stuart Hall）把整个现代文化领域看成一个"意识形态战场"，认为不同的文化形式在这里互相争夺霸权，占主导地位的意识形态就是在各种话语争斗的实践中被制造出来的（王虹光，2013：88）。

作为一种社会实践行为，新闻是意识形态栖身和抗争的场所。新闻首先是传递社会信息、控制和操纵社会意识的工具，无论是在一国之内，还是国与国之间，权力关系决定着谁是信息的传者、谁是信息的受传者，从而含而不露地传递意识形态意义。

新闻也是建构社会意义的重要工具，新闻媒体对社会的意义不只是在于通过选择、界定、评价和解释等手段对原初社会事实进行意义化，更在于通过意义化的过程将驳杂纷乱的世界条理化，建构一个有意义的有关国家和社会的符号世界。因此，新闻成为各社会权力团体争取"意义解释权"的意识形态战场。

可见，新闻话语与意识形态之间具有辩证关系：意识形态通过新闻话语得以表现，新闻话语有助于建构现有的意识形态。

为了深刻认识意识形态对于翻译及国际新闻话语生产的重要作用，本章将简要介绍翻译研究操纵学派的核心观点，以及新闻传播研究中把关人理论、议程设置理论、框架理论的相关论述。

3.1.1 翻译研究的操纵学派

20世纪七八十年代起，翻译研究出现了"文化转向"，形成了"操纵学派"，代表性著作是西奥·赫曼斯（Theo Hermans）主编的《文学操控》（*The Manipulation of Literature*），以及巴斯奈特和勒菲弗尔主编的《翻译、历史与文化》（*Translation, History and Culture*）。该学派的主要观点是：翻译不仅是一种不同语言间的转换活动，更是一种社会活动；翻译实践除了受语言的制约，还在很大程度上受到当时翻译语境的影响，其中的多种权力因素对翻译活动有着不可低估的作用。

"权力"是社会学、政治学和哲学等领域的重要概念。法国哲学家米歇尔·福柯（Michel Foucault）提出"权力话语理论"，指出"权力"是一切对人们的思想和行为具有支配力和控制力的东西，可以分为"宏观的显性的权力"和"微观的隐性的权力"。前者通过物质或制度的形态体现出来，如政府机构和法律条文等；后者是"规范化"权力，是"规范"人的思想和行为使其被主流社会或正统社会文化秩序所接纳的影响力（李遇春，2007：5-6）。整个社会就是由权力关系构成的一个庞大的网络，任何人都生活在这个网络之中，任何社会活动都要受到权力的影响和制约。福柯把权力和话语联系起来，认为权力是通过话语来体现的，权力制约了话语的表达方式。福柯的权力理论表明，语言之间的转换不可能是透明、中性的，语言翻译过程必然受到权力因素的影响。2002年，美国阿默斯特学院（Amherst College）翻译研究中心主任埃德温·根茨勒（Edwin Gentzler）和该校比较文学系教授玛丽亚·提莫志克（Maria Tymoczko）出版论文集《翻译与权力》（*Translation and Power*），宣告了翻译研究的"权力转向"，提出"权力"是翻译背后运作的力量。

比利时美籍著名比较文学家和翻译理论家安德烈·勒菲弗尔是操纵学派的代表人物，他把翻译研究纳入"重写"研究的范畴，认为重写就是操纵，翻译是译者对文本的操纵。20世纪90年代，他在《翻译、历史与文化》一书中指出："翻译活动是在一系列条件的限制和约束下完成的，仅凭一些规定性的法则及对原语的模仿远远无法实现好的翻译"（Lefevere，2004：15）。

在其另一部专著《翻译、重写、文学声誉之操纵》(Translation, Rewriting and the Manipulation of Literary Fame)中,勒非弗尔以大量的实例证明翻译活动受一系列外部因素的限制和操纵,这些因素包括由翻译者自身性格和其所在社会环境形成的意识形态、诗学观念、文学章法、赞助人、委托人、编辑、读者反应等,其中受关注最多的是意识形态、诗学观念和赞助人,这就是著名的文学操控"三要素"理论(Lefevere, 1992)。

勒非弗尔认为"意识形态"是左右人们行为的形式、成规与信仰,体现一定阶级的意志和要求。"诗学"是某一社会普遍接受的主流文本架构。他指出,翻译为文学作品树立什么形象,主要取决于这两个因素:一是译者本身认同的或赞助人强加的意识形态,二是当时译语文学里占支配地位的诗学(文学观)。翻译受到目标文化的诗学和意识形态规范的制约,译者必须在此规范内翻译。他说:

Translation is, of course, a rewriting of an original text. All rewritings, whatever their intention, reflect a certain **ideology** and a **poetic** and as such **manipulate** literature to function in a given society in a given way. (Lefevere, 2004: xi)(翻译当然是对原文的改写。所有的改写,无论其意图如何,都反映了某种意识形态和诗学,并以此操纵文学以特定的方式在特定的社会中发挥作用。)

Ideology would seem to be that grillwork of form, convention, and belief which orders our actions. (Lefevere, 1992: 16)(意识形态是形式、成规和信仰的栅格,左右着我们的行动。)

On every level of the translation process, it can be shown that, if linguistic considerations enter into conflict with **considerations of an ideological and/or poetological nature**, the latter tend to win out. (Lefevere, 1992: 16)(可以看出,在翻译过程的各个层面上,如果语言因素与意识形态因素或诗学因素发生冲突,后者往往会胜出。)

操纵学派理论关于意识形态作用的论述,对于国际新闻生产活动中的编译现象具有很强的解释力。国际新闻编译者在参与叙事活动的过程中,往往带有特定的价值取向和利益集团印记,通过多种策略来"强化、弱化或更改隐含在原文本中的某些叙事内容"(张志鹃,2016:80),满足本国对外宣传的要求,维护本国利益。

正如英国翻译理论家蒙娜·贝克尔所言,新闻编译本质上是一种叙事形式,协调了全球化语境下翻译、权力、冲突之间的关系,是对"已经建构的现实的再建构"(程维,2013:100)。

3.1.2 大众传播学的把关人理论、议程设置理论及框架理论

如果说操纵学派的翻译理论肯定了意识形态对新闻编译不可回避的影响,那么大众传播学的把关人理论、议程设置理论和框架理论则是通过具体模型,阐释了媒体和记者是如何受到主流意识形态影响,选择性地把新闻话语传播给受众,从而实现某种意义上的"操纵"。

1. 把关人理论（the Gatekeeping Theory）

把关人理论是由美国著名社会心理学家、传播学四大奠基人之一库尔特·卢因（Kurt Lewin）1947 年在《群体生活的渠道》（*Frontiers in Group Dynamics II: Channels of Group Life; Social Planning and Action Research*）一书中提出的。卢因（2002）认为,在研究群体传播时,信息的流动是在一些含有"门区"的渠道里进行的,在这些渠道中,存在着一些"把关人",只有符合群体规范或把关人价值标准的信息才能进入传播渠道。

1950 年,传播学者大卫·曼宁·怀特（David Manning White）将这个概念引进新闻研究领域,明确提出新闻筛选中的"把关"模式。怀特认为,新闻媒介的报道活动不是有闻必录,而是对众多的新闻素材进行取舍选择和加工的过程。在这个过程中,传播媒介形成一道关口,通过这个关口传达给受众的新闻或信息只是少数。这一理论后来衍生出韦斯特利–麦克莱恩模式（Westley-Mclean model）等多种模型。

该理论提出众多因素会影响新闻把关,其中以下因素均与意识形态性密切相关:

- **政治和法律因素：** 传播者的把关行为受到所处社会政治体制的制约。传播者的把关行为要在符合该国政治要求的情况下进行。在任何性质和形态的社会中,这一影响因素都是把关人在把关时必须考虑的基本因素。
- **社会和文化因素：** 社会价值标准体系和文化开放程度。把关人在进行把关的时候,是否以社会认可和推崇的社会价值标准体系为标准,对传播效果乃至社会发展都影响重大。把关人在过滤、加工新现象、新事物的信息时,都会受到社会文化开放程度的直接影响。
- **组织自身因素：** 传播组织的目标、对象、功能、重点等都有所差异,因此,把关时必须考虑传播组织的各种要求、规范、传统、标准等。
- **受众因素：** 传播的目的,或者说把关的目的,往往与争取更多的、有效的受众有关。
- **传播者个人因素：** 传播者个人因素中有三项因素对把关的影响较大：首先是个人

的世界观、价值观；其次是个人的个性特征，包括其个性、创造力、经验、能力等；第三是个人的传播方式，包括个人编码方式与水平、个人的传播能力等。

2. 议程设置理论（the Agenda Setting Theory）

"议程设置"是大众传播媒介影响社会的重要方式。美国政治家、传播学学者沃尔特·李普曼（Walter Lippmann）在其著作《公共舆论》（*Public Opinion*）中最早提出该思想，被认为是传播学领域的奠基之作。"议程设置"作为一种理论假说，最早见于美国传播学家马克斯韦尔·麦库姆斯（Maxwell McCombs）和唐纳德·肖（Donald Shaw）1972年在《舆论季刊》（*Public Opinion Quarterly*）上发表的《大众传播媒介的议程设置功能》（"The Agenda-Setting Function of Mass Media"）一文。

议程设置理论的提出基于两个观点：各种媒介是报道新闻必不可少的把关人；人们需要把关人的帮助，以决定那些超出他们有限感受的事件和问题中，哪些是值得他们关注的。

李普曼最早提出了"头脑图像和身外世界"的观点，指出在某种意义上，大众媒介把外在的世界变成了人们头脑中的图画（Lippmann, 1922: 418）。美国著名科学史家伯纳德·科恩（Bernard Cohen）曾于1963年提出，"在多数时间，报界在告诉读者该怎么想时可能并不成功，但在告诉读者该想什么时却是惊人的成功"（徐娟，2011: 12）。

议程设置理论就是指媒介通过反复报道强化某一主题对受众的影响。该理论认为：

- 大众传媒往往不能决定人们对某一事件或意见的具体看法，但可以通过供给信息和安排相关议题来有效地左右人们关注某些事实和议论的顺序。即新闻媒介提供给受众的是他们的"议程"。
- 大众传媒对事物和意见的强调程度与受众的重视程度成正比。受众会因媒介提供议程而改变对某事重要性的认识，对媒介认为重要的事件首先采取行动。
- 媒介议程与公众对问题重要性的认识并不是简单的完全吻合，而与接触媒介的频率有关，经常接触大众媒介的人的个人议程与大众媒介的议程具有更高程度的一致性。

议程设置理论肯定了媒体信息筛选和议题安排行为对公众的客观影响。就国际新闻生产过程而言，新闻编译人员基于意识形态等因素选择要编译、报道的内容，对于目的语受众具有舆论引导作用。

3. 框架理论（the Framing Theory）

1974年，美国社会学家厄文·戈夫曼出版了《框架分析：经验组织论》（*Frame*

Analysis: An Essay on the Organization of Experience）一书，将"框架"的概念引入文化社会学。戈夫曼（Erving Goffman，1974）指出，框架是人们用来认识和阐释外在客观世界的认知结构，人们对于现实生活经验的归纳、结构与阐释都依赖一定的框架，框架使得人们能够定位、感知、理解、归纳众多具体信息。框架具有双重含义：第一，框架作为一定的知识体系或认知定势预存在我们的大脑中，它来自我们过去实际生活的经验；第二，我们根据既有的框架来建构自身对新事物的认识。

美国社会学家托德·吉特林（Todd Gitlin，2007）在戈夫曼的基础上将"框架"概括为一个持续不变的认知、解释和陈述框式，也是一个选择、强调和遗漏的稳定不变的范式。

框架理论发展出三个核心概念，即框架（frame）、框架化（framing）和框架效果（framing effect），分别体现在传播研究的三个领域中：媒介内容——媒体框架是什么；新闻生产——媒体框架如何被建构；媒介效果——受众如何接收和处理媒介信息。

20 世纪 80 年代开始，框架理论开始进入新闻与传播研究领域，并由此衍生出"媒介框架"（media frame）、"新闻框架"（news frame）、"受众框架"（audience frame）等概念。

媒介框架指媒介机构信息化处理的组织框架，包括：特定议题框架（issue-specific frame），指与某一特定话题或事件紧密相关的框架，如妇女运动、劳工争议等；一般性框架（generic frame），指超出主题限制，能够在不同话题中浮现，甚至跨时空和跨文化语境的框架。

新闻框架指应用于新闻的选择、加工和新闻文本、意义的建构过程的框架，可从以下几个方面理解：

- 新闻框架是新闻媒体对新闻事实进行选择性处理的特定原则（或准则），这些原则来自新闻媒体的立场、编辑方针以及与新闻事件的利益关系，同时又受到新闻活动的特殊规律的制约。这些原则规定着一家媒体对新闻事件的基本态度和本质判断。
- 在一定的新闻文本中，新闻框架通过一定的符号体系（定性的关键词、具有特定意义的图像符号等）表现出来，这些符号形成对新闻事件意义的建构。
- 在新闻报道中，框架的存在是一种必然。
- 新闻框架作为媒体为新闻事件定性的主导性框架，对受众认识、理解新闻事件以及对新闻事件做出反应具有重要影响，这种影响称为框架效果。

受众框架指受众个人接触和处理大众传播信息的认知结构和诠释规则。围绕不同新闻事件所发生的各种各样的舆论反应，实际上是大众传播的新闻框架与受众的解读框架相互作用的结果。受众基于个人框架对新闻文本进行解读，具有一定的能动性和批判力，因此，可以把围绕某新闻事件的受众个人反应或作为集合反应的舆论态度，看作是媒介框架和受众框架相互作用的结果。对于受众个人经验较为间接、复杂的新闻事件，特别是在缺少对照性信源时，媒体的主导性框架造成的先入为主的效果尤为明显。

从以上的理论阐述可见，框架理论与议程设置理论密切相关。在议程设置中，观众被赋予了思考内容，而框架设计则允许媒体为观众提供一个视角。国际新闻生产过程中，媒体倾向于选择特定的框架去描述其报道的事件（Wimmer & Dominick, 2003：391）。

此外，还应注意到，不同的框架彼此之间会发生框架竞争，透过新闻媒体的论述以争取意义建构的独占性。一旦某种框架被选取，即反映了社会中某种主要的意义解释方式，反映了其中所隐含的权力关系。由此可见，框架理论凸显了社会价值的可塑性，其核心在于框架的意义建构与相互竞争，暗示各种社会主流框架均可以通过语言或符号的论述再现，予以改造或转变。新闻成为各社会权力团体争取"意义解释权"的意识形态战场。

综上，把关人理论、议程设置理论、框架理论都是使用隐喻的方式，形象地描绘了新闻生产过程中大众传媒对于受众的影响。从这些理论阐述中可以发现，在国际传播过程中，意识形态影响着新闻编译人员的主体性，发挥着举足轻重的作用，编译人员扮演着把关人的角色，进行议程设置，考虑受众框架，提供媒介框架，其主体性的发挥决定着这个纷繁复杂的国际社会中人们"看什么"及"如何看"。

3.1.3 案例分析：意识形态在新闻生产中的表现

1. 新闻背景

2021年9月，美国总统约瑟夫·拜登（Joseph Biden）、时任英国首相鲍里斯·约翰逊（Boris Johnson）以及时任澳大利亚总理斯科特·莫里森（Scott Morrison）在三方会议上提出，美、英、澳三国计划建立一个名为AUKUS的三边安全伙伴关系，自称是为确保印度洋–太平洋地区的和平与稳定。三国安全伙伴关系的第一要务就是美英要为澳大利亚提供一支核动力潜艇舰队，并在未来18个月内找到实现这一目标的路径。BBC评论称，若项目成形，澳大利亚将成为世界上第七个拥有核动力潜艇的国家，仅次于美国、英国、法国、中国、印度和俄罗斯。

尽管美国、英国和澳大利亚长期以来都维持着盟友关系，但宣布组建AUKUS意味着其防务合作更为正式化、更为深化。BBC援引分析人士观点称，这是三国自第二次世界大战以来规模最大的安全合作。为此，澳大利亚撕毁了其与法国签署的价值560亿欧元的潜艇合同，引发外交危机。

2. 各方评价及反应

对于美、英、澳三国的"新动作"，复旦大学美国研究中心教授韦宗友称："这些密集外交动作，连同过去几个月来拜登政府在印太地区的外交攻势，意在向印太盟友表达美国的安全承诺可靠性；同时向中国发出某种威慑。"（摘自澎湃新闻）

中国外交部表示，美、英与澳开展核潜艇合作，严重破坏了地区和平稳定，加剧了军备竞赛，损害了国际核不扩散努力。美、英向澳出口高度敏感的核潜艇技术，再次证明他们将核出口作为地缘政治博弈的工具，采取"双重标准"，这是极其不负责任的行径。

AUKUS协议的突然宣布在国际范围内引发震荡。法国政府表示愤怒，欧盟官员们觉得难以接受。分析认为，这些反应其实揭示了传统西方盟友间的裂痕正在加大，美国建立了新的战略安全伙伴关系，并在军备领域毫无顾忌。

3. 媒体报道标题

中外媒体对于该事件的新闻报道标题如下：

- 外媒：美英抢法国订单暴露"塑料兄弟情"（央视新闻客户端）
- 澳英美核潜艇项目"背后捅刀"法国 谁会是最后赢家？（央视网）
- 美英助澳大利亚建核潜艇，欧盟蒙了、新西兰冷对、法国愤怒（腾讯网）
- 美英宣布协助澳大利亚发展核潜艇，中方：严重关切事态发展（环球网）
- 美英帮助澳大利亚获得核潜艇的背后，传递出何种战略意图？（澎湃新闻）
- Australia: strategic shifts led it to acquire nuclear subs (AP)
- Australia to build eight nuclear-powered submarines under new Indo-Pacific security pact (*The Guardian*)
- Australia riles France with sudden US-UK nuclear submarine pact (France 24)

4. 框架分析

人们借助框架来识别和理解事件，给生活中出现的行为赋予一定的意义。国内媒体对此新闻事件的解读大致分为两个方向：

央视视频新闻以及央视网、央视新闻客户端的标题借用了"塑料兄弟情"[1] "背后捅刀"等人际交往框架，讽刺西方盟国当面和气、背后算计的背信弃义之举。腾讯网也使用"蒙了、冷对"等生活用语，概述了法国、欧盟、新西兰等其他相关国家的反应和态度。三家媒体的标题均生动活泼，能够激发网友共鸣。其主要问题是，容易引导国内公众误将关注焦点放在西方国家矛盾重重上，从而采取隔岸观火、事不关己的态度。

相比之下，环球网和澎湃新闻的报道框架则抓住了美、英、澳此举的危险本质，即威慑中国的战略意图，从而及时提醒国内民众对此保持警醒。

三家国外媒体对此新闻事件的报道框架各不相同：

法国24新闻台（France 24）从法国国家利益出发，其新闻框架是澳大利亚不义之举惹怒法国，主体中援引法国外长的原话"背后捅刀"（a stab in the back）指责澳大利亚背信弃义。

美联社的新闻框架则截然不同，将澳大利亚的毁约行为洗白为正常的战略调整。其报道认为是印度太平洋地区战略形势变化（中国崛起），故而澳大利亚取消与法国签订的常规潜艇合同，转而使用美国技术建造核动力潜艇。

英国《卫报》（The Guardian）与此类似，其新闻框架是三国安全合作协议正常履约。美、英、澳三国建立安全合作协议，据此为澳大利亚建造八艘核潜艇，此举主要是威慑中国的战略部署。

综上，三家外媒的报道均表现出国家意识形态的影响，后两篇尤其凸显出冷战思维和意识形态偏见，是典型的基于自家立场的裁剪性解读。

3.2　意识形态在词汇层面的表现

如前所述，新闻编译的目标是在目的语环境下实现高效的新闻二次传播。为实现这一目标，媒体一般要求译文符合目的语社会主流文化意识形态的要求和读者的认知期待。因此，编译人员往往需要在语言层面上对原文进行调整。

词汇层面的编译是新闻译者用以实现译文对原文意识形态转换的最常用的方式之一。具体而言，意识形态在词汇层面的表现主要涉及三个方面：偏向化命名、过度词化和重新词化（徐英，2014）。译者可以通过改动原文中的偏向化命名，调整过度出现的词汇，以及重新措辞，实现对原文意识形态的转换。在某些情况下，也可仅对以上情况加以批注，引导目的语读者注意识别和正确理解原文表现出的意识形态。

---

[1] 源自"塑料姐妹花"。网络流行词，出自段子"好姐妹的感情就像塑料花，特别假，但是却永不凋谢"，常用来形容一些女生勾心斗角、虚与委蛇的面子社交，特别虚假不走心。

3.2.1 偏向化命名

> **小贴士**
>
> "命名"本身往往带有某种偏向，表现出意识形态意义，起到团结我者和排斥他者的作用。选择一种称呼而不选择另一个称呼本身就彰显了作者的态度。
>
> ——保罗·辛普森（Paul Simpson，1993：14）

对各类人及事物的命名是一个复杂的社会实践，折射出语篇作者在特定社会历史环境下的意识形态偏向。在新闻报道中，报道者常使用带有意识形态倾向的指称来为其所属的阶级以及社会权力关系服务（孙志祥，2009），这种偏向化命名是控制和影响读者意识形态倾向的一种手段。请观察以下案例中的偏向化命名方式。

我国命名：Hong Kong's **return** to Chinese sovereignty

部分外媒命名：Hong Kong's **reversion** to Chinese sovereignty

"香港回归"的完整表达是"香港主权回归中国"，我国外交部的英文表达是"Hong Kong's return to Chinese sovereignty"。2015年底，英女王伊丽莎白二世（Elizabeth II）欢迎到访的中国国家主席习近平，在宴会致辞时提到香港回归，使用的措辞也是"the return of Hong Kong to Chinese sovereignty"，代表了英国的官方表述（选自大公网）。

然而，不少外媒在报道中使用"reversion"一词。例如BBC对香港回归纪念日的报道："Hong Kong has just completed a rather subdued series of celebrations to mark the anniversary of its reversion to Chinese sovereignty"。

《柯林斯英语词典》对"revert"的定义是："the return of an estate to the donor or grantor, or his heirs, after the expiry of the grant"。根据定义，该词强调契约到期之后归还，其隐含的意思是契约具有合法性，为双方所遵守。实际上，1840年清朝政府与英国签订的《中英南京条约》为不平等条约，割让香港不具有合法性。外媒的这一措辞表现出其对香港回归的错误认识和意识形态立场。

我国命名：Nansha Islands

部分外媒用名：Spratly Islands

《新华社新闻信息报道中的禁用词和慎用词（2016年7月修订）》明确提出，南沙群岛（Nansha Islands）不得称为"斯普拉特利群岛"（Spratly Islands）。同理，具有领土争端的其他岛屿，如钓鱼岛（Diaoyu Islands）、西沙群岛（Xisha Islands）等也均不得采用外方所使用的称呼，称为"尖阁群岛"（Senkaku Islands）或"帕拉塞尔群岛"（Paracel Islands）。其中深层的原因是，命名权体现了领土主权归属，选用哪个称谓，体现了媒体的立场和态度。新闻编辑应该注意在用词上保持审慎的态度。

请观察下例中《参考消息》对于这种偏向化地名命名的翻译处理策略。

> 原文："Maybe they need energy more than they need their image," said Abraham Mitra, the governor of Palawan. Along with Sabban, the governor this summer took a military plane to **Pagasa**, a Philippine-controlled island in the **Spratlys** with population of 50 and a small garrison, and waved their country's flag. China accused them of trespassing on Chinese turf. (*The Washington Post*)
>
> 译文：菲律宾巴拉望省省长亚伯拉罕米特拉说："或许与形象相比，他们更需要能源。"这名省长今年夏天与萨班搭乘一架军用飞机前往**斯普拉特利群岛（即我南沙群岛——本报注）**中由菲律宾控制的**帕加萨岛（即我中业岛——本报注）**，并在岛上挥舞菲律宾国旗。中国指责他们非法进入中国领土。（《参考消息》）

《华盛顿邮报》（*The Washington Post*）此处使用的"Pagasa"以及"Spratlys"两个地名，显然与我国官方不一致，是我国不认可的命名。《参考消息》的处理方法是，提供地名的音译"斯普拉特利群岛""帕加萨岛"，但在括号加注"即我南沙群岛——本报注""即我中业岛——本报注"，一方面宣示主权，一方面避免国内读者误解、误用。

当然，要深刻理解《参考消息》的编译策略，首先还需要理解《参考消息》的办刊宗旨。2021年《参考消息》创刊90周年之际，曾以"《参考消息》是观察世界的重要窗口"为题发文阐释了自身媒体定位：

> 国内外报刊大都是"本国人看本国""本国人看世界"，而《参考消息》刊登的稿件几乎全部是转载境外媒体报道，力求忠实于原文事实和风格，旨在展示"外国人如何看中国""外国人如何看世界"。翻译转载的文章力求做到汇集各国信息，精心撷其所要，不仅来自世界主要大国，还包括中东、南美等地区的国家。……始终坚持正确的舆论导向……秉持主流媒体观大势、谋大局的政治站位，围绕国际国内舆论热点，根据党和国家大局大事

需要，弘扬主旋律，传递正能量。

以上立场解释了《参考消息》对于上例的处理策略：一方面，"原汁原味"体现外媒观点态度，强调客观真实，帮助读者正确认识外部世界；另一方面，注重坚持正确的舆论导向，加深对我国内外部政策的理解。对于外媒不符合我国意识形态的表述，对于关乎我国主权或立场，容易引起读者错误理解的，在编译过程中对民众予以提醒和引导。

> 原文：Indian fears of encirclement by China date back decades but have been heightened in recent years by Beijing's tighter embrace of—and investment in—other South Asian countries, from India's **arch-rival** Pakistan to **traditional ally** Nepal, from Sri Lanka to Bangladesh to Burma. China, in turn, has its own fear of encirclement, by what former president George W. Bush referred to as "**the arc of Democracies**"—India, Japan, Australia and the United States. (*The Washington Post*)
>
> 译文：印度对于受中国包围的担忧可以追溯到几十年前，但近年来由于中国更加紧密地拥抱以及投资于其他南亚国家——从印度的**头号对手**巴基斯坦到**传统盟友**尼泊尔，从斯里兰卡到孟加拉国到缅甸——而有所加剧。而另一方面，中国自己也担心被美国前总统小布什所说的**"民主之弧"**——印度、日本、澳大利亚和美国——所包围。(《参考消息》)

新闻媒体对各个国家的称谓，反映了其对这些国家的明确态度和评价，从而体现了意识形态立场。本例中，美国媒体将巴基斯坦称为印度的"arch-rival"（头号对手），将尼泊尔成为印度的"traditional ally"（传统盟友），将印度、日本、澳大利亚和美国称为"the arc of Democracies"（民主之弧），体现了美国的国家立场和态度。结合上文所述，《参考消息》"力求忠实于原文事实和风格"，重在展示"外国人如何看中国""外国人如何看世界"的立场，《参考消息》的译文中对这些评价性称谓均保持不变，直接译出。

3.2.2 过度词化

"过度词化"指使用者在同一语篇内采用一系列的同义词来描述某一概念或经验，以达到强化其意识观念的目的。过度词化使社会现实的某个方面被加以强调，而被特意加以强调的这部分社会现实往往是意识形态角力的焦点（徐英，2014），在新闻报道中，就是将意识形态性和媒体立场通过倾向性的集群化用词体现出来。

《纽约时报》、《华尔街日报》（*The Wall Street Journal*）、《华盛顿邮报》等美国媒体对中国的倾向性集群化指称体现了其意识形态立场和对华态度。在其报道中，由众多同义词构成的称呼链中除"Beijing"和"China"之外，还大量使用到了以下带有评价性的表达（见表 3-1）。

表 3-1　美国媒体对中国的表达及《参考消息》译文

美国媒体的表达	《参考消息》的译文
disruptive regime	/
the dragon	/
rising hegemony	崛起的霸权
the Middle Kingdom	中国
economic giant	经济大国
the region's powerhouse	中国
an insecure or weak leadership	中国政府
irredentist and expansionist power	/

这八个称谓构成链条。除"经济大国"为中性，其他七个表达均带有一定负面意义，体现了美国主流意识形态的对华态度和立场。具体来看：

• **disruptive regime**：根据词典定义，"regime"指"a government, especially an oppressive or undemocratic one"，属贬义词，相当于中文里的"当局"。"disruptive"（制造麻烦的、破坏性的）也是贬义词。"disruptive regime"与后文"liberal nations"（自由国家）的表达形成鲜明对比，在亚太地区范围内，外媒多用后者指菲律宾、越南、日本等国。

• **the dragon**：该词在西方文化当中易产生系列负面联想，是暴力、邪恶的象征，相当于"魔龙"。希腊、北欧、基督教神话中都有屠龙的英雄传说，如英格兰守护神屠龙勇士圣乔治（Saint George）。

• **rising hegemony**："hegemony"的词典定义为"a situation in which one country, organization, or group has more power, control, or importance than others"。这无疑是对"中国威胁论"的极大暗示，《参考消息》将之译为"崛起的霸权"。

• **the Middle Kingdom**：看似中性，是对"中国"一词的直译，但为何不使用更为中性的表达"central country"呢？实际上，"kingdom"的意思是"a country reigned by a king or a queen"，与"middle"共用，意思相当于"中央帝国"，十分容易引发"民族中心主义"（ethnocentrism）的负面联想。2010 年，剑桥大学政治和国际研究部的高级研究员马丁·雅克出版《当中国统治世界：中国的崛起和西方世界的衰落》（*When China Rules the World: The Rise of the Middle Kingdom and the End of the Western World*）一书，登上世界多国畅销书榜单。该书的英文书名中关于"中国"的表述，就使用了"the Middle Kingdom"一词。雅克（Martin Jacques，2010：65）在书中指出，"中国人有很强的中央帝国心态……认为自己的文化和民族是世界上优秀的。历史上，中国人就强烈地希望用自己的文化符号和理念，而不是武力，为世界设立秩序。"美国媒体将"the Middle Kingdom"与"tributary state"相对照，强调中国会成为邪恶的帝国，然后将东南亚国家变为其附属国。

- **the region's powerhouse**：根据词典定义"a powerhouse is a country or organization that has a lot of power or influence"，"powerhouse"指实力、影响力强大的国家。这貌似是褒义，但是在中国"威胁论"的大背景下，该词与其他贬义词共同出现，仍会引发负面联想，相当于"强权国家"。

- **irredentist and expansionist power**："irredentist"的词典定义为"a person who favors acquisition of territory that once was part of his country, or is considered to have been"，相当于"领土收复主义者"，与"expansionist"（扩张主义者）同为贬义。《柯林斯词典》指出，当用"expansionist"描述组织、机构、国家或个人的时候，说话人对此持反对态度，是典型的负面标签。

综上，美国媒体采用过度词化的方法，在新闻话语中使用具有负面意义的集群化用词指代中国，渲染"中国威胁论"，强化其意识形态立场。《参考消息》在确保传递其主要观点的前提下，采用了"重新词化"的方法，对其中部分贬义称谓进行了省略、中性化编译。表3-1中的七个贬义词中，只有"rising hegemony"一个表达保留了贬义色彩，翻译为"崛起的霸权"，其他三个省略不译，三个中性化为"中国""中国政府"，从而一定程度弱化了外媒笔下的中国负面形象。

3.2.3 重新词化

"重新词化"是一个创造新词汇或赋予旧词汇新意义的过程。重新词化是使语篇产生歧义的一个重要途径，它可以消除词汇原有的负面意义，使词义升格，通过"描述或者重新描述行动、体制或社会关系，使之具有正面评价"（Thompson，2005：63），因此重新词化可以反映报道者的倾向和政治意图。新闻话语生产过程中，通过重新词化的编译手段对原语词汇的褒贬色彩及词汇意象加以调整，往往是意识形态博弈的结果。

1. 调整褒贬色彩

> 原文一：It stepped up bilateral trade, announced joint oil exploration and even fostered ties with the People's Liberation Army—all **encouraged** by Beijing's "smile diplomacy". (*The Wall Street Journal*)
>
> 译文一：它加强与中国的双边贸易，宣布联合勘探石油，甚至加强与解放军的关系——所有这些都是由北京的"微笑外交"**鼓动**的。(《参考消息》)
>
> 原文二：Beijing believes all this has been **encouraged** by Japan and the U.S. to contain China. (*The Wall Street Journal*)
>
> 译文二：北京认为，所有这些演习都是日本和美国**怂恿**的，目的是遏制中国。(《参考消息》)

上面两则报道将同一词汇"encourage"分别翻译为"鼓动"和"怂恿"。根据李行健主编的《现代中文规范词典》，"鼓动"的意思是"激励而使行动"，趋向于中性意义；"怂恿"的意思是"从旁鼓动别人（去做不好的事）"，趋向于负面意义。《参考消息》的译文在描述中国的行为时用中性意义的"鼓动"，描述日本和美国的行为时则选用负面意义的"怂恿"，体现了意识形态和媒体立场的作用。

> 原文："China has **tacked back and forth**," he said. "When it senses the region ganging up and balancing against China, it has become more accommodating but that accommodation has never had traction or enforcement. They move away and try again to deal bilaterally." (*The Wall Street Journal*)
>
> 译文：他说："中国一直在不断试探。当中国意识到该地区的国家正联合起来反对它时，它就会变得更加通融，但这种通融既没有什么吸引力，也没有强制力。中国人会绕开问题，然后再寻求以双边的方式加以解决。"(《参考消息》)

上例中，美国新安全研究中心亚太安全计划高级主管帕特里克·克罗宁（Patrick Cronin）指出中国"tacked back and forth"（摇摆不定、反复），意思是一会儿这么做，一会儿那么做，重点强调中国多变和犹豫不决，带有负面意义。《参考消息》将其编译为"试探"，更倾向于中性意义，弱化了对中国的负面描述。

鉴于词汇褒贬色彩对于媒体立场和国家立场的展现，《新华社新闻信息报道中的禁用词和慎用词（2016年7月修订）》规定，在涉及国际战争中双方战斗人员死亡的报道中使用中性词汇，措辞应避免体现政治立场。对国际战争中双方战斗人员死亡的报道，不使用"击毙""被击毙"等词汇，也不使用"牺牲"等词汇，可使用"打死"等词汇。请观察下例中的新闻标题：

- 印巴冲突再起，印军**打死**三个巴铁士兵，巴铁直接端掉他们老巢（腾讯网）
- 反塔力量：昨晚**打死**450名塔利班士兵（环球时报）

2. 改变词汇意象

原文：The geopolitical **chess game** intensifies as Chinese and Indian navies show off their flags in the Indian and Pacific oceans with greater frequency. (*The Wall Street Journal*)

译文：随着中国和印度海军加大了在印度洋和太平洋耀武扬威的频率，这场地缘政治**角逐**变得紧张起来。(《参考消息》)

上例中，美国媒体中用"chess game"（棋局）这一隐喻来指代地缘政治斗争的现状，内涵丰富。为避免国内读者过度解读，《参考消息》译文放弃这一隐喻意象，直接使用其指代的政治概念范畴（角逐）加以表述。

本节重点讲述了新闻话语生产过程中意识形态在词汇层面的微观表现，具体涉及偏向化命名、过度词化和重新词化。这种影响长期沉淀下来，形成规范，体现在各国媒体的风格手册对于新闻话语生产的各种规定之中。

3.3　意识形态在媒体风格手册中的表现

"风格手册"（stylebook/styleguide）是新闻媒体为确保出版风格统一准确而编制的规范性工作手册，一般包括报道原则以及对语法、拼写、缩写、措辞等问题的规定。《纽约时报》、BBC、路透社以及国内的新华社、环球网等主流媒体机构大都发布了自己的风格手册。

《美联社写作风格手册和媒体法简报》(*The Associated Press Stylebook and Briefing on Media Law*) 的前言指出，风格手册的功能是排除错误，便于作者和读者达成共识，对于媒体法规也具有指导意义。

有学者把风格手册的功能概括为提供"新闻组织常规"与"新闻语言常规"。这种"常规"的深层含义其实是"政策常规"。风格手册中对于新闻撰写规则和措辞的规定，很大程度体现了媒体的意识形态立场。比如《新浪网编辑手册》中的"内容编辑方针"就明确指出："坚持正面宣传为主，正确把握舆论导向，与党和政府的宣传口径保持一致""杜绝政治性差错，避免知识性、文字性差错。"新闻编译人员有必要认真学习风格手册中涉及意识形态的重要表达。

3.3.1 涉及台湾地区的表述

> **小贴士**
>
> 台湾问题是我国政治生活中最敏感的问题之一，在翻译中涉及台湾的用语必须十分慎重，必须坚持"一个中国"原则，注意避免可能产生"两个中国"或"一中一台"的任何用语。

《环球时报风格手册》（*Global Times Stylebook*）明确指出：

Taiwan is an inalienable part of China. It should never be referred to in any way that might suggest it is an independent country, or that there is one China and one Taiwan.（台湾是中国不可分割的一部分，任何暗示"一中一台"或者"台湾是一个独立的国家"的说法都不可接受。）

在这一大原则下，《环球时报风格手册》对于涉台英语用词规则如下说明：

1. "台湾问题"应译为"Taiwan Question"而非"Taiwan Issue"

"台湾问题"应译为"Taiwan question"，不宜译为"Taiwan issue"。台湾是中国领土不可分割的一部分，台湾问题是历史遗留问题，解决台湾问题是中国的内政，不容任何外人干涉。而"issue"这一词的意思是几方均有争议的事情（a matter that is in dispute between two or more parties）。因此，"台湾问题"应译为"Taiwan question"，而不能用"Taiwan issue"。试看"question"与"issue"这两个词的不同用法："The Taiwan question is made an issue by those who want to interfere in China's internal affairs."。

2. 不得使用"Formosa"指代台湾

"Formosa"来自葡萄牙语，意思是"美丽的岛屿"。据说葡萄牙水手航行至台湾，感叹于其美丽，因此命名。15世纪80年代起，西班牙人在航行图中称台湾为"Formosa"，之后葡萄牙、西班牙、荷兰、日本等继续使用"Formosa"称呼台湾，称"台湾海峡"为"Formosa Strait"。该词具有强烈的殖民主义色彩且被台独分子不断利用。国际社会更为接受的称呼是"Taiwan Strait"，《美联社写作风格手册》也明确禁用"Formosa"指代台湾。

3. 有关官方机构和领导人的称谓

- Put Taiwan government titles in quotation marks ("Executive Yuan" and "Ministry of Finance").
- Put the government titles of Taiwan officials such as president, premier and minister in quotation marks (Taiwanese "president" Tsai Ing-wen).
- When reporting events involving both the leaders of the central government and Taiwanese dignitaries, do not use Chinese president, Chinese premier or Chinese foreign minister. Simply say President Xi Jinping met whichever leaders.

上述是《环球时报风格手册》对涉及台湾当局设立的官方机构及其领导人的英语称谓进行的规定。就相应中文表达，《新华社新闻报道中的禁用词》《新浪编辑手册》也都做出过具体规定，主要是与国台办、外交部、中宣部联合发布的《关于正确使用涉台宣传用语的意见（2016年修订版）》保持高度一致。其中主要要求摘录如下：

  对1949年10月1日之后的台湾地区政权，应称之为"台湾当局"或"台湾方面"，不使用"中华民国"。严禁用"中华民国总统（副总统）"称呼台湾地区正（副）领导人，可称为"台湾当局领导人（副领导人）""台湾地区领导人（副领导人）"。对台湾"总统选举"，可称为"台湾地区领导人选举"，简称为"台湾大选"。

  不使用"台湾政府"一词。不直接使用台湾当局以所谓"国家""中央""全国"名义设立的官方机构名称，对台湾方面"一府"（"总统府"）、"五院"（"行政院""立法院""司法院""考试院""监察院"）及其下属机构，如"内政部""文化部"等，可变通处理。如对"总统府"，可称其为"台湾当局领导人幕僚机构""台湾当局领导人办公室"，对"立法院"可称其为"台湾地区立法机构"；对"行政院"可称其为"台湾地区行政管理机构"；对"台湾当局行政院各部会"可称其为"台湾某某事务主管部门""台湾某某事务主管机关"，如"文化部"可称其为"台湾文化事务主管部门"，"中央银行"可称其为"台湾地区货币政策主管机关"，"金管会"可称其为"台湾地区金融监管机构"。特殊情况下不得不直接称呼上述机构时，必须加引号，我广播电视媒体口播时则需加"所谓"一词。

不直接使用台湾当局以所谓"国家""中央""全国"名义设立的官方机构中官员的职务名称，可称其为"台湾知名人士""台湾政界人士"或"XX先生（女士）"。对"总统府秘书长"，可称其为"台湾当局领导人幕僚长""台湾当局领导人办公室负责人"；对"行政院长"，可称其为"台湾地区行政管理机构负责人"；对"台湾各部会首长"，可称其为"台湾当局某某事务主管部门负责人"；对"立法委员"，可称其为"台湾地区民意代表"。台湾省、市级及以下（包括台北市、高雄市等"行政院直辖市"）的政府机构名称及官员职务，如省长、市长、县长、议长、议员、乡镇长、局长、处长等，可以直接称呼。

国际场合涉及我国时应称中国或中华人民共和国，不能自称"大陆"；涉及台湾时应称"中国台湾"，且不能把台湾和其他国家并列，确需并列时应标注"国家和地区"。

对不属于只有主权国家才能参加的国际组织和民间性的国际经贸、文化、体育组织中的台湾团组机构，不能以"台湾"或"台北"称之，而应称其为"中国台北""中国台湾"。若特殊情况下使用"中华台北"，需事先请示外交部和国台办。

一般不用"解放前（后）"或"新中国成立前（后）"提法，可用"中华人民共和国成立前（后）"或"一九四九年前（后）"提法。

请观察下例新闻标题中黑体部分的相应用法：

- 国台办谈暂停输入台湾两种水果：**民进党当局**不要再搞政治操弄（新华网）
- 疫情来袭台湾公家单位陆续沦陷，连**卫生主管部门**人员也确诊（人民网）

此外，《新华社新闻信息报道中的禁用词和慎用词（2016年7月修订）》中也对于台湾地区相关的表达有所规定，是对上述规定的进一步补充：

- "台湾"与"祖国大陆（或'大陆'）"为对应概念，"香港、澳门"与"内地"为对应概念，不得弄混。
- 不得将港澳台居民来内地（大陆）称为来"中国"或"国内"。不得说"港澳台游客来华（国内）旅游"，应称为"港澳台游客来内地（大陆）旅游"。

3.3.2 涉及中国国家主权的表述

1. 有关"China"的表述

《环球时报风格手册》明确指出"China"指中华人民共和国，同时提醒把"中国大陆"译为"mainland China"是错误的。这主要是因为会造成"两个中国"的联想。正确提法为"the Chinese mainland"或"the mainland of China"：

- China is used to refer to the People's Republic of China, its territory and possessions, including the Chinese mainland (NOT and NEVER "mainland China"), Taiwan, Hong Kong and Macao.
- So say "the Chinese mainland and Taiwan" for the first reference and "the mainland and Taiwan" in later references if you have to use the two together. Hong Kong and Macao are special administrative regions (SARs). Do not say "Sino-HK cooperation"; say "mainland-HK cooperation".

《美联社写作风格手册》也明确指出"China"指中华人民共和国：

- When used alone, it refers to the mainland nation. Use it in datelines and other routine references.
- Use People's Republic of China, Communist China, mainland China or Red China only in direct quotations or when needed to distinguish the mainland and its government from Taiwan.

美联社注意到了"Communist China""mainland China"及"Red China"的意识形态联想，规定此类用法仅限于在对比或直接引语的情况下使用，一般情况下应使用"People's Republic of China"指代中国。这个用语规范既是为了实现措辞统一，也体现了其"政治正确"的媒体立场。

2. 有关"Greater China"的表述

"Greater China"（大中华区）是一个经济或文化源生出来的地理名词。《环球时报风格手册》明确规定避免使用该表达，但指出如果在国际机构经理人的头衔中出现可予以保留，必须同时表明该经理人管辖的区域包括中国大陆、中国香港、中国澳门及中国台湾地区：

> Avoid using this term. Leave it alone if it is in the title of managers of foreign or overseas institutions. If it is part of the title, such as the manager of the greater China region, explain that this is the manager in charge of the Chinese mainland, Taiwan, Hong Kong and Macao.

《新华社新闻信息报道中的禁用词和慎用词（2016年7月修订）》中也对于涉及领土主权相关的表达有所规定：

- 区分国境与关境概念。国境是指一个国家行使主权的领土范围，从国境的角度讲，港澳属"境内"；关境是指适用同一海关法或实行同一关税制度的区域，从关境的角度讲，港澳属单独关税区，相对于内地属于"境外"。内地人员赴港澳不属出国但属出境，故内地人员赴港澳纳入出国（境）管理。
- 中央领导同志到访香港、澳门应称为"视察"，不得称为"出访"。中央有关部门负责同志到访香港、澳门应称为"考察"或"访问"。

3. 有关国际组织成员的表述

《新华社新闻信息报道中的禁用词和慎用词（2016年7月修订）》针对国际组织成员中既包括一些国家也包括一些地区的情况进行了规范，指出在提及此类国际组织时，不得使用"成员国"，而应使用"成员"或"成员方"。

对现有国际组织的表述中，尤其需要注意亚太经合组织（Asia-Pacific Economic Cooperation，APEC）。该组织共有21个成员，其中，中国是以主权国家的身份加入的，而"中国台北"和"中国香港"是以"地区经济体"的名义正式加入该组织的。因此针对亚太经合组织及其会议，应作如下表述（表3-2）：

表3-2 有关"亚太经合组织"的表述

错误说法	正确说法
亚太经合组织成员国	亚太经合组织成员（members） 亚太经合组织成员经济体（member economies）
亚太经合组织峰会	亚太经合组织领导人非正式会议（APEC Informal Economic Leaders' Meeting）

另需注意，台方在亚太经合组织中的英文称谓为"Chinese Taipei"，中文译法要慎用，我称"中国台北"，台方称"中华台北"，不得称"中国台湾"或"台湾"。

《环球时报风格手册》中明确规定，亚太经合组织成员只能称为"economies"（经济体），不能够称为"countries"（国家）。亚太经合组织举行会议时，不能称为"summit"，而只能用"meeting"或者是"forum"来表达：

It is important to remember that APEC members are economies, not countries. Taiwan and Hong Kong are members of APEC. When they meet, they are not called summits, but meetings or forums.

同样，世界贸易组织（World Trade Organization，WTO）、世界气象组织（World Meteorological Organization，WMO）包含香港、澳门，应称为"世界贸易组织成员""世界气象组织成员"，不得称为"成员国"（表 3-3）。

表 3-3　不能使用"成员国"的国际组织

错误说法	正确说法
世界贸易组织成员国	世界贸易组织成员
世界气象组织成员国	世界气象组织成员

3.3.3　涉及民族问题的表述

关于民族问题的表述具有敏感性，为避免英语用词不规范在国际上引发不必要的猜疑或落人口实，《环球时报》等国内英语媒体对相关表达加以规定：

> Avoid using "nationality" when referring to China's ethnic minority peoples. Simply use, for instance, the Miao ethnic group or the Miao people. China has 56 ethnic groups. Use Han people and Uyghur people, NOT "the Han Chinese and the Uyghurs".

《环球时报风格手册》中明确规定，新闻中不使用"minority"指代"少数民族"，统一使用"the ethnic group"，以避免歧视性联想。英语中对"the ethnic group"的理解是"a group of people whose members identify with each other, through a common heritage that is real or assumed-sharing cultural characteristics"，即强调具有共同的文化传承和认同感的群体。

同样，在指代我国 56 个民族时，避免使用"nationality"。苗族的英语表达应为"the Miao ethnic group"或"the Miao people"，汉族和回族的英语表达分别为"the Han people"和"the Uyghur people"，不能表达为"the Han Chinese and the Uyghurs"。这主要是强调我国是统一的多民族国家，不给国际分裂势力落下口实。

3.4　意识形态在篇章层面的表现

本章前几节主要是从词汇层面分析了意识形态在新闻话语生产中的表现，以及意识形态对于词汇编译的作用方式及由此产生的媒体规范。本节将重点讲述如何从篇章层面分析意识形态在新闻话语中的表现并由此判断媒体立场。

3.4.1 意识形态的篇章话语分析框架

如前所述,意识形态在新闻把关、议程设置及提供认知框架方面发挥着重要作用。开展对新闻话语的篇章分析,有助于迅速把握隐藏在新闻信息背后的意识形态、识别媒体立场。

表3-4提供了新闻意识形态的篇章话语分析框架,具体分析媒体在宏观、中观、微观三个层面的选择,从而建构起意识形态框架。

表3-4 新闻意识形态的篇章话语分析框架

框架建构	宏观选择	新闻把关、议程设置、提供解读框架	标题	议题选择;价值点
			导语	后半段提供的认知框架
	中观选择	主体叙事角度	场面描写	视角
			人员评论	观点(立场、态度)
			背景	历史追溯、同类事件
	微观选择	倾向性	用词	偏向化命名、过度词化、重新词化
			信源	立场比例

宏观选择层面重点观察媒体在新闻把关、议程设置、提供解读框架方面的作用。主要考察所选择的议题集中在哪些领域、选择了哪些价值点。价值点往往可以通过观察标题结构以及标题中的核心词来初步识别。新闻导语是对新闻标题的拓展,英文新闻往往在前半段提供新闻事实,后半段提供认知框架,为解读新闻价值提供依据。因此,结合导语后半段提供的认知框架,往往能够迅速判断新闻的价值取向,进而判断媒体立场。

中观选择层面重点观察媒体通过主体展现的叙事角度,具体可以观察对于新闻事件的场面描写、相关人员的评论,以及媒体添加的新闻背景。关于场面描写,关注其选择的场景画面以及偏向化用词。关于相关人员评论,关注其立场、观点、态度,以及代表的利益集团。新闻背景一般是通过对历时和共时新闻事实的叠加,加深读者对当下新闻事件的认识。选择不同的背景,会激发不同的认知框架和读者期待框架,分析时应主要关注新闻背景所涉及的历史和同类事件所产生的联想意义。

微观选择层面重点识别倾向性。首先,重点关注偏向化命名、过度词化、重新词化等词汇现象。其次,关注信源(引文来源),对其来源机构的立场加以判定。结合对于正负态度、偏左偏右立场出现频率的数据统计,可以得出较有说服力的结论。

3.4.2 案例分析

下面的三篇新闻均为对中国个税起征点上调这一新闻事件的报道，分别来自路透社、美联社、《基督教科学箴言报》(*Christian Science Monitor*)。请使用新闻意识形态篇章话语分析框架，从宏观、中观、微观层次加以分析，形成对其媒体立场和意识形态框架的整体认识。

▶ 路透社报道

China Raises Personal Income Tax Threshold to 3,500 Yuan

(Reuters)—China has raised the monthly personal income tax threshold to 3,500 yuan ($542) from the current 2,000 yuan, the official Xinhua News Agency said on Thursday, offering a deeper tax cut for wage earners than expected.

Xinhua said that the Standing Committee of China's National People's Congress, the parliament, had decided to lift the threshold from the previously proposed 3,000 yuan due to a public outcry.

As inflation accelerates and residents' share in overall national income shrinks, Chinese urban workers have been calling for personal income tax cuts.

The government is also trying to boost domestic consumption to cut the economy's reliance on investments and exports.

China's personal income tax revenues ballooned in the last decade to 483.7 billion yuan in 2010, from 41.4 billion yuan in 1999, partly thanks to enhanced tax collection.

In May 2011, China's personal income tax revenues amounted to 50.2 billion yuan, up 33.4 percent from a year earlier. ($1 = 6.463 yuan)

▶ 美联社报道

China Eases Tax Burden on Poor with Law Change

The Associated Press

China's legislature raised the threshold for paying income tax, effectively exempting tens of millions of workers in a new effort Thursday to defuse tensions over surging inflation and a yawning wealth gap.

The change comes on the eve of celebrations of the 90th anniversary of the founding of the ruling Communist Party, which faces public rancor over high prices and corruption and protests over minority and migrant worker rights.

The Standing Committee of China's legislature raised the minimum personal income required to pay taxes from 2,000 yuan ($300) a month to 3,500 yuan ($540).

That will reduce the number of taxpayers from 84 million, or 28 percent of workers covered by the law, to about 24 million, or just 7.7 percent, said a tax official, Wang Jianfan. The income tax law covers about 300 million urban workers but not most of China's hundreds of millions of farmers, who pay tax under a different system.

The change is meant to ease the tax burden on low-income workers, Wang said at a news conference. The official Xinhua News Agency said lawmakers also wanted to "adjust the distribution of income" —a reference to narrowing the gulf between China's elite who have benefited from economic reform and the poor majority.

"It is a serious attempt to maintain social stability and redress the problems of inflation," said Steve Tsang, director of the China Policy Instituteat Britain's University of Nottingham.

Inflation jumped to a 34-month high of 5.5 percent in May, driven by a double-digit jump in food costs and some economists forecast a bigger jump for June.

High prices are dangerous for the authoritarian government because they erode economic gains that underpin the ruling party's claim to power. Food costs are especially sensitive because poor families in China spend up to half their incomes on food.

The government also has promised hefty increases in social spending to help narrow the gap between an elite who have profited from three decades of economic reform and China's poor majority.

Thursday's announcement highlights the extremes of wealth and poverty in a society that had 115 billionaires in *Forbes* magazine's 2011 list of the world's richest.

The figures cited by Wang would mean only 24 million workers earn more than 42,000 yuan ($6,500) a year, while millions of families get by on less despite rapid economic growth.

▶ 《基督教科学箴言报》报道

China to Cut Income Tax for 60 Million People

China's government is attempting to boost spending and fuel sustainable economic growth though income tax cuts. Only 8 percent of Chinese will now pay income tax.

By Peter Ford, staff writer

BEIJING: Some 60 million Chinese will wake up newly exempt from income tax tomorrow morning, as the government tries to boost poorer peoples' spending power and fuel sustainable economic growth.

Though a few top earners will pay more, almost everyone else will get a break, according to Finance Ministry calculations.

"This is good news for most people, especially low- and middle-income employees," says Yi Xianrong, a finance expert at the China Academy of Social Sciences think tank.

The tax break offers consumers some relief in the face of high inflation, which was running at an annual rate of 6.5 percent last month and eating into family budgets.

The biggest beneficiaries will be those at the bottom of the tax scale. The lowest rung of the income-tax ladder has been raised from 2,000 RMB ($313) per month to 3,500 RMB ($547). The average Chinese wage is around 3,000 RMB a month.

Sound off: Who knew they had an income tax in China?

The tax reform, made more generous after a wave of online protest against earlier government proposals for stingier changes, means that only about 8 percent of Chinese will pay any income tax at all, according to Wang Jianfan, deputy director of the Finance Ministry's tax policy department.

Like many developing countries, China relies very little on hard-to-collect income tax for its revenue. Last year it raised only 6.6 percent of its taxes from personal income. Instead, the government goes after the business sector, which is easier to monitor.

Raising the income tax threshold will cost the government 160 billion RMB ($25 billion) in lost revenue, according to the Finance Ministry, but this is "no big deal" for Chinese public finances, according to Arthur Kroeber, head of the Beijing-based

Dragonomics economic consultancy. "Fundamentally, China's fiscal conditions are very strong", Mr. Kroeber says, pointing to government estimates of a budget deficit below 2 percent this year.

What the government gets for its $25 billion, says Dr. Yi, is goodwill at a time when ordinary people are grumbling increasingly loudly about rocketing food prices. "If people's purchasing power goes up, that is good for social stability," Yi says.

Household income has been falling as a share of GDP, relative to corporate and government revenues, for several years, but the new tax breaks are unlikely to reverse that trend because income tax plays such a minor role in China's economy.

"If the government wants to redistribute income from the corporate to the household sector, tax policy is not going to do the trick," warns Kroeber.

个人所得税（personal income tax）是以个人收入为征税对象、由个人交纳的一种税，是目前世界上大多数国家普遍征收的一个税种。作为国家财政收入的重要来源之一，征收个人所得税具有缩小贫富差距、实现社会公平的社会功能。2000年，经济合作发展组织（Organization for Economic Cooperation and Development，OECD）发布的资料显示，发达国家个人所得税占国家税收收入总额的平均比重达到29%，若把社会保险税考虑进来，此比重则高达51%。

个税起征点的提高会影响纳税人以及居民消费支出情况，使一些低收入群体转变为非纳税人，也能对整个社会的消费活动起到相应的刺激作用。个税起征点的确定与城乡居民的实际收入密切相关。2011年，全国人大常委会通过修改个人所得税法的决定，将个税起征点由2 000元提高至3 500元；2018年，全国人大常委会再次对个税草案进行审议，将个税起征点由每月3 500元上调至5 000元。以上改革引起了全社会的极大关注，也引发了外媒的普遍关注。

下面将对这三篇报道进行对比分析：

1. 宏观选择：不同的解读框架

三家媒体选择了不同的解读框架，分别从经济、政治、民生三个视角解读中国个税起征点上调这一新闻事件。

1）路透社：经济框架

英国的路透社与美联社、法新社最大的不同之处在于其业务重心在金融领域。在很多人心目中，路透社的名字与160多年来的时事新闻总是相伴出现，作为一家通讯社，它是新闻采集与播发机构。实际上，路透社不仅是新闻提供商，还是目前世界上最大的金融资讯与交易终端销售商。新闻报道和媒体产品只占公司业务的3%，而公司97%以上的收入来自金融市场。这在一定程度上决定了路透社对于经济新闻的敏感性和报道的专业性。

路透社该则新闻报道标题中最吸睛的是阿拉伯数字"3,500"，结合导语后半段提出的认知框架"降税幅度超出预期"（offering a deeper tax cut for wage earners than expected），说明其报道的焦点在降税幅度，主要是从经济视角解读个税起征点上调的事实和影响。试观察以下黑体部分：

> China Raises Personal Income Tax Threshold to **3,500 Yuan**
>
> (Reuters)—China has raised the monthly personal income tax threshold to 3,500 yuan ($542) from the current 2,000 yuan, the official Xinhua news agency said on Thursday, **offering a deeper tax cut for wage earners than expected**.

2）美联社：政治框架

美联社该则新闻报道的意识形态味道十分浓厚。标题中最抓人眼球的是充满矛盾斗争味道的"Burden"和"Poor"，结合导语后半段提出的认知框架（贫富差距、通货膨胀、社会矛盾），说明其报道焦点在降税原因上，主要从政治视角解读个税起征点上调的社会背景和政治原因。试观察以下黑体部分：

> China Eases Tax **Burden** on **Poor** with Law Change
>
> China's legislature raised the threshold for paying income tax, effectively exempting tens of millions of workers in a new effort Thursday **to defuse tensions over surging inflation and a yawning wealth gap**.

3）《基督教科学箴言报》：民生框架

该报是美国最具影响力的十大报纸之一，1908年在波士顿创刊，曾7次获得普利策新闻奖。其办报宗旨是："to injure no man, but to bless all mankind"（不伤害任何人，造福全人类）。该报的主要特点可总结为：

- not religious-themed（非宗教主题）：面向"世俗"的报纸。
- international coverage（国际报道）：在国际新闻报道方面尤负盛名。
- non-sensationalism（严肃新闻）：以严肃新闻为主，一般不刊登有关暴力、色情等诲淫诲盗方面的新闻。即使发表一些犯罪和灾祸性新闻，也回避细节描写，着重分析事件产生的前因后果。
- in-depth report（深度报道）：该报是解释性报道手法的倡导者和实践者，善于报道国内、国际重大事件，并对其进行见解独到的述评和分析，受到知识界的推崇。对国际问题的分析都比较客观、公正，因此这份报纸不仅受到美国中上层知识分子的欢迎，而且还被美国国会、其他政府部门以及研究国际问题的海外人士广泛重视。
- China reports（关注中国）：该报的国际版上几乎每天都能看到至少一篇对中国的报道。政治、经济、生活、文化、教育无所不及，既有对中国国力提高的称赞，也有对中国社会现存问题的提醒和建议。

该报用几组前后对比的表达精辟地阐述了自身的办报立场：

We're unrelenting but fair.（无情鞭挞，秉持公正。）

We're excited by what's new and developing—yet always mindful of the history behind us.（追求新锐，不忘历史。）

We're broad in scope but written for the individual.（包罗万象，关注个体。）

And we make a point of resisting the sensational in favor of the meaningful.（抵制煽情，追求意义。）

鉴于以上媒体立场，该报对于此则新闻的报道选择使用民生框架，从造福民众的视角解读新闻事件。标题中最亮眼的是"60 Million"，结合导语后半段提出的认知框架（降税后仅8%的国人缴纳个税），说明其报道的焦点是降税对广大民众生活的影响。试观察以下黑体部分：

China to Cut Income Tax for **60 Million** People

China's government is attempting to boost spending and fuel sustainable economic growth though income tax cuts. ***Only 8 percent of Chinese will now pay income tax.***

BEIJING: Some 60 million Chinese will wake up newly exempt from income tax tomorrow morning, as the government tries **to boost poorer peoples' spending power and fuel sustainable economic growth**.

2. 中观选择：信源和背景

首先，相关人士的评论和解读与前述各媒体选择的框架一致。第一篇路透社的报道短小精悍，没有引用评论。第二篇美联社引证的人员及观点为（表3-5）：

表3-5　美联社的信源及其主要观点

信　源	主要观点
王建凡（时任财政部税政司副司长）	减税范围不包括农民
新华社	减税主要目的是调节收入分配
曾锐生（英国诺丁汉大学中国政策研究所主任）	减税是维护社会稳定和解决通胀问题的重要举措。其关于税收与维护社会稳定之间关系的论述被多次引用

第三篇《基督教科学箴言报》引证的人员及观点为（表3-6）：

表3-6　《基督教科学箴言报》的信源及其主要观点

信　源	主要观点
王建凡（时任财政部税政司副司长）	只有8%的国民需要缴税
易宪容（原中科院金融研究所金融发展室主任，被称为"房地产平民代言人"）	降税是好消息，民众消费能力上升有助于经济稳定
葛艺豪（龙洲经讯常务董事，中国《经济学（季刊）》编辑）	降税不会对中央财政造成压力

其次，补充的背景与媒体框架保持一致。第一篇路透社的报道补充经济背景，指出中国政府个税收入大幅度增长。第二篇美联社的报道补充社会背景，对中国进行不实指责，宣称中国国内通胀、腐败、农民工问题引发公众不满，央行四次降息缓解通胀不力，国内贫富悬殊。第三篇《基督教科学箴言报》的报道补充经济背景，指出中国国内通胀率偏高，个税在税收总额中占比不大。

3. 微观选择：过度词化

第二篇美联社报道的意识形态性较为凸显，使用倾向性、集群化用词，大肆夸大中国国内的社会矛盾和经济压力，用到的偏向化表达包括：

- tensions over surging inflation and a yawning wealth gap
- public rancor
- corruption and protests

- tax burden
- inflation jump

课后练习

根据本章所学，完成以下单项选择题。

1. "台湾问题"的正确英文翻译应为（　　）。

    A. Taiwan question

    B. Taiwan issue

    C. Taiwan problem

2. 对于1949年10月1日之后的台湾地区政权，以下称谓中正确的是（　　）。

    A. 台湾政府

    B. 台湾当局

    C. 中华民国

3. 对于中国大陆，以下称谓中不正确的是（　　）。

    A. Mainland China

    B. Chinese mainland

    C. the mainland of China

4. 在新闻报道中，以下表述中正确的是（　　）。

    A. the Han Chinese

    B. APEC summit

    C. the Miao nationality

    D. the Uyghur people

第 4 章 媒介定位与新闻编译

- **本章学习要点**
1. 辩证认识"主流媒体"的定义及评判标准；
2. 能够从"受众定位"和"功能定位"出发研判"媒介定位"；
3. 熟悉英美主流媒体，综合把握其政治光谱定位；
4. 强化对新闻编译意识形态主线的主动认知。

- **课前思考**
1. 什么是"主流媒体"？
2. 你熟悉哪些全球主流媒体？
3. 你认为美国两党政治对于媒体立场有何影响？
4. 英国的"大报"和"小报"在形式和内容上有何区别？

4.1 主流媒体的定义

4.1.1 什么是"媒介定位"

新闻的媒介定位是借鉴市场营销学中的"市场定位"理论而产生的概念。但是，新闻媒介与普通产品不同，具有非常鲜明的政治属性，必须将社会效益放在第一位。新闻媒介的这种"双重属性"（政治属性与商品属性）决定了"媒介定位"是一个处在新闻编辑学与媒介营销学相结合地带的课题，具体从事媒介定位特别是媒介产品设计工作的主要是新闻编辑人员，尤其是中高层新闻编辑（李谷明、谷晓东，2003）。从新闻学的角度讨论媒介定位，主要包括"受众定位"与"功能定位"。

"受众定位"就是确定媒介的目标受众，立足于对媒介市场的分析，对媒介产品的市场占位做出决策。随着经济发展和科学技术水平的提高，大众传播已经进入了转型时期，由"大众"变为"小众"（或称"分众"），由"广播"变为"窄播"，一家媒介覆盖全体受众已经不可能再实现，每一媒介都必须有所选择、有所放弃，确定最适合自己的目标受众。

"功能定位"就是确定媒介所要担负的职能和所要发挥的功用，立足于受众需求和传播目的对媒介产品做出决策。功能定位是媒介实现传播效益，包括社会效益和经济效益的指向性规定。媒介的功能定位首先要以受众需求为基础。其次，媒介功能定位要以媒介主办者的主观愿望为基础，即媒介主办者投资办报的目的何在，也决定了媒介的功能定位。面向同一地区受众群体的媒介可以有不同的功能定位，例如，在同一个城市发行的报纸，有主要承担"耳目喉舌"任务的机关报，也有主要为市场生活提供信息服务的晚报、都市报，还有专门为市民提供某一类实用信息的生活服务类报纸，如购物导报、广播电视报等。

"媒介定位"是多重因素交互作用的产物。从媒介的外部环境来看，影响媒介定位的直接要素主要有受众、媒介控制者、广告客户、传播中介、竞争者。这五个因素构成媒介的生存环境。此外，还存在一些间接因素，包括政治因素、人口因素、经济因素、环境因素、法律因素、技术因素、文化因素等。间接因素通过直接因素发挥作用影响媒介定位。

随着媒体间的竞争日趋激烈，媒体要想占有市场，求生存、图发展，首要解决的就是定位问题。科学准确的定位能够确立媒体的风格特色，保证新闻报道的质量。从一定意义上说，定位是新闻媒体安身立命的基石。

鉴于媒介定位直接对新闻生产过程中的各类决策产生制约性影响，因此，有必要把握主流媒体的媒介定位情况，以便在国际新闻编译工作中抓住本质，掌握主动权。本书聚焦中英新闻编译，下面将对英美主流媒体的情况加以梳理。

4.1.2　什么是"主流媒体"

对"主流媒体"（mainstream media，MSM）这个概念的定义，可以从"质"的角度出发，根据政治性、权威性、影响力、公信力等尺度，使用"高级媒体""严肃媒体"来界定；也可以从"量"的角度出发，根据规模、发行量、经济收入等尺度，用"大报大台""强势媒体"来界定；还可以从"质"和"量"两个方面共同来界定，"主流媒体"就是具备一定的规模，具有相当的影响力，并代表发展方向的主要媒体。

新华社"舆论引导有效性和影响力研究"课题组（2004）曾提出判断主流媒体的六条标准：

- **权威性：** 具有一般新闻媒体难以相比的权威地位和特殊影响，被国际社会、国内社会各界视为政府和人民意志、声音、主张的权威代表；

- **影响力**：体现并传播社会主流意识形态与主流价值观，坚持并引导社会发展主流和前进方向，具有较强影响力；
- **公信力**：具有较强公信力，报道和评论被社会大多数人群广泛关注并引以为思想和行动的依据，较多地被国内外媒体转载、引用、分析和评判；
- **严肃性**：着力于报道国内外政治、经济、社会、文化等领域的重要动向，是历史发展主要脉络的记录者；
- **受众**：基本受众是社会各阶层的代表人群；
- **发行量**：具有较大发行量或较高收听、收视率，影响较广泛的受众群。

以上标准的前四条主要是"质"的标准，后两条主要是"量"的标准。但在媒体实际发展历程中，往往存在"质"与"量"不可兼得的情况。过多强调媒体的发行量（收视率），会在一定程度上模糊主流媒体与大众媒体（强势媒体）之间的区别和界限。

对此，清华大学新闻学院的刘建明提出，主流媒体绝不仅仅是对受众份额的占有，更不是硬性的订阅，而是负有对受众思想的引领，以其权威性指导受众思考方向的职责。中国人民大学的喻国明认为，主流媒体关注国家发展，着眼社会进程，对重大社会事件给予全方位的、权威的解读；通过主流媒体，可以建构起符合本国实际情况的舆论基调，提出能够促进本国发展的媒介议题。据此，主流媒体的本质、核心和标志只有一个，就是以它的思想影响力受到社会主导阶层的关注，成为社会主流人群每天必阅的媒体（张遥，2007）。

综上，在主流媒体的判断方面，应兼具"质""量"两方面的考量，但以"质"为主。

4.2　美国主流媒体及其政治光谱

4.2.1　美国主流媒体概况

基于上述标准，美国主流媒体应指在社会信息传递、民意成形塑造和政府政治决策中起着重要和主导作用，并拥有一定数量的受众群和一定公共声誉的美国媒体。

基于这一认识，传统的美国主流媒体一般包括：
- **通讯社**：联合通讯社（简称美联社）、合众国际社；
- **报纸**：《纽约时报》《华盛顿邮报》《华尔街日报》和《今日美国》（USA Today）等；
- **三大商业广播电视公司**：美国广播公司（American Broadcasting Company，ABC）、全国广播公司（National Broadcasting Company，NBC）、哥伦比亚广播公司（Columbia

Broadcasting System，CBS）；

- **有线新闻台：**福克斯新闻台（FOX News Channel，FNC）、美国有线电视新闻网（Cable News Network，CNN）；
- **三大新闻周刊：**《时代周刊》（*Time*）、《新闻周刊》（*Newsweek*）、《美国新闻与世界报道》（*US News & World Report*）；
- **公共广播电视机构：**美国国家公共广播电台、美国公共广播电视网（Public Broadcasting Service，PBS）。

同时，必须注意到，互联网的诞生为美国媒体提供了新的信息传播手段。美国的网络新闻发展为两类：一类是纸媒或广播节目的电子版，被称为"遗产新闻"（legacy news）；一类是直接诞生在网络中的新闻，被称为"土著数字新闻媒体"（digital native news outlets）。皮尤研究中心（Pew Research Center）的调查显示，90%的美国成年人通过手机或电脑获取新闻。"土著数字新闻媒体"中，86%提供苹果手机官方应用，71%提供播客，63%允许读者发表评论。

社交媒体正在成为美国人获取新闻的重要渠道。据统计，62%的美国成年人从社交媒体中获取新闻。其中，2/3的"脸书"（Facebook）用户从"脸书"获取新闻，59%的"推特"（Twitter）用户从"推特"获取新闻，7/10的"红迪网"（Reddit）用户从该网获取新闻（Gottfried，2016）。研究显示，"脸书"和"油管"（Youtube）在美国社交媒体中居主导地位。皮尤研究中心的调查显示，约2/3的美国成年人为"脸书"用户，其中约3/4的人每天登陆"脸书"，在65岁及以上的人群中，绝大多数美国人使用"脸书"。18至24岁的年轻人则倾向于使用多样化的社交媒体平台，如"快聊"（Snapchat）、"推特"和"照片墙"（Instagram）。

奥巴马政府曾在"油管"上首发最新政策。唐纳德·特朗普（Donald Trump）执政期间也曾使用"推特"发布大量信息，被网民调侃为"推特治国"。2021年美国国会暴乱发生后，拥有8 870万粉丝的特朗普"推特"账号被永久封闭，原因是涉嫌煽动暴力，足见网络媒体的影响力之大。

综上，在美国影响较大的新型主流媒体主要包括：

- **网络社交媒体：**"脸书""推特""红迪网""照片墙"；
- **视频分享平台：**"油管""我报道"（I-Report）；
- **新闻博客网站：**《赫芬顿邮报》（*The Huffington Post*，简称*HuffPost*）。

4.2.2 美国主流媒体的政治光谱

> **小贴士**
>
> We're supposed to be the United States of America. But in many ways, we're now divided into two very different nations; there is red state America and there is the blue state America.（我们应该是一个美利坚合众国。但在许多方面，我们现在被分割成两个完全不同的国家，一个是红州美国，一个是蓝州美国。）
>
> ——Stephen Moore
>
> （斯蒂芬·摩尔）

美国的国内政治主要被共和党（the Republican Party 或 the Grand Old Party）与民主党（the Democratic Party）主导。共和党又被称为保守党（the Conservative），是典型的"右翼"，民主党又被称为自由党（the Liberal），在美国国内被认为是"左翼"。

美国的国旗是星条旗，由左上角的蓝底白星和十三条红白相间的条带组成。基于这一传统，人们喜欢用国旗上的红蓝两色之一来代表某个党派。有些州的多数选民倾向于支持共和党候选人，被称为"红州"，而有些州的多数选民则倾向于支持民主党候选人，被称为"蓝州"。选民在两者之间摇摆不定的州，被称为"摇摆州"或"紫州"，即红蓝混合色。前文斯蒂芬·摩尔所说的"红州美国"和"蓝州美国"指向的正是美国两党政治及其对国家政治、经济政策的分裂性影响。

"左翼""右翼"作为政治概念，起源于1789法国大革命时期召开的国民议会。坐在会议主席右边的是对立法尚有绝对否决权的保王派，而坐在主席左边的是革命派，两派针锋相对，互为对立。法国大革命时期的这种"左"与"右"对立的政治意义与称谓后来传遍欧洲和世界并沿用至今。

左翼一般认为历史是人民创造的，信奉"小民史观"，其政治主张偏向下层人民、草根阶层。左翼反对贫富悬殊，追求社会公平和"均贫富"，认为贫困是由于"不公正"造成的，国家、社会应对个人的不幸负责。左翼梦想创造一个和谐的、公正的社会，在经济政策上主张"大政府"，加强国家宏观控制，扩大税收，特别是针对富人的税收，扩大公共福利，甚至不惜通过国家公共工程来解决经济危机和失业问题。左翼总的来说是变革的、进步的，是自由主义和民主政治的原教旨阵地。

右翼则正好相反，信奉"英雄史观"，认为历史是英雄创造的，其政治主张偏向中产阶级、精英阶层。右翼特别反对左翼提出的"均贫富"的观点，认为这实际上是在追求终点的平等，是错误的。右翼更强调个人的使命感和责任感，强调国家应给每一个公民以机会，尊重每一个人的个性，强调每个人平等受教育的权力，认为人必须对自己的命运负责，贫困源于自己的低素质、懒惰和无能，不能归结于其他因素。右翼主张"小政府、大社会"，经济政策自由放任，认为对经济的干预和宏观调控越少越好，主张通过减税、减少公共福利、刺激投资来解决失业问题和社会问题，认为福利越多，人的依赖性就越强，进取心就越差，就会鼓励懒惰、打击勤奋，因此对一个国家的前途将造成消极的影响。右翼强调"法律和秩序"。

美国媒体的政治光谱也因此极化。媒体报道的首要目标原则上当然是基于事实，客观公正。但在美国，关于主流媒体是否客观公正的说法一直争议颇大，尤其是接近大选的时候。福克斯新闻和共和党人常常宣称美国媒体存在"左翼偏见"（liberal bias），而左翼政客则批评福克斯新闻持"右翼立场"。美国的政治讽刺节目更是把福克斯新闻称为"共和党候选人的竞选伙伴"。

2005年加州大学洛杉矶分校（University of California, Los Angeles; UCLA）的几位教授在《经济学季刊》（*The Quarterly Journal of Economics*）发表文章，绘制出美国主流媒体的政治光谱，发现它们的政治立场普遍偏左，仅有福克斯新闻和《华盛顿时报》（*The Washington Times*）等少数偏右。该政治光谱中美国主流媒体的政治立场从左到右的排序为：《华尔街日报》、《纽约时报》、《洛杉矶时报》（*Los Angeles Times*）、哥伦比亚广播公司、《华盛顿邮报》、《新闻周刊》、美国国家公共广播电台、《时代周刊》、全国广播公司、《今日美国》、美国广播公司、美国有线电视新闻网、美国公共电视网、福克斯新闻、《华盛顿时报》。

2016年，皮尤研究中心对美国主流媒体的受众政治立场和党派倾向进行研究，绘制出美国媒体的政治倾向版图（ideological placement of each source's audience）。皮尤研究中心把媒体置于有自由主义和保守主义意识形态的政治版图中，自由主义居左，保守主义居右。研究发现，绝大部分美国媒体居左，倾向左翼自由主义，只有为数不多的媒体居右，倾向右翼保守势力。上文提及的媒体中，仍只有福克斯新闻处于0坐标之右，其余媒体的政治倾向从左到右的排列顺序如下：《纽约客》（*The New Yorker*）、《纽约时报》、公共广播公司、《华盛顿邮报》、《经济学人》、微软全国广播公司、美国有线电视新闻网、全国广播公司、哥伦比亚广播公司、谷歌新闻（Google News）、彭博社、美国广播公司、《今日美国》、雅虎新闻（Yahoo News）、《华尔街日报》。

对比发现，2005年的UCLA主流媒体政治光谱和2016年的皮尤研究中心媒体政治倾向排序总体保持一致，但《华尔街日报》的变化较大，由偏左转变为中左，Media Bias/Fact Check（MBFC）的评测更是将其定位为中右。有分析认为，这与该报2007年被鲁伯特·默多克（Rupert Murdoch）新闻集团收购并改版存在莫大关系。默多克新闻集团登陆美国市场之后，先打造了福克斯电视网，以抗衡当时的三大电视巨头：NBC、ABC和CBS；后又针锋相对地推出了福克斯体育频道对抗娱乐与体育电视网（Entertainment and Sports Programming Network，ESPN），推出24小时新闻频道对抗CNN。2007年，新闻集团收购了《华尔街日报》的母公司道琼斯公司（Dow Jones & Company），为入主《华尔街日报》扫清了最后的障碍。默多克旗下新闻集团以右倾闻名，被指偏向共和党，默多克本人亦不讳言要抗衡传媒"自由化倾向"。

近年来，美国日趋激烈的党派纷争和政治生态极化有目共睹，由此导致的"媒体偏向"加剧之势也愈发明显。在2016年大选中，美国传统主流媒体一边倒地认为特朗普不可能胜选；在选举后，执政的特朗普公开与美国主流媒体为敌，说它们是"人民公敌"，以美国有线电视新闻网和《纽约时报》为代表的主流传统媒体则对特朗普进行了激烈批评。

研究显示，自2016年以来，美国新闻选择的标准愈发向党派利益和政治立场倾斜。福克斯新闻等保守派媒体在政治和资本的加持下向着"超级党派媒体"（hyper-partisan media）演变。原本处于边缘的另类右翼媒体在白宫政客的力挺之下名声大噪，大有跃居主流之势。持中间偏左立场的大批温和自由派媒体则火药味渐浓，与激进自由派媒体日益合流。在此背景下，秉持"理性""中立""客观"原则的"教科书级媒体"几乎失去了生存的空间。

MBFC是美国一家独立网站，结合议题设置、措辞偏向性、信源质量等指标，对全球主流媒体的意识形态偏见、事实性和信度提供了较为全面的评测。本书摘译了2023年MBFC提供的部分最新数据，对美国主流媒体的偏向性、事实性、信度加以梳理，以展现美国主流媒体的定位和意识形态立场。

1.《纽约时报》

1）简况

《纽约时报》创办于1851年，简称"时报"，是一份在美国纽约出版、在全球发行的日报。近年来，在全美发行量排行榜中稳居前三。

《纽约时报》是美国高级报纸、严肃刊物的代表，长期以来在西方世界拥有良好的公信力、权威性和相当高的影响力。由于风格古典严肃，有时也被戏称为"灰色贵妇"（the Gray Lady）。该报在美国国内号称"政治精英的内部刊物"，美国国务院、国会、各国大使馆和社会团体都依赖它来建立普遍性的参考框架，因此被西方人誉为"权力机构的圣经"和"档案记录报"（newspaper of record）。由于该报篇幅巨大，又有"货色齐全的新闻超级市场"之称。

2）MBFC 评测

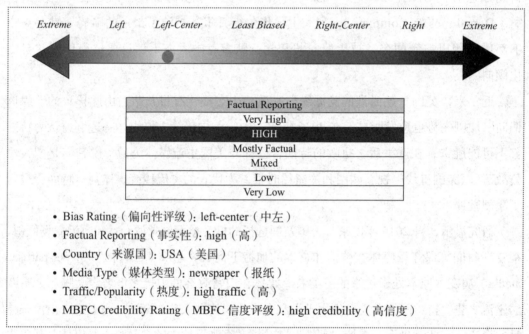

图 4–1 《纽约时报》MBFC 评测

（1）意识形态评级

该报具有轻微的自由主义偏见，使用情绪化语言（emotionally loaded words），诉诸情感或刻板印象影响受众支持其自由主义观点。其报道事实性强，引证来源信度高，信息可靠性较高。

（2）偏向性分析

美国前总统唐纳德·特朗普经常在其推特账户抨击《纽约时报》，称之为"the failing *New York Times*"，指责其"幼稚"（naive）、"愚蠢"（dumb），提供"假新闻"（fake news）。

皮尤研究中心的媒体两极分化报告将《纽约时报》的受众定位为"一贯自由派"（consistently liberal）。自1960年以来，《纽约时报》只支持民主党总统候选人。

该报使用的信源可靠，包括康奈尔法律信息中心、《金融时报》（*Financial Times*）和《华盛顿邮报》等。议题设置均衡，措辞多左倾，在标题中使用情绪化的语言。例如：

- Trump again **falsely** blames democrats for his separation tactic（特朗普再甩锅民主党 谁对拆散移民家庭负责）
- A financier's **profit-minded** mission to open a channel between Kushner[1] and North Korea（金融家的牟利使命：在库什纳和朝鲜之间开辟通道）

2.《华盛顿邮报》

1）简况

《华盛顿邮报》创办于1877年，是美国华盛顿创办最早的报纸之一。据2021年数据，《华盛顿邮报》在全美发行量排名中位列第五，是一家有实力控制全国舆论的权威性报纸。

由于位于政治中心华盛顿，该报尤其擅长报道国内政治动态，在美国国内素以消息灵通、材料可靠、文笔犀利著称。相比之下，《纽约时报》则在国际事务报道方面更有威望。

1971年，该报继《纽约时报》后刊发了美国在越战中所谓的"国防部机密文件"，因揭穿了美国政府的隐瞒和欺骗而名声大振。接着又以报道"水门事件"导致尼克松总统下台而家喻户晓。该报是美国国会议员、政府官员的"必读报"。不少人认为它是继《纽约时报》后美国最有声望的报纸。

---

[1] Kushner：指贾里德·库什纳（Jared Kushner），纽约知名房地产开发商，美国前总统特朗普的女婿，特朗普执政期间被任命为白宫高级顾问。

2）MBFC 评测

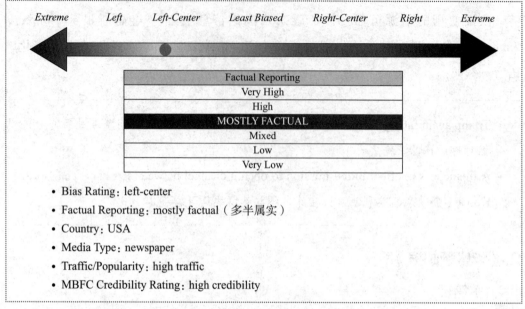

图 4–2 《华盛顿邮报》MBFC 评测

（1）意识形态评级

皮尤研究中心称，《华盛顿邮报》更受自由派读者信任。

（2）偏向性分析

1981 年，《华盛顿邮报》的记者珍妮特·库克（Janet Cooke）以《吉米的世界》（*Jimmy's World*）特稿获普利策奖。该特稿讲述了一个八岁黑人男孩因母亲男友吸毒而染上毒瘾的故事。后来的调查结果显示，这是一篇杜撰新闻，库克的获奖被取消，《华盛顿邮报》向公众道歉并开除库克。

3. 美国有线电视新闻网

1）简况

美国有线电视新闻网（下简称"CNN"）创办于 1980 年，总部设在美国佐治亚州的亚特兰大（Atlanta，Georgia），提供全天候的新闻节目。

对于 20 世纪 80 年代至 90 年代的一系列重大事件的报道，如美国"挑战者号"航天飞机失事、里根遇刺、柏林墙倒塌等，特别是 1991 年的海湾战争，奠定了 CNN 在全球新闻领域，尤其是电视新闻领域的地位。它开创了电视专业新闻频道全天直播、全程直播、全球覆盖的先河，创立了全新的"实时"直播新闻理念。

1996 年 11 月 22 日，在由联合国主办的首届"世界电视论坛"会议上，时任联合国秘书长加利鉴于 CNN 的巨大影响，在开幕式致辞中谈到：电视，由于其对公众舆论所具有的巨大影响力，已经在很大程度上对联合国的工作和决策起着决定性的作用。因此，电视可以被视为"联合国安全理事会的第 16 个成员"。

2）MBFC 评测

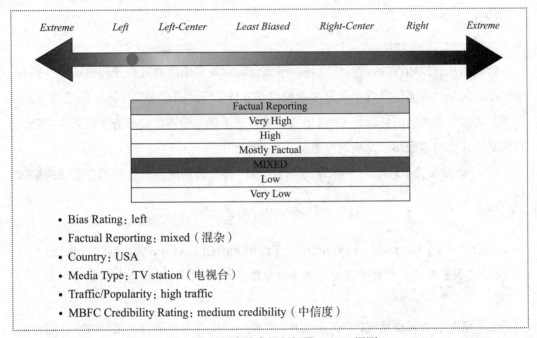

图 4-3　美国有线电视新闻网 MBFC 评测

（1）意识形态评级

根据议程设置及政治从属关系我们可以判断，该媒体存在中度到强烈的自由主义偏见。它会忽略可能损害自由主义的信息报道；大量使用情绪化语言，诉诸情感或刻板印象来影响受众；会发布误导性报道，某些信源不可信。

该媒体社论一贯偏左，因此评级定为左翼，其直接新闻报道属于"中左"。基于其政治立场，该媒体存在对于某些新闻不进行报道的情况。其电视主持人存在不实报道，故而事实性评级仅为"混杂"。其网站新闻报道则来源恰当，未通过事实核查的新闻极少。

（2）偏向性分析

CNN 的新闻报道在议题设置上带有左倾偏见，往往是对右翼的批评。例如，皮尤研究中心得出结论，在 2016 年美国总统选举期间，CNN 对总统候选人唐纳德·特朗普的大部分报道都是负面的，2012 年对总统候选人米特·罗姆尼（Mitt Romney）的报道也多数呈负面。

社论方面，CNN 的节目全面偏袒左翼。例如，典型的小组讨论会邀请 4~8 位客座评论员，但其中只有一位是共和党人，从而造成左倾声音淹没右倾声音的局面。

CNN 还经常使用耸人听闻的标题，其中掺杂情绪化的用词。例如：

> Trump **pounces on**[1] Justice Department report findings（特朗普对司法部调查报告结果大做文章）

CNN 的记者及信源通常可信度高。但部分政治事实未能通过本评测的事实性核查。应该指出的是，失实信息几乎全部来自脱口秀节目嘉宾，而非来自实际新闻报道。实际新闻报道通常是真实的。部分 CNN 电视主持人也未能通过事实性核查。此外，CNN 还曾因缺乏证据被迫撤回已发表的报道。

CNN 曾发布关于转基因生物的误导性信息，这些信息使用了大量制造恐慌的标题。例如：

> FDA allows genetically engineered "**Frankenfish**"[2] salmon to be imported to US（美国食品药品监督管理局解除进口警报，转基因"科学怪鱼"将登陆美国）

皮尤研究中心调查发现，44% 的 CNN 观众一贯或基本上是自由派，40% 是混合派，20% 一贯或基本上是保守派，这表明 CNN 更受左翼自由派观众的青睐。

4. 全国广播公司

1）简况

全国广播公司（下简称"NBC"）成立于 1926 年，总部设于纽约，是美国历史最久、实力最强的商业广播电视公司，与哥伦比亚广播公司和美国广播公司并称全美三大商业广播电视公司。旗下拥有 NBC 电视台、NBC 财经频道/消费者新闻与商业频道（Consumer Newsand Business Channel，CNBC）、MSNBC、NBC 新闻等多个品牌。

其收入主要来自广告。目前国际大型体育赛事在美国的转播主要由 NBC 运营，NBC 为奥运会在美独家转播媒体。从规模和收视率上来看，NBC 与 CBS 是主要竞争

---

[1] pounce on：猛扑；大肆渲染
[2] Frankenfish：源自 2004 年美国恐怖片《科学怪鱼》，又名《弗兰肯斯坦鱼》，片中的"科学怪鱼"是一种致命、危险的深海水怪。2019 年，美国食品药品监督管理局（Food and Drug Administration，FDA）批准进口食用转基因三文鱼。这种鱼经过基因改造，生长速度是野生三文鱼的两倍。

对手。

NBC 素以大胆创新著称，在新闻纪录片的制作上卓有成绩。该公司报道过许多引起舆论关注和争议的题材，比如化学武器和生物武器、陆军情报机构在民间进行侦察活动、季节短工问题和退休金计划等。颇具代表性的是 1963 年肯尼迪总统遇刺事件发生后，NBC 大胆停播所有广告，安排了 24 小时的连续新闻报道，开重大突发事件连续报道之先河，后来这种方式被各家电视台仿效。

2）MBFC 评测

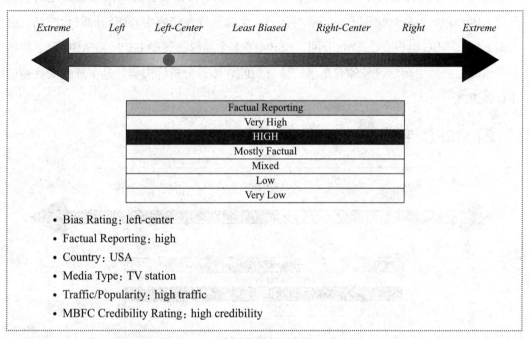

图 4-4　全国广播公司 MBFC 评测

（1）意识形态评级

基于议题设置以及措辞，该媒体定位为"中左"，有轻微支持左翼观点的表现，事实性强，引证来源信度高，信息可靠度较高。

（2）偏向性分析

NBC 在新闻标题中使用轻微情感化用词。例如：

> Trump **threatens** border security shutdown, GOP **cool** to idea（特朗普威胁关闭美墨边境，共和党反应冷淡）

NBC 的报道偏向左翼，一方面使用轻微情感化措辞，一方面刻意低调处理对右翼有利的信息。其信息来源可靠，立场较为中立，事实性强。

皮尤研究中心的调查显示，NBC 的新闻受众 42% 一贯或基本上是自由派，39% 是混合派，19% 一贯或基本上是保守派，这表明 NBC 更受左翼自由派观众的喜爱。

5. 美国广播公司

1）简况

美国广播公司（下简称"ABC"）成立于 1943 年，为美国三大商业广播电视公司之一，其经费主要来自广告。ABC 有两个总部，娱乐节目部设在加州洛杉矶附近的伯班克市（Burbank），靠近娱乐中心好莱坞，另一个总部设在传媒中心纽约的时代广场。公司旗下拥有 ABC 电视台、ABC 新闻、ESPN 等多个品牌。其中 ESPN 是 ABC 旗下的体育频道，主要播出全球各种体育赛事、体育新闻、体育分析等内容，是全球最受欢迎的体育频道之一。

2）MBFC 评测

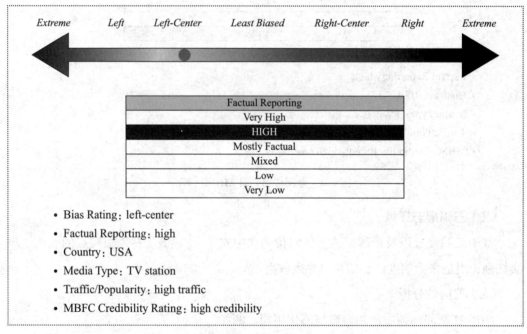

图 4–5　美国广播公司 MBFC 评测

（1）意识形态评级

基于议题设置以及措辞，定位为"中左"，有轻微支持左翼观点的表现，事实性强，引证来源信度高，信息可靠性较高。

（2）偏向性分析

ABC 在新闻标题中使用轻微情感化用词。例如：

> At Montana rally[1], President Trump **praises** Greg Gianforte for **body-slamming** reporter（特朗普公开称赞美国议员殴打英媒记者）

ABC 报道偏向左翼，一方面使用情感化措辞，一方面刻意低调处理对右翼有利的信息。其信息来源可靠，立场较为中立、事实性强。

皮尤研究中心的调查发现，ABC 的新闻受众 37% 一贯或基本上是自由派，41% 是混合派，21% 一贯或基本上是保守派，这表明 ABC 更受自由主义派受众的青睐。

6.《今日美国》

1）简况

《今日美国》创刊于 1982 年，是美国大报中最年轻的一份报纸，总部位于弗吉尼亚州麦克莱恩（McLean, Virginia）。

该报销量覆盖全美各地，是美国最受欢迎的印刷日报之一，发行量曾连续多年蝉联榜首。由于其大量用户为酒店，近年来受疫情影响显著。最新印刷发行量已降至疫情前水平的三分之一左右。截至 2022 年，其发行量下降了 13%，被《华尔街日报》反超。

《今日美国》网站是美国第二大数字新闻网站，拥有一系列数字媒体产品，包括移动应用程序、电子邮件新闻通讯、社交媒体账号等，以满足读者的多样化需求。

使用彩色印刷和大图片是《今日美国》版面上的鲜明特点，因此也被称为"报纸中的电视"。创始人艾伦·纽哈斯（Allen Neuharth）受到电视传达信息直观且形象的启发，开创了在报纸上以大量富含信息的照片和图表来报道新闻的先河，正式开启"读图时代"。

《今日美国》的宗旨是要适应美国人的快节奏生活。因此，其最重要的新闻编辑原则就是"快餐化"：尽量简化信息，迎合读者通过形象化的方式获取信息的习惯，追求信息利用便捷。就新闻报道篇幅而言，从不鼓励长文，稿件简短是该报的最突出特点之一。

《今日美国》对传统报纸的最大挑战莫过于其在"希望新闻"方面的创新。根据该报创始人的说法，"希望新闻"就是"精确而不悲观，详细而不消极地报道所有的新闻""报纸要报道事物的光明面，宣扬理解和团结，而不是歧视和分裂"。《今日美国》的读者调查表明，不少美国人喜欢这种积极的报道基调，认为读《今日美国》是一种享

---

[1] Montana rally：2018 年美国蒙大拿州竞选集会上，特朗普公开赞扬蒙大拿州共和党众议员格雷格·吉安福特此前暴力袭击英国《卫报》记者雅各布的行为。

受，能够使人们对社会产生积极的态度。

2）MBFC 评测

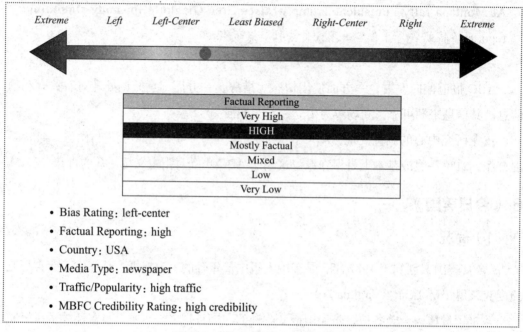

图 4-6 《今日美国》MBFC 评测

（1）意识形态评级

基于其社论的立场，该媒体定位为"中左"，轻度偏向支持左翼观点，事实性强，引证来源信度高，信息可靠性高。

（2）偏向性分析

《今日美国》的新闻标题使用轻度情绪化词汇。例如：

- President Trump's 2017 performance review, **from Putin with love**（普京：点赞特朗普总统 2017 年表现）
- Democrats, it's time for you to **dump** Hillary Clinton（民主党人，是时候抛弃希拉里·克林顿了）

尽管《今日美国》称其社论同时并置对立观点，但评估显示该报在措辞和内容选择方面仍略微偏向左派。

就硬新闻而言，《今日美国》始终使用适当的信源，如美联社、《页岩》（*Slate*）、《纽约时报》、政治真相新闻网（Politifact）和 ABC 新闻等，极少使用情感词汇，注意从双方立场展示问题。

皮尤研究中心调查显示，《今日美国》41%的受众一贯或基本上是自由派，32%是混合派，27%一贯或基本上是保守派。这表明该报更受自由主义派受众的青睐。

7.《华尔街日报》

1）简况

《华尔街日报》创刊于1889年，在美国纽约出版，在全美发行量排名中常年位列前三，是美国发行量最大的付费财经报纸。

《华尔街日报》的读者绝大多数拥有高学历、高收入、高职位，主要为政治、经济、教育和医学界人士；金融大亨、经营管理人员以及股票投资者居多，其中包括20万名董事长、总经理，美国500强企业的经理人员绝大部分订阅此报；其读者群的平均家庭年收入是15万美金。美国有些重点商学院为了培养学生的兴趣，甚至要求学生在校期间必须订阅一份《华尔街日报》。

《华尔街日报》着重对财经新闻的报道，其内容足以影响每日的国际经济活动。报道风格以严肃见长，擅长深度报道，对题材的选择也非常谨慎。报纸上以文字新闻为主，插图新闻很少，与以活泼著称的《今日美国》形成鲜明对比。

2）MBFC 评测

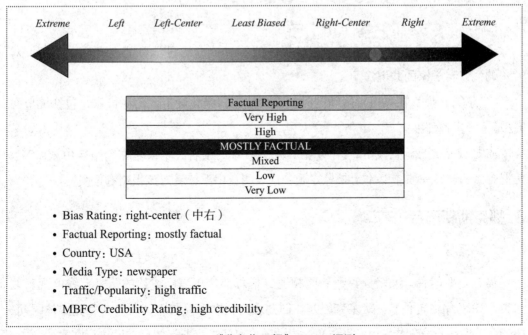

图 4-7 《华尔街日报》MBFC 评测

（1）意识形态评级

该媒体定位为"中右"，轻度保守。其硬新闻报道的政治偏向性较低，社论立场则明显偏右。该媒体多使用情绪化词语，诉诸情感或刻板印象影响受众支持保守派观点。其信源通常可信，但需要进一步核查验证。由于持反科学立场，该媒体否认人类活动引发气候变化，且偶有发布误导性社论，故而事实性评级不高，仅评为"多半属实"。

（2）偏向性分析

该报在其社论标题中使用有利于右翼的情绪化语言。例如：

> **Wrap It Up**, Mr. Mueller
>
> Democratic dilemma: **Impeach Trump for lying about sex**?
>
> （收手吧，穆勒先生
>
> 民主党的困境：弹劾在性问题上撒谎的特朗普？）

罗伯特·穆勒为前美国联邦调查局局长，受司法部任命担任特别检察官，调查俄罗斯是否介入2016年美国大选事件。此处反讽所属民主党的前美国总统克林顿在与莫尼卡·莱文斯基的性丑闻事件中公开说谎。

该报还经常发布反对地球变暖理论的信息。例如：

> The **Phony** War Against CO_2（对抗二氧化碳的虚假战争）

经新闻事实核查发现，《华尔街日报》的不少社论的科学可信度极低，被指反对97%的气候科学家的共识。

《华尔街日报》在报道常规新闻时，极少使用情绪化词汇；信源可靠，包括《金融时报》《华盛顿邮报》等。

皮尤研究中心调查显示，《华尔街日报》41%的读者一贯或基本上是自由派，24%是混合派，35%一贯或基本上是保守派，这表明自由派读者对该报略有偏爱。

8. 福克斯新闻台

1）简况

福克斯新闻台，又名福克斯新闻频道，是总部位于美国纽约的一家有线电视新闻频道，1996年由鲁伯特·默多克创办。创办之初，默多克曾聘请著名共和党媒体顾问、CNBC首席执行官罗杰·埃利斯（Roger Ailes）担任福克斯新闻台首席执行官。

福克斯新闻台发展迅速，2018 年，该新闻频道在美拥有 9 470 万用户，占美国有线电视总用户的 81.4%，已经连续 18 年成为美国收视率最高的电视新闻频道，与 CNN 并称美国最重要的两大新闻频道，在美国政界颇具影响力。

福克斯新闻台带有很强的共和党倾向，曾猛烈抨击奥巴马政府的经济政策、医疗改革等，在 2009 年曾与奥巴马政府爆发激烈的口水战，被视为共和党的喉舌。值得注意的是，尽管福克斯新闻台带有强烈的右翼共和党色彩，但它旗下的新闻节目对特朗普的政策立场态度并不一致。《福克斯新闻》较为中立，《福克斯新闻时间》对特朗普的政策多有批评。

2）MBFC 评测

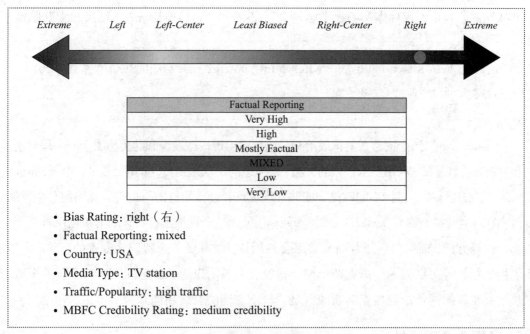

图 4–8　福克斯新闻台 MBFC 评测

（1）意识形态评级

福克斯新闻台有强烈的右翼倾向，其议题设置和编辑立场均偏右。其事实性评级仅为"混杂"，信源不佳且曾传播阴谋论。

（2）偏向性分析

根据皮尤研究中心的调查，2016 年大选期间，福克斯新闻台是 40% 特朗普选民的主要新闻来源。皮尤研究中心的另一项调查显示，在选择政治新闻的媒体来源时，保守派强烈倾向于福克斯新闻台，近一半的一贯保守派（47%）将其列为政府和政治新闻的主要来源。

福克斯新闻台通常从保守派的角度看待问题。该台旗下有几位特朗普的强力支持者，在特朗普任总统期间，福克斯新闻台对特朗普的批评较少。

福克斯新闻台的新闻标题使用情绪化词汇。例如：

> They **wanted it to blow up**: Limbaugh[1] says success of Trump-Kim summit **caught media off guard**（林堡："金特会"成功让媒体大跌眼镜 他们本指望会**搞砸**）

该标题使用的"blow up"和"catch (someone) off guard"两个习语，两者均为具有隐喻意义的表达，带有明显的情绪化色彩。前者的意思是"to fail"，相当于"失败"；后者在词典中的解释是"to catch someone by surprise especially in a way that makes the person feel confused or uncertain"，即"令人对出乎意料的结果感到惊讶"。标题表达了林堡揶揄自由派媒体本不看好"金特会"，不希望"金特会"成功，结果却大跌眼镜。

> Tucker[2]: 2016 Russia collusion **"witch hunt"** now extends to Jill Stein（塔克：2016通俄门"猎巫行动"祸及吉尔·史坦）

"witch hunt"这个词常在美国政治相关语境中出现。在欧洲和北美历史上有一段时期，女巫被视为邪恶的、利用巫术害人的异类，被愤怒的民众逮到后，常遭受极刑。今天，"witch hunt"常被用来喻指对持不同政见、或非常规观点者进行的打击与迫害。美国前总统特朗普把针对他的弹劾称为"witch hunt"。新闻标题使用这个词汇具有明显的情绪化色彩。

信源方面，福克斯新闻台通常会综合使用拉什·林堡等亲特朗普专家的言论和《华尔街日报》等可靠信源。福克斯新闻台曾发表右翼阴谋论，被起诉后撤回了有关报道。政治真相新闻网曾指责福克斯新闻台是"最不准确的有线新闻来源"。

9. 美国联合通讯社

1）简况

美国联合通讯社，简称美联社，创建于1848年，1990年将总部迁至纽约，为世界四大通讯社之一（其他三家为美国的合众国际社、英国的路透社、法国的法新社）。

美联社的合作伙伴有1 700多家报纸，5 000多家电视和广播电台；全球有243家新闻分社，在120个国家设有办事处。使用英语、德语、瑞典语、荷兰语、法语及西班牙语等多种语言发稿，每日发稿近百万字。1995年建立了互联网服务部，通过网络向用户发布新闻。

---

1 Limbaugh：拉什·林堡（Rush Limbaugh），美国知名保守派广播谈话节目主持人、右翼保守派重要意见领袖、美国前总统特朗普的坚定支持者。
2 Tucker：指福克斯新闻台节目 *Tucker Carlson Tonight*（《塔克·卡尔森之夜》）的主持人 Tucker Carlson。

美联社后来被誉为"客观报道"的先驱。由于美联社是个合作组织,众多社员来自社会不同阶层、党派、地区,利益千差万别,偏好各不相同,所以客观报道就成了唯一选择。但是,正如前几章案例分析所示,在意识形态作用下,美联社的涉华报道有不少偏离了其标榜的新闻客观性(objectivity)法则。

> **小贴士**
>
> ### 新闻客观性法则
>
> 新闻客观性法则指在新闻报道中,力求客观、中立、不带感情色彩、不加主观评判的报道原则及相关手法。
>
> 有学者概括:"作为一种职业意识形态,客观性包括三项承诺:独立(新闻不受政治压力的左右)、平衡(新闻在表现上应该不偏不倚)、客观(新闻应该仅仅陈述事实,其中不能渗透主观判断)。"
>
> ——仙托·艾英、戈唐纳德·金德(Shanto Iyengar & Donald Kinder)
> 《至关重要的新闻:电视与美国民意》
> (*News That Matters: Television and American Opinion*)

2)MBFC 评测

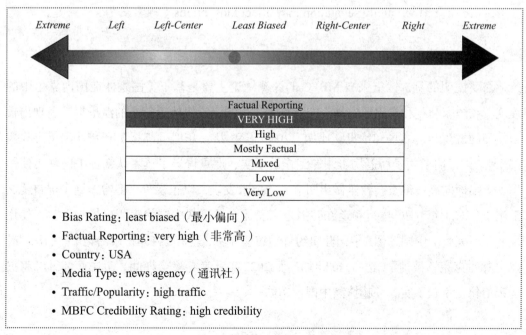

图 4–9　美联社 MBFC 评测

（1）意识形态评级

MBFC 对美联社评价颇高，认为除社论稍有偏左，其报道基本处于中左的最低限。

（2）偏向性分析

MBFC 认为美联社在报道特朗普政府时，通常也能够保持中立，议程设置平衡，信息可靠度非常高。

美联社在其政治报道的标题中使用略带情感偏向的措辞（moderate-loaded language）。例如：

> AP exclusive: Before Trump job, Manafort worked to **aid** Putin（美联社独家报道：特朗普任总统前，马纳福特曾效力普京）

文章来源总体可靠。在经济报道方面，保持使用中立的语言，少有偏见。例如：

> US-China tariffs: What's behind them, who stands to be hurt?（美中关税大战：背后是什么？究竟伤了谁？）

美联社采用美国儿科学会（American Academy of Pediatrics）等支持科学的信源，报道具有良好的科学基础，扎实可信。例如：

> Science says: How family separation may affect kids' brains（科学家发现：家庭分离可能影响孩子大脑发育）

需要说明的是，以上来自 MBFC 的评测结论主要是基于美国媒体在国内党争中的表现。在国家利益和意识形态冲突的背景下，美国主流媒体近年来的涉华报道表现出较为强烈的意识形态立场和偏见。比如，2021 年 9 月，《华盛顿邮报》刊登社论《寻找病毒来源》，歪曲了关于新冠病毒溯源工作的事实，严重误导了读者认知。中国驻美使馆发言人随即向该报编委会致函做出回应，并要求发表，以正视听，但遭拒绝（选自《文汇报》）；2021 年 NBC 奥运频道在转播东京奥运会开幕式中国代表团出场画面时，使用了一张不完整的中国地图，中国驻纽约总领馆驳斥称，这种"将体育政治化"的做法"有违奥林匹克宪章精神"（选自环球网）；而 2022 年北京冬奥会期间，美国媒体继续将奥运政治化，不顾事实，一味抹黑中国。例如：

> A Uyghur skier became the face of China's Winter Olympics. The next day, she **vanished** from the spot (*Wall Street Journal*)

《华尔街日报》称，在 2 月 4 日的冬奥会开幕式上点燃奥运火炬的中国新疆运动员、维吾尔族姑娘迪妮格尔·衣拉木江（Dinigeer Yilamujiang）在"点火"后的第二天便"消失"了。而事实上，迪妮格尔在 5 日参加了当天的越野滑雪比赛项目，还接受了新华社等媒体的采访。

> China celebrates **genocide** and **death** at Olympics (*The Washington Post*)

《华盛顿邮报》的意识形态意味更为浓厚，直接扣上了"genocide"（种族灭绝）的帽子。据《中国日报》报道，中国驻美国使馆发言人刘鹏宇就《华盛顿邮报》涉 2022 年北京冬奥会消极社论致函该报编委会，信函再次强调"奥运会是体育盛会，不是政治舞台"。

> Gold medal-winning speedskater Nils van der Poel **bashes** decision to host 2022 Winter Olympics in China (*USA Today*)

该标题中的"bash"意为"强烈批评"。该报道称，2022 年北京冬奥会速滑冠军、瑞典运动员尼尔斯·范·德·波尔（Nils van der Poel）批评北京冬奥会，将中国获得冬奥会主办权说成是国际奥委会"极不负责任"的行为。而实际上，在北京冬奥会期间，尼尔斯·范·德·波尔面对采访时，曾公开盛赞中国，表示这是最伟大的国家，中国人民的微笑让他感触颇深。

4.3 英国主流媒体及其政治光谱

4.3.1 英国主流媒体概况

英国的新闻出版业非常发达，居世界之首，广播电视、报纸、杂志以及通讯社机构的数量以及影响力都居世界前列（梁虹，2021）。

- **报纸：** 英国报纸、杂志的发展历史悠久，这与英国公众的阅读习惯有着极大的关系。据中国领事服务网统计，英国 15 岁以上人口中有超过 2/3 的人至少阅读一份全国性日报。目前全英共有1 300多种报纸，8 500种周刊和杂志，主流报纸包括《卫报》、《每日电讯报》（*The Daily Telegraph*）、《泰晤士报》（*The Times*）、《独立报》（*The Independent*）和《金融时报》等。

- **通讯社：** 英国有路透社、英国新闻联合社（Press Association）以及法新社与《金融时报》联合经营的AFX新闻有限公司等多家影响力深远的通讯社，提供英国及世界多国的资讯。
- **广播电视：** 英国拥有5家覆盖全国的电视台，即英国广播公司、独立电视台（Independent Television，ITV）、第四频道（Channel 4）、第五频道（Channel 5）以及专门针对威尔士地区的威尔士第四频道（Sianel Pedwar Cymru，S4C）。此外，还有近年来影响力日增的天空电视台（Sky Television）等卫星电视和有线电视。其中，英国广播公司自1922年创立以来，始终位列世界最有影响力的媒体之一。

在互联网时代，随着英国网民数量逐年增加，传统主流媒体受到很大冲击。根据世界最大的数据统计平台Statista发布的"英国主要社交网络平台"的调查报告显示，"脸书""油管""推特""照片墙"等社交媒体在英国使用频率较高。其中，"油管"和"脸书"分别占比77%和76%，"推特"为43%。英国通讯管理局（the Office of Communications, Ofcom）网站发布的"2020年英国新闻消费调查"（*News Consumption in the UK: 2020*）显示，英国民众的新闻消费占比为：电视75%，网络65%，社交媒体45%。从新闻来源看，56%的成年人用户通过英国广播公司第一台（BBC One）获取新闻，其次为ITV（41%）以及"脸书"（34%）。需要指出的是，尽管目前电视仍然是英国民众获取新闻资源的主要渠道，但是观看电视的人群逐年大幅减少，用户的年龄分布也极不均衡，92%的电视新闻用户为65岁以上人群，而79%的16~24岁的群体则通过网络渠道获取新闻。

"融媒体"时代的英国传统主流媒体在社交媒体平台上依然保持着很强的影响力。根据英国通信管理局发布的"BBC新闻：社交媒体调查"（*BBC News: A Social Media Intelligence Study*）显示，作为新闻类平台，BBC在"脸书"和"照片墙"上的关注人数居全球之首，在"推特"上仅次于CNN。

4.3.2 英国报纸类别：大报与小报

英国报业素有"大报"（broadsheet）、"小报"（tabloid）之分。这两类报纸不仅版面大小不同，内容也大相径庭，实际上是"严肃类大版面报纸"和"通俗类小版面报纸"的区别。从样式上来看，小报头版头条的标题必然使用超大字体，并且必有一张鲜艳图片，而大报往往在排版上更为内敛，注重基本审美。从题材上来看，小报头版最常见的就是"罪案与星闻"，而大报则通常是"国计与民生"。

> **小贴士**
>
> "tabloid"的词源
>
> "tabloid"一词系由"tablet"（药片）和后缀"-oid"（形状像……的东西）拼缀而成，后被赋予"浓缩物"之义。

大报登载的新闻较为严肃，内容广泛，政治、经济和国际事务都有涉及，文章较长，用语正式规范，以《泰晤士报》《独立报》《每日电讯报》《卫报》等为代表。

小报以刊登"煽情新闻"为主，文章篇幅短小，语言简练。其主要代表为《太阳报》(*The Sun*)、《每日镜报》(*Daily Mirror*)、《每日星报》(*Daily Star*)、《每日快报》(*Daily Express*)等。

虽然小报在销量上经常占优势，但英国主流媒体还是唯大报是举。以《太阳报》为例。这份鲁伯特·默多克新闻集团旗下的小报，是全英国销量最高的报纸，知名度非常高。但因其煽情性，以及哗众取宠刺激销量的手法而饱受诟病。尽管销量比同集团的知识型、高级报纸《泰晤士报》高出一倍，但并不符合主流媒体的定义。

值得注意的是，20世纪的英国大报为了提高发行量，也出现了"小报化"的瘦身趋势，从而"名不副实"。2003年，《独立报》和《泰晤士报》先后推出了"小开张"版本，新报纸的版面尺寸仅为原来的一半，与小报同等大小，结果却销量大增。不过，大报们并不愿降格到与小报同样的地位。《泰晤士报》的总经理乔治·布洛克（George Block）说："《独立报》也好，《泰晤士报》也好，我们只用'compact'（浓缩报，精华报）一词来称呼自己的小开张，而避免使用'tabloid'。虽然两者开张相似，但是品位迥异。我们要办的是大气的小报。"（张磊，2011：76）

4.3.3 英国主流媒体的政治光谱

英国主流媒体的最大特点是：每一张报纸都代表了一种政治立场，每一种政治立场背后都有着一个相对巩固的阶层或者利益集团。所以，一张为本阶层立场代言的报纸，就始终不会缺乏受众，这就是英国报业之道。

此外值得关注的是，默多克传媒帝国进行的收购合并对英国媒体产生了影响，其中包括主流大报《泰晤士报》，流行小报《太阳报》，以及英国天空广播公司（Sky TV）。默多克结合媒介的影响力，充分利用党派斗争，开辟了媒体服务政权的局面。英国传媒业在默多克的管控下对党派竞争进行倾向性报道，不仅扭转了读者对同一党派的评价，更对该党派的竞争对手产生了不小的影响。

本节仍摘译 2023 年 MBFC 提供的部分最新数据，对英国主流媒体的偏向性、事实性、信度加以梳理，以展现英国主流媒体的定位和意识形态立场。

1.《卫报》

1）简况

《卫报》创办于 1821 年，总部设在伦敦，是全国性综合内容日报，与《泰晤士报》《每日电讯报》并称英国三大报。注重报道国际新闻，擅长发表评论和分析性专题文章，以严肃、可信、独立著称，是一份定位于高端市场的主流大报。

《〈卫报〉：报纸的传记》一书曾经这样评价这份报纸："《卫报》是唯一的，就像我们的警察、我们的政治组织、我们英格兰的气候一样，是英国风景中必不可少的一部分。"

《卫报》一直保留着自己的左翼立场、高端市场定位和年轻读者优势。其读者多为政界人士、白领和中高级知识分子，在英国有"有权欲者读《卫报》"一说。同时，其观点一般倾向于支持自由党和工党。在英国，人们也把《卫报》戏称为"愤青报纸"。

2）MBFC 评测

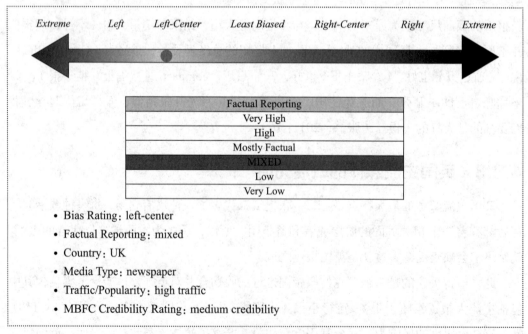

图 4-10 《卫报》MBFC 评测

（1）意识形态评级

《卫报》在议题设置方面温和偏左，故评级为"中左"。过去五年内的报道多次未能通过事实性核查，故事实性评级仅为"混杂"。

（2）偏向性分析

《卫报》一直以来始终保持左翼的定位。其内容选择偏左，标题中使用情绪化词汇。例如：

> The cashless society is a **con**—and big finance is behind it（无现金社会入坑需谨慎，大金融机构成幕后推手）

con 意为"骗局"，指 "something used deceptively to gain another's confidence"，这一用词表明了《卫报》对该事件的态度立场。

皮尤研究中心调查发现，《卫报》有 72% 的受众一贯或主要是自由派，20% 是混合派，9% 一贯或主要是保守派。这表明《卫报》主要受到自由派读者青睐。

《卫报》通常使用 ThoughtCo 和 GOV.UK 等较为可靠的信源，但也使用《赫芬顿邮报》《独立报》等可靠性不稳定的信源。

总的来说，《卫报》持有左倾偏见，有的消息来源未能通过事实性核查。鉴于《卫报》报道内容庞大，大多数报道是事实准确的，但读者仍须保持警惕。

《卫报》常年支持工党立场，在公共事务上基本上与保守党唱反调。在大选辩论中，该报支持过工党领袖杰里米·科尔宾（Jeremy Corbyn），明确反对保守党领袖鲍里斯·约翰逊（Boris Johnson），并且反对脱欧。

2.《每日电讯报》

1）简况

《每日电讯报》创刊于 1855 年，总部位于伦敦，是一份具有影响力的全国性报纸，是英国四家全国性"高级"日报中销量最大的一家。

该报注重国际新闻报道，在华盛顿、巴黎、莫斯科和北京等大都市派驻记者。其报道内容丰富广泛、排版紧凑，但与其他全国性大报相比内容较为简短。1994 年，《每日电讯报》推出电子报纸，成为欧洲第一份网上报纸。

该报是保守党的喉舌，读者主要为中产阶级。

2）MBFC 评测

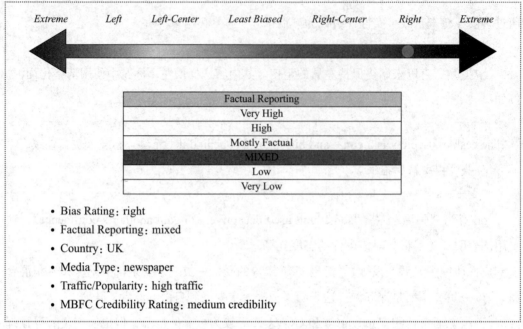

图 4-11 《每日电讯报》MBFC 评测

（1）意识形态评级

《每日电讯报》的议题设置强烈偏右。其信息来源不佳，有些未能通过事实性核查，故事实性评级仅评为"混杂"。

（2）偏向性分析

《每日电讯报》因力挺保守党获得"每日托利报"（The Daily Torygraph）的绰号[1]。据《金融时报》报道，2015 年，《每日电讯报》通过其编辑克里斯·埃文斯（Chris Evans）以电子邮件敦促读者投票给保守党。结果，该报被数据监管机构罚款三万英镑。

2017 年英国提前大选，《每日电讯报》力挺特蕾莎·梅（Theresa May，2016 至 2019 年任首相兼保守党领袖），提出"为一个独立、繁荣的英国投票给保守党"的口号，在其报道中称：

> **Only** Theresa May has the attitude and the experience necessary to get the job done—and to get it done in the **cleanest, most comprehensive way.**（只有特蕾莎·梅具备完成这一工作所必需的态度和经验——并以最干净、最全面的方式完成。）

---

[1] 英国保守党的前身是"托利党"（Tory），"托利"在爱尔兰语中意为"不法之徒"。

同时，该报在报道中强烈反对工党。例如：

> A Corbyn government would be a **calamity**.（科尔宾政府将是一场灾难。）

《每日电讯报》常在其新闻标题中使用情绪化的语言。其信源质量不佳，多次对虚假新闻发布道歉声明。例如，《每日电讯报》曾在2019年发表声明，向时任美国总统特朗普的夫人梅拉尼娅·特朗普（Melania Trump）公开道歉，承认其报道中"包含大量虚假陈述"，并同意为此向梅拉尼娅支付巨额赔偿。

3.《泰晤士报》

1）简况

《泰晤士报》是世界上第一份以"Times"命名的报纸。其英文名称 *The Times* 直译为《时报》，但现在广泛使用的译名却源自与之读音相近但毫无关联的"泰晤士河"（River Thames）。出于约定俗成的考量，这一错译保留至今。由于世界各地有许多名为"Times"的报纸，如《纽约时报》等，为示区别，《泰晤士报》有时也被英语使用者称为"伦敦时报"（*The London Times*）。

《泰晤士报》创刊于1785年，总部位于伦敦，是英国老牌主流大报，被誉为"英国社会的忠实记录者"，在英国国内政治和国际关系问题上扮演了重要角色。

《泰晤士报》会依自己的价值取向公开支持某些政治人物，却几乎不迎合公众的观点。纵观其200多年的历史，该报的政治倾向基本上是保守的，在历次重大国内、国际事务上支持英国政府的观点。

《泰晤士报》历史悠久、消息灵通，是英国最具权威性的报纸。其消息来源较为可靠，报道和评论也较为严肃，自称"独立、客观地报道事实"，但在重大对外政策方面反映的实际上是官方意图。在英国，有"当权派读《泰晤士报》"之说。

鲁伯特·默多克收购《泰晤士报》后，其图片新闻增多，社会新闻的比例变大，在政治倾向上，出现了亲美国政府的趋势。此外，由于受众面狭窄、数字化转型迟缓，近年来其影响力有落后于《卫报》和《每日电讯报》之势。

2）MBFC 评测

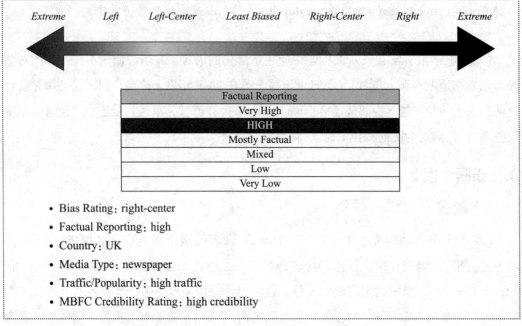

图 4–12 《泰晤士报》MBFC 评测

（1）意识形态评级

根据议题设置和社论立场，《泰晤士报》的评级为"中右"。其事实性核查记录干净，报道事实性高。

（2）偏向性分析

在 2017 年大选期间，《泰晤士报》支持特蕾莎·梅（保守党）。在英国脱欧公投期间，该报支持留欧，但在公投后改为支持特蕾莎·梅的脱欧协议。

《泰晤士报》在新闻标题中使用情绪化用词。例如：

> Johnson takes a leading role in age of **buffoonery**（约翰逊在小丑时代扮演主角）

该文中还有一句话："The buffoon-in-chief will soon run Britain. Otherwise known as mini-Trump"（小丑之王即将统治英国。或称迷你版特朗普）。该报在谈及美国和特朗普政府时，对特朗普的态度呈负面。

4.《金融时报》

1)简况

《金融时报》创办于1888年,比《华尔街日报》还早10年。该报在伦敦、法兰克福、纽约、巴黎、洛杉矶、马德里等地同时出版,在140多个国家和地区发行。2015年被日本媒体公司日经新闻(Nikkei)收购。

《金融时报》是一份著名的国际性高端财经报纸,主要为读者提供全球性的商业信息、经济分析和经济评论,由该报创立的伦敦股票市场金融指数更是闻名遐迩。

《全球资本市场调查》(*The Global Capital Markets Survey*)对全球主要金融机构高级金融决策者的阅读习惯开展调研,结果发现,样本人群中有36%的人认为《金融时报》是最重要的商业读物,比其主要竞争对手《华尔街日报》高出11%。

2)MBFC评测

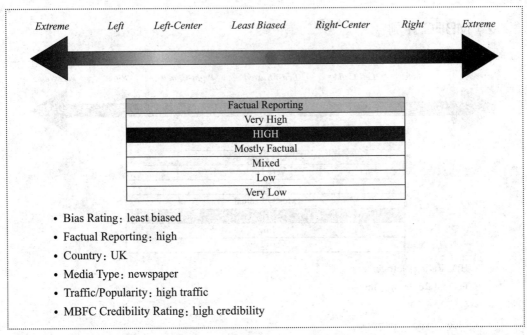

图4–13 《金融时报》MBFC评测

(1)意识形态评级

该报的报道选题平衡、来源恰当,事实性核查无问题。总体评定为"最小偏向"(中立)等级。

(2)偏向性分析

《金融时报》主要以中立的语气报道经济新闻。例如:

Trump calls on China to drop levies on US farm products（特朗普呼吁中国取消对美国农产品征税）

《金融时报》的社论坚持报道经济信息以及政治对经济的影响。一般而言，该报以中立的措辞直截了当地进行报道，且信息来源恰当。

5.《独立报》

1）简况

《独立报》创刊于1986年，是英国最有影响力的全国性日报之一。2016年3月26日，该报的纸质版正式停刊，此后转变为一家网络媒体。

《独立报》纸质版的最后一篇社论写道："印刷机已停，墨水已干，报纸将不再发皱……但一个章节终止后，另一个章节会开启，独立报的精神将长存。"

2）MBFC评测

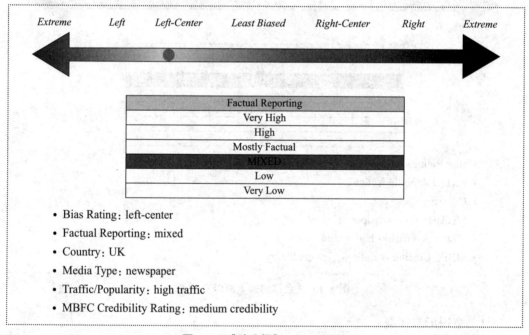

图4-14 《独立报》MBFC评测

（1）意识形态评级

该报选择的新闻内容稍微偏左，有些信息无法通过事实性核查，故"事实性"仅定级为"混杂"。

（2）偏向性分析

《独立报》的新闻标题中极少使用煽动性词汇。例如：

> Theresa May insists Brexit deal is not dead despite EU leaders refusing to make further concessions（欧盟领导人拒不让步 特蕾莎·梅坚称脱欧协议尚有希望）

《独立报》还会转发美联社等其他可靠信源的新闻。例如：

> Five things you didn't know about Germany's diesel ban（关于德国的柴油禁令，你不知道的五件事）

其大多数报道都偏向左翼，往往会利用《今日美国》和《密尔沃基哨兵报》（*Milwaukee Journal Sentinel*）等可靠信源适当取材。

英国舆观调查网（YouGov UK）的数据显示，《独立报》在报道中存在中左偏向，79%的受访者表示该报要么中立，要么偏左，只有21%的受访者认为它偏右。总体而言，《独立报》社论持有左翼偏见。其未通过事实核查的报道总量不小，但在其发布的新闻总量中占比较低，故事实性评级为"混杂"。

6.《每日镜报》

1）简况

《每日镜报》创刊于1903年，是世界上第一份小报，曾经在20世纪90年代成为全球发行量最高的报纸之一。现归属默多克新闻集团，是一份全国性的每日通俗报纸。

《每日镜报》的内容以娱乐新闻、体育新闻、八卦绯闻、民生消费、丑闻为主，较少报道大报所关注的公共议题与政经大事。它强调文章的简短性、煽情性，且采用大量图片。由于该报曾经历过严肃化整改，其信度与其他小报相比有不小的提升。

与主要竞争对手《太阳报》类似，《每日镜报》在1980年之前的约80年中，一直以劳工阶层为主要读者，是英国真正持有左翼政治立场的小报，在政治上支持英国工党。随着互联网的普及和其他新兴媒体的崛起，《每日镜报》的发行量逐渐下降。

2）MBFC 评测

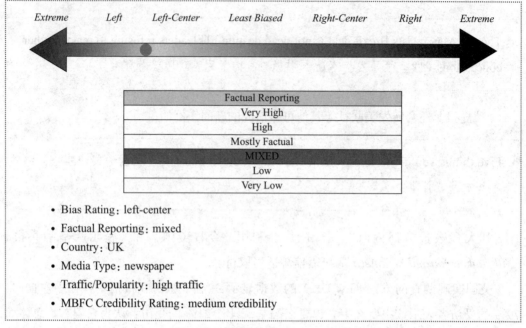

图 4-15 《每日镜报》MBFC 评测

（1）意识形态评级

《每日镜报》的新闻内容稍微偏左，信息来源不佳，有些无法通过事实性核查，故事实性评级仅为"混杂"。

（2）偏向性分析

《每日镜报》以图片报道为主要特色，照片占据大量版面。然而，其编辑皮尔斯·摩根（Piers Morgan）却因使用假照片而被迫辞职。据《卫报》披露，《每日镜报》还曾使用误导性的库存照片来歪曲事实。

《每日镜报》的新闻标题耸人听闻，经常使用情绪化的措辞，内容则过于简化。例如：

Woman goes on romantic holiday with boyfriend—and returns with lesbian love（女人与男友共赴浪漫假日 带同性恋真爱归来）

《每日镜报》报道有关美国的国际新闻时，会使用带有情绪色彩的反特朗普标题。例如：

> Donald Trump won't be allowed to stay at Buckingham Palace during UK state visit（特朗普在英国事访问 未获准入住白金汉宫）

一般而言，该报的文章信息来源不佳，且以"八卦"风格著称。它在网站上报道英国本土新闻时，很少使用超链接标记信源。

在政治上，《每日镜报》发表过反对英国脱欧的文章。例如：

> The Brexit Zombies are going to eat this country alive（脱欧僵尸将活吞英国）

在上一轮大选中，该报声称支持工党，但在日常报道中不乏口诛笔伐。舆观调查网认为其在英国的政治立场为中左。

7. 英国广播公司

1）简况

英国广播公司（下简称"BBC"）成立于1922年，总部位于英国伦敦，是世界最大的新闻广播机构之一，1936年开始提供电视服务。

BBC是接受英国政府财政资助的公营媒体，其财政来源不依赖于商业广告。BBC由一个12人组成的监管委员会管理，其成员包括苏格兰、威尔士、北爱尔兰和英格兰的首长。委员会的成员由英国首相提名，英国女王委任，以公众利益信托人的身份参与管理。因此，有人称BBC是"吃着皇粮数落政府"的特殊机构。

BBC One是英国收视率最高的电视频道。BBC的主要新闻节目在BBC One播出，每天三次。

长期以来，BBC在世界公众面前一直保持着严谨、公正的形象。但多次争议事件和丑闻的曝光显然对其声誉造成了影响。2021年1月，BBC News中文版官方发布了纪录短片《重返湖北》，却在视频开头就标错了湖北省的地图位置。同年二月，外交部新闻司有关负责人就BBC播出涉新冠肺炎疫情假新闻事件向该媒体驻京分社的负责人提出严正交涉。新闻司有关负责人指出，近期的涉新冠疫情新闻视频将疫情与政治挂钩，重新炒作疫情"隐瞒论""源头论""责任论"，还将一段反恐演习视频抹黑成中国防疫部门"暴力执法、侵犯人权"的新闻播出，这是典型的带有意识形态偏见的假新闻，影响恶劣。

2021年2月，国家广播电视总局发布消息，依据相关规定，国家广播电视总局不允许BBC世界新闻台继续在中国境内落地，对其新一年度落地申请不予受理。

2）MBFC 评测

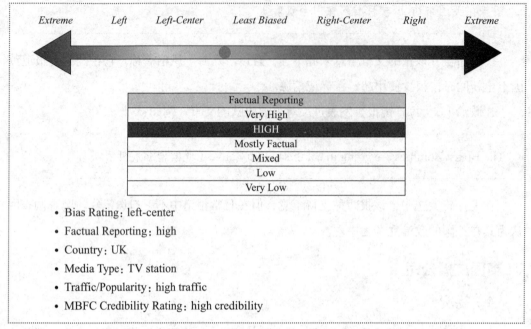

图 4-16　英国广播公司 MBFC 评测

（1）意识形态评级

BBC 的新闻内容选择稍微偏左，信息来源得当，事实性评级为"高"。

（2）偏向性分析

左翼、右翼双方都指责 BBC，认为其存在自由主义或保守主义的偏见。例如，《伦敦标准晚报》（*Evening Standard*）一篇基于对 BBC 前员工采访的文章将 BBC 描述为"Nest of Lefties promoting a progressive agenda and political correctness"（鼓吹进步议程和政治正确的左派巢穴）。《泰晤士报》的一篇文章指责 BBC 对以色列存有偏见，因此政治立场偏向左翼。

《每日邮报》发表了一篇关于 BBC 投诉部门如何运作的文章，称"政治偏见和宗教偏见的指控急剧增加"。BBC 随后发文回应："《每日邮报》称数字'显示了对左翼偏见、攻击性内容和不准确等问题的不满程度'。事实上，人们抱怨的原因有很多。关于同一节目，我们经常收到来自对立双方的'偏见'投诉，而不仅仅是'左翼'。"

BBC 在其《风格手册》中声称坚守公正立场，不受政治和商业因素的影响。

皮尤研究中心调查发现，BBC 的观众中有 60% 的人一贯或主要是自由派，26% 的人是混合派，13% 的人一贯或主要是保守派。这表明 BBC 新闻更受自由派读者的青睐。

8. 路透社

1）简况

路透社的总部位于伦敦，成立于 1851 年，是世界上最早创办的通讯社之一，也是英国最大的通讯社，被称为西方四大通讯社之一。路透社还是世界前三大多媒体新闻通讯社，提供各类新闻和金融数据。

路透社的主要新闻报道对象是除英国外的其他国家，很重视体育新闻和经济新闻（主要是商情报告），为英国和其他西方大企业提供服务。路透社的国际新闻紧密配合英国政府的外交活动，在全球范围内宣传英国的意识形态。尽管路透社的品牌核心是准确和公正，但是作为"大英皇权下的一个机构"，透社路名义上归私人企业主所有，实际上还是受英国政府控制，一定程度上是作为英国的官方喉舌在发挥作用。总的来说，其新闻报道在服务英国经济的同时，也配合了英国政府的外交活动。

2）MBFC 评测

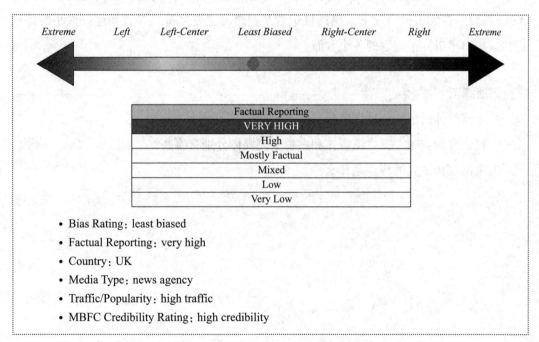

图 4-17 路透社 MBFC 评测

（1）意识形态评级

路透社报道客观、偏见极低，其信息来源正确，事实核查记录干净，因此事实性评级为"非常高"。

（2）偏向性分析

在对特朗普政府进行报道时，路透社总编辑敦促工作人员坚持"路透信托原则"（Trust Principles），"以路透社的方式报道特朗普"。然而，在2018年《首都公报》枪击事件后，路透社新闻编辑罗伯·考克斯（Rob Cox）在"推特"上写道："当@realDonaldTrump（特朗普的"推特"账号）称记者为人民公敌时，就会发生这种情况。总统先生，你的手上沾满了鲜血。"考克斯后来道歉并删除了这条推文。路透社主编史蒂夫·阿德勒（Steve Adler）针对这一事件发表声明，"考克斯先生的行为不符合路透信托原则，这一原则要求记者不受偏见的影响。我们不会宽恕他的行为，并将采取适当的行动"。

在报道中，路透社在其新闻标题中使用中立语言，极少带有情感偏见。例如：

> Oregon right-wingers clash with anti-fascists at march in Portland（俄勒冈州波特兰市爆发游行 右翼与反法西斯人士发生冲突）

该则报道中，路透社注意寻找可靠的当地消息来源，如美国俄勒冈州当地媒体和ABC新闻。在大多数情况下，路透社记者是报道的主要来源，并且始终以最小的偏见进行报道，尽量涵盖问题的各个方面。

🖊 课后练习

1. 主流媒体的判断标准有哪些？
2. 代表性的美国左翼主流媒体和右翼主流媒体分别有哪些？
3. 英国媒体最大的特点是什么？

中篇

新闻结构要素：写作及编译策略

鉴于语言专业的学习者相对缺乏新闻常识，对新闻结构要素的撰写规范不熟悉，无法很好地胜任新闻编译工作，本篇将重点探讨五个核心新闻结构要素的功能价值及撰写规范。同时结合中英比较研究的成果，基于"上篇"介绍的意识形态框架、媒体立场、读者期待视角，解析中英双向编译策略及其背后的动因。

本篇所提出的写作和编译规范普遍适用于各主题新闻类型，与下篇各主题新闻类型的具体写作和编译规范相辅相成。掌握本篇的写作与编译知识，将为主题新闻写作和编译奠定良好的知识和能力基础。

本篇共包括6章。其中第5章为新闻概述，涉及新闻定义、新闻价值、新闻类别，为后续章节的学习奠定基础。第6章至第10章逐一介绍新闻核心结构要素：标题、导语、主体、引语、背景。每章包括三节：第一节介绍该结构要素的定义、分类、功能、价值等；第二节解说该结构要素的写作和编译要领；第三节为编译案例分析和演练。

第 5 章　新闻概述

> ● **本章学习要点**
>
> 1. 了解新闻的定义；
> 2. 掌握常见的新闻价值要素；
> 3. 认识新闻的主要类别。
>
> ● **课前思考**
>
> 1. 什么是"新闻价值"？你认为什么样的新闻值得报道？
> 2. 你认为"软新闻"和"硬新闻"各有什么特点？

5.1　新闻的定义

据学界考证，"新闻"一词最早出现在唐代典籍中。例如，唐代诗人李咸用曾经写下"旧业久抛耕钓侣，新闻多说战争功"这样的诗句。这其中的"新闻"二字主要指"新近听闻"。近现代，我国著名新闻从业者、《文汇报》和《大公报》的主要创办人之一徐铸成先生曾经说过："社会上新发生的、为大多数人民所关心的、有意义的事实，就是新闻。"这句话着重指出了新闻的最基本特征，即时效性和关注度。

在英语中，有人戏称"news"（新闻）这个单词是由"north""east""west"和"south"这四个单词的首字母缩合形成的。显然，这是说新闻指世界各地发生的事情。

国内外各类新闻教程中列举了专业人士对新闻的诸多定义：

- John Chancellor[1] (Correspondent, *NBC News*): News is a chronicle of conflict and change.（NBC 资深记者约翰·钱塞勒：新闻是冲突和变化的编年史。）
- Turner Catledge[2] (Editor, *New York Times*): News is anything you did not know yesterday.（《纽约时报》资深编辑特纳·卡特利奇：新闻是任何你昨天不知

1　John Chancellor：美国 NBC 新闻资深记者，被认为是电视新闻的先驱。
2　Turner Catledge：美国著名记者，曾任《纽约时报》副社长，著有《我的一生与〈纽约时报〉》。

道的事情。)

- Willard Bleyer[1] (Father of journalism education, author of *Newspaper Writing and Editing*): Anything timely that interests a number of persons and the best news is that which has the greatest interest for the greatest number.（新闻教育之父、《报纸写作与编辑》的作者维拉德·布莱尔：凡是及时的、能引起许多人兴趣的东西，便是新闻。而最好的新闻则是那种能够激起绝大多数人最大兴趣的东西。）
- Matthew Lyle Spencer (Author of *News Writing: The Gathering, Handling and Writing of News Stories*): News is any event, idea or opinion that is timely, that interests or affects a large number of people in a community and that is capable of being understood by them.（《新闻写作：新闻故事的收集、处理与写作》的作者马修·莱尔·斯宾塞：新闻是指人们能及时获悉的事件、观点或见解，它能吸引或影响社会上的许多人，并能为他们所理解。）

以上定义指出了新闻的核心属性，其中部分属性也与新闻价值有关。

第一，新闻内容可以是事件（events），也可以是观点或见解（ideas/opinions）。

第二，新闻应具有时效性（that is timely），它是新的、以前未知的事实，但也可以是新角度的见解。

第三，新闻应具有影响力（that interests or affects a large number of people），能够激起绝大多数人的最大兴趣。

第四，新闻具有冲突性（conflict），所以被喻为"冲突的编年史"。

第五，新闻的行文应通俗易懂（capable of being understood），能够被大多数读者轻松理解。

5.2 新闻价值

记者和编辑可以凭借自己的经验和感觉去判断哪些事件可以写成新闻。换言之，媒体人员心目中都有一个衡量某一事件是否值得采写、刊登的尺度，这一尺度就是通常所说的新闻价值（news value）。

美国哥伦比亚大学（Columbia University）的新闻学教授麦尔文·曼切尔在其主编的《新闻报道与写作》（*News Reporting and Writing*）一书中阐述了对于新闻价值的认识

---

[1] Willard Bleyer：曾任美国威斯康星大学新闻学院院长，推进新闻学成为法定的大学学科，并且让新闻学院在美国各研究型大学中生存下来。

（Melvin Mencher，2012: 2–3）：

> By newsworthy, journalists mean what's happening that is important to readers and viewers, what will interest, affect and entertain them. Usually, the events and situations journalists consider newsworthy are current, impact many people and are close by. The activities of some people are newsworthy because the men and women are prominent, well-known.（所谓新闻价值，指事件对读者和观众重要，能影响、娱乐他们并引发兴趣。有新闻价值的事件或情况往往是刚发生的，能影响很多人，而且就在身边。名人活动也具有新闻价值。）
>
> Conflicts also make news, whether they are continents distant or at a local school board meeting. Sometimes, a long-smoldering situation flares and becomes news.（冲突，无论是远隔重洋还是近在当地，都具有新闻价值。有时候，一个长期默默发酵的事件会突然引爆并成为新闻。）
>
> We can break these determinants of news into eight categories: timeliness, impact, prominence, proximity, conflict, the unusual, currency, and necessity.（决定新闻价值的要素可归为八类：及时性、影响力、知名性、切近性、冲突性、超常性、流行性和必要性。）

与此呼应，在中英双语新闻的选题和编译报道过程中，主要注重凸显以下新闻价值。

5.2.1 影响力/重要性（impact/significance）

新闻事件对当前社会生活和大众产生的影响越广泛、越深刻，其新闻价值就越大。政局变动、政策变化、国家领导人更替、重要经济信息、重大科技发明、战争爆发、天气显著变化和重大疫情等，都极具新闻价值。例如，新冠疫情因其广泛的影响力成为各大媒体关注的头条。参见下例：

- 世卫组织：全球新冠肺炎确诊病例超 **6.308 3 亿例**（央视网）
- 新一轮暴雨袭赣致 **22 万人受灾** 多地内涝严重交通受阻（光明网）

5.2.2 知名性/显赫性（prominence）

新闻中的人物、地点或事件越是著名，新闻价值就越大，人们的注意力会自然而然地聚集于此。比如国家元首的言论，名人或要人的爱好乃至私生活，都可以成为新闻内容。

5.2.3 切近性（proximity/locality）

读者在地理上、思想上、利益上的距离与新闻事件的价值成反比。事件发生的地点距离读者越近，他们就越关心，新闻价值就越大；事件与读者的切身利益及思想感情联系越密切，读者就越重视，新闻价值就越大。新闻英译中时，应注重拉近与国内读者的距离，实现报道的本地化；中译英时，应注重贴近国际读者，转换为国际化视角。

5.2.4 超常性（unusualness/oddity）

西方新闻界流行这样的说法："When a dog bites a man, that's not news; but when a man bites a dog, that's news"（狗咬人不是新闻，人咬狗才是新闻）。还有一个说法，"Bad news is good news"（坏消息才是好新闻）。这两句话意指不寻常的事件具有新闻价值，即通常所讲的趣闻奇事构成的新闻。不过，应该注意的是，追求新闻的超常性价值并非是一味地寻求达到耸人听闻的商业效果，而是应同样重视新闻超常性背后的社会意义。例如：

- Saudi Arabia's Newest Citizen Is a Robot（Yahoo）（史上首次，沙特授予机器人公民身份）
- 最新！伦敦宣布进入"重大事件"状态，英国部分机场跑道"融化"，火车轨道起火（每日经济新闻）

以上两条新闻均具有超常性，是从未发生过的。其中，第一条涉及人工智能研发过程中产生的伦理问题，第二条涉及地球变暖、极端天气频发的问题，这两个都是十分深刻且具有全球意义的问题，因而更具新闻价值。

5.2.5 竞争性/冲突性（contest/conflict）

在政治外交、军事战争、体育比赛、商业贸易类的新闻中，带有竞争性和冲突性的新闻内容，往往能够吸引读者的重点关注。例如：

- 互联网"**三国之战**"，Facebook 微软"**孙刘联盟**" **痛击** 谷歌"**曹操**"（搜狐网）
- 欧盟提议"省气"，近半数成员国**反对**！匈牙利：决定额外从俄罗斯采购（新浪财经）
- 曼城**力压**利物浦卫冕英超冠军 球迷悲喜两重天（环球网）

以上三则案例分别涉及商业、政治、体育三个领域，其中黑体部分很好地体现了所报道新闻的竞争性。

5.2.6 人情味（human interest）

当新闻事实具有浓郁的人情味时，易于激发读者丰富的情感，如欣喜、愤慨、悲哀、惊讶、沉思等，从而引起读者的强烈共鸣。

5.3 新闻类别

根据不同的标准，可以对新闻进行不同的归类，这里列举几个基本的标准。

5.3.1 按照是否具有突发性划分

- **突发新闻**（spot news）：指对无法预计的突发性事件的报道，如坠机、地震、火山爆发等灾难新闻。
- **日常新闻**（diary news）：指对可以预见的新闻事实的报道，例如会议新闻大多都属于此类，因为会议召开的时间、地点，会议的主题，出席会议的重要嘉宾等，都是在会前就可以知道的。新闻记者在报道会议类的新闻事件时，往往可以提前拿到会议的新闻通稿。

5.3.2 按照功能和报道方式划分

- **硬新闻**（hard news）：也叫"纯消息报道"，指以信息传播为主要功能，题材比较严肃、具有一定时效性的客观事实报道。各类新闻教科书对硬新闻的特点进行了如下总结：

    It generally refers to "up-to-the-minute" news and events that are reported immediately after it takes place.（通常指在事件发生后立即报道的"最新"新闻和事件。）

    Hard news is serious news of widespread importance.（报道对象是具有广泛影响力的严肃新闻事件。）

    It often deals with topics like politics, business, crime, war, and economics.（主题包括政治、商务、犯罪、战争、经济等。）

- **软新闻**（soft news）：软新闻是指人情味较浓、写法轻松活泼的社会新闻，其题材可能会显得陈旧，但对于读者而言具有娱乐或指导功能。各类新闻教科书对软新闻的特点进行了如下总结：

It basically is background information or human-interest stories.（内容通常为背景信息或是人情味故事。）

It is meant for light reading. It tries to entertain or counsel the reader.（功能是给读者提供娱乐或咨询，适于轻松阅读。）

The common difference between hard and soft news is the tone of presentation. A hard news story takes a factual approach.（软硬新闻的差别是报道风格不同。硬新闻采用纪实性笔调。）

5.3.3 按照报道内容划分

按照报道的内容，新闻可分为政治新闻、经济新闻、科技新闻、文化新闻、体育新闻、灾难新闻、暴力与犯罪新闻、天气新闻、讣告（obituary）和娱乐新闻等若干大类。本书将在"下篇"中根据新闻的编译和报道频率，对灾难、会议、外交、体育、经济、汽车、言论等七大类主题新闻进行重点讲解。

第 6 章 标题

● 本章学习要点

1. 理解网络新闻标题的功能价值；
2. 掌握中英新闻标题的常见写作范式；
3. 掌握新闻标题的常见编译策略。

● 课前思考

1. 你认为网络新闻标题有哪些重要功能和作用？
2. 你认为什么样的新闻标题更能吸引读者？

小贴士

　　Titles and leads are often substituted for new ones so as to better suit the needs of the target reader or the requirements of the target publication.（标题和导语通常会被替换，以便更好地满足目标读者的需求或目标出版物的要求。）

——Susan Bassnett (2009: 64)

　　俗话说，"看书看皮，看报看题"。统计机构 Outsell 对美国读者线上和线下的阅读习惯进行调研，结果发现 44% 的谷歌新闻读者都是所谓的"标题读者"，也就是只看标题、不看内容。在广告界也有一句话，叫作"Headlines are worth 90% of the advertising dollar"（广告费的 90% 都得益于标题），从另一个侧面证明了标题的重要性。本章将重点介绍"标题"这一新闻结构的核心要素。

6.1　概述

　　网络新闻标题最主要的功能是揭示和评价新闻内容，除此之外，还具有索引选择信息、说明报道形态等从属性功能。

6.1.1 揭示功能

纸质媒体作为传统的信息媒体，其特点是标题与新闻主体内容同时出现。纸质媒体为了吸引读者，往往主副标题并用。主标题可采取"曲径通幽"的方式，类似于广告语，使用各种修辞手段，调动读者的认知储备，激发他们对新闻内容的兴趣。副标题则往往是实题，陈述新闻事实。

网络新闻多数是题文分家的。读者只有点击标题，才能看到新闻内容。所以网络新闻的标题往往是比较直白的实题，让读者一目了然，迅速获取新闻主体内容，然后决定是否点击进入阅读。正如《新浪网新闻标题制作规范》所要求的，"标题做成实题……标题内容避免空洞、言之无物"，而且还要注意"不能断章取义、以偏概全，避免因修改标题违背文章原意"。

可以说，"揭示新闻内容"是网络新闻标题的第一宗旨。但问题在于，揭示什么样的内容？如何通过标题体现媒体担当并吸引读者？

如前所述，新闻标题的价值选择主要受到意识形态、媒体立场、读者需求的影响。在具体的标题创设和编译过程中，新闻标题"揭示新闻内容"的功能也必须围绕凸显新闻价值来实现，要注重挖掘并呈现具有新闻价值的内容，提高新闻传播的效果。

1. 凸显超常性

由于读者具有"求异"心理，当新闻标题展现出"超常性"或"特异性"内容时，就能够吸引更多读者。例如：

> 欧洲多国迎高温**"烤"验，或刷新高温记录**（央视新闻）

这是一则灾害新闻。2022年夏季，欧洲各国普遍遭遇40度以上的极端高温天气。鉴于欧洲国家大多属于温带海洋性气候和地中海气候，夏季一般不是很炎热，该新闻内容具有超常性。标题中的"'烤'验"和"刷新高温记录"等表达均很好地凸显了新闻的"超常性"价值。

2. 凸显新颖性

同样从读者的"求异"心理出发，标题应注重挖掘常规新闻事实中与以往不同的内容加以凸显。例如：

- 中德签署企业并购合作宣言（网易新闻）
- 中国–德国企业并购合作宣言在沈签署（新华网）
- 中德企业并购合作签署《沈阳宣言》（东北网）
- 中德企业并购合作宣言签署 并购基金首期规模达 10 亿欧元（每经网）
- 中德企业**首期 10 亿欧元**并购合作宣言在沈阳签署 **5 股引爆**（证券之星）

这是一则经济新闻。网易新闻的标题"中德签署企业并购合作宣言"，读起来较为平淡。中国跟各国企业签署的并购合作不在少数，这次有何特别？新华网的标题有所改进，补充了"在沈阳签署"的地理位置信息，但这个地点似乎也并无特殊之处。东北网的标题将"宣言"具化为《沈阳宣言》，但价值和意义依然不够显著。

第四条每经网的标题调整幅度比较大，使用了两段式标题，第一部分提到"中德企业并购合作宣言签署"这一新闻事实，第二部分补充了"并购基金首期规模达 10 亿欧元"，由于数额巨大，可以激发业界人士的好奇心。

第五条证券之星的标题是最成功的。标题中设置了两个价值点，一是投资数额非常巨大（"首期 10 亿欧元"），二是提及影响，即引发了股市震荡（"5 股引爆"），从常规新闻事实中挖掘出了与以往不同的新颖内容。例如：

原文标题：Next Nissan EVs: mainstream look, better battery (Automotive News)

原文导语：For the next-generation Leaf electric vehicle, Nissan plans more mainstream styling and a new battery that greatly increases the car's range. And Infiniti's delayed electric car will debut with the improved battery by early 2017.

编译标题：日产新一代电动车采用新电池 质的飞跃（环球网）

这是一则汽车新闻。英文原文介绍了下一代尼桑（日产）电动汽车的特点，采取主流外观设计且电池续航能力更强。在电汽车生产过程中，提升电池的续航能力是最大的技术瓶颈，所以技术突破主要体现在电池上。环球网的编译标题为了突出价值，增补了"质的飞跃"，从而凸显出与以前不一样的地方，也就是所谓的"新颖性"。

3. 凸显竞争性

在体育新闻、战争新闻，甚至是经济新闻、政治新闻当中，竞争性和冲突性往往是吸引读者的主要价值点，因此应在标题内容中予以凸显。例如：

> 原文标题：World Cup: Spain go out the World Cup after 2–0 loss to Chile (Sky Sports)
> 原文导语：Spain's World Cup defence is over after just two games after they lost 2–0 to Chile at the Maracana in Group B.
> 编译标题：B组西班牙0–2负智利　卫冕冠军提前出局王朝陨落（央广网）

这是一则体育新闻。原标题介绍了世界杯足球赛的赛况，即西班牙0–2负智利，直接出局；导语中补充了是B组小组赛，以及卫冕冠军仅在两场比赛后就出局的惨烈结果。中文编译标题采用了两段式标题，第一部分内容是记录比赛结果，第二部分内容补充了这一比赛出人意料的结果。标题同时使用"卫冕冠军提前出局""王朝陨落"这样的生动表达，凸显了竞技体育中的矛盾性、冲突性，从而提升了新闻价值，提高了新闻的可读性和吸引力。

4. 凸显知名性

读者对于知名的人、事、物往往极其关注。新闻标题中一旦出现名人、名企的名字，就可能获得较高的点击率。比如各国元首、政要、体育明星、娱乐明星、知名企业等，一旦写入标题，就能提高点击率。例如：

> 原文标题：Taylor Swift gets honorary degree from New York University (AP)
> 原文导语：Taylor Swift has Grammys galore and now she has a new title— "doctor".
> 编译标题：又美又励志！"霉霉"获荣誉博士学位，毕业演讲金句频出（腾讯网）

这是一则娱乐新闻。2022年5月，著名歌星泰勒·斯威夫特（Taylor Swift）获纽约大学荣誉博士学位并在毕业典礼上致辞。由于泰勒的国际知名度极高，英语原文直接将名字植入标题，以提高新闻价值和关注度。腾讯网的标题使用了国内知名度更高的昵称"霉霉"，并增补了"又美又励志""毕业演讲金句频出"等评价性内容，兼顾了娱乐新闻的特点。

5. 增强切近性

增强切近性就是要拉近新闻与读者的心理距离。在一些国际政治新闻标题的编译过程中，编译人员可以站在中国读者的视角、中国国家利益的角度，评价新闻事实与中国的关联性，从而拉近与中国读者的心理距离，提高关注度。例如：

> 又"**针对中国**"？日媒：日美"电子战部队"将进行首次联合演习（环球网）

这是一则军事新闻。2022 年 7 月，日媒报道日本自卫队将与驻日美军举行针对"防卫岛礁"的联合演习。报道分析声称，这是日美"电子战部队"的首次联合演习，旨在针对中国展示日美之间的合作。环球网使用了两段式标题。第一段增加了"又针对中国"，一方面拉近了与中国读者的距离，另一方面发挥了媒体的舆论引导作用，提醒国内民众对此次联合演习不能采取事不关己的态度。

6. 关注意识形态性

意识形态性决定标题的视角、立场、措辞。新闻编译人员一是要谨慎理解外媒用词的弦外之音，二是在创设标题时，要注意通过标题的选词重设认知视角，发挥好自身的舆论导向作用。例如：

- China **shows off** new military gear in Zhuhai (ANI)
- China **shows off** military might with 70th anniversary parade (CNBC)
- China **shows off** newest weapons in huge military parade (CNN)

外媒提到中国军演或者航展时，标题中特别喜欢用此类主—谓—宾结构："China shows off..."。结合语境，"show off"这个词组有一定贬义，有"炫耀、卖弄"之意，放到标题里多少带上了"炫武"和"中国威胁论"的味道。

根据《柯林斯词典》的释义，"show off"作为不及物动词词组和及物动词词组的用法有所区别。作为不及物动词词组时，"show off"是明确带有贬义的，词典用到"to criticize（批判）、disapproval（不赞同）"等词语进行解释，可翻译为"炫耀"。作为及物动词词组时，后面并没有负面的批注，词典中的解释是"自豪地展示自己拥有某物"，其语义色彩相对中性。

> **小贴士**
>
> "Show off"的词典定义
>
> - If you say that someone is **showing off**, you are criticizing them for trying to impress people by showing in a very obvious way what they can do or what they own. [disapproval]
> - If you **show off** something that you have, you show it to a lot of people or make it obvious that you have it, because you are proud of it. (Collins Cobuild)

> 海外媒体看阅兵：中国向世界**展示**自信强大和平（环球网）

我国国内媒体对于军演的报道基本上是对和平使命军演的正面报道，报道一般聚焦在军演中有新意的角度，比如规模创记录或者展出新机型等。原则是对内提升民族自豪感、对外透明报道，但注意韬光养晦，避免授人以柄。《参考消息》、环球网对于外媒用到的"show off"一词，在编译中多使用"展示"这一中性词（参见上例）。

7. 凸显媒体立场

垂直领域网站与综合门户网站的媒体定位差异颇大，商业媒体和政府媒体的媒体定位也相去甚远，因此针对同一新闻素材，不同媒体选择的解读视角、措辞都会有所不同，编译人员在创设标题时应注意予以体现。

例如，"汽车之家"是垂直领域（汽车领域）的专业网站，而环球网汽车频道是综合门户网站下属频道，同样是发布汽车新闻，两者的关注点就出现了差异。汽车之家网站的标题除标明型号、品牌外，主要凸显消费者最关注的价值点，如售价、外观、动力、上市时间等。而环球网汽车频道更加关注宏观经济发展、行业发展，标题除标明汽车型号、品牌之外，更多凸显市场动态、产业发展规划，以及不同品牌或公司之间的竞争、比较等（参见表6–1）。

表 6–1　汽车新闻标题价值点对比

价值点	汽车新闻标题
售价	售 55 万起 捷豹 XJL/XF 80 周年版售价公布（汽车之家）
外观	采用新设计风格 中华全新轿车谍照首曝（汽车之家）
动力	最大 314 马力 奥迪或推出 S Q1/RS Q1 车型（汽车之家）
上市时间	4 月 15 日上市 新款纳智捷 5 Sedan 新消息（汽车之家）
市场	达特桑新概念车官图发布 针对新兴市场（环球网）
发展规划	奔驰拟扩大 C63 AMG 家族 涵盖四款车（环球网）
企业竞争	凯迪拉克 CTS-V 谍照曝光 剑指宝马 M5（环球网）

前四个标题来自汽车之家网站，重点关注汽车销售。其中，"售 55 万起"凸显价格，"新设计风格"凸显外观，"314 马力"凸显动力，"4 月 15 日"凸显上市时间。

后三个标题来自环球网汽车频道，重点关注行业与品牌发展。其中"针对新兴市场""扩大C63 AMG家族"是知名品牌的发展规划,"剑指宝马"凸显了车企之间的竞争。

对比可见,不同的媒体定位对于新闻标题内容尤其是价值点的选取具有非常重要的影响。

综上,新闻标题的主要功能是概述新闻内容,但并不是平铺直叙,而是从意识形态、媒体立场、读者期待等角度出发,有所侧重地概述,注重凸显价值点。《新浪网新闻标题制作规范》对于标题"兴奋点"的设置要求("注意将文章中的兴奋点提炼出来,应该做到不少于一个兴奋点"),在一定程度上呼应了新闻标题创设的价值诉求。

6.1.2 评价功能

一般认为,硬新闻旨在客观真实地表述内容,严格将事实与观点分开。但从前文对于西方主流媒体的讨论可见,大多数媒体受到意识形态、媒体立场等影响,很难避免在标题中使用"情感负载词",从而较为隐蔽地在新闻中加入评价。此外,考虑到现代新闻媒体的社会教育功能、舆论导向功能,也存在部分专门撰写的评价性新闻。

如前所述,国内媒体在编译外媒新闻时,要注重发挥舆论导向作用,不仅要提供外媒的言论,还要注意给国内读者搭建正确的认知框架;既要像一面镜子一样把外媒的报道内容折射过来,还要注意不被外媒叙事框架带偏节奏。因此,编译新闻的标题需要更多地承担评价功能。

国内编译新闻的媒体中,《参考消息》的这一功能最为凸显,因其具有较强的意识形态性,评价性的内容常被增补到标题中。例如:

> 原文标题:Biden has sore throat and body aches, but COVID symptoms improving—physician
>
> 原文导语:WASHINGTON (Reuters)—President Joe Biden's COVID-19 symptoms continue to improve and now include "less troublesome" sore throat, runny nose, loose cough and body aches, his physician, Dr. Kevin O'Connor, said in a memo on Saturday.
>
> 背景信息:The White House has sought to underscore Biden's ability to work through his illness. On Thursday it released a video of the president reassuring Americans that he was doing fine, and on Friday he participated in virtual meetings with White House staff.

> 标题译文:"总统新冠症状持续好转"白宫试图强调拜登带病工作能力
>
> 导语译文:参考消息网7月25日报道 据路透社7月23日报道,美国总统拜登的医生凯文·奥康纳23日在一份备忘录中说,拜登的新冠症状继续好转,其症状现在包括"不再那么棘手"的咽痛、流涕、咳痰和身体疼痛。
>
> 背景译文:白宫试图强调拜登有能力带病工作。白宫21日发布了一段拜登安抚国民说他情况很好的视频,拜登22日还与白宫工作人员召开了视频会议。

2022年7月,美国总统拜登确诊感染新冠病毒。英文原文为路透社7月23日对拜登病情的报道。《参考消息》的中文稿是基于路透社新闻稿的编译。

路透社原标题主要援引了凯文·奥康纳(Kevin O'Connor)医生的原话,说明拜登的身体情况。中文编译标题为两段式标题,第一部分直引奥康纳医生的话,说明拜登病情("总统新冠症状持续好转"),但只选取了原标题的后半部分(COVID symptoms improving);第二部分属于增补的评价性内容("白宫试图强调拜登带病工作能力"),源自原文背景中路透社的评价(the White House has sought to underscore Biden's ability to work through his illness),这一增补为国内读者理解白宫言论提供了认知框架。

6.1.3 索引功能

网络新闻标题的第三个功能是索引功能,指网络新闻标题可以帮助读者对新闻进行索引和定位。反过来,这种索引功能也会对新闻标题的内容和呈现形式产生影响。

1. 版块新闻检索

中新网将国际新闻列为单独的版块。读者在阅读的时候,首先会通过国别对新闻进行检索和定位。所以这一版块的国际新闻标题通常都会在相对靠前的位置标明国家或城市名,以方便读者定位,这就是形式对内容的反向影响。例如:

- **斯里兰卡**临时总统宣布全国进入紧急状态(中新网)
- **印度**富翁阿达尼超越比尔·盖茨 成为全球第四大富豪(中新网)
- 民调:**韩**总统施政好评率呈下滑趋势 差评率超6成(中新网)
- 泽连斯基接触**乌**国家安全局局长及总检察长职务(中新网)
- **英媒**:英首相约翰逊被曝将于北周办告别派对(中新网)
- **缅甸**法院对缅甸原国务资政所涉两起贪腐案正式提起公诉(中新网)

2. 通栏大标题

网络新闻中也设置通栏大标题，但仅针对一些重磅新闻。通栏大标题下面会分若干小标题，读者可以根据自己的兴趣选择点击进入某一个小标题查看。

> **税务总局：9 月发放的任何月份工资均应使用新税法**
>
> [全国 6 000 万人 9 月 1 日起免交个税] [月入五千每年将减税 3360] [个税调整是税改迈出的一小步]

上例来自人民网。大标题是总标题，下面设了三个小标题供读者根据关注点选择。这也是一种索引定位。

3. 添加报道形态

网络新闻的标题还有通过标识报道形态从而帮助读者选择的功能，如专题、图文、组图、滚动等，都可以在标题中以括号内容的形式适度体现。例如：

> 四川若尔盖：遏制草原退化沙化（组图）（中国网）

《新浪网新闻标题制作规范》对报道形态标注做出如下规定：

非新闻事实类文章可在标题中注明类型，如"评论""分析"等。以图片为主的文章，标题前要标注"图文："。以文字为主，附有图片的文章，要在标题后标注"（附图）"。文章有两张以上图片的，以图片为主，标题前要标注"组图："，以文字为主，标题后标注"（组图）"。

6.2　英文新闻标题的写作范式

刘其中（2009b：174）认为，"为能发挥导读和导向作用，英文记者、英文编辑总是想方设法把标题写得尽量简练、尽量醒目，力求充分利用有限的时间和空间，在最小的时空内传递最多的信息，以便迅速把读者抓住，获取最大的传播效果"。为实现这个目标，英文标题已逐渐形成一套为报刊读者所接受的特殊话语，新闻英语学者称之为"标题话语"（陈明瑶、卢彩虹，2006：28）。

具体而言，这种"标题话语"在以下方面表现出明显特征，即语态特征、时态特征、词法特征。

6.2.1 语态特征

在多数情况下，网络新闻要点击标题才能显示全文内容，因此标题多为实题，直击新闻事实，信息密度高。为达到这一效果，英文新闻标题多使用主—谓—宾结构。为提高新闻的动态性、冲击力，又多使用主动语态。请观察下例中英文新闻标题的结构和语态。

- Google **eyes** China's e-sports market with $ 120 million (Reuters)
- US **may face** more monkeypox cases before numbers go down (*China Daily*)
- Devastating California wildfire **grows** near Yosemite National Park amid sweltering temperatures; Gov. Newsom declares state of emergency (*USA Today*)
- Biden **announces** new climate change programs, but no emergency declaration (CNBC)

新闻标题中，被动语态多省略 be 动词，仅保留过去分词。以下例子中的黑体词汇均为过去分词表示被动意义。

- NCAA Tournaments **canceled** due to coronavirus (AP)
- Rugby player Joe Marler **banned** for 10 weeks after grabbing opponent's arms and biting them (CNN)
- Russian stocks **hit** by crash in oil prices (*China Daily*)
- Store owner **charged** after homemade sanitizer burns youths (AP)

6.2.2 时态特征

英文报刊的新闻标题中一般不使用过去时态，当然也不使用过去完成时态，而多采用现在时态，使读者阅报时一如置身于新闻事件中，这称为"新闻现在时"，与文学写作中的"历史现在时"相类似。

英文新闻标题中常用的动词时态主要有三种：一般现在时、一般将来时和现在进行时。一般现在时通常用来表示过去已发生的事，增强报道的新鲜感、现实感，是新闻标题中最常见的时态。标题中常用动词不定式表达将来时态、未来动作。正在进行的动作或事件采用"be + 现在分词"表示，但其中的"be"经常省略。

请观察下例中英文新闻标题的结构和时态特征。

- Pakistan death toll from monsoon rains, flooding **reaches** 304 (AP)
- China **aims** to operate first large space telescope in orbit around 2024 (CGTN)
- Xi: China **to grow** closer with ASEAN (*China Daily*)
- UK **to send** more weapons to Ukraine (CNBC)
- **Decoding** India's trespassing of China-India boundary (*China Daily*)

6.2.3　词法特征

新闻传播面向大众，考虑到大众的平均教育水平，新闻词汇的难度一般有所限定，这一考量在新闻标题中体现得最为明显。另外，考虑到新闻报道的版面空间限制，使用短词可以节省版面，因此，标题中的实词（主要是名词和动词）大多选用简短、易懂的词汇。在美联社的《新闻写作指南》当中，就有这样一段描述（Cappon，1988）：

Prefer the short word to the long.（能短不长。）

Prefer the familiar word to the fancy.（能熟不异。）

Prefer the specific word to the abstract.（能具体不抽象。）

Use no more words than necessary to make your meaning clear.（能少用就少用。）

具体而言，标题多用实词，且多简短，多用日常词汇，多用单音节词。标题中的名词如果较长，如机构名称等，则多使用缩略、拼缀、缩合等方式加以替换。

1. 新闻标题常用动词

英文新闻标题中的动词注重使用规范化短词。学会使用这些规范化短词，英文新闻标题才能写得地道、专业。有些教材（陈明瑶、卢彩虹，2006：51–52）中列举了一些常用词汇，部分引用如表6–2。

表6-2　新闻标题常用动词短词

推荐使用词汇	避免使用词汇	推荐使用词汇	避免使用词汇
ban	prohibit	bar	prevent
clash	disagree	bid	attempt
use	utilize	boost	increase
wed	marry	buy	purchase
act	take action	cut	reduce
alter	change	back	support
ask	request	curb	control

（续表）

推荐使用词汇	避免使用词汇	推荐使用词汇	避免使用词汇
dip	decrease	ease	reduce
end	terminate	eye	watch
face	confront	sack	dismiss
fear	apprehend	feud	dispute
fire	dismiss	get	obtain
gut	destroy	hurt	injure
lie	dissemble	kick	abandon
opt	choose	nab	arrest
probe	investigate	nod	approve
raze	destroy	pay	remunerate
rout	defeat	plot	conspire
snub	neglect	quit	resign
top	exceed	slay	murder

下例中的新闻标题中所含动词皆为短词。

- US Supreme Court **backs** Bidenbid to end Trump's "Remain in Mexico" Policy (Reuters)（美国最高法院：允许拜登政府结束特朗普时期的"留在墨西哥"移民政策）

- Tennessee agents **probe** police beating from traffic violation (AP)（警察暴力执法非洲裔男子 田纳西州启动调查）

- Texas governor **clashes** with Biden administration on immigration policies (CBS)（得州州长叫板拜登移民政策）

- UNDP to help Kenya **curb** greenhouse gas emissions (*The Star*)（联合国开发计划署将助肯尼亚控制温室气体排放）

- India **cuts** windfall tax on diesel, aviation fuel export (Reuters)（印度削减柴油、航空燃料运输出口暴利税）

- Typhoon **claims** 1 life; 2 towns declare "state of calamity" (Yahoo)（台风致1人死亡，2城镇宣布进入灾难状态）

- Supreme Court **rebukes** Biden Twice (*Washington Times*)（美最高法院再度谴责拜登）

- Pentagon database plan **hits snag** on Hill (CNET)（五角大楼数据库计划国会受阻）

2. 新闻标题常用名词

1）使用规范化短词

英文标题中的名词多选用短小、简单的名词，同样是考虑到大众的平均阅读水平、帮助读者快速获取信息、精简排版版面等原因，久而久之就形成了新闻标题用词规范。表6–3选自张健总结的新闻标题常见词汇（2004：12–14）：

表6-3　新闻标题常用名词短词

推荐使用词汇	避免使用词汇（词组）	推荐使用词汇	避免使用词汇（词组）
arms	weapons	firm	company
aid	assistance	link	connection
clash	controversy	output	production
cop	policeman	pay	salary
deal	agreement	post	position
down	decrease	talk	conference
envoy	ambassador	ties	diplomatic relations
blast	explosion	nod	approval
body	committee/commission	probe	investigation
fake	counterfeit	step	progress

英文新闻标题在表示"协议"时多用短词"deal"替代长词"agreement"。在各大新闻机构网站搜索关键词"deal"，可发现"deal"在新闻标题中的使用频率远高于"agreement"。例如：

> BBC, YouTube ink **deal** (*Wired*)（BBC 牵手 YouTube 拓展海外市场）

英文新闻标题多用短词"talk"表示"谈判"，替代更长的词汇如"negotiation"。例如：

> US, EU agree to further trade and technology **talks** (AP)（美国欧盟同意进一步讨论贸易与技术合作）

2）使用首字母缩写词、截缩词和缩略语词

为实现简洁性，英文新闻标题会较多地使用三类词：首字母缩写词（acronym）、截

缩词（clipping）和缩略语词（abbreviation）。本节重点介绍前两类词在新闻标题中的应用。

新闻标题中常使用英语国家公众比较熟悉的首字母缩写词来替代其全称，达到缩减标题长度的作用。

- **IMF** Gives Debt Warning for the Wealthiest Nations (NBC)（国际货币基金组织对发达国家债务风险提出警告）
- **SMEs** to digitalize, become resilient in face of pandemic (*China Daily*)（中小企业数字化转型 抗击疫情影响）

在上例中，"IMF"是"International Monetary Fund"的缩写，"SMEs"是"small and medium-sized enterprises"的缩写。其他常见国际组织机构的英文缩写如表6-4所示。

表6-4 新闻标题常用国际组织机构英文缩写

英文缩写	英文全称	中文译名
ADB	Asian Development Bank	亚洲开发银行
ADB	African Development Bank	非洲开发银行
AIIB	Asian Infrastructure Investment Bank	亚洲基础设施投资银行
APEC	Asia-Pacific Economic Cooperation	亚太经济合作组织
ASEAN	Association of Southeast Asian Nations	东南亚国家联盟
IMF	International Monetary Fund	国际货币基金组织
IOC	International Olympic Committee	国际奥林匹克委员会
ISO	International Standard Organization	国际标准化组织
IAEA	International Atomic Energy Agency	国际原子能机构
NATO	North Atlantic Treaty Organization	北大西洋公约组织
OPEC	Organization of the Petroleum Exporting Countries	石油输出国组织
OECD	Organization for Economic Cooperation and Development	经济合作与发展组织
SCO	Shanghai Cooperation Organization	上海合作组织
UN	United Nations	联合国
UNESCO	United Nations Educational, Scientific and Cultural Organization	联合国教科文组织
UNDP	United Nations Development Programme	联合国开发计划署
WHO	World Health Organization	世界卫生组织
WMO	World Meteorological Organization	世界气象组织
WPC	World Peace Council	世界和平理事会
WTO	World Trade Organization	世界贸易组织
WIPO	World Intellectual Property Organization	世界知识产权组织

（续表）

英文缩写	英文全称	中文译名
WB	World Bank	世界银行
WCO	World Customs Organization	世界海关组织
WFP	World Food Programme	世界粮食计划署
WTO	World Tourism Organization	世界旅游组织

截缩词是指截取英语原词的某一部分指代整个词。比如冰箱的全称是"refrigerator"，其截缩词是"fridge"。若要读懂、写好英文标题，新闻编译人员应熟悉常见的英语截缩词（表6-5）。下面是新闻标题中使用截缩词的一些案例：

- Ruby Haylock beats defending **champ** to win Maine Women's Amateur golf tournament (BDN)（海洛克击败卫冕冠军 缅因州女子业余高尔夫锦标赛夺冠）
  注："champ"指"champion"（冠军），"defending champ"指"卫冕冠军"。
- Bin Laden **advert** controversy not planned, says **mag** insider (*China Daily*)（杂志刊登本拉登广告惹争议 内部人士：纯属意外）
  注："advert"指"advertisement"（广告），"mag"指"magazine"（杂志）。
- Body of infamous **Aussie** outlaw Ned Kelly identified (*China Daily*)（专家称发现澳洲传奇侠匪最终下葬地）
  注："Aussie"指"Australian"（澳大利亚人）。
- **Ex-con** charged in deadly shooting of Texas man in Hollywood (MSN)（前科犯被控在好莱坞枪杀德州男子）
  注："ex-con"指"ex-convict"，指"曾经有前科的人"。

表6-5 新闻标题常用截缩词

截缩词	全 称	截缩词	全 称
Aussie	Australian（澳大利亚的）	biz	business（商业）
champ	champion（冠军）	con	convict（罪犯）
expo	exposition（博览会）	homo	homosexual（同性恋）
lib	liberation（解放）	rep	representative（代表）
pro	professional（专业的）	copter	helicopter（直升机）
Russ	Russia（俄罗斯）	nat'l	national（全国的）
com'l	commercial（商业的）	c'tee	committee（委员会）

（续表）

截缩词	全　称	截缩词	全　称
C'wealth	Commonwealth（英联邦）	int'l	international（国际的）
telly	television（电视机）	tech	technology（技术）
vet	veteran（老兵，老手）	vic	victory（胜利）

3. 省略虚词

为了实现简洁，英文标题中的部分虚词成分，如冠词、连词、连系动词（be）、关系代词等可以省略。

1）省略冠词

在英文标题中，省略"the、a、an"等冠词，把空间留给实词。例如：

> British 18-year-old becomes youngest to fly around world (UPI)（英国 18 岁少年驾机环游世界 打破世界纪录）

该英文标题写完整应为"A British 18-year-old becomes the youngest to fly around the world"。作为标题，其中的冠词"a、the"均省略。

2）省略连词

英文标题中不使用连词"and"，改用逗号以节省空间。例如：

> S&P revises Oman outlook to positive on higher oil prices, reforms (Reuters)（油价攀升改革加速 标普上调阿曼经济增长预期）

此英文标题中油价上涨和改革加速是标普上调其对阿曼经济增长预期的主要原因，正常语法表达会使用"higher oil prices and reforms"，但在标题中一般用逗号替代连词"and"。

3）省略 be 动词

英文标题中也可通过省略 be 动词来节省空间。例如：

> Farmland value increasing in Iowa, survey finds (AP)（调查：美艾奥瓦州耕地价值上涨 24%）

本标题中"Farmland value"和"increasing"之间的"is"被省略，节省了版面空间，但没有影响意义表达。英语新闻标题中，现在进行时态的系动词经常被省略，"is、am、are"等在标题中基本绝迹。此外，此例中"survey finds"前面的冠词"a"也进行了省略。

> 英文标题：Mother, daughter charged with murder after illegal butt injection procedure results in woman's death (NBC)
> 译文：美国女子在地下诊所做提臀手术死亡 涉案母女被控谋杀
> 导语：A woman and her daughter in California were arrested and charged with murder after they performed a botched butt injection procedure that resulted in a woman's death, police said.

观察上例并对比导语，可以发现，为简洁起见，"A woman and her daughter"在标题中被简化为"Mother, daughter"。另外，"charged"前面的"are"被省略，"woman's death"前的冠词"a"也被省略。

结合各类新闻写作教程中对于英文新闻标题写作提出的建议，本书总结如下：

- If a reader were reading only your five to ten words, would he or she know what the article is about?（如果只阅读 5 到 10 个单词，读者是否能掌握报道的主要内容？）【注：即英文新闻前 5~10 个词的位置应放置最重要的信息。】
- Headlines should be based on the main idea of the story. That idea should be found in the lead or introduction of the story. If facts are not in the story, do not use them in a headline.（标题应该以报道的主要内容为基础。内容应能在导语或开头段中找到。报道中没有的事实，不能在标题中出现。）【注：否则就是标题党。】
- Avoid repetition. Don't repeat key words in the same headline; don't repeat the exact wording of the story in the headline.（避免重复。同一关键词不要在标题中重复；标题与主体措辞不能重复。）
- Avoid ambiguity, insinuations and double meanings.（避免歧义、影射和双重含义。）

- Do not use pronouns alone and unidentified.（不要单独使用指称不明的代词。）
- Avoid using unclear or little-known names, phrases and abbreviations in headlines.（避免在标题中使用模糊不清或鲜为人知的名称、短语和缩写。）
- Use punctuation sparingly.（慎用标点符号。）【注：标题一般省略标点符号，但冒号、逗号可用】
- No headline may start with a verb.（新闻标题不得以动词开头。）
- Headlines should be complete sentences or should imply complete sentences. When a linking verb is used, it can be implied rather than spelled out.（标题应该是完整的句子或暗示完整的句子。系动词可以是隐含的，不一定要写出来。）

6.3　中文新闻标题的写作范式

本节将重点从语言特征角度考察中文新闻标题的一般特点，适用于不同类别的新闻标题。本书的"下篇"将展开探讨各主题新闻标题的写作范式，基于各类新闻的差异化价值点，总结独特的新闻标题构式。

与英文标题类似，中文标题的核心目标是精简性，也就是要做到言简义丰（write less and say more）。为达到这一目标，中文新闻标题也同样在语法和词法上做出了调整，从而呈现出以下特点。

6.3.1　省略量词

省略量词在中文标题中十分常见，以下例子括号中的量词均被省略：

- 中国空军数十（架）新战机成功进行大机群战斗转场演练（新浪军事）
- 印度一（辆）巴士行驶途中起火 21名乘客被活活烧死（新浪新闻）
- 河南一（家）非法烟花爆竹生产点爆炸 一（名）民警英勇牺牲（中国新闻网）

6.3.2　省略介词和连词

英文标题中用于支持语言结构的虚词通常都会被省略掉。同理，在中文标题中，介词、连词也是通常被省略掉的词。以下例子括号中的虚词均被省略：

- 中国职业高尔夫联盟杯第 5 站（**于**）苏州开杆（搜狐网）
- 古巴将军（**在**）广州寻根："我永远都是中国人的儿子"（新浪新闻）

6.3.3　省略语义结构

除了语法结构的省略，标题中语义结构的省略也十分常见。文言文中的一些单音节简化词常用在标题中，以达到言简义丰的作用（表 6–6）。

表 6–6　中文标题常用简化词

语　义	简化词
可能、也许、大概	或
估计、预计	料
希望、期待	冀
倡导、提倡	倡
呼吁	吁
支持	挺
努力、大力、尽力	力

以下例子中的黑体字均为简化词：

- 疫情在 1 月就已经扩散？美媒爆出猛料，美总统复工计划**或**将流产（网易新闻）
- 外媒：中国**倡**建"美丽家园"备受关注（参考消息网）
- 美媒称莫迪"**挺**俄"，印度留学生遭殃（网易新闻）

国家名、省市名一般都有简称，如美国简称"美"，上海简称"沪"，广州简称"穗"等。但从方便理解、避免歧义考虑，《新浪网新闻标题制作规范》对此作出规定：

  标题中的中国地名应避免使用简称，如蓉、豫等；市、县地名应考虑网友是否知晓，前面加上省或自治区的名称；避免采用不为人知的地名、人名。涉及国家名，约定俗成的可用简称，如美、英、俄；容易混淆的不可用简称，如巴（巴基斯坦、巴勒斯坦）、阿（阿富汗、阿根廷）等。

6.3.4　使用热词和流行语

在撰写社会类新闻时，国内网络媒体会在新闻标题中使用耳熟能详的热词和流行语，从而拉近与网友的距离，提升关注度，如"吐槽""伤不起""史上最……""被……""中枪"等。参见下例：

- "**躺平**"危害全球抗疫（人民网）
- 优酷投屏收费上热搜遭**吐槽** 腾讯、爱奇艺等视频 APP 纷纷**中枪**（每日商报）
- 游资搅动市场，苹果批发商**伤不起**（中新网）
- **史上最牛**考驾照老伯拼 42 年考 40 次通过（中新网）
- 女员工 50 岁后"**被**退休"，公司被判赔 16 万！（每日经济新闻）
- 海天味业市值超中石化 投资者"**打酱油**"莫疯狂（腾讯网）

> **小贴士**
>
> ### Be Wary of Trendy Terms（慎用流行语）
>
> - Trendy terms are only fun to use for a fleeting moment.（流行语往往是昙花一现。）
> - After that moment, they become overused, and like a cliché, they bore the reader and give your sentences a lackluster tone and quality.（过气后成为陈词滥调，令读者生厌，令行文平淡无奇。）
> - If you're using a term that was trendy more than six months ago, your reader might not know what you're talking about.（六个多月前流行的热词，读者现在就可能一头雾水了。）

英文新闻标题中也存在使用热词和流行语的现象。例如，2006 年美国的年度热词是"Pluto"（冥王星）。天文学家于 2006 年对"行星"重新定义，根据新定义，冥王星被认定为"矮行星"，从而被"降级"，太阳系从此不再有九大行星。随后，"Pluto"这个词在当年被广泛活用，甚至用作动词，如"be plutoed"，即"被降级了""贬值了"，相当于"demoted"或者"devalued"。然而如今再使用这个词，很多读者就不一定能立刻理解了。所以在使用热词和流行语时，务必考虑其时效性。

除了要注意以上特点外，《新浪网新闻标题制作规范》在语言方面对于中文网络新闻标题作了如下规定，可在创设、编译中文标题时参照：

- 所有标题的字数必须在规定范围之内，标题不能折行：新浪首页 20 字，新闻中心一类 22.5 字，二类 23.5 字，科技一类 21.5 字，二类 19 字。标题字数不能过短，科技二类标题不得短于 14 字。
- 标题用词应当客观，避免在标题中出现主观色彩浓厚的字眼，如"惊现""惊爆""竟然""竟""胆敢"等。
- 尽量使用单句式标题，主谓宾结构必须完整，避免出现双谓语，必须有动态词汇，主要为"主体＋行为＋客体"；标题中尽可能避免"的"字结构、"是"字结构、"和"字结构等静态句式出现；控制双句式标题、倒装句标题和被动语态标题的数量。
- 新闻标题中尽可能地省略标点符号，以保持页面的清新，避免给人主观感情色彩，防止产生歧义；除表达反讽的含义外，尽可能不使用引号；电影、书籍可用书名号。
- 使用标点时要区分全角、半角：破折号、括号用半角，其余（冒号、顿号、引号、书名号、叹号、问号等）为全角。标题中不要出现逗号、句号，有疑问、加重的语气可适当使用问号、叹号，新闻列表中不要同时出现过多标点。数字用半角，标题中间断开要用半角空格。
- 标题中的数字和字母使用半角字符，标题中尽可能不使用英文。
- 标题中严禁出现重复字眼。
- 标题中避免使用"一""某"等含混表述。
- 标题中禁止使用过于专业或晦涩的词语，严禁出现常人不熟知的人名、地名（必须出现时应作说明），或引起歧义的地名缩写（如"巴首都汽车炸弹三人死亡"）。
- 标题中不得出现港台式词汇（如"飞弹""单车"）。

6.4 编译策略、案例分析与演练

6.4.1 新闻标题的编译策略和程序

如前所述，意识形态、媒体立场、读者需求是决定新闻价值的三大重要因素，在选择新闻标题的编译策略时往往要注意平衡这三大要素，才能实现新闻价值。编译标题时一般可参照如下程序：

第一，梳理新闻主要内容。梳理新闻内容是创设、编译新闻标题的基础。新闻主体中没有提及的内容不能出现在标题中。因此，编译新闻标题前，必须先充分研读新闻全文内容，甚至其他相关报道。

第二，分析意识形态、媒体立场、读者对象。由于不同的意识形态框架、媒体立场、读者对象会影响同一新闻素材的认知视角和呈现方式，所以编译人员必须首先明确自身所代表的意识形态、媒体立场、读者对象，从而为选择编译策略奠定基础。

第三，提炼价值点，选择编译策略。按照标题的功能和价值点，选择实现价值点的编译策略。

第四，形成编译产品。按照目的语媒体新闻标题写作范式，形成编译产品。

6.4.2 新闻标题的编译案例分析

1. 英汉新闻标题编译：不被外媒"带节奏"

如前所述，翻译新闻标题时，遇到具有政治立场的新闻，要注意把握好意识形态和媒体立场，避免被外媒的叙事"带节奏"。要发挥国内媒体的舆论导向职责，引导国内读者正确看待外媒言论。

> 原文标题：Australia approves $2.6 billion missiles upgrade to counter assertive China
>
> 原文导语：(CNN) Australia will spend $2.6 billion (3.5 billion Australian dollars) to upgrade its defensive missiles as the security environment in the Asia-Pacific region becomes more challenging due to China's assertiveness, the country's defense minister said Tuesday.
>
> 学生译文：澳大利亚斥资26亿美元升级导弹以应对"日益强硬"的中国
>
> 环球网译文：澳国防部长叫嚣：斥26亿美元升级导弹系统，对抗中国

这是一则政治新闻，来自美国有线新闻网。这是一家中左媒体，其新闻标题中经常会出现情感负载词，从而使表达比较生动，但是有一定的立场偏向。

原标题直译的意思是：澳大利亚批准投资26亿美元来升级导弹系统，目的是应对"日益强硬"的中国。学生译文基本属于直译。但英文原标题其实暗藏陷阱，也是一个翻译难点，就是如何处理"assertive"这个词。

近年来，澳大利亚等国媒体经常会用这个词来形容中国。"assertive"在词典中的定义是"confidently aggressive or self-assured"，意思是"自信好斗的、自以为是的"，带有一定贬义色彩。国外的外交研究机构将其描述为："an assertive action is one when

China actively pursues its interests and acts boldly towards achieving its goals, **even if** they contradict the interests of other actors"（"行动果决"是指中国积极追求本国利益，大胆实现自身目标，即使这些目标与其他相关方的利益相矛盾）。

根据上文"even if"后面的表达可知，原文使用这个词时带有不认同的态度，认为这种做法与其他相关方的利益是冲突的。因此，这个词的弦外之音是试图呈现一个"过度强硬的、过度自信的"中国，这实际代表一种"中国威胁论"的论调。

在编译这种具有强烈政治立场的新闻标题时，编译人员一定要避免被原文的论调牵着鼻子走，需要尽量摆脱西方的媒体叙事。以本则新闻为例，环球网给出的编译建议是把"日益强硬"这个词在标题中省略掉，改为突出"counter"，编译为"对抗中国"，从而突出澳大利亚此举的冷战思维和战略意图，帮助读者建立认知框架，促使国内民众警醒。为使标题简洁、提高信息密度，使用"澳大利亚"的缩写"澳"对该国际新闻进行国别定位。节省下来的空间用于增补该言论的来源（"澳国防部长"），从而提高新闻的信度。此外，环球网在国际双向传播中坚持发挥媒体舆论导向作用，不吝使用立场鲜明的评价性词汇，常被国外媒体评价为"鹰派"，所以在本则新闻的标题中增加了"叫嚣"这样的情感负载词，发挥评价功能，表明了媒体的立场和态度。

2. 英汉新闻标题编译：避免"只见树木不见森林"

除了避免被外媒"带节奏"之外还要注意一点，就是外媒的新闻标题有时只说其一，不说其二。如果不看原文内容，只看标题就翻译，极有可能"只见树木不见森林"。

> 原文标题：Trump says he would not impose boycott against Beijing Olympics
>
> 原文导语：Former President Trump said in an interview that aired on Sunday that he would not impose a boycott against the Beijing Olympics, saying such a move "almost makes us look like, I don't know, sore losers".
>
> 原文直引："There are much more powerful things we can do than that, much, much more powerful things. That's not a powerful thing. It almost makes us look like, I don't know, sore losers," he added.
>
> 腾讯网：拜登万万没想到，特朗普突然发声力挺中国：反对抵制北京冬奥会
>
> 澎湃新闻：特朗普炮轰拜登政府不派官员出席北京冬奥会：看起来像失败者
>
> 百家号：拜登政府抵制北京冬奥会后，特朗普突然发声，为中国说了句公道话
>
> 环球网：蹭热度！特朗普声称反对抵制北京冬奥会：让我们看起来像输不起的人

这也是一则政治新闻，来源于《国会山报》(*The Hill*)。这是美国的一家政治新闻媒体，主要对美国国会以及总统大选的新闻进行报道。MBFC将其政治光谱评测为"least biased"，指出该报注重均衡报道美国两党观点，且很少使用情感负载词，信源信度高。近两年的国内主流媒体对该报报道较为关注。

2021年底，拜登政府宣布"外交抵制"2022年北京冬奥会。特朗普在接受福克斯新闻采访时声称自己不会抵制北京冬奥会。美国《国会山报》、政客新闻网、俄罗斯卫星通讯社等多家媒体都对此进行了报道。《国会山报》等外媒打出这一标题："特朗普反对抵制2022年北京冬奥会。"不少国内媒体据此给出特朗普"力挺中国""为中国说句公道话"这样的标题。但事实是否如此呢？

其实，只要仔细阅读《国会山报》的全文就会发现，特朗普的原话是"There are much more powerful things we can do than that"，意思是说，外交抵制没什么用，美国可以做更强有力的事情。此外，在福克斯新闻频道的节目中，特朗普还老调重弹疫情话题，称中国应就新冠肺炎疫情大流行向各国赔款。所以，特朗普实际上并没有"力挺中国"，更没有"为中国说句公道话"。

在几个标题译文中，环球网的译文是最准确的。编译人员不仅准确理解了《国会山报》的全文（"sore losers"正确翻译应为"输不起的人"而不是"失败者"），而且解读了福克斯新闻此次访谈涉华的全部内容，从而避免了"只见树木不见森林"的情况。编译标题中"蹭热度"这个网络流行语的使用，一方面给读者理解特朗普的言论提供了认知框架，另一方面也符合环球网使用百姓视角、百姓话语进行报道的媒体定位。

3. 汉英新闻标题编译：体现国际视野

在编译国内新闻时要注重拉近与国际读者的距离，提高新闻二次传播的效度，这就要求编译人员具有国际视野，善于赋予国内新闻国际视角。

原文标题：三孩生育政策来了

原文导语：（新华网）中共中央政治局5月31日召开会议，会议指出，进一步优化生育政策，实施一对夫妻可以生育三个子女政策及配套支持措施，有利于改善我国人口结构、落实积极应对人口老龄化国家战略、保持我国人力资源禀赋优势。

学生译文：China maps three-child policy against aging population

这是一则国内政策新闻。译文受众为国际读者，所以英文标题首先添加了"China"，

指明该政策的来源和实施国家。其次，人口老龄化是全球性问题。《世界人口展望：2019 年修订版》的数据显示，到 2050 年，全世界每 6 人中，就有 1 人年龄在 65 岁以上，在欧洲和北美，每 4 人中就有 1 人年龄在 65 岁或以上。人口老龄化已成为世界普遍关注的问题。学生编译的标题中增加了"against aging population"，实际是提供了了解中国人口政策调整的国际视野，旨在从切近性角度激发国际读者的阅读兴趣，也能让读者更好地理解中国应对人口老龄化的积极态度，这一处理值得赞赏。但为了避免歧义，建议将"against aging population"修改为"to cope with aging population"或者"as society ages"。

4. 汉英新闻标题编译：讲好中国故事

传播好中国声音、讲好中国故事是国际新闻编译人员的重要使命。在新闻二次传播的过程中，选择什么样的中国故事，又如何讲述，成为重要的问题。下例是学生提交的新闻标题编译作业，很好地体现了在身边的新闻中挖掘中国好故事，通过英文新闻讲好中国故事的思路。

原文标题：让"流浪"的古籍回家 天一阁启动流散书籍访归工程

原文导语：新华社宁波 10 月 12 日电（记者顾小立）记者从宁波市天一阁博物院获悉，该院近日正式启动天一阁海内外流散书籍访归工程，让流散在外的原藏书通过数字化等不同形式回归天一阁，最大限度保护与传承中华传统文化。

学生译文：456-year-old Chinese library recalling its lost books

这则新闻的内容是：宁波天一阁博物院启动海内外流散书籍访归工程，让流散在外的原藏书通过数字化等不同形式回归祖国，从而最大限度地保护与传承中华传统文化。

天一阁是我国现存历史最悠久的私家藏书楼，始建于明代。央视《国宝档案》节目就曾经以"天下名楼——南国书城"为题专门介绍过宁波天一阁。然而，在四百余年的历史传承中，天一阁历经种种战火劫难，藏书不断流失，许多珍本、善本流落海外。

学生选择编译的这则新闻是一则非常具有国际传播价值的中国好故事。首先，新闻的主要目的在于召回流落海外的书籍，通过英文新闻媒体，可以把消息传到古籍流向的世界各地，从而推进书籍召回工程。其次，古籍多是在西方列强入侵的时期流失，如今开始召回流失古籍，说明我国的综合国力、世界地位得到了巨大提升，彰显了当代中国的文化自信。当然，天一阁地处宁波，宣传天一阁其实也有提升城市国际知名度的作用。

在翻译标题时，采取的策略旨在拉近与国外读者的距离，提高中国故事的接受度。学生译文有几点较为成功。第一，在选词上，译者并未使用"天一阁"的音译名，因为尽管这个藏书阁在国内因历史悠久、文化底蕴深厚而具有较高知名度，但是外国读者并不一定熟悉，所以选择把"天一阁"翻译成"拥有456年历史的图书馆"来吸引国际读者的阅读兴趣。第二，使用"Chinese library"成功进行了国别定位，有助于实现标题的索引功能。第三，"recalling lost books"着重保留新闻主角"天一阁"悠久的历史以及呼唤丢失古籍回归的人文性，而删掉"访归工程"这类政治化的表述，则是考虑到了切近性原则以及国际读者的接受度。第四，"recalling"使用现在分词，省略be动词，符合英文新闻标题的语法规范。

课后练习

请评析下面英文标题的多个汉译版本。

新闻标题：US trade chief seeks "frank conversations" with China

标题来源：新华网英文网站

新闻导语：WASHINGTON, Oct. 4 (Xinhua)—US Trade Representative (USTR) Katherine Tai said on Monday that the United States seeks "frank conversations" with the Chinese side on issues including implementation of the phase-one economic and trade agreement, and industrial policies.

腾讯网译文：美贸易代表称将与中方就经贸问题展开坦率对话

环球时报译文：美国贸易代表：将与中国就贸易问题进行"坦诚对话"

参考消息译文：戴琪对中美贸易发表政策演说 称寻求与中国"坦诚对话"

第 7 章　导语

> ● **本章学习要点**
>
> 1. 理解新闻导语的功能；
> 2. 认识新闻导语的主要类别；
> 3. 掌握新闻导语的常见写作范式及中英差异；
> 4. 掌握新闻导语的常见编译策略。
>
> ● **课前思考**
>
> 1. 你认为如何理解英文新闻导语与标题之间的关系？
> 2. 你认为中英文新闻导语存在哪些异同点？

> **小贴士**
>
> 立片言以居要
>
> ——陆机《文赋》
>
> The effective story lead meets two requirements. It captures the essence of the event, and it cajoles the reader or listener into staying awhile.（好的新闻导语满足两个要求：一是抓住事件的本质，一是诱使读者或听众继续阅读或倾听。）
>
> —Melvin Mencher (2012: 103)

7.1　概述

新闻导语是一篇新闻的开头部分。一般认为，导语的首要功能是使用简短的语言介绍主要内容、揭示新闻主题。刘其中指出："新闻导语一般就是新闻中开门见山的第一段文字。它以最简练的语言把新闻中最具新闻价值的内容完整地表达出来，使读者看完这段文字之后就能获悉新闻的主要内容。"（2009b：25）同时，导语具有奠定全文风格的作用，可以决定报道的氛围、节奏和基调。

导语以其形式和内容激发读者阅读兴趣，对新闻读者发挥诱导、引导和指向的作用。《新闻与写作报道训练教程》的作者卡罗尔·里奇（Carol Rich）指出，"A good lead entices the reader to continue reading"（2009：25）（好的导语引人入胜）。

就导语和标题、主体的紧密关系而言，导语是对标题的进一步拓展和补充（李良荣、林琳，1997）。导语字数比标题多比主体少，标题是一句话，导语基本是一段话。新闻要素一般包括5个W和1个H，即何时（When）、何地（Where）、何事（What）、何因（Why）、何人（Who）、如何（How）。较之标题包含的新闻要素，导语中包含的新闻要素数量会多一些。鉴于篇幅原因，标题和导语都只是提纲挈领地提及部分要素，其余要素和更多细节会在新闻主体中逐步展开。

> **Russian actress, director enter space station to film movie**
>
> Oct. 5 (UPI)—A Russian actor, director and cosmonaut entered the International Space Station **Tuesday**, where they will stay nearly two weeks to film the first full-length movie shot in space.

上例标题中的三个新闻要素在导语中都得到了拓展和补充。导语中增加了一个新闻要素：何时（Tuesday）。导语中的信息比标题中的信息更为充实（见表7-1）。新闻读者若需了解更多细节，可从新闻主体中获取更加详实、全面的新闻要素。

表7-1　新闻要素分析

新闻要素	标题呈现的内容	导语呈现的内容
Who	Russian actress, director	a Russian actor, director and cosmonaut
What	enter space station	entered the International Space Station
Why	to film movie	to film the first full-length movie shot in space
When	/	Tuesday

7.2　英文新闻导语的写作范式

7.2.1　英文新闻导语的分类

张健（2004）总结了12个类别的导语，包括概括式导语、要点式导语、描写性导语、直呼式导语、引语式导语、悬念式导语、延缓性导语、对比式导语、提问式导语、轶事式导语、复合式导语、标签式导语等。

为方便学习者掌握英文导语的写作范式，本书按照文体特征和功能，选择如下英文新闻导语分类进行简要讲解。其中后四种导语具有修辞功能，多在软新闻中使用。

表 7-2　导语分类

硬新闻导语	纪实性导语（factual lead）
	议论性导语（argumentative lead）
软新闻导语 （具修辞功能）	描写性导语（descriptive lead）
	设问式导语（question lead）
	引语式导语（quotation lead）
	对比式导语（contrastive lead）

1. 纪实性导语

"纪实性导语"主要在硬新闻中使用，以陈述新闻事实为要旨，在新闻报道中的出现频率最高。从包含的新闻要素来看，"纪实性导语"包括"概括式导语"和"要点式导语"，可包含多项新闻事实，也可仅包含单项新闻事实，以前者居多。

"概括式导语"（summary lead），又称"综述性导语"（round-up lead），指新闻要素数量俱全（5W + 1H）的导语；"要点式导语"（main-fact lead）又称"主要事实导语"，指集中叙述凸显新闻主要事实某一部分的新闻导语，通常仅包含 2~3 个新闻要素。

《新闻报道与写作》的作者麦尔文·曼切尔阐述了"纪实性导语"的语言特点（Mencher，2012：104）：

> The lead sentence usually contains one idea and follows the subject-verb-object sentence structure for clarity. It should not exceed 35 words.（导语句通常只包含一个要点，采用主谓宾结构的句式以求清晰，长度一般不超过 35 个英文单词。）

就句法结构而言，多项新闻事实之间一般包含因果、目的、手段、条件等关系，通过介词、分词、连词、从句等手段实现联句。下面举例阐释包含因果关系和条件关系的纪实性新闻导语。

1) 因果关系

表示因果关系的常见连句手段包括 "and" "with" 和 -ing 分词、-ed 分词等。

英文导语：Chinese table tennis player Zhang Jike destroys two advertising boards // in celebration **after** regaining his title at the 2014 World Cup in Dusseldorf, // **costing** himself almost $45,000.

要素分析：Who—Chinese table tennis player Zhang Jike
What—destroys two advertising boards
Where—in Dusseldorf
When—at the 2014 World Cup
Why—in celebration after regaining his title
Impact—costing himself almost $45,000

中文导语：北京时间10月26日晚，在德国杜塞尔多夫举行的2014男乒世界杯展开决赛的较量。张继科经过7局激战，以4∶3逆转队友马龙，夺得个人第2个世界杯冠军。压抑了许久的张继科赛后疯狂庆祝，踢坏了两块广告牌，继当年撕裂球衣之后，他的庆祝方式又一次引发了争议。

上例为球员违规类体育新闻，其导语属于纪实性导语、概括性导语，包含6个要素。英文导语包含了3项新闻事实（用斜竖线划分为三部分），分别描述球员的行为、原因和后果。使用介词"after"和-ing分词连句，其中"after"引导原因，-ing分词引导后果。

英文导语为复合句，仅28个英语单词，但信息密度大，新闻价值突出。开头10个词体现知名性和超常性（著名球星张继科踢坏广告牌）；第二部分用"after"连句，指出原因（赢得世界杯冠军），再次体现知名性价值；第三部分用-ing分词连句，指出后果（4.5万美元高额罚单），具有超常性。英文导语虽然只有一句话，但做到了"一波三折"，价值点迭出，十分符合袁枚所说的"文似看山不喜平"。

英文标题：Climate change protester disrupts Louis Vuitton show in Paris
英文导语：PARIS, Oct 5 (Reuters)—A protester disrupted a Louis Vuitton fashion show in Paris on Tuesday // **by** walking down the catwalk with a banner // condemn**ing** the impact of excessive consumption on the environment.

要素分析：Who—a protester
What—disrupted a Louis Vuitton fashion show
Where—Paris

> When—Tuesday
> Why—condemning the impact of excessive consumption on environment
> How—by walking down the catwalk with a banner
>
> 编译标题：抗议者混入路易威登时装秀现场 手举抗议标语走上T台（新浪）
> 编译导语：2021年10月9日 在上周的巴黎时装周上，民间气候活动家冲进了路易威登时装大秀，谴责过度消费对环境的影响。

上例为社会新闻，其导语属于纪实性导语、概括性导语，包含6个要素。英文导语包含了3项新闻事实（用斜竖线划分为三部分），分别阐述抗议行为、抗议方式、抗议原因。使用介词"by"和-ing分词连句，其中"by"引导方式，-ing分词引导抗议原因。

英文导语为复合句，仅30个英语单词，但信息密度大，新闻价值突出。开头12个词体现知名性和超常性（巴黎路易威登大秀被抗议者扰乱）；第二部分用"by"连句，指出抗议方式（举旗冲上模特走秀T台），具有超常性；第三部分用-ing分词连句，指出抗议原因（谴责过度消费对环境的影响），具有切近性。

> 英文导语：MANILA (Agencies via Xinhua)—At least 49 people were feared killed and more than 100,000 fled their homes // **as** Typhoon Skip pummeled the Philippines, // **triggering** landslides and floods, //officials said yesterday.
>
> 参考译文：据官方消息，×月×日，台风"史基普"袭击菲律宾，引发洪水和山体滑坡，造成至少49人死亡，10万多人被迫离开家园。

上例为灾害新闻，英文导语包含了4项新闻事实（用斜竖线划分为四部分），分别为：受灾情况（人员死伤和疏散情况）、灾害类型及地点（台风、菲律宾）、次生灾害（洪水、山体滑坡）、消息来源（官方消息）。使用"as"和-ing分词连句，其中"as"引导原因，说明灾害情况，-ing分词说明次生灾害情况。

英文导语为复合句，仅27个英语单词，但信息密度大，新闻价值突出。开头以人员死亡人数（49人）和疏散人数（10万）体现灾害影响巨大；第二部分用"as"连句，指出灾害类型（台风）和受灾地（菲律宾）；第三部分用-ing分词连句，指出次生灾害（洪水和山体滑坡）。后两部分均通过灾害类型凸显灾害的严重性，提升新闻价值。

> 英文标题：British 18-year-old becomes youngest to fly around world
> 英文导语：Oct. 5 (UPI)—A British teenager became the youngest person to circumnavigate the globe solo // **when** he completed his flight at age 18 years, 150 days.
> 编译标题：英国18岁少年驾机44天环游世界 打破世界纪录（中国青年网）
> 编译导语：据国外媒体报道，一名18岁英国少年在18岁零150天的时候完成环球飞行，从而成为世界上最年轻的单引擎飞机环球飞行者。

上例为社会新闻，讲述了18岁英国少年破纪录环游世界的新鲜事，具有超常性。英文导语包含两项事实：第一部分说明这位英国少年成为独自飞行环游世界最年轻的人；第二部分说明他在18岁零150天的时候完成了飞行。英文导语使用"when"连句，旨在突出破纪录时的具体年龄。

2）条件关系

表示条件关系的常用词有"amid""as""despite""during""while""unless""if""unless""though""with"。

> 英文导语：Finance Ministers of the 146-country International Monetary Fund will gather in Washington this weekend for their annual meeting // **amid** continuing concern over the international debt problem, // **but** the agenda is expected to be thin.
> 参考译文：国际基金组织年会将于本周末在华盛顿召开。146个成员国财长将出席本次会议。尽管国际债务问题持续引发全球关注，但此次年会的议程预计十分有限。

上例为会议新闻。导语句包含了3项新闻事实（用斜竖线划分为三部分），分别为会议情况（参会人、时间、地点）、会议背景（国际债务问题）、会议议题（预计十分有限）。英文导语使用"amid"和"but"连句，其中"amid"引导会议背景，"but"引导会议议题。

英文导语为复合句。第一部分通过参会规模（146个成员国财长）凸显会议的重要性；第二部分通过国际大背景（国际债务问题引发关注）凸显当下召开财长会议的必要性；第三部分指出会议议题有限，凸显矛盾性。

值得注意的是，"amid"表示新闻事实发生的条件，可理解为背景。但在有些情况下也可理解为因果关系。例如：

> 英文标题：Facebook slows new products for "reputational reviews"
> 英文导语：Facebook Inc. has delayed the rollout of new products in recent days, people familiar with the matter said, **amid** media reports and congressional hearings related to a trove of internal documents showing harms from its platforms.
> Facebook 推迟新品发布以检测潜在影响（华尔街日报中文网）
> 中文编译 1：10 月 7 日消息，据华尔街日报援引知情人士透露，Facebook 最近几天已经推迟了新品发布，之前的媒体曝光和国会听证会揭露了一系列显示 Facebook 平台危害性的内部文件。
> 中文编译 2：被质疑对儿童有负面影响：脸书推迟新品发布 高管停职检查（参考消息）
> 参考消息网 10 月 9 日报道据美国《华尔街日报》报道，脸书最近推迟了新品发布，**因为**之前的媒体曝光和国会听证会揭露了一系列显示脸书平台存在危害性的内部文件。

这条英文新闻导语交代了"who""what""why"3 个要素。中文译文分别来自华尔街日报中文网（中文编译 1）和参考消息网（中文编译 2）。两则导语的翻译基本一致，但中文编译 2 使用了"因为"，从而将"amid"所引导的内容明确标记为脸书推迟新品发布的原因。

2. 议论性导语

"议论性导语"也称"评述性导语"，是在叙述新闻事实的同时，公开、直接地表示记者观点、倾向的导语。在叙述新闻事实的同时，提供画龙点睛的评价，能起到揭示、突出新闻事实的内涵和意义，凝练升华新闻主题的作用。由于新闻客观性要求严格区分事实与观点，此类英语导语出现的频率并不高。下例黑体部分对新闻事实作出了评价。

> The Thursday announcement that President Hu Jintao will attend the upcoming Nuclear Security Summit **should dispel any lingering doubts about China's attitude toward global nuclear security.** (*China Daily*)

3. 描写性导语

"描写性导语"以描写事物形象或场景为主要特征,包括"见闻式导语"和"特写式导语"。"见闻式导语"用于记叙、描绘场面;"特写式导语"则抓住人物的表情或一些事物的局部进行描绘,给人留下特写镜头般的印象,使人如临其境、如见其人。

> **Scores rescued from flooded coal mine in China**
>
> XIANGNING, China (AP)—Rescuers paddled the rafts with their hands in the dark, flooded mine shaft, letting out air so the inflatable vessels could squeeze through tight passages. From deep in the tunnel came the call: "Can you get me out of here?"
>
> Replied a rescuer: "Since we got in, we will definitely be able to take you out of here."
>
> And they did, pulling 115 miners to safety Monday, their eighth day trapped in the northern China mine.

上例为见闻式导语,描写了救援人员在黑暗的矿坑中搜救被困矿工的场面,扣人心弦,达到了先声夺人的效果。

> **苹果公司创立者乔布斯平静辞世**
>
> 新华社旧金山10月5日电(记者毛磊、李宓)大幅黑白照片上,满面胡须的史蒂夫·乔布斯身穿标志性的圆领套头衫,一手托腮,圆圆镜片后深邃的眼神里,似乎仍藏着未尽话语,以及秘而不宣的惊天创意……

上例为特写式导语,采用特写镜头式描写,工笔细描乔布斯的遗像,凸显了逝者的惊人成就和深邃智慧。

4. 设问式导语

"设问式导语"是用设问的修辞方式突出新闻主题,引发读者思考的一种导语形式,可以使导语跌宕有势,使读者产生"必欲穷其究竟而后快"的阅读兴趣。

设问式导语一般应满足以下要求:所提的问题是新闻事实的核心或要害,切实起到"牵一发而动全身"的作用;所提的问题是读者普遍关心的问题;所提的问题不可太多,最好只提一个问题,以免冲淡主旨、分散读者注意力;回答问题要明确、干脆,不可模棱两可、拖泥带水。

> Amsterdam, Netherlands (AP)—**Candy? Computer games? Camera tickets? Shares?** The choice of how to spend pocket money got more difficult for Dutch youngsters Tuesday with the launch of a new 400-share investment fund aimed at the nation's youth.

上例为设问式导语，以零花钱的用途设问，引出荷兰设立青少年投资基金的主题。

5. 引语式导语

"引语式导语"就是引用某人、某些人或某文中的一两句能够揭示主题或者表达主要事实的原话作导语。所引用的话，必须生动、精彩、富有新意，译文必须忠于原意。

> Shanghai, April 12 (Xinhua)—**"At the beginning, it was merely a house, but now it is our home,"** says Francisco Gerra, a businessman from the Philippines who has lived in Shanghai over the past decade.

上例为引语式导语。用菲律宾客商以上海为家的直接引语开头，引出上海国际化大都市10年发展的主题。

6. 对比式导语

"对比式导语"，也称"对照式导语"，指将性质相反的两方面事实作并列对比显示的导语样式。对比可以是纵向的，也可以是横向的。"纵比"就是把现在和过去两种情况相比较，"横比"就是把此时此地的情景与他时他地的情景比较，使之相映成趣。此类导语可着眼当下、回顾过去、展望未来，从而充分体现消息中的新闻价值，常用"and""but""while""as"等联句对比。

> Beijing (AFP)—Air travel was once so exclusive in China that even government officials needed a special ranking, **but** today the skies are open to anyone who can afford a ticket, making flying a booming business.

上例为对比式导语。以中国民众乘坐飞机情况的今昔纵比，引出对中国民航业发展的追溯。

7.2.2 英文新闻导语的写作规范和误区

1. 英文新闻导语写作规范

如前所述，导语的特征是"立片言以居要"，使用有限空间凝练核心新闻内容，凸显新闻价值。因此，只有极具新闻价值的关键信息才能写入导语。英文新闻导语写作通常要注意遵循如下规范：

- Keep leads short. The first paragraph should usually be 35 words or fewer.（导语力求简洁，第一段一般不应超过35个单词。）
- Try to limit leads to one or two sentences.（导语尽量控制在一两句话之内。）
- Avoid starting leads with the *when* or *where* unless the time or place is unusual. Most leads start with *who* or *what*.（除非时间、地点具有非同寻常的价值，否则导语不以"何时""何地"开头。大多数导语以"何人"或"何事"开头。）
- Avoid beginning leads with *there*, *this* or *it*.（导语避免以"there""this"或"it"开头。）
- Use quote and question leads sparingly.（慎用引语式或设问式导语。）
- The first five to ten words determine if the lead will be an attention-getter.（前5~10个单词决定导语是否能吸引读者。）

2. 英文新闻导语写作误区

1）价值埋藏

"埋藏式导语"（buried lead）是一个隐喻的说法，指撰写导语的时候从次要细节落笔，结果把具有新闻价值的信息埋藏起来，导致在文章很靠后的位置才能找到价值点。在新闻报道中，埋藏式导语是一种错误的写作方式，会使读者对新闻失去兴趣而停止阅读。观察以下例子：

▶ 新闻素材

> **场合：** 2008年12月23日中国国防部新闻发布会
>
> **发言人：** 国防部发言人黄雪平大校
>
> **发言内容：** 航母是一个国家综合国力的表现，也是一个国家海军实力的具体要求。中国有广阔的海疆，维护国家海上主要方向的安全，维护中国的领海主权和海疆权是中国武装力量的神圣职责。中国政府将会综合各方面的因素认真研究考虑有关问题。

▶ **编译稿 1**

China to "seriously consider" building aircraft carrier

China's Ministry of National Defense spokesman said Tuesday that **aircraft carriers are "a reflection of a nation's comprehensive power"** and are needed to meet the demands of a country's navy.

The Chinese government would seriously consider "relevant issues" with "factors in every aspects" on building its first ever aircraft carrier, said the spokesman Huang Xueping when responding to a question on whether it was a good opportunity at present to build China's aircraft carrier, at a press conference.

英文编译稿 1 的导语属于埋藏式导语。导语开头前 5~10 个词应为最具新闻价值的内容，但这则稿件前 5 个词是发言人的头衔，后面紧随的是航母表现国家综合国力的客观事实。而最具新闻价值的 "The Chinese government would seriously consider relevant issues" 这个表示中国政府态度的句子，直到第二段才出现。

▶ **编译稿 2**

China signals more interest in building aircraft carrier

BEIJING (NYT)—**In the clearest indication yet** that China could soon begin building its first aircraft carrier, a Defense Ministry spokesman said Tuesday that the country was seriously considering "relevant issues" in making its decision about whether to move ahead with the project, according to Xinhua, the state news agency.

英文编译稿 2 的导语与标题高度呼应，句首用一个较长的介词短语开门见山地突出了新闻价值点。

2）数据冗余（burdensome statistics）

导语中不宜提供过多数据，否则会显得杂乱、重点不够突出，可把部分数据放到新闻主体部分靠后的位置。

> A **14-year-old** boy fire three shots into a **third-floor** apartment at **91 Monmouth St**. Friday to climax an argument with a 39-year-old mother who had defended her **9-year-old** daughter against an attack by the boy.

上例导语中的数字过多，男孩的年龄、女孩的年龄、女孩母亲的年龄、门牌号等细节性信息新闻价值较弱，可以考虑删除或移动到新闻主体部分靠后的位置。

3）身份信息、信源过细（excessive identification / over attribution）

不具有国际知名度的人名一般不进入英文导语；导语中的信源可不给出具体人名、机构名，而是采用概括描述的方式。

> **Mimi La Belle**, a Springfield exotic dancer, was arrested on a charge of indecent exposure last night, officers **George Smith and Henry Brown said Monday.**

上例导语中的人名不具国际知名度，新闻价值较弱，且过于具体，不宜出现在导语中，可考虑在新闻主体中提供。

4）信源过粗（under attribution）

> All Delawareans over 45 should be vaccinated now against Asian flu.

英文导语注重提供信源，但上例没有提供信源，会导致信度下降。

7.3 编译策略、案例分析与演练

7.3.1 中英新闻导语的差异性

学者们从不同理论视角出发，总结了中文新闻导语与英文新闻导语的显著差异，为导语编译提供了思路。

许明武（2003）总结了三条差异：英文新闻导语交际态度积极活跃，中文新闻导语交际态度严肃内敛；英文新闻导语现场感强，中文新闻导语解释性强；英文新闻导语重个性化理解和评论，中文新闻导语以社会效果为评价标尺。

刘其中（2009b）总结了五条差异：英文导语较短，中文导语较长；西方记者注重时间因素，中国记者写新闻时不太在意；英文导语似乎更加朴实，更加开门见山；西方记者注意交代新闻出处，中国记者每每忽视提供新闻来源；中文新闻导语一般把讲话人放在导语开头，英文导语则处理灵活，讲话人的位置或在句首，或在末尾，偶尔也会出现在引语中间。英文导语编译应强调突出实质性内容，把次要信息放在从属位置。

本书对比中英新闻导语写作范式，总结得出了以下主要差异（见表7-3）：

表7-3 中英新闻导语写作范式对比

	英文导语	中文导语
长度	美联社要求不应多于35个英语单词。	5行（110汉字）为限。
信源	注重来源，增强新闻权威性、可靠性、可信性。信源位置多在导语结尾处，偶尔在开头。	不刻意披露是什么权威人士或者机构的消息。信源一般在导语开头处。
导语	先虚后实：主导语和次导语配合。多用后延缓式导语。第一段主导语提供宏观、概念性信息，次导语进一步具体化。	在第一段将关键性新闻要素全部披露。
逻辑	重要性递减原则：先写新闻事件的最新结果，后交代事件发生的原因和条件。	时空叙事原则：先搭建时间、地点框架，然后叙事。先原因、后结果。
顺序	新闻事实和来源的位置依重要程度而定。	新闻来源总在事实前面。

其中尤其要注意的有三点：

第一，中文导语一次性披露所有重要的新闻要素；英文导语则区分主次导语，主导语仅提供最具有新闻价值的信息，对知名度低的人名、地名、机构名等细节性信息延缓披露。因此，就长度而言，英文（主）导语明显较短，一般不超过35个英文单词，中文导语则更长。

第二，逻辑顺序是中英文导语的另一个重要差异。英文遵循"重要性递减原则"，按照新闻价值的高低排列；而中文注重搭建叙事的时空框架，一般按照"时间、地点、人物、事件、细节"的顺序撰写。

第三，就信源而言，中文导语的信源一般前置在开头处，有时不提供；英文注重信源，但因与其他核心信息相比其重要性一般，信源多被放置在导语尾部，但也需根据具体情况灵活处理。

7.3.2 新闻导语的编译策略及案例分析

1. 导语双向编译：逻辑顺序调整

如前所述，逻辑顺序是中英文导语的另一个重要差异。英文遵循"重要性递减原则"，按照新闻价值的高低排列；而中文遵循"时空叙事原则"，注重搭建叙事的时空框架，一般按照"时间、地点、人物、事件、细节"的顺序撰写。因此，在新闻导语双向互译的过程中，如果"重要性递减原则"与"时空叙事原则"发生冲突，则往往需要调整信息的逻辑顺序。

> 英文标题：California shooting: At least 6 dead, 9 injured in Sacramento, says police
>
> 英文导语：(CNN) At least six people died and at least nine were injured in an early-morning shooting in Sacramento, California, the city's police department said on Twitter.
>
> 编译标题：美国加州首府枪击案致 6 死 12 伤
>
> 编译导语：新华社洛杉矶 4 月 3 日电（记者黄恒）美国加利福尼亚州首府萨克拉门托市 3 日凌晨发生一起严重枪击案，警方确认共造成 6 人死亡、12 人受伤。

上例是一则报道美国加州枪击案的灾难新闻。英文新闻导语遵循"重要性递减原则"，凸显灾害的严重性，重点报道人员死伤情况。信息顺序为：死伤数字（At least six people died and at least nine were injured）+ 时间（early morning）+ 灾害类型（shooting）+ 地点（Sacramento，California）+ 信源（the city's police department said on Twitter）。

编译新闻导语则按照"时空叙事原则"将信息顺序调整为：地点（美国加利福尼亚州首府萨克拉门托市）+ 时间（3 日凌晨）+ 灾害类型（严重枪击案）+ 消息来源（警方确认）+ 死伤情况（造成 6 人死亡、12 人受伤）。

2. 英汉导语编译：提升信息密度，搭建认知框架

如前所述，英文导语为延缓式导语，主导语只提供最具新闻价值的信息，不披露过于具体的信息。国际知名度较低的人名、地名、机构名，以及具体的时间、地点等一般延缓至次导语或者新闻主体中披露。因此，主导语的长度一般为 1~2 句，不超过 35 个英语单词。而中文导语不区分主次导语，一般将记者认为重要的所有信息（可以包括具体的人名、头衔、时间、地点等）全部在导语中一次性披露。因此导语的长度可多达 5 行，

约110个汉字。英汉编译时，应注意从英文次导语中提炼部分信息（5W或信源）充实主导语，才能满足中文导语的信息密度要求。

> 英文标题：After a record-breaking 355 days spent in space, NASA astronaut Mark Vande Hei is back on Earth
>
> 英文导语：(CNN) After a record-breaking 355 days spent in space, NASA astronaut Mark Vande Hei is back on Earth.
>
> 英文主体：In a Russian Soyuz MS-19 spacecraft, Vande Hei and cosmonauts Anton Shkaplerov and Pyotr Dubrov undocked from the International Space Station at 3:21 a.m. ET Wednesday. They touched down after a parachute-assisted landing on the steppe of Kazakhstan at 7:28 a.m. ET.
>
> 中文标题：美俄宇航员乘坐俄"联盟"飞船返回地球
>
> 中文导语：美国宇航员马克·范德·海与两名俄罗斯宇航员30日乘坐俄罗斯"联盟"飞船从国际空间站返回地球。范德·海在国际空间站连续停留355天，成为在国际空间站连续停留时间最长的美国宇航员。（新华社）

上例中的中英新闻为平行文本。对比标题可见，两则新闻突出的新闻价值有所不同。

CNN英文报道突出的新闻价值是：美国宇航员国际空间站连续驻留时间破纪录，具有超常性。主导语内容与标题基本一致；次导语提供了其他重要细节，包括返回时乘坐俄罗斯飞船、三位宇航员的国籍及姓名、返回时间、着陆地点等。

新华社中文报道为综合各方信息编译而成，突出的新闻价值是：美俄宇航员共同乘坐俄罗斯飞船返回地球（俄乌冲突背景下尤其值得关注），突出知名性和影响力价值。美国宇航员驻留国际空间站时间破纪录的超常性仅作为第二价值点。

相较而言，中文导语的信息密度更大，第一句是从英文报道的次导语中提炼的信息。

英汉编译时，由于中外读者的文化背景差异，导语中有时还需增补相关新闻背景，才能帮助国内读者搭建认知框架，充分认识新闻内容。

> 英文标题：More than half of young US adults have a chronic health condition
>
> 英文导语：Obesity, depression, high blood pressure, asthma: These are just a few of the chronic health conditions that are now affecting almost 40 million

Americans between the ages 18 and 34, new federal data shows.

主体：Overall, the 2019 data found that more than half of young adults (nearly 54%) now deal with at least one chronic health issue. Almost one in every four (22%) have two or more of these conditions, according to a team of researchers from the US Centers for Disease Control and Prevention.

中文标题：美媒：超半数美国年轻人有至少一种慢性病

中文导语：参考消息网7月30日报道 据美国健康生活新闻网报道，根据美国疾控中心《发病率与死亡率周刊》29日发表的一项最新研究报告，美国约4 000万年龄在18~34岁的年轻人存在肥胖、抑郁、高血压、高胆固醇、哮喘和关节炎等慢性健康问题。

主体：根据美国疾控中心研究小组的研究，2019年数据显示，目前近54%的年轻成年人有至少一种慢性健康问题，22%有至少两种慢性健康问题。

上例为美国国内新闻，导语开门见山，以四种常见慢性病开头，然后指出4 000万美国年轻人患有类似疾病这一令人震惊的调研结果；第二段给出了具体患病比例和数据来源。

参考消息网编译的中文导语主要补充了消息来源，发挥两个作用：一是增加信度，二是搭建认知的时空框架。

英文标题：House passes bill banning certain semi-automatic guns

英文导语：WASHINGTON (AP)—The House passed legislation Friday to revive a ban on certain semi-automatic guns, the first vote of its kind in years and a direct response to the firearms often used in the crush of mass shootings ripping through communities nationwide.

中文标题：美媒：半自动步枪禁令在美众议院通过，但很可能在参议院搁浅

中文导语：参考消息网7月30日报道 据美联社华盛顿消息，美国众议院29日通过立法，恢复对半自动步枪的禁令。这是多年来第一个此类表决，也是对在全国各地大规模枪击事件中经常被用到的这种枪支的直接回应。该法案出台的背景是，人们对美国枪支暴力和枪击事件的担忧日益加剧。

上例为美国国内新闻，参考消息网编译的中文导语在最后一句补充了法案出台的背景，从而帮助国内读者搭建认知框架。

3. 汉英导语编译：细节信息模糊化处理

由于英文多使用延缓式导语，汉英编译时，需要对中文导语中的信息进行分层，将部分细节性信息后移至新闻主体中，对保留在主导语中的信息则要进行模糊化处理。

中文标题：强台风"菲特"登陆福建福鼎 沿海风雨大作

中文导语：新华网福州10月7日电（记者涂洪长、张逸之）据福建省气象台消息，今年第23号台风"菲特"7日凌晨1时15分在福建福鼎沙埕镇登陆，登陆时强度为强台风，近中心最大风力14级（42米/秒），中心气压955百帕，未来将继续向偏西方移动，强度逐渐减弱。

英文标题：Typhoon Fitow makes landfall in E China

英文导语：FUZHOU, Oct. 7 (Xinhua)—Typhoon Fitow made landfall in east China's Fujian Province in the wee hours on Monday, packing winds up to 151 km per hour, the National Meteorological Center said.

上例是一则气象灾难新闻。中文导语针对国内读者提供了详细的灾害信息指标，而英文导语则明显模糊化了各项信息精度（对比见表7-4）：

表7-4 中英文新闻导语案例对比分析（一）

信息类别	新华网中文报道	新华网英文报道
台风名称	今年第23号台风"菲特"	Typhoon Fitow
登陆时间	7日凌晨1时15分	the wee hours on Monday
地点	福建福鼎沙埕镇	east China's Fujian Province
强度	强台风，近中心最大风力14级，中心气压955百帕	packing winds up to 151 km per hour
未来走势	未来将继续向偏西方移动，强度逐渐减弱	/

> 中文标题：东航一架客机坠毁 民航局已启动应急机制
>
> 中文导语：新华社北京3月21日电 记者21日从民航局获悉，2022年3月21日，东方航空一架波音737客机在执行昆明至广州航班任务时，于梧州上空失联。目前，已确认该飞机坠毁。机上人员共132人，其中旅客123人、机组9人。
>
> 英文标题：Chinese Boeing jet crashes in mountains with 132 on board, no sign of survivors
>
> 英文导语：GUANGZHOU, China (Reuters)—A China Eastern Airlines Boeing 737-800 with 132 people on board crashed in mountains in southern China on Monday // after a sudden plunge from cruising altitude at about the time when it would normally start to descend ahead of its landing.
>
> 主体：Media said there were no signs of survivors on the domestic flight.

上例是一则报道航班失事的灾难新闻。中英新闻为平行文本，可通过对比来观察英文导语对细节信息进行模糊化处理的策略。

新华网中文报道面向国内读者，导语披露的信息十分详细，包括飞行路线、失联地点、机上人员的详细情况。路透社英文报道的导语对上述细节信息进行了模糊化处理（对比见表7–5）。

表7-5 中英文新闻导语案例对比分析（二）

信息类别	新华网中文报道	路透社英文报道
时间	2022年3月21日	Monday
机型	东方航空波音737客机	China Eastern Airlines **Boeing 737-800**
飞行路线	昆明至广州	/
灾难类型	坠毁	crashed
失联地点	梧州上空	in mountains in southern China
机上人员	共132人，旅客123人、机组9人	132 people on board
坠落情况	/	**a sudden plunge from cruising altitude**

路透社英文报道的信息排序也与新华网中文报道不同。报道前半句按照"重要性递减原则"排序：失事飞机航空公司及机型（A China Eastern Airlines Boeing 737-800）+

机上人员总数（with 132 people on board）+ 灾害类型（crashed）+ 地点（in mountains in southern China）+ 时间（on Monday）；后半句补充了飞机从巡航高度机头朝下直线坠落的异常情况。

路透社英文报道聚焦的新闻价值点与新华网中文报道不同：其中一个价值点是，失事飞机的机型为"波音737-800"，具有知名度，并且波音737-800飞机过去在16年间共发生过14起事故。2020年1月8日，一架乌克兰波音737-800客机在德黑兰霍梅尼国际机场附近坠毁，机上170名乘客全部遇难。因此，国际社会对该机型安全性能的关注度很高。另一个价值点是，失事飞机垂直坠落的情况异常，这与波音737-800的另外两起事故惊人相似，引发对失事原因的猜测，所以在导语中出现了一些新华网中文报道没有关注的信息（见表7–5黑体部分）。

4. 汉英导语编译：国内国际报道视角转换

政治外交领域的新闻报道讲究"内外有别"，为满足不同群体的信息需求，报道的侧重点、措辞均有所区别。

林郑月娥发表2021年施政报告：齐心同行 开创未来

　　新华社香港10月6日电（记者刘明洋）香港特区行政长官林郑月娥6日在特区立法会发表了2021年施政报告。在香港已由乱转治的新局面下，这份长达55页的施政报告**聚焦经济民生，回应市民关切，着眼国家战略机遇，完善香港空间布局**，积极为香港谋划未来，力促特区全面融入国家发展大局。

Carrie Lam unveils new measures to reinforce Hong Kong's financial strengths

　　HONG KONG, Oct. 6 (Xinhua) — Chief Executive of China's Hong Kong Special Administrative Region (HKSAR) Carrie Lam unveiled Wednesday **an array of new measures to reinforce Hong Kong's status as a global financial hub, including improving the listing regime of the stock market and facilitating the cross-boundary flow of renminbi.**

上例为政治新闻，提供了新华网对林郑月娥发布施政纲领的中英文新闻报道。英文版导语关注的价值点显然与中文版存在差异（见黑体部分）。英文版导语聚焦巩固香港金融中心的地位，这主要是因为香港以金融中心享誉全球，相关举措的国际关注度高。

新华网就同一个施政报告选择不同侧重点，体现了新闻编译为满足不同读者期待而转换了国内与国际报道的视角。

5. 汉英导语编译：主要人物及头衔的处理

中文导语中如果出现重要人物，一般会将其头衔全部给出；但英文导语的做法是不堆砌头衔，仅保留与新闻事件最贴近的头衔，其他在次导语或主体中交代。

对于部分具有中国特色、国际读者不熟悉的职务头衔，英语导语多以解释性的方式给出，然后再在新闻主体中给出专名化的译法。

中文导语中可罗列若干重要人物；英文导语则不罗列人名，只保留国际知名度最高、最具新闻价值的人物，其他在次导语及主体中交代。

习近平会见全国公安系统英雄模范立功集体表彰大会代表

新华社北京5月25日电 全国公安系统英雄模范立功集体表彰大会25日上午在京举行。**中共中央总书记、国家主席、中央军委主席习近平**亲切会见会议代表，向他们表示热烈祝贺，向全国广大公安民警辅警致以诚挚问候。

Xi meets heroes, role models from public security system

BEIJING, May 25 (Xinhua)—**Chinese President** Xi Jinping on Wednesday met representatives of a meeting commending heroes and role models from the public security system.

Xi, **also general secretary of the Communist Party of China Central Committee and chairman of the Central Military Commission**, offered warm congratulations to the representatives, and extended sincere greetings to police and auxiliary police officers from across the country.

上例为会议新闻。新华网的中英文报道对于习近平职务头衔的处理方式不同。中文报道是全部在主导语中给出（中文黑体部分），而英文报道只在主导语中保留"Chinese President"这一与新闻事实最相关的头衔，其他两个头衔在次导语中给出（英文黑体部分）。

> **汪洋主持召开全国政协主席会议并讲话**
>
> 　　新华社北京 7 月 18 日电 政协第十三届全国委员会第七十四次主席会议在北京召开。**中共中央政治局常委、全国政协主席**汪洋主持会议并讲话。
>
> **Top political advisor calls for greeting 20th CPC national congress with steady progress**
>
> 　　BEIJING, July 18 (Xinhua)—**China's top political advisor** Wang Yang on Monday called for steady progress to greet the convocation of the 20th national congress of the Communist Party of China (CPC) later this year.
>
> 　　Wang, **a member of the Standing Committee of the Political Bureau of the CPC Central Committee and chairman of the National Committee of the Chinese People's Political Consultative Conference (CPPCC)**, urged steady progress in improving the quality and efficiency of the CPPCC's work in the second half of the year.

　　上例为会议新闻。根据新华网中文版给出的信息，汪洋的职务为中共中央政治局常委、全国政协主席（中文黑体部分）。由于政协是中国特色政治机构，国际读者不一定完全了解，因此，新华网英文版的标题和导语均使用了"China's top political advisor"这样的解释性指称（级别"top"+功能"political advisor"），然后在第二段给出了两个头衔的专名翻译（英文黑体部分）。

> **北京冬奥会冬残奥会总结表彰大会隆重举行**
>
> 　　4 月 8 日，北京冬奥会、冬残奥会总结表彰大会在北京人民大会堂隆重举行。
>
> 　　**习近平强调**，伟大的事业孕育伟大的精神，伟大的精神推进伟大的事业。北京冬奥会、冬残奥会广大参与者珍惜伟大时代赋予的机遇，在冬奥申办、筹办、举办的过程中，共同创造了北京冬奥精神。北京冬奥精神就是胸怀大局、自信开放、迎难而上、追求卓越、共创未来。我们要大力弘扬北京冬奥精神，以更加坚定的自信、更加坚决的勇气，向着实现第二个百年奋斗目标奋勇前进，向着实现中华民族伟大复兴的中国梦奋勇前进。
>
> 　　**李克强主持大会，栗战书、汪洋、王沪宁、赵乐际、王岐山出席，韩正宣读表彰决定。**

> **Chinese leaders present awards to Beijing Olympic, Paralympic Winter Games role models**
>
> BEIJING—**Xi Jinping and other Chinese leaders** on Friday conferred awards on representatives of those who have made outstanding contributions to the Beijing 2022 Olympic Winter Games and the Beijing 2022 Paralympic Winter Games.

上例为会议新闻。新华网中文版罗列了所有出席会议活动的党和国家领导人。新华网英文版导语没有全部罗列，而是用"Xi Jinping and other Chinese leaders"指称，只保留了国际知名度最高的习近平总书记。这一方面是考虑英文导语的写作习惯，另一方面是考虑国际读者的认知背景，国际读者不一定熟悉中国政治体制，未必都能识别一大串用拼音罗列的人名，将全部人名译出反而会弱化英文报道的效果。

6. 会议会见类导语编译：提取国际化主题

国内会议类、外交会见类新闻的程式化特征较为明显，关注的价值点主要是会议、会见本身，编译为国际新闻时，应注意提取国际化主题，从而提高新闻二次传播的效果。

> **王毅同吉尔吉斯斯坦外长库鲁巴耶夫举行会谈**
>
> 中国日报7月30日电（记者赵佳）当地时间2022年7月30日，国务委员兼外长王毅在乔蓬阿塔同吉尔吉斯斯坦外长库鲁巴耶夫**举行会谈**。
>
> **China, Kyrgyzstan agree to enhance strategic coordination**
>
> by Zhao Jia | *China Daily*
>
> China and Kyrgyzstan **have agreed to further strengthen their strategic coordination and build a closer community with a shared future for the two countries.**
>
> The pledges were made when State Councilor and Foreign Minister Wang Yi met with Kyrgyz Foreign Minister Jeenbek Kulubaev in Cholpon-Ata, a city in northern Kyrgyzstan, on Saturday.

上例为《中国日报》对同一条外交新闻的中英文报道。中文导语聚焦会见本身，主要报道了会见的时间、人员。英文报道则注重提炼本次会见的成果，即中吉双方同意加强战略合作、打造命运共同体。较之外交活动本身，国际社会更加关注外交活动的成果。

课后练习

1. 找出下面标题和导语中包含的新闻要素并填入表格。

    标题：Three scientists win Nobel Prize for Physics for climate-related discoveries

    导语：Oct. 5 (UPI)—Three scientists from Japan, Germany and Italy were awarded the Nobel Prize for Physics on Tuesday for their work in modeling the Earth's climate and predicting global warming.

新闻要素	标　题	导　语
Who	Three scientists	Three scientists from Japan, Germany and Italy
What		
Why		
When		
Where		
How		

2. 以下为美国合众国际社和新华网对2021诺贝尔物理学奖获得者的新闻报道导语，请对比分析两则新闻导语的差异性。

    合众国际社导语：Oct. 5 (UPI)—Three scientists from Japan, Germany and Italy were awarded the Nobel Prize for Physics on Tuesday for their work in modeling the Earth's climate and predicting global warming.

    新华网导语：新华社斯德哥尔摩10月5日电（记者和苗、付一鸣）瑞典皇家科学院5日宣布，将2021年诺贝尔物理学奖授予三名科学家，其中，日裔美籍科学家真锅淑郎和德国科学家克劳斯·哈塞尔曼因"建立地球气候的物理模型、量化其可变性并可靠地预测全球变暖"的相关研究获奖，意大利科学家乔治·帕里西因"发现了从原子到行星尺度的物理系统中无序和波动的相互作用"而获奖。

第 8 章　主体

> ● **本章学习要点**
> 1. 理解新闻主体的定义、作用及常见结构；
> 2. 掌握新闻主体的常见写作范式及中英差异；
> 3. 掌握新闻主体的常见编译策略。
>
> ● **课前思考**
> 1. 你了解的英文新闻结构有哪些？
> 2. 你认为中英新闻在主体结构方面存在哪些差异？

8.1　概述

8.1.1　新闻主体的定义

在术语方面，国外新闻写作教材一般用"body"指代一篇新闻里导语之后的内容。美国哥伦比亚大学新闻学教授麦尔文·曼切尔在其教材中使用"body"一词，并对其作用加以解释（Mencher, 2012: 105-106）：

- The lead points the way to the **body** of the story.（导语引出新闻主体。）
- The **body** of the story amplifies or buttresses the lead.（新闻的主体对导语予以阐发或支撑。）

阿拉斯加安克雷奇大学（University of Alaska Anchorage）新闻学教授卡罗尔·里奇在其教材中也使用"body"一词，他（Rich, 2010: 40）指出：

- After the lead, the **body** of the story should support the focus with information from sources, quotes or facts that explain the main idea.（导语之后，新闻主体应采用如下信息支持新闻焦点，这包括信源提供的信息、引语以及解释主要观点的事实。）

- If the lead does not contain all the information about who, what, when, where, why and how, these questions should be answered in the **body** of the story.（如导语未提及何人、何事、何时、何地、为何、如何中任意一条，该问题应在新闻主体中予以回答。）

国内新闻相关教材存在"主体"和"正文"两个术语并用的情况，根据两个术语之间的关系，可分为"包含说""主体说""正文说"三种观点（见表8-1）。

- **包含说：**认为"主体"大于"正文"，包含"导语"和"正文"。
- **主体说：**认为导语之后的部分统称为"主体"。
- **正文说：**认为导语之后的部分统称为"正文"。

表8-1 "主体"的定义

包含说	
詹新惠（2011：30）	网络新闻的**主体**包括导语与**正文**两部分。
主体说	
白贵、彭焕萍（2018：62）	消息**主体**又叫消息主干或者消息躯干，由导语引出，是导语之后新闻事实的展开部分。
刘明华、徐泓、张征（2017：176）	消息导语之后的部分称为**主体**。
刘其中（2009b：24）	新闻的结构主要是由标题、导语、**主体**和结尾4部分组成的。
许明武（2003：257）	消息**主体**（newsbody）指导语之后、全篇末尾一句话或一段话之前的那一部分（前提是这句话或这段话为结尾）。
正文说	
陈明瑶、卢彩虹（2006：19）	**正文**则指导语以后的段落。
吴波、朱健平（2011：196）	**正文**（body）一般会在导语之后补充导语中没有提到的事实情况。
张健（2010：36）	消息通常由标题（headline）、导语（lead）和**正文**（body）三大版块组成。
朱伊革（2008：110）	一篇新闻通常由标题、导语和**正文**（导语之后各段落）三部分组成。

从文献来看，新闻写作领域、新闻编译领域均有文献使用"主体"一词，而"正文"一词主要出现在新闻编译领域的文献中。鉴于本书面向跨专业读者，故而选择使用"主体"指代新闻报道中导语之后的部分。

8.1.2 新闻主体的作用

国内新闻写作教材作者对新闻主体的作用总结如下:

白贵、彭焕萍(2018:62–65)在《当代新闻写作》中指出:"消息主体的作用包括:将导语中高度概括的事实具体化;补充说明导语中未提及的新闻事实;解释导语中出现的问题和悬念;对新闻事实产生的社会影响或意义进行阐述和深化。"

郭光华(2014:101)在《新闻写作》中表示:"新闻主体在一条新闻中的作用主要表现为两个方面:一是解释和深化导语;二是对导语的内容加以补充。"

刘明华、徐泓、张征(2017:176–182)在《新闻写作教程》中认为:"主体的任务有:展开导语,使之具体化;补充导语,令主体更丰满;回答读者提出的问题;添加'作料',令读者兴味不减。"

国内新闻编译类专著及教材对新闻主体的作用作过类似总结:

陈明瑶、卢彩虹(2006:19)在《新闻英语语体与翻译研究》中提出:"主体的作用是以具体和较为次要的事实补充、解释、扩展导语之内容。"

吴波、朱健平(2011:28)在《新闻翻译:理论与实践》中说:"新闻主体要在导语的基础上进一步提供有关细节和新闻背景材料,使读者对于新闻事件有更清楚、更具体的了解。"

许明武(2003:257)在《新闻英语与翻译》中表示:"消息主体的任务是解释和深化导语,补充导语所没有的新事实。"

可见,关于新闻主体的作用,新闻写作与新闻编译教材存在共识,都使用"具体""解释""补充""深化"等关键词强调其功用。

8.1.3 新闻主体的结构

1. 倒金字塔结构(Inverted Pyramid)

倒金字塔(也称倒三角)是最为常见的一种新闻结构,据说最早出现于美国南北战争时期。当时的战地记者为抢先发回报道,用这种方式一段一段在电报局里拍发,先发核心信息,再慢慢把事情说清楚。各类经典新闻写作教材均高度评价倒金字塔结构的价值和普及性。密苏里大学新闻学院布赖恩·布鲁克斯(Brian Brooks)等人指出(The Missouri Group,2014:168–169):

> The more people try to speed up the dissemination of information, the more valuable the inverted pyramid becomes. Perhaps 80 percent of the stories in today's newspapers and almost 100 percent of the stories on news services for target

audiences such as the financial community are written in the inverted pyramid form. （人们越是想提高信息传播的速度，倒金字塔结构的价值就越加凸显。当今报纸大概有 80% 的报道是以倒金字塔结构撰写的，而针对特定受众如金融界的新闻则几乎 100% 是以倒金字塔结构撰写的。）

该结构的典型特点是按照新闻价值的大小，即新闻事实的重要程度、新鲜程度，以及读者感兴趣的程度等，依次将新闻事实写出的一种结构形式。由于这种结构布局具有"前重后轻、上大下小"的特点，故而称之为"倒金字塔"结构（图 8–1）。

图 8–1　倒金字塔结构

倒金字塔结构的主体部分是对导语的扩展，结尾可有可无，如有话补充，或预告下文，也可加一个简短的结尾。

倒金字塔结构十分符合新闻"快"的特点，其优点是：可以快速写作，不为结构费神；可以快编快删，删去最后段落，不会影响全文；可以快速阅读，无需从头读到尾。

当然，其缺点也十分明显，即缺少文采，没有生气，不能体现个性，结语无力。这也决定了这种结构主要适用于信息性功能突出的简报、突发新闻等消息类硬新闻的写作。

请阅读以下美联社关于伊朗新冠肺炎日死亡人数创新高的报道，观察新闻倒金字塔的结构。

With 239 deaths, Iran hits its highest daily COVID-19 toll	标题： 突出死亡人数
TEHRAN, Iran (AP)—Iranian state TV said the country has hit its highest number of daily deaths from the coronavirus, with 239 new fatalities reported on Wednesday.	导语：**核心信息** 日死亡数创新高
The report quoted the spokesperson of the country's health ministry, Sima Sadat Lari, as saying that the 239 died since Tuesday. Iran has in the past had 235 daily deaths.	主体：引语 发言人谈日死亡人数
The latest death toll brought the total number of fatalities to 27,658. The ministry spokesperson said healthcare professionals recorded 4,019 new confirmed cases since Tuesday, bringing the total number of confirmed cases in Iran to 483,844.	主体：引语 发言人谈累计死亡人数、确诊人数
Authorities have blamed the high death toll on rampant disregard of health measures by people, especially those traveling between cities and large gatherings at ceremonies, though they have closed many public places such as cafes and gyms.	主体：引语 官方分析病例增长原因
Health officials said some 50% of the fatalities have been recorded in the capital, Tehran, with a population of 10 million.	主体：引语 卫生官员谈首都为高发地区
Iran also suffered the region's first major outbreak, with top politicians, health officials and religious leaders in its Shiite theocracy stricken with the virus. It has since struggled to contain the spread of the virus across this nation of 80 million people, initially beating it back only to see a spike in cases again, beginning in June.	主体：背景 伊朗新冠疫情的起伏情况
The first coronavirus cases and deaths were reported in Iran on the same day in February—the Mideast's first outbreak of the virus—yet it only saw its highest single-day spike in reported cases in June. The highest daily death toll was reported in July.	主体：背景 伊朗新冠疫情发展的时间脉络

倒金字塔结构对我国新闻写作也产生了广泛影响，包括新华社在内的众多媒体在报道中也多采用类似结构，如以下案例：

陕西一旧石器时代遗址出土万余件石制品	**标题**
新华社西安3月15日电（记者杨一苗）记者15日从陕西省考古研究院了解到，位于陕西省洛南县的夜塬遗址取得重要考古收获，出土旧石器时代石制品万余件。	**导语：核心信息** 文物出土情况
夜塬遗址属于旷野类型旧石器遗址。为配合当地工程项目建设、保护和抢救历史文化遗产，经国家文物局批准，陕西省考古研究院、中国科学院古脊椎动物与古人类研究所、南京大学地理与海洋科学学院等单位联合组成考古队，于2021年3月至2022年3月对该遗址进行了考古发掘。	**主体：细节** 考古队情况
本次发掘的区域位于遗址东南部，发掘面积500平方米。遗址地层堆积厚度达22.8米，可划分为36层，其中原生文化层中以第5—7层出土遗物最为丰富，第8层以下出土石制品逐渐减少。目前这里已出土石制品12 000余件，包括石制刮削器、尖状器、砍砸器、手斧、手镐、石球等。	**主体：细节** 考古发现
据陕西省考古研究院副研究馆员张改课介绍，通过对地层堆积特点和石制品特征的观察，初步认为在不晚于距今约60万年前，已有古人类在此活动，在距今约25万年前后人类活动进入繁盛期，并一直延续至距今约7万年前后。	**主体：细节** 考古结论
洛南盆地是目前我国旧石器时代遗址分布密集的地区之一，夜塬遗址则是洛南盆地发掘地层深度最大的旧石器时代遗址。这次考古发掘对于研究洛南盆地不同时期古人类的石器技术、生存活动强度与环境变迁之间的关系等提供了大量基础资料，对研究秦岭地区旧石器文化的发展过程、旧石器时代东西方人类文化交流具有重要意义。	**主体：背景** 考古意义

值得关注的是具有中国本土特色的"新华体"。《人民日报》海外版原主任编辑、清华大学新闻与传播学院教授王君超（2002：4）指出，"新华体"是"一种由新华通讯社所创立，在特定历史条件下产生、形成和不断改革发展的，符合国家通讯社传播特点的主流新闻文体。"国内学术界对于新华体的评价褒贬不一，而新华体本身也在不断发展演进之中，还出现了所谓"新新华体"。

传统"新华体"结构形式与倒金字塔结构有一定类似。《新闻传播学大辞典》对"新华体"的特点作如下界定:"段落安排仅为导语、主体与结尾三段式的消息结构形式。因为新华社首先并习惯采用,故名。具有段落分明、一目了然等长处,但也有俗套、缺乏活力的短处"(童兵、陈绚,2014:305)。

"新华体"最显著的特色是政治性、政策性强,编译时应注意其与倒金字塔结构的以下区别(见表 8–2):

表 8-2 "新华体"与"倒金字塔结构"的差异对比

	新华体	倒金字塔结构
导语	开头可使用套句抒情;宏大叙事勾勒出新闻的重大意义;可容纳更多细节。	开头为最强价值点,不使用套句,导语只提供核心信息。
主体	夹叙夹议,对新闻事实可随时予以评论,或点明历史意义,或阐明效果。	讲究将事实与观点相区分。
排序	事件叙述按时间顺序铺排,不插叙、倒叙。	按"重要性递减原则"排序。
风格	基调昂扬,多用形容词、成语。	多用动词,少用形容词。
结尾	铿锵有力,可使用排比或押韵口号点题。	不刻意结尾。

2.《华尔街日报》体(*The Wall Street Journal* Formula)

"《华尔街日报》体"因《华尔街日报》记者率先使用而得名,是一种使用文学手法叙述新闻事件的结构,因其结构特点也被形象地称为"串烧体"(the Kabob)或"闭环体"(the Circle)。

这种人性化的新闻报道一般包括四步(four-step process),其结构框架如图 8–2 所示:

- 人性化开头,讲述小人物、小故事;
- 过渡段,人物与新闻主题交叉;
- 深化大主题、大背景。
- 回归人物,主题升华。

这种写法改变了新闻写作的传统方式,注重叙事的故事化,从小处落笔、向大处扩展,由小及大,"窥叶知秋",感性、生动,符合读者认识事物从具体到抽象的过程,具有贴近读者生活,吸引读者兴趣,充满人文关怀的特点。这种结构适用于非事件类题材的叙述,对国内外新闻写作产生较大影响,特别是在写深度报道和特稿方面越来越为人们所接受。

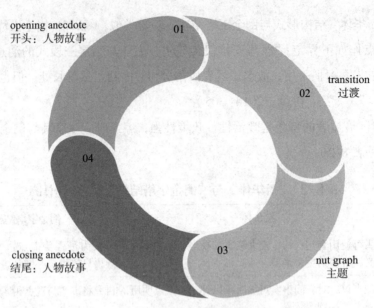

图 8–2　华尔街日报体结构

3. 沙漏型结构（Hourglass / Martini Glass）

该结构是倒金字塔结构与时间顺序叙事的组合。先以"倒金字塔"总结重要的事实，再按时间顺序对事件娓娓道来，最后给一个"豹尾"（出人意表的结局或发人深省的引语）。该结构因三个部分拼接起来形似沙漏、鸡尾酒杯而得名，其结构框架如图8–3所示。

图 8–3　沙漏型结构

该结构适合对罪案、灾难等戏剧性强的新闻进行报道，对其中的事件按时间顺序进行描述。该结构的优点是增加了文章的故事性，缺点是按时间顺序叙述的这部分内容可能会重复倒金字塔开头提到过的关键信息，造成内容重复、冗长。

8.2　新闻主体的写作与编译策略

8.2.1　新闻主体的写作

关于英文新闻主体的写作，麦尔文·曼切尔给出了十条建议（Mencher，2012：146）：

Make sure you understand the event. When you have found the focus for your story—when you know what you want to say—start writing. Show, not tell. Put good quotes and human interest high in the story. Put relevant illustrations or anecdotes up high in the story. Use concrete nouns and colorful action verbs. Avoid adjectival exuberance and resist propping up verbs with adverbs. Avoid judgments and inferences. Let the facts talk. Don't raise questions you cannot answer in your copy. Write simply, succinctly, honestly and quickly.（先理解事件，然后再写。知道自己想说什么的时候再写。要展现，不要告知。好的引语和具有人情味的内容放在报道的显要之处。相关插图或轶事放在报道的显要之处。使用具体名词和生动丰富的行为动词。避免滥用形容词，避免大量使用副词修饰动词。避免在报道中做判断或推论。让事实说话。不要在文中提出自己无法回答的问题。写作要简洁易懂、诚恳迅速。）

国内新闻编译人员也注意到英文新闻的如上特点，并提出在新闻写作和翻译时应加以注意。如在新闻段落的长度层面，刘其中（2009b）指出，英文新闻稿具有段落短的特点，在同样情况下，中文新闻稿一般段落较长。他强调，中文新闻稿段落偏长的特点不利于读者阅读，长长的段落令读者望而生畏，而短段落则令读者的阅读心情轻松不少，西方新闻写作中强调使用的短段落值得效仿。清华大学新闻与传播学院教授李希光（2013）也提醒，不要把太多的信息集中在一个段落，最好是一段一个单元思想。

在新闻句子的长度层面，麦尔文·曼切尔具体列举了美国新闻从业者所提倡的句子长度标准（表8–3），指出句子越短，可读性越高，一篇英文新闻的标准句子平均长度在17个单词左右。但他同时指出（Mencher，2012：161）：

One sentence after another under 17 words would make readers and listeners feel as though they were being peppered with bird shot. The key to good writing is variety, rhythm, balance. Short and long sentences are balanced.（每个句子都少于17个单词的话，会使读者或听众感觉好像遭到点射。好文章的关键在于变化、节奏、平衡。长短句应当错落有致。）

表8-3 英文句长与可读性

Average Sentence Length（平均句长）	Readability（可读性）
8 words or less	Very easy to read
11 words	Easy to read
14 words	Fairly easy to read
17 words	Standard
21 words	Fairly difficult to read
25 words	Difficult to read
29 words or more	Very difficult to read

使用具体名词和生动丰富的行为动词已构成新闻英语的一个重要特点。请观察以下美联社网站2021年8月23日发布的英文报道节选。

Indonesia Cabinet minister gets 12 years in COVID-19 graft

JAKARTA, Indonesia (AP)—Indonesia's anti-graft court **sentenced** a former Cabinet minister to 12 years in prison on Monday after finding him guilty of bribery related to the government's distribution of coronavirus aid.

Former Social Affairs Minister Juliari Peter Batubara was arrested in December after he **turned himself in** to the Corruption Eradication Commission, hours after its chairman publicly **called on him to surrender**.

His arrest came a day after the commission **foiled** an attempt to **hand over** seven suitcases and backpacks containing $1.3 million in cash to ministry officials. He was immediately **dismissed** by President Joko Widodo.

The case **drew a public outcry** as Indonesia **struggles to combat** corruption and **tackle** the profound health and economic impact of the coronavirus.

The corruption court **ruled** that Batubara was guilty of **abusing** his power by **enriching** himself and other officials. It also **ordered** him to pay a 500 million rupiah ($34,690) fine, and said he would be subject to another six months' imprisonment if he fails to pay.

"The defendant has legally and convincingly been proven guilty of corruption," presiding Judge Muhammad Damis said. "The crime was committed at a time of

> COVID-19 pandemic hardship," he said in explaining why Batubara **deserved** the punishment.
> ...
> The cases have **tarnished** President Widodo's credibility in fighting corruption. Two other Cabinet ministers, including Batubara's predecessor, were also given prison terms in corruption cases.
> Widodo **campaigned** in part on a pledge to **run** a clean government in a country that ranked 102nd out of 180 nations in the 2020 Corruption Perceptions Index compiled by Transparency International.

本英文新闻主体部分的用词丰富生动。

首先，使用了大量短小精悍、鲜活有力的动词，全文平均句子长度为5个单词，如"sentence""turn in""call on""foil""dismiss""struggle to combat""tackle""rule""order""deserve""tarnish"等。

此外，在提及主要新闻人物Juliari Peter Batubara时，先后使用了包括"a former Cabinet minister""former Social Affairs Minister""a former politician""the defendant"等多种称谓，从多角度对其身份加以解说，方便读者认知，增加新闻可读性。

8.2.2 新闻主体的编译

别尔萨和巴斯奈特（Bielsa & Bassnett, 2009）在专著《国际新闻翻译》中指出，新闻文本可大致分为三种类型：信息型、解释型和议论型。

她们认为，编译不同类型的文本，需要使用不同的策略。信息型为主的新闻无关记者个人写作风格，编译时可最大限度地对原文进行改动。相比之下，议论型文本可调整或改动的空间有限，应尽量还原作者个人的写作风格。通讯社日常发布的新闻多以信息型为主，要求以描述新闻事件事实为主、尽量避免记者主观评价，因此，文字转换过程中也就可以更多体现编译的理念和原则。她们指出，最常使用的编译方法有五种（2009: 64）：

> Change of title and lead. Elimination of unnecessary information. Addition of important background information. Change in the order of paragraphs. Summarizing information.

其中，标题与导语的编译在前面两章有专门讨论，本章不再赘述，这里简单分析一下其他四种编译方法。

- **删减冗余信息**：原语新闻中的某些信息对于译语读者而言过于熟悉、过于细碎或过于陌生，删去不影响译语读者理解新闻事件。

- **添加重要背景**：译语读者不像原语读者那样充分了解原语新闻中的某些信息，需要添加背景信息辅助认知。
- **段落重新排序**：译语媒体需要从原语新闻中选取新的视角和要素作为译语新闻的焦点，译语和原语信息的呈现顺序出现差异。
- **归纳概括信息**：限于译语媒体对篇幅的要求，或是原语新闻对事件的描述较为繁琐，编译时需要整合原文信息。

刘其中就主体部分的中英编译提出八条注意事项（2009a：84）：

> 选择与新闻主题关系最为密切的新闻事实，按其重要程度依次编入。精彩的直接引语不可或缺。提供必要的背景或解释。编好段与段之间、新闻事实与新闻事实之间的过渡。在一般情况下，硬新闻是不需要专门结尾的。短段落，短句子，最好一句就是一段，一段报道一层意思。行文最好使用主谓宾结构。尽量少用副词和形容词。

这些注意事项与上文所述写作要领、编译要领也是一致的。其中第一条最为重要。在新闻编译尤其是中译英时，首先要结合媒体立场、意识形态、读者需求确定译稿主题，锚定价值点，然后据此筛选资料，将计划编入的信息按选定的新闻结构范式进行重新排序，继而调整背景、删繁补缺。如果编译稿与原稿的价值点不同、结构不同，编译调整的幅度就会比较大。

以下案例素材选自新华网2021年8月18日发布的中英文报道，英文报道为基于中文报道的编译稿。

▶ **新华网中文报道**

中国奥委会就全红婵等奥运健儿姓名被申请注册商标发表声明

新华社北京8月18日电 针对近期发生的杨倩、陈梦、全红婵等奥运健儿姓名被申请注册商标事宜，中国奥委会18日发表声明，声明全文如下：

社会各界开展相关商业活动，应当保持理性，切实尊重运动员合法权益，遵守《中华人民共和国民法典》《中华人民共和国商标法》《中华人民共和国反不正当竞争法》等相关法律法规规定，如未获得运动员本人或未成年运动员监护人授权，不得以奥运健儿姓名恶意抢注商标或其他侵犯运动员姓名权等合法权益的行为；有上述行为的，应及时撤回和停止实施商标注册申请。

运动员及未成年运动员监护人有依法追究相关侵权行为人法律责任的权利。

▶ 新华网英文报道

Chinese Olympic Committee condemns illegal use of athletes names as trademarks	标题：价值点
BEIJING, Aug. 18 (Xinhua) —The Chinese Olympic Committee (COC) **vowed** on Wednesday **to help protect** Chinese Olympians against the **illegal** use of their names as trademarks.	导语：延展标题 动词生动
Several Chinese star athletes including Yang Qian, Chen Meng, and Quan Hongchan saw their names registered as trademarks in various categories, including alcohol, sportswear, and tutoring industries, following their success at the Tokyo Olympics.	主体：细节 综述侵权事实
"The COC wants to remind all that business activities should be conducted in a rational manner and in accordance with the relevant laws. The legitimate rights and interests of athletes must be respected," read a COC statement.	主体：引语 中奥组委声明
"Any registration of athletes' names as trademarks without the authorization of athletes themselves or their guardians is forbidden. Any offenders must stop their action."	主体：引语 中奥组委声明
"The athletes and the guardians of underage athletes have the rights to pursue the liability of relevant parties," added the statement.	主体：引语 中奥组委声明
There were at least 19 trademark applications related to the name of 14-year-old Quan Hongchan, **who won Olympic gold in the women's 10m platform**, in just one week after the Tokyo Games, according to media reports.	背景：全红婵 遭侵权情况 奥运夺金情况
Yang Qian, **who won China's first gold medal at Tokyo 2020 with her victory in the women's 10m air rifle**, also saw her name registered as a trademark for alcohol and wares.	背景：杨倩 遭侵权情况 奥运夺金情况

原文为新华网公告声明类消息，主体内容是转发中国奥委会声明。译文为消息类硬新闻，按倒金字结构编译，具有完整的新闻结构要素。

就新闻价值而言，在进行二次传播时，考虑到中国奥委会发声明行为本身的新闻价值较弱，而运动员姓名权保护问题则是具有时代性的热点问题，加之发稿时2021年东京奥运会刚刚闭幕，全红婵等奥运冠军全球热度极高，故而在编译时选择调整新闻价值点以提高传播效果。

对比英文新闻和中文原稿，新华网英文版进行了如下编译处理。

第一，从标题来看，中文报道的价值点是"中国奥委会发声明"这一行为，标题中没有表明态度；而英文报道选择了"condemns illegal use"（谴责非法使用），旗帜鲜明地表明了我国保护运动员姓名权的立场和态度，用词生动，突出矛盾，凸显了价值点。

第二，从导语来看，中文导语与标题保持一致，继续对中国奥委会发声明一事进行简要交代；而英文导语也与标题一致，使用了"vowed to help protect...against the illegal use"等感情色彩强烈的用词，表明了中国奥委会坚决维护运动员权益的立场和决心。

第三，从主体结构看，中文新闻是对中国奥委会官网声明的简单转述，主体部分为二、三段，均为声明的原文，倒金字塔结构并不明显。相比之下，英文编译稿对原文信息进行了切分和重组。首先对侵权事实进行了综述，继而将声明切分为三个小段分别用直接引语形式给出，最后补充了两位明星运动员夺冠和遭侵权的背景。总体而言，英文报道倒金字结构明显，同时很好地体现了"精彩的直接引语不可或缺""提供必要的背景或解释"等中英编译要点。

第四，就遣词造句而言，英文编译报道71.4%的段落由一个句子构成，除标题、电头外平均每句22.9个单词，段落之间结构平衡、长句短句交替使用；同时，恰当选用"condemn""vow"等色彩强烈、具有冲击性的动词，凸显新闻价值，吸引读者关注。

8.3　案例分析与演练

▶ 美联社网站2021年8月18日发布的英文报道

Texas governor tests positive for COVID-19, in "good health"	**标题：价值点** 得州州长新冠检测呈阳性
AUSTIN, Texas (AP)—Texas Gov. Greg Abbott tested positive for COVID-19 on Tuesday, according to his office, who said the Republican is in good health and experiencing no symptoms.	**导语：** 拓展标题
Abbott, who was vaccinated in December and has refused calls to reinstate mask mandates as the highly contagious delta variant surges in Texas, was isolating in the governor's mansion in Austin and receiving monoclonal antibody treatment, spokesman Mark Miner said in a	**主体：** **引语：** 发言人通报近况； **背景：** 此前多位州长感染

statement. He is at least the 11th governor to test positive for the virus since the pandemic began, according to a tally by The Associated Press.

"Governor Abbott is fully vaccinated against COVID-19, in good health, and currently experiencing no symptoms. Everyone that the Governor has been in close contact with today has been notified," Miner said.

In a video posted on social media, Abbott said the fact that he had been fully vaccinated "may be one reason I'm really not feeling any symptoms right now. I have no fever, no aches and pains, no other types of symptoms."

The positive test comes a day after Abbott, who has seldom been seen wearing a mask in public recently, did not wear one while speaking indoors near Dallas to a crowded room of GOP supporters, most of whom were older and unmasked. Video posted by his campaign shows the 63-year-old governor—who is up for reelection in 2022 and has drawn two GOP challengers who have attacked the virus restrictions he put in place last year—mingling with attendees as they gathered around him taking pictures.

"Another standing room only event in Collin County tonight," Abbott tweeted.

The event was held by a group called the Republican Club at Heritage Ranch. Reached by phone Tuesday after Abbott announced he had tested positive, Jack DeSimone, president of the club, said he did not like "to have conversations like this" and declined to comment further on Abbott's appearance.

Abbott had also posted a picture of himself with the guitarist Jimmie Vaughan earlier Tuesday before news of his positive test. Vaughan and his family have tested negative, according to a statement from the musician.

Abbott has rebuffed calls to reimpose pandemic restrictions, including mask mandates, as cases in Texas are again soaring, hospitals are stretched thin, and a growing number of school districts defy his orders that prohibit face-covering requirements in classrooms. Abbott and Republican Attorney General Ken Paxton are now in court fighting what amounts to many of Texas' largest school districts, which began classes this week.

主体：背景
州长推行消极防疫政策

More than 12,200 patients in Texas were hospitalized with the virus as of Tuesday, the highest levels since January, and state health officials said this week they had requested five morgue trailers from the federal government as a precaution. But as cases have sharply climbed, Abbott has stuck to a message that the path forward "relies on personal responsibility."

主体：背景
得州疫情创新高

By Tuesday, at least four Texas school districts had already temporarily closed because of virus outbreaks just days into students returning to class. And in a sign of tensions as schools defy Abbott's orders, the superintendent of the Eanes school district near Austin said one parent "physically assaulted" one teacher by ripping a mask off her face.

主体：背景
消极防疫政策引发的后果

Democrat Rafael Anchia, a state representative from Dallas, said he wished the governor a speedy recovery and was "praying this sign will cause him to rescind the order stopping schools from requiring masks."

主体：引语
民主党众议员

Miner said the governor's address to the group was his only public event this week. He said Abbott tested negative Monday and that no one else on staff has tested positive.

主体：引语
发言人通报密接感染情况

Abbott's wife, Cecilia Abbott, tested negative. The governor had been getting tested daily and Miner said "everyone that the Governor has been in close contact with today has been notified."

主体：引语
发言人通报密接感染情况

▶ 新华网 2021 年 8 月 19 日发布的中文译文

美国得州疫情反弹严重 州长感染新冠	**标题**
美国得克萨斯州州长办公室 17 日发表声明说，共和党籍州长格雷格·阿伯特当天新冠病毒检测呈阳性。声明未说明阿伯特何时染疫。	**导语：价值点** 得州州长新冠检测呈阳性
据美联社报道，自新冠疫情在美国暴发以来，至少 11 名州长感染过新冠病毒。	**主体：背景** 美国多位州长感染
得州州长发言人马克·迈纳说："阿伯特已完成了新冠疫苗接种，目前健康状况良好，没有出现症状。"	**主体：引语** 州长近况
按照迈纳的说法，阿伯特每天都会接受新冠病毒检测，17 日是检测结果第一次呈阳性。阿伯特将在得州首府奥斯汀的州长官邸隔离，继续每天检测，并接受单克隆抗体治疗。"我们今天已通知所有与阿伯特有密切接触的人。"	**主体：引语** 州长近况
阿伯特 17 日早些时候在社交媒体推特上传一张与得州著名吉他手吉米·沃恩的合照。沃恩随后发表声明说，他和家人目前新冠病毒检测呈阴性。	**主体：细节** 吉他手密接情况
阿伯特 16 日晚还在达拉斯市郊参加一场室内集会活动，在众多共和党支持者面前讲话时没有戴口罩。这些支持者以老年人居多，很少有人戴口罩。	**主体：细节** 参加竞选集会
迈纳说，这次集会是阿伯特本周参加的唯一一场公共活动。阿伯特 16 日新冠病毒检测结果为阴性，相关工作人员和他的妻子塞西莉亚检测结果也为阴性。	**主体：引语** 其他密接情况
阿伯特因不愿配合现任民主党籍总统约瑟夫·拜登应对疫情，今年春季宣布解除全州范围"口罩令"，警告企业和地方政府如果强制要求戴口罩将面临罚款。	**主体：背景** 执行消极防疫政策
得州近期疫情反弹严重，阿伯特仍坚持禁止强制戴口罩，引发多个校区抵制。	**主体：背景** 执行消极防疫政策
美国约翰斯·霍普金斯大学汇总数据显示，得州 17 日新增新冠确诊病例超 1.6 万例。美联社报道，当天得州新冠住院病例超 1.2 万例，创今年 1 月以来最高纪录。	**主体：背景** 得州疫情状况

> 截至17日，得州不到47%的人口完成新冠疫苗接种。休斯敦地方官员说，由于当地新冠住院病例数预计本周创下新高，他们将向前来接种第一剂新冠疫苗的人发放100美元，以激励居民接种疫苗。这项措施将至少持续至8月31日。

主体：背景
得州疫苗接种情况

在报道框架选择方面，美联社秉持其中左立场，支持民主党政府的政策。一方面客观陈述得州州长感染新冠的事实，大量引用州政府发言人发布的信息，报道其身体近况、此前参加的聚集活动、密接以及周围人员感染情况；一方面补充的背景较为负面，包括州长遵行共和党立场在得州执行消极防疫政策，解除口罩令引发学校抵制，得州感染创新高等背景，还提供了一名民主党众议员的忠告。对于其出参与竞选集会，人群高度聚集且不戴口罩的行为进行了披露。

新华网编译稿的报道框架是美国抗疫政治化，得州抗疫政策不力，导致疫情恶化。一方面报道州长感染情况；密接情况；另一方面报道其执行消极防疫政策，造成疫情日趋严重，疫苗接种不力。译稿对信息作如下取舍。

第一，删减冗余信息。删减原文中重复出现的内容，比如州长自述健康情况与州发言人重复，只是措辞不同，予以删减。

第二，增补重要背景。为配合报道框架，译稿第8段补充阿伯特消极防疫政策；第10段补充得克萨斯州当日新增确诊病例；第11段补充得克萨斯州疫苗接种推进不力情况等。

第三，段落重新排序。英文原文按"重要性递减原则"排列，第5、6、7段先重点写竞选集会情况，指出突出存在人员高度聚集、老年人多、不佩戴口罩等问题；第8段再写重要性次之的著名吉他手密接的情况。中文译文的顺序是"州长感染情况、密接情况、得州消极防疫政策、得州疫情发展"，原文中因重要性低而被安排在英文13、14段的阿伯特妻子及工作人员检测阴性这一信息因归入"密接情况"而调整至第7段。

第四，归纳概括信息。英文原文中的"the highly contagious delta variant surges in Texas""his orders that prohibit face-covering requirements in classrooms""a growing number of school districts defy his orders"等均在中文译文第9段加以凝练概括。

▶ **新华网 2021 年 9 月 23 日发布的中文报道**

贵州茅台原董事长袁仁国受贿案一审宣判	标题
新华社贵阳 9 月 23 日电（记者向定杰、汪军）2021 年 9 月 23 日上午，贵州省贵阳市中级人民法院一审公开宣判政协第十二届贵州省委员会经济委员会原副主任袁仁国受贿案，对被告人袁仁国以受贿罪判处无期徒刑，剥夺政治权利终身，并处没收个人全部财产；对袁仁国受贿所得财物及其孳息依法予以追缴，上缴国库。	导语： 主要事实
经审理查明：1994 年至 2018 年，被告人袁仁国先后利用担任贵州省茅台酒厂副厂长、中国贵州茅台酒厂（集团）有限责任公司副总经理、副董事长、总经理、董事长、贵州茅台酒股份有限公司董事长等职务上的便利，为他人在获得茅台酒经销权、分户经销、增加茅台酒供应量等事项上提供帮助，非法收受他人给予的财物共计折合人民币 1.129 亿余元。	主体：细节 主要罪行
贵阳市中级人民法院认为，被告人袁仁国的行为构成受贿罪。鉴于袁仁国受贿 2 050 万元系未遂；其到案后能够如实供述自己罪行，主动交代办案机关尚未掌握的绝大部分受贿犯罪事实；认罪悔罪，积极退赃，受贿赃款赃物已全部追缴，具有法定、酌定从轻处罚情节，依法可以对其从轻处罚。法庭遂作出上述判决。	主体：细节 判决依据

▶ **新华网 2021 年 9 月 23 日发布的英文报道**

Former Kweichow Moutai Group chairman given life sentence	标题
GUIYANG, Sept. 23 (Xinhua)—Yuan Renguo, **the former chairman of Kweichow Moutai Group that produces the high-end Moutai liquor in southwest China's Guizhou Province**, has been sentenced to life in prison for taking bribes, said a local court.	导语： 综述
The intermediate people's court of Guiyang, capital of Guizhou, pronounced the sentence on Thursday.	主体：细节 判决单位
Yuan, **also a former deputy director of the economic committee of the 12th Guizhou provincial committee of the Chinese People's Political Consultative Conference (CPPCC)**, was deprived of political rights for life, and all his personal property was confiscated.	主体：细节 判决裁定 背景： 曾任职

Yuan illegally accepted cash and properties worth more than 112.9 million yuan (about 17.46 million U.S. dollars) when assuming posts at Kweichow Moutai Group from 1994 to 2018, the court said.	主体：细节 犯罪事实

▶ 路透社网站 2021 年 9 月 24 日发布的英文译文

Former Kweichow Moutai chair sentenced to life in prison—Xinhua	标题
SHANGHAI (Reuters)—**The former chairman of China's top liquor maker, Kweichow Moutai**, was sentenced on Thursday to life in prison for taking bribes, China's official Xinhua news agency reported.	导语： 综述 判决结果
Yuan Renguo was sentenced by the Intermediate People's Court in Guiyang, **the capital of the southwestern province of Guizhou**, for accepting cash and properties worth more than 112.9 million yuan ($17.48 million) while working at Kweichow Moutai between 1994 and 2018, the report said.	主体：细节 判决机构 犯罪事实 犯罪时间
Kweichow Moutai, China's largest company by market capitalisation, has seen its shares tumble more than 20% this quarter, hit by investor jitters over regulatory clampdowns.	背景： 股价大跌
($1 = 6.4590 Chinese yuan)	

新华社作为中国国家通讯社，承担着发布权威信息的重任。新华网中文版新闻风格正式，措辞严谨，结构紧凑。其中，标题与导语介绍主要新闻事实，即袁仁国因受贿一审被判无期徒刑；第 2 段介绍主要罪行；第 3 段介绍判决依据。

新华网英文版新闻按照倒金字塔结构对信息进行了较大重组，报道的重点在于对外澄清袁仁国的犯罪事实和依法判决情况，体现我国政府惩治腐败的力度以及司法的公正透明性。

第一，删减冗余信息。按照"内外有别"的原则，从读者需求考量，删去大量对英文读者不重要的细节内容，主要涉及中文原文第 2 段、第 3 段中新闻人物的多个头衔、详细犯罪方式、从轻处罚依据等。

第二，添加重要背景。面对文化差异，主要补充相关背景增进理解。例如，补充对贵州茅台的介绍"the high-end Moutai liquor",补充对贵州省的介绍"southwest China's Guizhou Province"。

第三,段落重新排序。英译稿主体为2、3、4段,按照"判决单位、判决裁定、犯罪事实"的顺序排列,简明清晰。可见重点在公正执法、严惩腐败。

路透社的标题和导语均指明消息来源为新华社,从内容看是基于新华社报道的编译转发,但在结构和写法方面还是做了进一步调整。

首先,在导语部分,与新华网英文版信息基本趋同,但由于袁仁国的国际知名度不高,所以在路透社导语中没有提及名字,而是直接以"former chairman of China's top liquor maker"这一头衔开头。用词方面,新华网对茅台酒的阐释是"high-end",意思是"高端""价高质优",而路透社的阐释是"China's top liquor",主要是说明茅台在中国的地位。

其次,就主体结构而言,路透社编译稿更为简洁凝练。导语后只有两段,第2段说明判决机构、犯罪事实、犯罪时间;第3段从经济新闻的角度,增补贵州茅台在中国股市的地位以及股价受影响暴跌的背景。

最后,就信息增减而言,进一步删减袁仁国个人财产没收,剥夺政治权利等内容。补充了币值汇率换算数据。英文译文第2段的句子结构(Yuan Renguo was sentenced by…for…while…)在很大程度上体现了对信息的概括和整合。

📝 课后练习

请扫描二维码,阅读新闻"New Mexico governor urged to take stand against nuclear plan"(选自美联社网站),结合倒金字塔结构和编译方法,以新华网为目标媒体将其译为中文。

第 9 章　引语

● 本章学习要点

1. 理解新闻引语的定义和分类；
2. 认识不同类别新闻引语的主要作用；
3. 掌握新闻引语的常见写作范式及中英差异；
4. 掌握新闻引语的常见编译策略。

● 课前思考

1. 你认为引语在新闻报道中发挥怎样的作用？
2. 你认为中文新闻和英文新闻在引语使用方面有何区别？

小贴士

新闻就是"他说"。

——西南政法大学新闻传播学院院长、
原新华社高级记者李珮

9.1　概述

9.1.1　新闻引语的定义与作用

密苏里大学新闻学院布赖恩·布鲁克斯等人说："Quote: A source's exact words（引语：信源的原话）"（The Missouri Group，2014：514）。李希光指出："在报道中记录别人说的话就是引语"（2013：71）。

麦尔文·曼切尔在《新闻报道与写作》一书的目录中将"Quotations Are Essential"作为小节标题，清晰有力地强调了引语在新闻中的重要作用。他在书中一再指出（Mencher，2012：12）：

Good quotes make for good reading. Quotations, anecdotes, examples and human interest enliven the story. Engages the reader, viewer or listener with human interest material, quotations, incidents and examples. Put good quotes and human interest high in the story. Quotations are placed high in the story when they address its theme. (好引语能带来好的阅读体验。引语、趣闻、事例、具有人情味的内容能使新闻充满生气。要用富有人情味的素材、引语、插曲、事例吸引读者、观众或听众。把好的引语和具有人情味的内容放在报道的显著之处。用于支撑主题时，引语要放在新闻中的显著之处。)

在世界的各个角落，每时每刻都在发生具有新闻价值的事件。各个媒体的记者人数再多，也不可能在每个有新闻价值的事件发生时都刚好在场。更何况，很多新闻事件并不具有可视性，例如政府出台政策、机构发布报告、公司公开财报等，非得由一个消息来源告诉记者不可。因此，引语不仅是新闻主体的重要组成部分，还可能进入标题、导语，成为新闻的主题。

9.1.2 新闻引语的分类

在语言研究领域，辛斌、高小丽（2019）梳理了国外学者对转述言语（reported speech）的分类，并依据利奇（Leech）、肖特（Short）的分类分析了汉英报纸中各类转述方式的不同特点和使用规律。赖彦（2016）修订了佩奇（Page）、利奇、肖特等学者的分类范畴体系，按照施为叙述、直接引语、间接引语、自由直接引语、自由间接引语、混合引语等六类对英汉新闻转述引语的方式进行了比较。

在新闻领域，常见的做法是将引语分为三类。布赖恩·布鲁克斯等人指出（The Missouri Group，2014：81）：

Not everything people say is worth quoting. You need to learn what to quote directly, when to use partial quotes and when to paraphrase. (并非每句话都有引用的价值。要判断哪些话需要直接引用，哪些话需要部分引用，哪些话需要间接引用)

李希光（2013：71）认为："引语可以分为三类：直接引语、间接引语和部分引语。"刘其中（2009b：66）表示："引语有直接引语、间接引语和部分引语三种。"本书沿用这一分类方法，下面分别对这三种引语的定义、功能和使用规则加以阐释。

1. 直接引语

Look back, and chances are that you will recall that your interest perked up when you came across quotation marks.（回忆曾经的阅读体验，你可能会想起，看到引号时，你的兴趣就被激发出来了。）(Mencher，2012：303)

Quotation marks, which always enclose a direct quote, signal to the reader that something special is coming.（引号用于引述直接引语，对读者而言，意味着会看到特别的话语。）(The Missouri Group，2014：81)

国内外学者对"直接引语"的定义如表9-1所示：

表9-1 "直接引语"的定义

学 者	定 义
布赖恩·布鲁克斯等（The Missouri Group，2014：510)	Direct quote: a quote inside quotation marks that captures the exact words of the speaker.（用引号精确引述讲话人原话的一句话。）
李希光（2013：71）	直接引语就是整句引用，并用引号标注出来。
刘明华、徐泓、张征（2017：48）	直接引语是指记者通过采访得来的被采访者的原话。
刘其中（2019b：66）	直接引语是指新闻中用引号引起来的新闻人物所说的话。

李希光（2013）指出，大量使用直接引语的新闻写作风格早在19世纪末、20世纪初记者这个职业诞生之时就已出现，早期大力倡导并使用这种文体的一些西方记者后来成长为大作家，如海明威等。李希光批评称，很少使用直接引语是中国新闻写作的癌症。

关于直接引语的功能，布赖恩·布鲁克斯等人（The Missouri Group，2014：81）写道：

Direct quotes—the exact words that a source says or writes—add color and credibility to your story. By using a direct quote, you put your readers directly in touch with the speaker in your story. Like a handwritten letter, direct quotes are personal. Direct quotes provide a story with a change of pace, a breath of fresh air.（直接引语是信源说过或写过的原话，能使新闻丰富多彩、增强可信度。使用直接引语能让读者与新闻中的讲话人直接对话。直接引语就像手写的信函一样体现个性。直接引语能为新闻带来节奏和活力。）

刘明华等将直接引语的作用总结为三条（2017：49）：

第一，直接引语是新闻报道中不同身份、不同个性人物所说的话，不拘一格地引用它们，可以使报道具有现场感，富有变化和人情味，有助于克服新闻写作中容易出现的单调乏味与概念化。第二，直接引语一般都有出处，即消息来源，有助于提高新闻的真实性。如果直接引语来自重要人物或重要机构，还有助于提高新闻的权威性。第三，记者可以利用新闻报道中的人物之口，讲出自己希望说出又不便直接出面说的话。

李希光将直接引语的功能归纳为六条（2013：72）：

可以使稿件具有现场感。可以让新闻报道具有信息权威性。可以让读者意识到所报道的事件涉及有血有肉的人。拉开记者与新闻事件和新闻当事人的距离，以显示记者引其话语，但并不一定赞成其观点。能让报道放慢一下节奏，让读者从信息高度压缩的语句中喘口气，使新闻报道更具有可读性。引号有吸引人眼球的功能，带有引号的句子能在读者扫描报纸、杂志的时候就引起其注意。

关于直接引语选用的标准，布赖恩·布鲁克斯等人总结出颇有意趣的三条（The Missouri Group，2014：81）：

Someone says something unique. Someone says something uniquely. Someone important says something important.（内容独特的话、说法独特的话、要人要言）

李希光认为应参照以下标准（2013：75–76）：

选择的直接引语是否能为文章增添可信度。选择的直接引语是否与导语、中心意思或文中的某一个观点有关。选择的直接引语是否能让你的陈述坚不可摧。选择的直接引语是否在内容上独特，是否能为文章增添色彩。选择的直接引语是否在表达上独特。选择的直接引语是否能传递戏剧性的行为。

刘其中（2009b：66）则强调直接引语"引文必须准确无误，原原本本，一字不差，绝对忠实于讲话人的语言和思想。"

就位置而言，直接引语在导语中较为少见。李希光（2013）认为，在导语中使用直接引语可为全文定下基调，它揭示了下文的方向及作者的意图，让读者产生一定的预期。但硬新闻的导语一般不整句引用。能有资格进入硬新闻导语的话常常有很强的倾向性，而编辑记者一般不太愿意显得过于支持或反对某一种观点，更希望保持中立的态度。碰到这种情况，记者一般会用两种方式处理：一是用间接引语，先把某人发表的言论的中心意思复述一遍，然后在次导语或文章中直接引用；二是用部分引语勾勒出这段话中最有新闻价值的语句，然后在文中展开。由于一篇新闻的标题与导语之间存在密切的对应关系，因此，如果硬新闻的导语不使用直接引语，那么标题也就不会使用。

主体部分使用直接引语的做法在新闻报道中更为常见。刘其中（2009b）指出，在编译新闻的主体部分时，精彩的直接引语不可或缺。

以下案例选自美联社网站 2021 年 9 月 22 日发布的英文报道 "Iran's president slams

US in first speech to UN as leader"以及新华网 9 月 22 日发布的中文报道《伊朗总统在联大抨击美国霸权主义》。两篇新闻并非原文、译文的关系,但记述了同一起新闻事件,可用作平行文本。

▶ **美联社英文报道原文**

以下摘录美联社网站英文报道的前十二段,集中呈现伊朗总统发言内容(尤其是直接引语)。

DUBAI, United Arab Emirates (AP)—Iran's new president **slammed** US sanctions imposed on his nation as a mechanism of war, using his first UN address since his swearing-in to forcefully **call out** Washington's policies in the region and the growing political schism within America. 总结观点

President Ebrahim Raisi on Tuesday delivered a far more critical and blunt take on American foreign policy than his moderate predecessor, Hassan Rouhani, had done in previous speeches to the UN General Assembly. Raisi, who was sworn in last month after an election, is a conservative cleric and former judiciary chief seen as close to Iran's Supreme Leader, Ayatollah Ali Khamenei. 背景

His speech **espoused** Iran's Islamic political identity and where the Shiite-led nation sees its place in the world, despite crushing US sanctions that have hurt its economy and ordinary Iranians. 总结主旨

"Sanctions are the US' new way of war with the nations of the world," Raisi **said**, adding that such economic punishment during the time of the COVID-19 pandemic amounts to "crimes against humanity." 直接引语 / 间接引语 / 部分引语

US sanctions, while allowing for humanitarian aid, have made international purchases of medicine and equipment much more difficult. Iran has endured multiple waves of the coronavirus, with nearly 118,000 deaths recorded—the highest in the region. 背景

In taking aim at the United States, Raisi also **referenced** the shocking Jan. 6th insurrection on Capitol Hill by supporters of then-President Donald Trump, and the horrific scenes at Kabul airport last month as desperate Afghans plunged to their deaths after clinging to a US aircraft evacuating people. 间接引语

"From the Capitol to Kabul, one clear message was sent to the world: the US' hegemonic system has no credibility, whether inside or outside the country," Raisi **said**.	直接引语
The Iranian president **said** "the project of imposing Westernized identity" had failed, and **added** erroneously that "today, the US does not get to exit Iraq and Afghanistan but is expelled".	部分引语 直接引语
The US military withdrew from Afghanistan amid a hasty and chaotic airlift of more than 100,000 Afghans and foreigners, and has largely withdrawn from Iraq. Iran shares long borders with Afghanistan to its east and Iraq to its west, where Shiite militias are powerful.	背景
The perseverance of nations, he **said**, is stronger than the power of superpowers. In a dig at the political slogans used by Trump and his successor President Joe Biden, Raisi **said**: "Today, the world doesn't care about 'America First' or 'America is Back'."	间接引语 直接引语
Speaking remotely via video from Tehran, Raisi wore a black turban on his head that identifies him in the Shiite tradition as a direct descendant of the Prophet Muhammad. He **praised** Iran's Islamic Revolution of 1979 as the fulfilment of "religious democracy" and linked the growth of "indigenous terrorism in the West" to a decline in spirituality.	部分引语
Despite the criticism aimed at Washington, Raisi appeared not to rule out a return to the negotiating table for the nuclear accord, **saying** Iran considers talks useful if their ultimate outcome is the lifting of all sanctions. Still, he **stated**: "We don't trust the promises made by the US government."	间接引语 直接引语

▶ 新华网编译报道

新华社联合国 9 月 21 日电（记者王建刚）伊朗总统莱希 21 日在第 76 届联合国大会一般性辩论中发言，抨击美国随意退出伊朗核协议以及继续在新冠疫情期间对伊朗实施制裁的行径，强调这是美国霸权主义的体现，伊朗不再相信美国政府所做的任何承诺。	总结观点

莱希在预先录制的视频讲话中**说**，国际原子能机构发布的15份报告都证明伊朗信守承诺，但美国并没有履行其解除制裁的义务。美国违反并退出伊核协议，却继续对伊朗人民施加更多的制裁。	间接引语
莱希**说**，制裁是美国对世界其他国家新的战争方式。在新冠疫情期间对医药实施禁运属于反人类罪。"我代表伊朗民族和我国收容的数百万难民，谴责美国持续的非法制裁，尤其是涉及人道主义领域的制裁。"	间接引语 **直接引语**
在讲话中，莱希还**抨击**了美国对中东事务的干涉。他**说**："美国在叙利亚和伊拉克的军事存在是建立民主和国家意志的最大障碍。"	间接引语 **直接引语**
莱希**说**，今年有两个画面创造了历史，一是1月6日美国国会被占领，二是8月美军撤离阿富汗时在喀布尔机场出现的情景。从国会大厦到喀布尔，一个明确的信息传达给世界，无论在国内还是在国外，美国霸权已经失去了公信力。	间接引语

　　以上案例为言论新闻，新闻人物言论密集。新闻稿将间接引语、部分引语、直接引语配合使用，使得行文丰富立体。其中英文报道在前十二段使用了5处直接引语（第4、7、8、10、12段）；中文报道使用了2处直接引语（第3、4段）。选择直接引用的内容差别较大，也体现出两家媒体报道视角和突出重点的差异。

2. 间接引语

　　The best way to avoid confusing or wordy quotes is to paraphrase. In a paraphrase you use your own words to communicate the speaker's meaning. As a reporter, you must have confidence that you will sometimes be able to convey that meaning in fewer words and in better language than the speaker did. Digesting, condensing and clarifying quotes take more effort than simply repeating them word for word.（想要避免令人困惑或冗长啰嗦的话语，最好的办法就是转述。转述时，记者使用自己的话语来表达讲话人的意思。作为记者，要有信心能够更为言简意赅地表达讲话人的意思。比起照搬原话，消化原意、压缩篇幅、清晰阐明其实更加费力。）(The Missouri Group, 2014: 91)

　　国内外学者对"间接引语"作如下定义：

　　布赖恩·布鲁克斯等人（The Missouri Group, 2014: 511）认为，"Indirect quote: a paraphrase of the speaker's words. Because it is a paraphrase, the words are not in quotation marks"（对讲话人所说内容的转述。由于只是转述，因此不使用引号）。

刘其中（2009b：66）的观点是："间接引语引述的是新闻人物所讲的主要意思，引文不用引号，它可以是讲话人的原话，也可以是记者用自己的话进行的转述。"

关于间接引语的使用，刘其中（2009b）指出，使用间接引语时虽然不加引号，但引述的内容也必须与讲话人的原意相同或者相近，不能断章取义，不能各取所需，不能移花接木，不能根据个人需要任意杜撰，把新闻人物从未讲过的话强加在他们头上。

关于直接引语、间接引语的实际使用频率，刘其中（2009b）选取1995年10月1日美联社、路透社分别发布的81篇、155篇英文新闻，指出使用直接引语的篇数分别占当日发稿量的59%、68%，显示这两个西方通讯社都十分重视直接引语在新闻写作中的运用。同时，他选取1996年9月1日至5日《人民日报》《新华每日电讯》分别发布的424篇、416篇中文新闻，指出使用直接引语的篇数分别占8%、5%，显示这两家中文新闻机构都不重视直接引语在新闻写作中的运用。

辛斌、高小丽（2019）选取2011年7月至9月《人民日报》《纽约时报》各200篇报道，指出中文报纸新闻语篇、英文报纸新闻语篇中出现的直接言语分别占转述言语总次数的12%、28%，中文、英文中的间接言语分别占转述言语总次数的48%、38%，显示中文比英文更倾向于使用间接言语。

关于间接引语的位置，据上文李希光的说法，可以用于硬新闻的导语之中。因此，从"标题–导语"的对应关系出发，间接引语也就可以用于标题之中。当然，从上述统计数据来看，在主体部分使用间接引语的做法在新闻报道尤其是中文新闻中十分常见。

下面分析一组案例，素材选自中新社网站2021年9月16日发布的中文报道及美联社网站9月16日发布的英文报道。两篇新闻并非原文、译文的关系，但都记述了同一起新闻事件，且倒金字塔结构顶端的内容高度契合，可用作平行文本。

▶ **中新社网站中文报道全文**

全国超10亿人已完成新冠病毒疫苗全程接种

中新网9月16日电 16日，国务院联防联控机制就进一步做好疫情防控和疫苗接种有关情况举行发布会。国家卫健委新闻发言人、宣传司副司长**米锋介绍称**，截至9月15日，全国累计报告接种新冠病毒疫苗21亿6 142.8万剂次，完成全程接种的人数为10亿1 158.4万人。

米锋表示，当前，全球疫情仍处于反弹当中，境外疫情输入并造成传播的风险仍然较高。自9月10日以来，本轮疫情新增本土确诊病例一半以上为中小学、幼儿园师生和工厂员工，场所聚集性感染明显。

> **米锋指出**，要加快流调溯源和核酸检测，排查风险人群；要严格隔离管控，防止交叉感染，保障好群众基本生活和就医需求；要严格做好重点场所、重点单位、重点人群疫情防控，落实测温验码、室内通风、环境消毒、安全距离、个人防护等各个环节防控规范；要做好秋冬季多病同防，加快推进疫苗接种。

▶ 美联社网站英文报道（标题及前两段）

> **China says it has vaccinated 1 billion people**
> BEIJING (AP)—Chinese health officials **announced** Thursday that more than 1 billion people have been fully vaccinated against COVID-19 in the world's most populous country, or about 72% of its 1.4 billion people.
> Through Wednesday, 2.16 billion vaccine doses had been administered and 1.01 billion people had been fully vaccinated, National Health Commission spokesperson Mi Feng **said** at a news conference.

在以上案例中，引述新闻人物的言论时，中文报道在导语（米锋介绍称……）、主体（米锋表示……米锋指出……）等部分使用了3处间接引语。

英文报道在标题（China says…）、导语（Chinese health officials announced…）、主体（…Mi Feng said）等部分使用了3处间接引语。

3. 部分引语

用部分引语的原因一般都是因为讲话人的讲话太长，值得直接引述的部分有限，而被引号引起来的部分往往是讲话的关键内容，或者是具有"非同寻常"的意义，或者是有悖常理，或者是有别于记者所在媒体的编辑方针，记者这样引述是为了与其"保持距离"，避免读者产生误会。（刘其中，2009b：66）

刘其中（2009b：66）将"部分引语"定义为"将讲话人讲过的部分内容用引号引起来，而将其余部分用记者的话进行转述的行文方式。"

部分引语可以起到凸显某些话语的作用，但由于是局部节选，容易断章取义。因此，布赖恩·布鲁克斯等人建议避免使用部分引语（The Missouri Group，2014：91）：

> It is much better to paraphrase or to use full quotes than to use fragmentary or partial

quotes. Partial quotes often make for choppy, interrupted sentences.（进行转述或引用全句都比使用部分引语好得多。部分引语会使句子支离破碎、断断续续。）

美联社也持类似观点（The Associated Press，2018：212）：

> In general, avoid fragmentary quotes. If a speaker's words are clear and concise, favor the full quote. If cumbersome language can be paraphrased fairly, use an indirect construction, reserving quotation marks for sensitive or controversial passages that must be identified specifically as coming from the speaker.（一般而言，避免使用部分引语。如果讲话人的话语清晰简洁，应全句引用。如果能对冗长的话语进行转述，应使用间接引语。涉及敏感或有争议的表达时应保留引号，以示其为讲话人的原话。）

《美联社写作风格手册》中曾对部分引语的使用作了说明（The Associated Press，2018：336–337）："Do not use quotation marks to report a few ordinary words that a speaker or writer has used"（报道讲话人或原作者的普通话语时，不使用引号）。例如：

> × The senator said he would "go home to Michigan" if he lost the election.
> √ The senator said he would go home to Michigan if he lost the election.

其中还说："When a partial quote is used, do not put quotation marks around words that the speaker could not have used"（使用部分引语时，不在讲话人没有说过的话语前后加引号）。例如：

> Suppose the individual said, "I am horrified at your slovenly manners."
> × She said she "was horrified at their slovenly manners".
> √ She said she was horrified at their "slovenly manners".

关于部分引语的位置，据上文李希光的说法，可以用于硬新闻的导语之中。因此，从"标题–导语"的对应关系出发，部分引语也就可以用于标题之中。在主体部分可以使用部分引语，但就不像直接引语、间接引语那样常见。

以下案例素材选自美联社网站 2021 年 9 月 19 日发布的英文报道以及新华社网站 9 月 19 日发布的中文报道《法国外长指责澳大利亚等盟友"表里不一"》。两篇新闻并非原文、译文的关系，但记述了同一起新闻事件，且倒金字塔结构顶端的内容高度契合，可用作平行文本。

第 9 章 引语

▶ **美联社网站英文报道（标题及前三段）**

> **French minister decries "duplicity" in US-Australia sub deal**
>
> PARIS (AP)—France's foreign minister on Saturday denounced what he called the "duplicity, disdain and lies" surrounding the sudden rupture of France's lucrative contract to make submarines for Australia in favor of a US deal and declared that a crisis is at hand among the Western allies.
>
> A day after France recalled its ambassadors to the United States and Australia, French Foreign Minister Jean-Yves Le Drian pummeled what he suggested was a backroom deal that betrayed France.
>
> The recalling of its ambassadors "signifies the force of the crisis today" between the French government and Washington and Canberra, he said in an interview on France 2 television. He said it was the first time ever that France, the United States' oldest ally, has recalled its ambassador to the US.

▶ **新华社网站中文报道（标题及前三段）**

> **法国外长指责澳大利亚等盟友"表里不一"**
>
> 新华社巴黎9月18日电（记者徐永春）法国外交部长勒德里昂18日接受法国电视台采访时表示，澳大利亚撕毁与法国的潜艇合约转而与美英进行合作，这一事件造成"严重危机"，反映了法国盟友的"谎言"和"表里不一"。
>
> 勒德里昂说，他在美英澳正式宣布消息前一个小时才被告知法澳潜艇合约将中止以及美英澳的新谈判。这一事件反映了法国盟友的"谎言""蔑视""表里不一"和严重的信任缺失。
>
> 他说，法国召回驻美国大使是"法美关系史上第一次"，这一重大政治举动表明危机的严重性。法国将重新评估自身立场，以捍卫自身利益。

2021年澳大利亚撕毁与法国的潜艇合同，法国方面反应强烈，外长措辞激烈，故而两篇报道均采用了局部引用。引述法国外长言论时，英文报道在标题（"duplicity"）、导语（"duplicity, disdain and lies"）、主体（"signifies the force of the crisis today"）等部分使用了3处部分引语。中文报道在标题（"表里不一"）、导语（"严重危机""谎言""表里不一"）、主体（"谎言""蔑视""表里不一""法美关系史上第一次"）等部分使用了8处部分引语。

9.2 新闻引语的写作与编译策略

总体而言，引语编译的基本原则是与原文形式保持一致，也就是说，将直接引语译为直接引语，将间接引语译为间接引语，将部分引语译为部分引语。下面将具体分析。

9.2.1 直接引语编译

刘其中就直接引语的编译提出三条原则（2009b：141）：

如果原文使用的是直接引语，应按照直接引语进行编译。如果原文使用的是间接引语或部分引语，切勿译为直接引语。如果非用直接引语不可，可能的选择是查找讲话原文或直接与讲话人联系。切记提供消息来源的身份、职务或职业。对译文读者不熟悉的人物，还应提供必要的背景。

以下案例素材选自美联社网站 2021 年 8 月 25 日发布的英文原文 "Pain compliance: Video shows trooper pummeling Black man" 以及中新社网 8 月 27 日发布的中文译文《美白人警察 24 秒殴打非裔 18 次，还称是"疼痛服从"……》。

▶ 美联社网站英文原文（标题及前两段）

"Pain compliance": Video shows trooper pummeling Black man

MONROE, La. (AP)—Graphic body camera video kept secret for more than two years shows a Louisiana State Police trooper pummeling a Black motorist 18 times with a flashlight—an attack the trooper defended as "pain compliance".

"I'm not resisting! I'm not resisting!" Aaron Larry Bowman can be heard screaming between blows on the footage obtained by The Associated Press. The May 2019 beating following a traffic stop left him with a broken jaw, three broken ribs, a broken wrist and a gash to his head that required six staples to close.

▶ 中新社网中文译文（标题及前三段）

美白人警察 24 秒殴打非裔 18 次，还称是"疼痛服从"……

中新网 8 月 27 日电 据美联社 25 日报道，一段保密了两年多的执法视频显示，美国路易斯安那州一名警察在一次执法中，24 秒内用手电筒殴打一名非裔司机 18 次，警察将这一行为称为"疼痛服从"。联邦正在调查该起事件。

> "我没有反抗！我没有反抗！"在美媒获取的视频中，可以听到遭到殴打的非裔男子鲍曼的尖叫声。
>
> 2019年5月，他在一次交通拦截后遭到白人警察布朗的殴打，导致其下巴骨折、三根肋骨骨折、手腕骨折，头部有一道伤口，需要缝合六针。

在以上案例中，英文原文在第二段段首使用后置型信源引述结构，即先写遭袭者无辜的呐喊（"I'm not resisting! I'm not resisting!"），再写发出声音的消息来源（Aaron Larry Bowman），在这一特定情境的新闻事件报道中营造出一种未见其人、先闻其声的氛围，使读者瞬间感受到这名非裔男子面对白人警察暴力执法时的辛酸，更是与标题、导语中转述警察观点的部分引语（"pain compliance"）形成强烈反差。中新社在编译时不仅像原文一样重复了信息（"我没有反抗！我没有反抗！"），做到了内容上的对应，而且像原文一样将引语置于句首，做到了形式上的对应。

9.2.2 间接引语编译

刘其中（2009b：141）就间接引语的编译提出两条原则："如果原文使用的是间接引语，应按照原文进行编译。如果原文中的直接引语太多，为了增加行文的变化，可将部分价值相对较小的直接引语译成间接引语或部分引语。"

以下案例素材选自美联社网站2021年9月5日发布的英文原文"Navy declares 5 missing sailors dead after helicopter crash"以及参考消息网9月5日发布的中文译文《美国海军：直升机坠机事故中5名失踪舰员死亡》。

▶ 美联社网站英文原文

> **Navy declares 5 missing sailors dead after helicopter crash**   间接引语
>
> SAN DIEGO (AP)—The US Navy **declared** five missing sailors dead nearly a week after a helicopter crashed in the Pacific Ocean, shifting the search for them to a recovery operation on Saturday.   间接引语
>
> The move followed more than 72 hours of coordinated rescue efforts and nearly three dozen search and rescue flights to look for the wreckage, the Navy's Pacific fleet **said** in a Saturday statement.   间接引语
>
> The names of the sailors were being withheld until their next of kin have been notified.

Also injured on Tuesday were five other sailors who were on board the USS Abraham Lincoln aircraft carrier where the MH-60S helicopter was operating on the deck before the crash.

They were in stable conditions as of Saturday, **said** Lt. Samuel R. Boyle, a spokesman for the Pacific fleet. 间接引语

An investigation into what caused the crash about 70 miles (112 kilometers) off San Diego is ongoing, but the fact that sailors aboard the carrier were injured raised questions about whether the helicopter or parts of it hit the Lincoln. When helicopters take off and land on the ship, there are ground crews present on the carrier nearby and other people working on deck.

The helicopter crashed during what the Navy **described** only as routine flight operations. The MH-60S helicopter typically carries a crew of about four and is used in missions including combat support, humanitarian disaster relief and search and rescue. 间接引语

The aircraft belongs to the Navy's Helicopter Sea Combat Squadron 8.

▶ 参考消息网中文译文

美国海军：直升机坠机事故中 5 名失踪舰员死亡

参考消息网 9 月 5 日报道 据美联社圣迭戈报道，在一架直升机坠毁于太平洋近一周后，美国海军当地时间 9 月 4 日**宣布** 5 名失踪舰员死亡。 间接引语

太平洋舰队发**表声明称**，此前救援行动已持续 72 小时以上，寻找直升机残骸的搜救飞行达 30 多架次。 间接引语

报道称，"亚伯拉罕·林肯"号航母上另有 5 名舰员在 8 月 31 日受伤。这架 MH-60S 直升机当时正在该航母的甲板上作业，后来坠海。

据报道，这架 MH-60S 直升机的坠毁原因正在调查中，但由于发生"亚伯拉罕·林肯"号航母上的舰员受伤一事，目前不清楚该航母是否曾受到直升机或直升机部件的撞击。

美国海军称，直升机是在进行例行飞行作业时坠毁的。 间接引语

在以上案例中，英文原文在标题（Navy declares…）、导语（The US Navy declared…）、第2段（the Navy's Pacific fleet said…）、第5段（… said Lt. Samuel R. Boyle）、第7段（what the Navy described）使用了5处间接引语。

原文篇幅相对较短，参考消息网编译了其主要内容，在译文保留下来的信息中，转述形式也是间接引语：标题（美国海军：）、导语（美国海军……宣布……）、第2段（太平洋舰队发表声明称……）、第5段（美国海军称……）。无论新闻写作还是新闻编译，时效性都是第一位的，网络新闻更是要求快速发布、高频更新。因此，在暂时未能找到相关"声明"的原文时，将间接引语编译为间接引语是可以接受的。

下一组案例素材选自美联社网站2021年9月12日发布的英文原文"Torrential rains kill 17, destroy homes in northern Pakistan"以及参考消息网9月12日发布的中文译文《外媒：巴基斯坦西北部暴雨致十余人死亡》。

▶ **美联社网站英文原文**

Torrential rains kill 17, destroy homes in northern Pakistan

PESHAWAR, Pakistan (AP)—Torrential monsoon rains and mudslides hit areas in northwestern Pakistan early on Sunday, destroying homes and killing at least 17 people, **police said**. 间接引语

Officer Mohammad Nawaz **said** eleven bodies were recovered from the debris of mud and brick houses in the Tor Ghar district, and rescuers were searching for the remaining victims, which included women and children. 间接引语

Nawaz **said** three adjacent homes were completely swept away in remote village of the district, while other houses were less affected. Authorities in the city of Abbottabad **said** a mudslide in the suburbs also killed a couple and their child, and injured three others. 间接引语

The country's disaster management authorities **said** they were dispatching relief aid to the affected area but mudslides in mountainous areas were delaying delivery. Efforts were underway to clear the roads. 间接引语

Monsoon season lasts until mid-September in Pakistan, and similar incidents are not uncommon.

▶ 参考消息网中文译文

> **外媒：巴基斯坦西北部暴雨致十余人死亡** 　　　　间接引语
>
> 　　参考消息网 9 月 12 日报道 据美联社巴基斯坦白沙瓦消息，巴基斯坦警方当地时间 12 日**表示**，暴雨和泥石流当天凌晨袭击了巴基斯坦西北部地区，摧毁了房屋，造成至少十余人死亡。　　间接引语
>
> 　　据报道，当局从一处街区的泥瓦房碎片中找到了 11 具尸体，救援人员正在搜寻包括妇女和儿童在内的其余受害者。
>
> 　　**报道援引巴基斯坦赈灾部门的话说**，他们正在向受灾地区运送救灾援助物资，但山区的泥石流使运输工作延迟。目前人们正在努力清理道路。　　间接引语
>
> 　　报道称，在巴基斯坦，季风季节持续到 9 月中旬，洪涝灾害时有发生。

在以上案例中，英文原文在导语（… police said）、第 2 段（Officer Mohammad Nawaz said…）、第 3 段第 1 句（Nawaz said…）、第 3 段第 2 句（Authorities in the city of Abbottabad said…）、第 4 段（The country's disaster management authorities said…）使用了 5 处间接引语。

原文篇幅相对较短，参考消息网编译了其主要内容，在译文保留下来的信息中，转述形式也是间接引语：导语（巴基斯坦警方……表示……）、第 3 段（报道援引巴基斯坦赈灾部门的话说……）。

9.2.3 部分引语编译

刘其中就部分引语的编译提出三条原则（2009b：141–152）：

- 如果原文使用的是部分引语，应按照原文进行编译。
- 新闻人物所讲的话虽然一般，但其中个别用语很有分量，或颇具争议，或能透露某些玄机，可将这些说法以部分引语方式成文。
- 编译部分引语时，要注意选取的内容不宜过分零星、有悖原意，不可掐头去尾、断章取义，更不能夸张扭曲。

以下案例素材选自美联社网站2021年9月17日发布的英文原文"Judge orders Philip's will sealed to protect royal 'dignity'"以及参考消息网9月18日发布的中文译文《为维护女王"尊严"，菲利普亲王遗嘱将封存90年》。

▶ 美联社网站英文原文（标题、导语、第5段）

Judge orders Philip's will sealed to protect royal "dignity"

LONDON (AP)—A judge ruled Thursday that the will of the late Prince Philip should remain secret to protect the **"dignity"** of his widow Queen Elizabeth II, who is Britain's head of state.

…

"I have held that, because of the constitutional position of the Sovereign, it is appropriate to have a special practice in relation to royal wills," McFarlane said in a written judgment. "There is a need to enhance the protection afforded to truly private aspects of the lives of this limited group of individuals in order to maintain the **dignity** of the Sovereign and close members of her family."

▶ 参考消息网中文译文（标题、导语、第4段）

为维护女王"尊严"，菲利普亲王遗嘱将封存90年

参考消息网9月18日报道 据美联社伦敦9月17日报道，一名法官16日裁定，已故的菲利普亲王的遗嘱应当保密，以保护其遗孀女王伊丽莎白二世的"**尊严**"。

……

麦克法兰在一份书面判决书中说："我认为，由于女王的宪法地位，在王室遗嘱方面采取特殊做法是适当的。有必要加强对这一群体的生活中真正私人方面的保护，以维护女王及其家庭成员**尊严**。"

在以上案例中，英文原文在标题、导语中各使用了1处部分引语（"dignity"）。部分引语一定有其出处，具体到这篇新闻，就是第5段第2句中的内容。该句信息较多，且未直接提及标题中的"Philip""will""seal"等关键词，无法在转述之后单独作为导语，只能取其部分内容后与上述关键词搭配使用。

根据引语编译的基本原则，即与原文形式保持一致，中文译文也在标题、导语中对"尊严"一词加上双引号，构成部分引语。

9.2.4 引述结构编译

消息来源又称信源、新闻源，是记者获得信息的来源。李希光（2013：117）将新闻源分为两类："人：向记者提供信息的知情人、目击者、官员、学者专家或其他人员。物：出版物、报纸、杂志、文件、论文等。"

引语、消息来源、转述动词共同构成一个完整的引述结构。

赖彦（2016）选取2011年7月至8月中文报纸《人民日报》《都市快报》和英文报纸《纽约时报》《每日快报》共425篇，统计了前置型信源引述结构（信源位于引语之前）、后置型信源引述结构（信源位于引语之后）、中置型信源引述结构（信源位于引语之中）的分布情况（表9-2）。

表9-2 汉英报纸引述结构分布

	前置型 信源引述结构	后置型 信源引述结构	中置型 信源引述结构
中文报纸	94.25%	4.67%	1.08%
英文报纸	65.68%	19.72%	14.60%

可以看出，中文报纸新闻中的引述结构单一，前置型信源引述结构占比接近100%。英文报纸中的新闻也以前置型信源引述结构为主，占比接近三分之二，但相对于中文新闻而言，后置型信源引述结构、中置型信源引述结构使用频率也不算低，形式富于变化。尽管统计数据的语料是报纸，但其结论对网络新闻的写作与编译也具有极高的参考价值。

这也与刘其中（2009b）的观察结论一致：在英文新闻里，把说话人放在引语的前面、中间、后面均可，但在中文新闻里，习惯的做法是将其放在引语的前面。把说话人放在其他位置当然不是不可，但如果这种句型用得太多，译文就可能不符合中文的表达习惯。

对以上案例重新梳理，可以得到引述结构编译时的以下几种情况，这也与表9-1中的统计结果类似。

1. "英文前置—中文前置"型

- **Raisi said**: "Today, the world doesn't care about "America First" or "America is Back".

莱希讽刺特朗普及其继任者拜登使用的政治口号，**称**"今天，世界不关心什么'美国优先'或'美国回来了'"。

- **Raisi** appeared not to rule out a return to the negotiating table for the nuclear accord, **saying** Iran considers talks useful if their ultimate outcome is the lifting of all sanctions.

  但**莱希**似乎并没有排除回到核协议谈判桌旁的可能性，**他说**，伊朗认为如果谈判的最终结果是取消所有制裁，那么谈判是有用的。

- **The country's disaster management authorities said** they were dispatching relief aid to the affected area but mudslides in mountainous areas were delaying delivery.

  报道援引巴基斯坦赈灾部门的话说，他们正在向受灾地区运送救灾援助物资，但山区的泥石流使运输工作延迟。

2. "英文后置—中文前置"型

- "From the Capitol to Kabul, one clear message was sent to the world: the US' hegemonic system has no credibility, whether inside or outside the country," **Raisi said.**

  莱希说："从国会大厦到喀布尔，这些情况向世界释放出了一个明确的信息，即美国的霸权体系无论是在国内还是在国外都没有可信度。"

- The move followed more than 72 hours of coordinated rescue efforts and nearly three dozen search and rescue flights to look for the wreckage, **the Navy's Pacific fleet said in a Saturday statement**.

  太平洋舰队发表声明称，此前救援行动已持续 72 小时以上，寻找直升机残骸的搜救飞行达 30 多架次。

- Torrential monsoon rains and mudslides hit areas in northwestern Pakistan early on Sunday, destroying homes and killing at least 17 people, **police said**.

  巴基斯坦警方当地时间 12 日**表示**，暴雨和泥石流当天凌晨袭击了巴基斯坦西北部地区，摧毁了房屋，造成至少十余人死亡。

3. "英文后置—中文后置"型

- "I'm not resisting! I'm not resisting!" **Aaron Larry Bowman can be heard screaming** between blows on the footage obtained by the Associated Press.
  "我没有反抗！我没有反抗！"在美媒获取的视频中，可以听到遭到殴打的非裔男子鲍曼的尖叫声。

4. "英文中置—中文前置"型

- "Sanctions are the US' new way of war with the nations of the world," **Raisi said, adding that** such economic punishment during the time of the COVID-19 pandemic amounts to "crimes against humanity".
  莱希说："制裁是美国对世界其他国家开战的新方式。"他还说，在疫情期间，实施这种经济制裁无异于犯下"反人类罪行"。

- The perseverance of nations, **he said**, is stronger than the power of superpowers.
  他说，各国的毅力比超级大国的力量更强大。

9.2.5 转述动词编译

辛斌、高小丽（2019）选取 2011 年 7 月至 9 月中文报纸《人民日报》、英文报纸《纽约时报》各 200 篇报道，分别提取了汉英报纸两个语料库中使用频率最高的转述动词（表 9–3）。

表 9-3　汉英报纸中使用频率最高的 25 个转述动词的标准频数

序号	《人民日报》		《纽约时报》	
1	说	390 (21%)	say	2 905 (40%)
2	表示	151 (8%)	call	216 (3%)
3	强调	141 (8%)	think	213 (3%)
4	指出	121 (7%)	tell	195 (3%)
5	提出	101 (5%)	know	194 (3%)
6	要求	85 (5%)	ask	134 (2%)
7	希望	76 (4%)	believe	128 (2%)

（续表）

序号	《人民日报》		《纽约时报》	
8	介绍	64 (3%)	allow	115 (2%)
9	了解	50 (3%)	speak	107 (1%)
10	认为	44 (2%)	show	89 (1%)
11	发表	26 (1%)	consider	88 (1%)
12	讲	24 (1%)	feel	85 (1%)
13	评价	23 (1%)	report	71 (1%)
14	据	22 (1%)	require	71 (1%)
15	相信	21 (1%)	suggest	69 (0.9%)
16	回答	19 (1%)	talk	68 (0.9%)
17	显示	19 (1%)	argue	64 (0.9%)
18	转达	19 (1%)	decide	61 (0.8%)
19	考虑	18 (1%)	describe	61 (0.8%)
20	感谢	17 (1%)	hope	58 (0.8%)
21	询问	17 (1%)	claim	54 (0.7%)
22	祝贺	16 (0.9%)	agree	45 (0.6%)
23	问	16 (0.9%)	decline	42 (0.6%)
24	告诉	16 (0.9%)	find	41 (0.6%)
25	宣布	14 (0.8%)	charge	32 (0.4%)

赖彦（2016）选取 2011 年 7 月至 8 月中文报纸《人民日报》《都市快报》和英文报纸《纽约时报》《每日快报》共 360 篇，分别提取了排在前 20 位的英汉新闻转述动词（表 9-4）。

表 9-4　英汉新闻高频转述动词的比较

序号	中文新闻转述动词（N=574）		英文新闻转述动词（N=1 366）	
	转述动词	频数（比率）	转述动词	频数（比率）
1	说	157 (27.35%)	say	864 (63.25%)
2	据	77 (13.42%)	add	63 (4.61%)
3	表示	53 (9.23%)	according to	46 (3.37%)
4	认为	35 (6.10%)	tell	38 (2.78%)

(续表)

序号	中文新闻转述动词（N=574）		英文新闻转述动词（N=1 366）	
	转述动词	频数（比率）	转述动词	频数（比率）
5	介绍	28 (4.88%)	think	29 (2.12%)
6	显示	28 (4.88%)	write	24 (1.76%)
7	指出	22 (3.83%)	suggest	22 (1.61%)
8	称	21 (3.66%)	warn	15 (1.09%)
9	是	13 (2.26%)	argue	14 (1.03%)
10	透露	9 (1.57%)	note	14 (1.03%)
11	强调	7 (1.22%)	report	12 (0.88%)
12	预计	7 (1.22%)	acknowledge	11 (0.81%)
13	道	6 (1.05%)	insist	11 (0.81%)
14	表明	6 (1.05%)	believe	10 (0.73%)
15	获悉	5 (0.87%)	admit	10 (0.73%)
16	了解	4 (0.70%)	estimate	9 (0.66%)
17	问	4 (0.70%)	confirm	8 (0.59%)
18	宣布	4 (0.70%)	ask	7 (0.51%)
19	发布	4 (0.70%)	announce	7 (0.51%)
20	决定	4 (0.70%)	show	7 (0.51%)

由于语料、选词标准等方面的差异，两张表格中的细节信息不尽一致，但不少动词是共有的。例如，"说""表示""认为""介绍""指出"等都是排名前十的中文转述动词；而"say""tell""think"等都是英文排名前十的转述动词。两张表格最为显著的共性是："说"和"say"均排名第一，且比例均远远超过排名第二、第三的转述动词。此外，"say"以40%、63.25%的比率在英文转述动词中占有绝对优势。虽然两份统计数据的语料均为报纸，但其结论对网络新闻的写作与编译也具有极高的参考价值。

9.3 案例分析与演练

以下案例素材选自美联社网站2021年9月13日发布的英文原文"Taliban: Women can study in gender-segregated universities"以及中新社网站9月12日发布的中文译文《阿富汗塔利班：女性可以上大学 但须与男性分开上课》。

▶ 美联社网站英文原文（标题及集中呈现新闻人物言论内容的前9段）

Taliban: Women can study in gender-segregated universities 　　间接引语

KABUL, Afghanistan (AP)—Women in Afghanistan can continue to study in universities, including at post-graduate levels, but classrooms will be gender-segregated and Islamic dress is compulsory, **the Taliban government's new higher education minister said** Sunday.　　间接引语

The announcement came as a Taliban official said Qatar's foreign minister arrived in the Afghan capital of Kabul—the highest level visitor since the Taliban announced their interim Cabinet. There was no immediate confirmation of the visit by Qatari officials.

Earlier Sunday, the higher education minister, Abdul Baqi Haqqani, laid out the new policies at a news conference, several days after Afghanistan's new rulers formed an all-male government. On Saturday, the Taliban had raised their flag over the presidential palace, signaling the start of the work of the new government.

The world has been watching closely to see to what extent the Taliban might act differently from their first time in power, in the late 1990s. During that era, girls and women were denied an education, and were excluded from public life.

The Talibanhave suggested they have changed, including in their attitudes toward women. However, women have been banned from sports and the Taliban have used violence in recent days against women protesters demanding equal rights.　　间接引语

Haqqani said the Taliban did not want to turn the clock back 20 years. "We will start building on what exists today," he said.　　间接引语 / 直接引语

However, female university students will face restrictions, including a compulsory dress code. **Haqqani said** hijabs will be mandatory but did not specify if this meant compulsory headscarves or also compulsory face coverings.　　间接引语

Gender segregation will also be enforced, **he said**. "We will not allow boys and girls to study together," **he said**. "We will not allow co-education."　　直接引语

Haqqani said the subjects being taught would also be reviewed. While he did not elaborate, **he said** he wanted graduates of Afghanistan's universities to be competitive with university graduates in the region and the rest of the world.	间接引语

▶ 中新社网站中文译文（全文）

阿富汗塔利班：女性可以上大学 但须与男性分开上课	
中新网 9 月 12 日电 据外媒报道，**阿富汗临时政府** 12 日公布了高等教育政策，**称**女性可以在大学里学习，但必须在性别隔离的教室里上课，且着装有强制性要求。	间接引语
据美联社报道，**阿富汗高等教育部代理部长阿卜杜勒·巴奇·哈卡尼** 12 日在新闻发布会上**表示**，阿富汗女性可以继续在大学学习，包括研究生阶段，但课堂将实行性别隔离，男女不能一起上课，且对女性着装有强制性要求。	间接引语
哈卡尼**说**，阿富汗塔利班已经改变，包括对女性的态度。哈卡尼**还说**，塔利班不想让时光倒流 20 年。	间接引语
但是，**哈卡尼也表示**，"我们不会允许男女在一起学习"。**他还说**，女性在大学学习将面临着装要求，穿戴头巾将是强制性的。	直接引语 间接引语
阿富汗塔利班 7 日宣布组建临时政府，同时公布部分政府官员名单，名单中没有女性成员。**阿富汗塔利班发言人穆贾希德日前称**，未来在阿富汗政府中，将会出现女性的职位。	间接引语

此案例为言论新闻，新闻人物言论密集。英文原文在标题中通过前置型信源引述结构使用了 1 处间接引语（Taliban:），中文译文在标题中对其内容和形式均予以保留，亦使用前置型信源引述结构、间接引语（阿富汗塔利班：）。一般将标题中的冒号视为"say"和"说"的替换形式。

从"标题—导语"的对应关系出发，英文原文、中文译文的导语也应使用引语，且使用间接引语的可能性较高。事实也确实如此，不过两者在具体的使用方法上有所差异。

英文新闻中的前置型信源引述结构使用频率最高，后置型信源引述结构也不在少数。在言论类新闻尤其是说话人不具有国际知名度时，读者更为关注的是说话人的言论内容，而非对说话人、言论内容给予同等的关注。但消息来源又不能删去不写，因此这一案例中的英文原文导语使用了后置型信源引述结构（… the Taliban government's new higher education minister said），转述动词为"said"。中文译文受限于中文语法及写作习惯、阅读习惯，使用前置型信源引述结构（阿富汗临时政府……称……），转述动词为"称"（在上文所示赖彦提取的高频转述动词中排名第8）。

在主体部分，英文原文篇幅较长，出于对内报道、对外报道有别的考虑，中新社网站在编译时删减了较多信息，其中包括一些引语。主要新闻人物哈卡尼的有些言论内容也没有编译，主要原因是它们与上下文中的其他句子语义相近甚至相同。

在主体部分保留下来的几处引语中，中文译文第3段第1句的间接引语来自英文原文第5段第1句的间接引语。两者均为前置型信源引述结构。英文原文使用转述动词"have suggested"（在上文所示赖彦高频转述动词中排名第7，在辛斌、高小丽高频转述动词中排名第15），中文译文使用"说"：

> The Taliban **have suggested** they have changed, including in their attitudes toward women.
>
> 哈卡尼说，阿富汗塔利班已经改变，包括对女性的态度。

中文译文第3段第2句的间接引语来自英文原文第6段第1句的间接引语。两者均为前置型信源引述结构。英文原文使用转述动词"said"，中文译文使用"说"：

> Haqqani **said** the Taliban did not want to turn the clock back 20 years.
>
> 哈卡尼还**说**，塔利班不想让时光倒流20年。

中文译文第4段第1句的直接引语来自英文原文第8段第2句的直接引语。英文原文为中置型信源引述结构（后一句因语义重复而删除），中文译文为前置型信源引述结构。英文原文使用转述动词"said"，中文译文使用"表示"（上文所示辛斌、高小丽高频转述动词中排名第2，赖彦高频转述动词排名第3）：

> "We will not allow boys and girls to study together," he **said**. "We will not allow co-education."
>
> 但是，哈卡尼也**表示**，"我们不会允许男女在一起学习"。

中文译文第 4 段第 2 句的间接引语来自英文原文第 7 段第 1 句、第 2 句的间接引语。英文原文为中置型信源引述结构，中文译文为前置型信源引述结构。英文原文使用转述动词 said，中文译文使用"说"：

> However, female university students will face restrictions, including a compulsory dress code. Haqqani **said** hijabs will be mandatory…
>
> 他还**说**，女性在大学学习将面临着装要求，穿戴头巾将是强制性的。

📝 课后练习

请扫描二维码，阅读新闻"Swedish PM Stefan Lofven to step down in November"（选自美联社网站），结合引语编译策略，以新华社网站为目标媒体将其译为中文。

第10章 背景

● **本章学习要点**

1. 理解新闻背景的定义、分类、作用；
2. 掌握新闻背景的常见写作范式及中英差异；
3. 掌握新闻背景的常见编译策略。

● **课前思考**

1. 你关注过新闻中的背景信息吗？背景信息主要发挥什么作用？
2. 你认为中英文新闻在提供背景信息方面有何区别？

小贴士

> 戏剧、电影都需要铺陈背景，一桌一椅，一花一木，有时就能表明时代和环境特点，或者体现出剧中人物的心境。没有背景，戏剧的效果便会受到影响。新闻写作亦然。
>
> ——刘明华、徐泓、张征（2017：195）
>
> 不提供背景，会让新闻读起来索然无味。
>
> ——李希光（2013：14）

10.1 概述

10.1.1 新闻背景的定义

关于新闻报道中的背景，国内外学者提供了以下定义：郭光华认为，新闻背景是"有关新闻事实的历史和环境的材料"（2014：113）。刘明华等人（2017：196）则提出，新闻背景是"新闻事实之外，对新闻事实或新闻事实的某一部分进行解释、补充、烘托的材料。"麦尔文·曼切尔的定义更为宽泛，提出新闻背景包括三种材料（Mencher, 2012: 270）：

> A reporter's store of information. Without background knowledge, a reporter's fact gathering can be non-directed. Material placed in the story that explains the event, puts it into perspective. Without background, a story may be one-dimensional. Material a source does not want attributed to him or her. It may or may not be used, depending on the source's instructions.（一是记者自己存储的资料。记者如果缺乏这种背景知识，收集新闻信息时就会漫无目的。二是置于新闻中用于解释或提供解读视角的材料。没有这种背景，新闻就会缺乏深度。三是信源不同意署名的材料。这种背景能否使用取决于信源的意见。）

胡乔木同志多年从事新闻、宣传工作，曾担任新华社社长、新闻总署署长，中宣部副部长等职务，具有丰富的新闻传播工作经验。他曾指出，每一次都把读者当作对你的知识一无所知，准没错。因此，你得在新闻里，每一次都供给他详细的注释（《胡乔木传》编写组，1999）。

10.1.2 新闻背景的作用

刘其中（2009b）将新闻背景的功能概括为：帮助读者理解新闻中的难点、疑点或深层含义。具体来说，刘明华等人认为，新闻背景的作用可总结为以下几方面（2017: 198–206）：

- 说明、解释，令新闻通俗易懂。
- 运用背景材料揭示事物的意义，唤起社会关注。
- 用背景进行对比烘托，突出事物特点、显示变化程度。
- 以背景语言加以暗示，表达某种不便明言的观点。
- 借背景为新闻注入知识性、趣味性内涵，使其更可读。
- 介绍新闻中的人物，满足读者好奇心、阐释人物行为的合理性。
- 累加同类事实，开阔读者视野。

10.1.3 新闻背景的分类

白贵、彭焕萍（2018）将背景材料分为三类：
- **对比性背景材料**：主要通过对比烘托、以突出新闻事实的意义，阐明某一主题、表明某种观点。
- **说明性背景材料**：往往是对与新闻事实相关的政治背景、地理背景、历史背景、思想状况或物质条件等情况作介绍和交代,用以说明事物产生的各种因素,揭示事物发生或变化的意义。

- **注释性背景材料:** 往往对产品、事物及其性能特点、科技成果、技术性问题、名词术语、文史知识、风俗人情等进行注释、介绍,以帮助受众掌握消息内容、增长知识和见闻。

刘其中(2009a)认为,在编译中文新闻时,因为新闻的读者是外国人,而外国人对中国的事情,即便是那些在中国家喻户晓的事情,也很可能知之甚少或一无所知,所以更需要提供必要的背景和解释。当然,在编译英文新闻时,背景和解释也同等重要。

尽管新闻里的"背景"和"解释"在形式和作用上有某些共同之处,但它们有着不同的内涵。

新闻里的"背景"是记者于新闻事件之外提供的另外的一些事实,它或对新闻中的何人、何事、何时、何地等新闻要素作必要的补充,或配合主要新闻事实以形成更加完整的新闻画面,使孤立的、地方性的新闻变得具有整体上的或全局性的意义。

新闻里的"解释"可以是一个或几个短语,也可以是一个或几个句子或段落,用以澄清某些难以迅速理解的新闻事实,阐述某些新闻事件发生的原因,或帮助读者领会这些新闻事件的内在含义。还有另外一种情况,那就是对某些读者可能比较生疏的事物作些深入浅出的注释。

"新闻里的解释"与白贵、彭焕萍所说的"注释性背景材料"类似。

本书认为,将"背景"与"解释"区别开来,在新闻写作、新闻编译的语言文字实际操作层面的确具有重要意义,对于初学者而言更是如此。在记者、译者向稿件中添加信息时,这一分野可以帮助他们判断主要信息(即对新闻事件中的要素所做的解释)和次要信息(即与新闻事件中的要素没有密切、直接关联的背景),从而如麦尔文·曼切尔所说,在新闻素材的组织中更有方向性。

10.1.4 新闻背景的位置

刘明华等(2017)指出,背景写作并无固定格式,天女散花,巧妙穿插,是背景写作的基本特点。消息体裁没有固定的背景段。背景的位置依需要而定,应是招之即来,呼之即出。常见的方式有插入导语、导语之后接背景段、分散插入主体之中。下面分析几组案例。

案例1的素材选自新华社网站2021年9月16日发布的中文报道《中国正式提出申请加入CPTPP》以及美联社网站9月17日发布的英文报道"China applies to join Pacific trade pact abandoned by Trump"。两篇新闻并非原文、译文的关系,但都记述了同一起新闻事件,且倒金字塔结构中标题、导语、第二段的内容高度契合,可用作平行文本。

网络新闻编译
A Textbook of Online News Translation

▶ **新华社网站中文报道**

中国正式提出申请加入 CPTPP

新华社北京 9 月 16 日电 据商务部 16 日消息，中国正式提出申请加入《全面与进步跨太平洋伙伴关系协定》(CPTPP)。

商务部部长王文涛当日向 CPTPP 保存方新西兰贸易与出口增长部长奥康纳提交了中国正式申请加入 CPTPP 的书面信函。两国部长还举行了电话会议，就中方正式申请加入的有关后续工作进行了沟通。

▶ **美联社网站英文报道**

China applies to join Pacific trade pact abandoned by Trump   背景：建立本国读者的联系

BEIJING (AP)—China has applied to join an 11-nation Asia-Pacific free trade group in an effort to increase its influence over international policies.   背景：CPTPP 性质 中国加入目的

Commerce Minister Wang Wentao submitted an application to the trade minister of New Zealand as a representative of the Comprehensive and Progress Agreement for Trans-Pacific Partnership, the Commerce Ministry announced Thursday.

The CPTPP originally was the Trans-Pacific Partnership, a group promoted by then-President Barack Obama as part of Washington's increased emphasis on relations with Asia. China was not included in the initial group and Obama's successor, Donald Trump, pulled out in 2017.   背景：CPTPP 渊源

背景：中国非原始成员、美国"退群"

President Joe Biden has not rejoined the group.   背景：美国未重入

An official Chinese newspaper, *Global Times*, said the application cements Beijing's "leadership in global trade" and leaves the United States "increasingly isolated".   背景：*Global Times*

The CPTPP, which took effect in 2018, includes agreements on market access, movement of labor and government procurement.   背景：CPTPP 内容

> Other members include Canada, Australia, Brunei, Chile, Japan, Malaysia, Mexico, Peru, Singapore and Vietnam. Britain is negotiating to join. If China joins, that would quadruple the total population within the group to some 2 billion people.
>
> 背景：CPTPP 成员
> 背景：英国申请加入
> 背景：中国加入的影响
>
> China's government has promised to increase imports of goods but faces complaints it is failing to carry out promises made when it joined the World Trade Organization in 2001 to open finance and other service industries.
>
> 背景：中国入世情况（有歪曲、误导）
>
> China is also a member of various other trading arrangements, including the Regional Comprehensive Economic Partnership, which includes many nations in Asia that are not part of the CPTPP.
>
> 背景：中国加入其他国际组织情况

在以上案例中，中文报道篇幅较短，仅围绕"申请加入"这个关键词本身展开，看似是一起孤立事件，缺乏可以拓展的素材。全文没有解释或背景。

英文报道篇幅较长，显著特点是在标题、导语、主体添加了大量解释性背景，帮助读者看清新闻事件的全貌，即刘其中（2009b）所说的，使孤立的、地方性的新闻变得具有整体上的或全局性的意义。除标题外，提供背景的段落数量占全文段落总数的88.9%，足见英文媒体对背景解释的高度重视。在内容方面，由于 CPTPP 为这则新闻的核心概念，因此很多背景解释都围绕它展开。

应注意到，西方媒体在背景信息的选择和补充方面，受到意识形态影响，经常带有"有色眼镜"，时而出现不实背景，歪曲事实，误导受众（如案例1美联社英文报道第8段）。

通过上述案例不能简单得出中文媒体不重视背景的结论。不少中文新闻也有背景，甚至可能像有些英文新闻那样在全文中占据靠前位置或较大比重。

案例2的素材选自中新社网站2021年9月7日发布的中文报道《中国旅西大熊猫"花嘴巴"顺利产下一对龙凤胎》以及美联社网站9月7日发布的英文报道"Wiggling twin panda cubs are born at the Madrid Zoo"。两篇新闻并非原文、译文的关系，但记述了同一起新闻事件，可用作平行文本。

网络新闻编译

A Textbook of Online News Translation

▶ 中新网站中文报道

本报道五个段落中有四处涉及背景，占全文段落总数的 80%。

中国旅西大熊猫"花嘴巴"顺利产下一对龙凤胎	标题
中新网成都 9 月 7 日电（记者 安源）记者 7 日从成都大熊猫繁育研究基地获悉，北京时间 2021 年 9 月 6 日 14 时 29 分和 17 时 12 分，来自成都大熊猫繁育研究基地的中国旅居西班牙大熊猫"花嘴巴"顺利产下一对龙凤胎，其中雄性幼仔初生体重为 137.4g，雌性幼仔初生体重为 171.4g，目前母仔平安健康。	导语
据了解，在今年 4 月初，"花嘴巴"进入了发情期，鉴于当时疫情问题，经成都大熊猫繁育研究基地领导、专家与西班牙马德里动物园的专家商讨后决定，由成都大熊猫繁育研究基地专家团队进行线上"云指导"，帮助西班牙马德里动物园专家完成大熊猫"花嘴巴"的配种工作。4 月 13 日、14 日，成都大熊猫繁育研究基地专家团队根据大熊猫"花嘴巴"的行为变化以及尿液激素测定的结果确定了最佳配种时间，并指导西班牙专家团队对大熊猫"花嘴巴"进行了两次人工授精。	背景：前期努力
8 月 14 日，大熊猫"花嘴巴"开始出现减食、睡眠时间增多等产前行为，成都大熊猫繁育研究基地专家立即同马德里动物园进行线上讨论，最后决定成都大熊猫繁育研究基地将在确保个人疫情防控措施完善的情况下派出两名育幼专家前往西班牙，协助马德里动物园开展各项育幼工作。8 月 31 日，两名育幼专家顺利抵达西班牙，并开展工作。	背景：前期努力
据悉，出生于 2003 年 9 月 16 日的大熊猫"花嘴巴"在 2007 年 9 月 8 日前往西班牙马德里动物园。截至目前，大熊猫"花嘴巴"共产下大熊猫幼仔 4 胎 6 仔，存活 6 仔，其中大熊猫"德德"、大熊猫"阿宝"、大熊猫"星宝"已回到成都大熊猫繁育研究基地。	背景：累加同类事实
截至目前，成都大熊猫繁育研究基地 2021 年在境外共繁育大熊猫 4 仔。	背景：累加同类事实

▶ 美联社网站英文报道

本报道添加了大量背景，相关段落数量占全文段落总数的 77.8%。

Wiggling twin panda cubs are born at the Madrid Zoo	标题
MADRID (AP)—Madrid's panda family grew Monday with the birth of twin cubs, a boost to the popular species that is considered China's national treasure.	背景：熊猫为中国国宝，点明意义
The twins were born to their mother, Hua Zuiba, and father, Bing Xing, a pair of giant pandas on loan from China, the Madrid Zoo announced in a statement.	背景：介绍熊猫父母，满足好奇心
The births took place with a four-hour difference on Monday morning, the zoo said. Veterinarians were waiting to determine the pair's sex, weight and vital signs. But the zoo statement said the birth had been "calmer" due to the mother's experience.	
Madrid's adult pandas have had four other cubs earlier, including another pair of twins in 2010. They were all sent back to China after a few years in the Madrid Zoo.	背景：熊猫此前产子情况（累加同类事实）
In a video released by the zoo, Hua Zuiba can be seen vocalizing while moving into the labor position. A cub appears in just a few seconds, wiggling energetically before the mother takes the newborn with her mouth and licks it while holding it in her lap.	
Panda cubs are born without hair and with pink skin, and are completely depend on their mother for at least four months.	背景：熊猫幼仔习性（丰富知识，增加可读性）
China's Chengdu Research Base of Giant Panda Breeding sent two experts for the births in Madrid, the zoo said, and they will be assisting with the first weeks of breastfeeding.	背景：中国与西班牙方面的合作
Conservation efforts, including panda breeding in captivity, have brought the giant pandas from the brink of extinction. The species is now listed by the IUCN conservation group as "vulnerable."	背景：大熊猫保护情况（丰富知识，强调意义）
There are about 1,800 pandas living in the wild in China and about 500 in captivity worldwide, where twin births are not uncommon. The Beauval Zoo, south of Paris, saw a twin panda birth in August.	背景：全球熊猫数量及繁殖情况（累加同类事实）

对比可见，由于报道框架、目标读者的差异，所补充的信息在内容选择、精细程度方面存在很大不同，因此，在新闻编译过长时，通过删减、增补、替换等方式对背景进行编译是常见现象。

此外值得注意的是，在提供背景的英文报道中，相关信息的位置确如刘明华（2017）等人所说，是天女散花式的。而在提供背景的中文报道中，尤其是提供背景的中文报道中，尽管可以穿插，但相关信息往往放在倒金字塔结构靠后尤其是末尾的位置（如案例2的中文报道）。这一现象在下一节的案例中也有所体现。当然，需要说明的是，这并不是说中文报道中的背景只能放在后面。

10.2 新闻背景的写作与编译策略

10.2.1 提供解释

在新闻写作与编译时提供解释，针对的是新闻事件中的既有要素。尽管所添加的"解释"性文字不是新闻要素，但与"背景"相比则更为重要。

刘其中（2009a：168）指出，对外新闻中经常会有一些国内读者家喻户晓、耳熟能详，但国外读者却不甚了了，甚至全然不知的新闻事实。凡遇这种情况，编译人员都应对它们作些简单的"注释"，主要包括："新闻里出现的非同一般的人物；新闻中提及的地方、机构、典故、宗教、民族、重大历史事件等；新闻里出现的缩合语。"

比如，在国内时政新闻编译的过程中，经常需要增加对于中国国家机构的解释。一种常见的方式是借用西方立法、司法、行政三权分立的架构来进行解释，以便西方读者理解。比如以下黑体部分对于全国人民代表大会、全国人民代表大会常务委员会、最高人民法院、最高人民检察院的常用英语解释：

- **全国人民代表大会**：The 11th National People's Congress (NPC), **China's parliament**, opened its fifth annual session Monday morning at the Great Hall of the People in Beijing. (Xinhua)

- **全国人民代表大会常务委员会**：The Standing Committee of the National People's Congress (NPC), **China's top legislature**, opened its bimonthly session Monday to read a variety of draft law amendments concerning civil procedure, military service and other areas. (Xinhua)

- **最高人民法院、最高人民检察院**：**The country's top judicial authorities**—the Supreme People's Court and the Supreme People's Procuratorate—also demonstrated their determination and efforts in the fight against the trafficking of women and children in their work reports. (*China Daily*)

另一种常见方式采用"级别+职能"进行解释,中直机关一般用"top"表示级别,也可使用"national"。例如以下黑体表达在英语媒体中较为多用:

- **中共中央纪律检查委员会**:The CPC Central Commission for Discipline Inspection and the National Supervisory Commission, **the country's top anti-corruption watchdog**, released the news of Fan's removal. (*China Daily*)
- **最高人民法院**:**China's top court** and cultural heritage authority have pledged to better protect the country's cultural treasures through judicial means, while making several cases public. (Xinhua)
- **公安部**:The Ministry of Public Security, **China's top police authority**, has launched Operation Chunlei against intellectual property crimes. (*China Daily*)
- **国家卫生健康委**:China's population growth is set to turn negative by 2025, as low fertility rates and aging will bring long-term challenges, the National Health Commission, **the country's top health authority**, said in an article published on Monday. (*China Daily*)
- **国家信访局**:**China's top authority for handling complaints and advice from the public** formally started receiving petitions submitted via the Internet on Monday. (中国网)
- **中央气象台/国家气象中心**:**China's top meteorological authority**, National Meteorological Center (NMC), on Sunday continued to warn of smoggy weather that has battered parts of China for days. (*China Daily*)

10.2.2 提供背景

在新闻写作与编译时提供背景,这样的文字与新闻事件中的要素没有密切的、直接的联系。也就是说,即便没有背景,也不影响读者对新闻事件本身的理解。但是"背景"在新闻中发挥着独特的功能。正如黎信指出的(2009:29):

Backgrounding the news refers to the skill for recalling the past in relation to the present to enhance readers' appreciation of the news. It puts the news in a clearer context or in a larger perspective, or simply gives it an extra dimension. (提供背景是一种新闻技巧,通过回忆过去与现在的关系,可以提高读者对新闻的认识。它可将新闻置于更清晰的语境之内,赋予其更广阔的视角,或只是增

加一个额外的维度。）

刘其中（2009a）认为，在对外新闻的写作或编译过程中提供背景，并无现成的规律可供遵循。基本的指导原则是：凡是境外读者在理解上存在困难的新闻事实，特别是那些零星的、孤立的、地方性的新闻事实，均应提供必要的背景，借以把这些零星的、孤立的、地方性的新闻事件，变得具有整体性的、全国性的意义，让读者觉得，他刚刚花时间读过的内容物有所值。

如前所述，背景写作并无定式，可以根据需要"天女散花"，巧妙穿插，招之即来，呼之即出。常见的方式有插入导语、导语之后接背景段、主体中插入记者或第三方提供的背景、文尾补充长段背景资料等。下面简要就这几种情况的使用方法和作用加以说明：

• **在主导语中插入背景：** 主导语后半段内容经常为简短背景，作用是为前半段所述新闻事实提供认识框架，因此对于捕捉新闻价值具有重要意义。例如：

US cancels ICBM test amid conflict in Ukraine

WASHINGTON, April 1 (Xinhua)—The United States has canceled a planned test-launch of its Minuteman III intercontinental ballistic missile (ICBM) in a bid to lower the nuclear tensions with Russia **amid the ongoing military conflict in Ukraine**, the US Air Force told Xinhua on Friday.

新华网本则新闻报道了美国取消"民兵3"洲际弹道导弹试射的消息，在导语后半段"amid"之后的内容为背景，阐述了这一举动是俄乌冲突背景下的权宜之计，体现出复杂国际背景下的大国博弈。

• **次导语提供背景段：** 次导语可以为理解主导语所述新闻事实提供较为宏观的视角，从而加深对新闻价值的理解。

Germany issues gas-supply warning

China Daily Global

Germany has triggered a first early warning that it could be headed for a gas supply emergency as it prepares for possible disruption to gas flows from Russia.

> The plan has been put in place after Russian President Vladimir Putin insisted that Europe and the United States pay for gas exports in roubles, a demand rejected by the G7 coalition of nations.
>
> "If you want gas, find roubles," **said** senior Russian lawmaker Vyacheslav Volodin on Wednesday.
>
> Volodin also **said** Russia should sell more of its exports on global markets in roubles, "where it is profitable". **He added**: "Moreover, it would be right, where it is beneficial for our country, to widen the list of export products priced in roubles to include fertilizer, grain, food, oil, coal, metals and timber".
>
> Germany's three-stage emergency plan lists ways to conserve gas, secure supplies and ensure households have enough fuel, noted the Deutsche Welle news service. Later stages of the plan state the government could ration power if there is a disruption or halt in gas supplies from Russia, it said.

本则新闻报道德国政府在"断供"压力之下宣布进入"天然气供应紧急状态"的"预警"阶段。次导语（第2段）提供了这一消息的背景，即俄罗斯总统普京颁布天然气"卢布结算令"，要求欧美国家以卢布支付能源采购，遭七国集团拒绝，德国天然气供应面临断供风险。

• **在主体中插入第三方提供的背景**：本则新闻中第3、4段援引俄罗斯国家杜马主席维亚切斯拉夫·沃洛金（Vyacheslav Volodin）的话反映俄罗斯方面的坚决态度。该背景有助于深化对德国天然气危机严重程度的认识。

• **在主体中插入记者直接提供的背景**：本则新闻第5段为记者在主体中直接提供背景，对德国"天然气应急计划"的内容进行补充说明。

• **使用大段背景资料**：也可以在结尾段落补充篇幅较长的背景资料，比如10.1.4小节第二个美联社网站英文报道案例的最后几段，提供了有关大熊猫繁殖的背景资料，起到了增加知识性、趣味性的作用，也将这起大熊猫繁殖的个案放到了濒危物种种群繁殖的大格局中审视，从而提高了新闻价值。

10.3 案例分析与演练

在新闻写作或新闻编译中，如果提供解释、背景，两者往往同处一篇，有时甚至你中有我、我中有你。因此，本节在分析时将报道或译文中的解释和背景同时讨论。

以下案例素材选自美联社网站 2021 年 9 月 12 日发布的英文原文"Torrential rains kill 17, destroy homes in northern Pakistan"以及参考消息网 9 月 12 日发布的中文译文《外媒：巴基斯坦西北部暴雨致十余人死亡》。

▶ **美联社原文与参考消息网译文对照**

Torrential rains kill 17, destroy homes in northern Pakistan	**外媒：巴基斯坦西北部暴雨致十余人死亡**
PESHAWAR, Pakistan (AP)—Torrential monsoon rains and mudslides hit areas in northwestern Pakistan early on Sunday, destroying homes and killing at least 17 people, police said.	参考消息网 9 月 12 日报道 据美联社巴基斯坦白沙瓦消息，巴基斯坦警方当地时间 12 日表示，暴雨和泥石流当天凌晨袭击了巴基斯坦西北部地区，摧毁了房屋，造成至少十余人死亡。
Officer Mohammad Nawaz said eleven bodies were recovered from the debris of mud and brick houses in the Tor Ghar district, and rescuers were searching for the remaining victims, which included women and children.	据报道，当局从一处街区的泥瓦房碎片中找到了 11 具尸体，救援人员正在搜寻包括妇女和儿童在内的其余受害者。（删减信源身份信息）
Nawaz said three adjacent homes were completely swept away in remote village of the district, while other houses were less affected. Authorities in the city of Abbottabad said a mudslide in the suburbs also killed a couple and their child, and injured three others.	（未译）
The country's disaster management authorities said they were dispatching relief aid to the affected area but mudslides in mountainous areas were delaying delivery. Efforts were underway to clear the roads.	报道援引巴基斯坦赈灾部门的话说，他们正在向受灾地区运送救灾援助物资，但山区的泥石流使运输工作延迟。目前人们正在努力清理道路。
Monsoon season lasts until mid-September in Pakistan, and similar incidents are not uncommon.	报道称，在巴基斯坦，季风季节持续到 9 月中旬，洪涝灾害时有发生。

这是一篇灾难新闻。由于新闻事件本身并不复杂，英文原文、中文译文的篇幅相比都比较短小。尽管如此，参考消息网还是做了编译，而非直译、全译。

在背景信息方面，英文、中文灾难新闻都倾向于在行文末尾的一两段中补充该地区曾经发生的同类型灾难及其后果，或者补充规律性灾难发生的地质、气候原因（如某地位于地震多发带）。基于这一因素，英文原文在第 5 段（最后一段）说明了季风对巴基斯坦的影响，概括了此前强降雨导致人员、财产损失的情况，中文译文最后一段保留了这一信息。

此外，中文译文在标题中更加关注灾难造成人员死伤，相应地也就没有保留英文原文第 3 段中的房屋受损情况。细节方面删除了 Officer Mohammad Nawaz 的身份信息，避免过多陌生化信息降低读者阅读体验。

课后练习

请扫描二维码，阅读新闻"Shortages cause 'bottleneck recession' for German industry"（选自美联社网站）。英文报道在导语、主体添加了多处解释和背景，除标题外，相关段落数量占全文段落总数的 66.7%。请识别其中的解释和背景，分析其在报道中发挥的作用。

下篇

主题新闻：写作及编译策略

　　基于"中篇"对于主要新闻要件写作及编译范式的探讨，本篇将在意识形态主线、新闻价值观、新闻编译观的指导下，进一步深入探讨不同主题新闻的功能和价值差异，据此讲解灾难、会议、外交、体育、经济、汽车、言论等常见主题新闻的中英文写作范式和编译规则。

　　本篇注重实践能力培养，强调通过案例分析搭建认知框架、启发翻译思维升级，帮助学习者内化对新闻及新闻编译价值判断体系的认知，并据此形成按照行业规范和文体风格要求对不同主题网络新闻进行综合编译的能力。

　　本篇包括七章（第11章~第17章），各章一般包括三小节。第一小节主要探讨某个主题新闻的定义、分类、功能、价值判断体系等；第二小节详细讲解该主题新闻中英文标题、导语、主体的写作范式，注重中英差异性对比，为开展编译奠定基础；第三小节聚焦编译实践，讲解编译策略，进行案例分析及实战演练。

第 11 章　灾难新闻

> ● **本章学习要点**
> 1. 了解灾难新闻的定义、主要类型、功能和新闻价值点；
> 2. 掌握中英灾难新闻标题、导语的常见写作范式；
> 3. 掌握灾难新闻主体常见的六种框架结构；
> 4. 了解中英灾难新闻在价值点和撰写规范方面的差异；
> 5. 掌握灾难新闻篇章编译的总体策略及技巧；
> 6. 熟悉地震、气象灾难新闻的常见术语，能够按照范式撰写、编译中英文标题和导语。
>
> ● **课前思考**
> 1. 灾难新闻吸引读者的价值点主要表现在哪些方面？
> 2. 中英文灾难新闻报道存在哪些差别？

> **小贴士**
>
> 　　21 世纪的今天是灾难频仍的历史时期，对灾难进行报道和做好灾难新闻的报道是所有传媒人的重要研究课题。
>
> ——白薇（2011：1）

11.1　概述

　　英语中有一句俗语 "No news is good news"（没有消息就是好消息），据说源自英格兰国王詹姆斯一世（King James I）的一句话 "No news is better than evil news"（没有消息总好过坏消息）。而在新闻传播领域，人们常听到的说法是，"Bad news is good news"（坏消息才是好新闻）。20 世纪末，美国新闻学教授比尔·伯尼（Bill Bonney）更是一语惊人:"对新闻媒介来说,最有市场价值的是交通失事、水灾、火灾、地震、谋杀、战争、行业纠纷以及死亡和伤害"(Bonney & Wilson, 1983: 317)。这当然不是说灾难是件好事,而是说灾难事件因其影响面广、冲击性强而备受读者关注,可以在海量的常规性报道中迅速吸引读者眼球。

当今,灾难事件在强调"内容为王"的西方新闻界享有很高的地位,一些优秀的记者凭借有影响的灾难新闻报道一举成名。西方电视新闻网也往往把灾难报道作为头条新闻的首选。一旦灾难发生,记者往往需在几分钟内作出反应,并在接下来一天的不同新闻时段中持续跟踪报道。

11.1.1 灾难新闻的定义

红十字会与红新月会国际联合会(International Federation of Red Cross and Red Crescent Societies, IFRC)网站对"灾难"(disaster)给出如下定义:

Disasters are serious disruptions to the functioning of a community that exceed its capacity to cope using its own resources.(灾难指对一个社区运转的严重破坏,超出了其使用自身资源进行应对的能力。)

IFRC 认为,"灾难"(disaster)与"灾害"(hazard)不同,恰当应对"灾害"可以有效避免"灾难"。

"灾难新闻"是对灾难事件进行的报道,中文中也有"灾害新闻""灾祸新闻"的提法,使用频率稍低,在报道对象上与"灾难新闻"基本重合。鉴于黑、白作为不幸、悲哀或死亡的象征意义,也有人把灾难新闻称为"黑色新闻"或"白色新闻"(田中初,2005: 6)。

11.1.2 灾难新闻的分类

灾难新闻的报道对象主要包括天灾和人祸。

1. 天灾

天灾即自然灾害(natural hazards),根据 IFRC 网站分类,主要包括:
- 地质灾害(geophysical hazards):地质活动引发(如地震、滑坡、火山);
- 水文灾害(hydrological hazards):地球水体运动引发(如洪水和雪崩);
- 气候灾害(climatological hazards):与气候有关(如干旱和野火);
- 气象灾害(meteorological hazards):与天气条件有关(如气旋和风暴);
- 生物灾害(biological hazards):因接触生物活体及其可能携带的有毒物质、疾病引发（如昆虫/动物瘟疫）。

我国 2007 年颁布实施的《气象灾害预警信号发布与传播办法》共列出 14 类气象灾害（表 11–1），并对其英文标识进行了规范。

表 11–1 气象灾害中英文对照表

中 文	英 文	中 文	英 文
台风	typhoon	大风	gale
暴雨	storm	沙尘暴	sand storm
寒潮	cold wave	高温	heat wave
冰雹	hail	霜冻	frost
霾	haze	大雾	heavy fog
干旱	draught	暴雪	snow storm
雷电	lightening	道路结冰	road icing

该《办法》规定，依据气象灾害可能造成的危害程度、紧急程度和发展态势，预警级别划分为四级：Ⅳ级（一般）、Ⅲ级（较重）、Ⅱ级（严重）、Ⅰ级（特别严重），依次用蓝色、黄色、橙色和红色表示。气象灾害预警信号由名称、图标、颜色级别等信息组成（图 11–1）。

图 11–1 气象灾害预警信号示例

在新闻报道和编译过程中，对气象灾害类型予以界定和表达时，应注意遵守上述规定。

2. 人祸

人祸即人为灾害，IFRC 网站将其定义为人为和技术灾害（man-made and technological hazards），指发生在人类居住区内或附近由人类造成的事件，主要包括：

- 复杂紧急情况冲突（conflicts）；
- 工业事故（industrial accidents）；

- 交通事故（transport accidents）；
- 环境退化和污染（environmental degradation and pollution）。

维基百科将"人祸"称为"anthropogenic hazards"，定义为"hazards caused by human action or inaction"，即因人类作为或不作为所产生的灾害。其分类更为细致（表11–2）。

表11-2 人为灾害类别中英对照表

类 别	灾 害
社会灾害 societal hazards	犯罪、内乱、恐怖主义、战争、工业危害、工程危害、废物处理、停电、火灾 criminality, civil disorder, terrorism, war, industrial hazards, engineering hazards, waste disposal, power outage, fire
有害物 hazardous materials	有机卤素、有毒金属、放射性材料、生化核放 organohalogens, toxic metals, radioactive materials, CBRN
交通事故 transportation accidents	与航空、铁路、公路、太空、海上旅行有关的事故 accidents related to aviation, rail, road, space, sea travel
环境灾害 environmental hazards	水污染、空气污染 water pollution, air pollution

思考题

"霾"是天灾？还是人祸？

2016年，北京市人大常委会在《北京市气象灾害防治条例（草案修改二稿）》中将"霾"列为"气象灾害"，纳入北京市突发事件应急体系。在该条例草案审议过程中，有关"霾"是否属于"气象灾害"，曾引发广泛讨论。新华网以"北京拟将霾纳入气象灾害 专家：别把人祸定为天灾"为题对此进行报道。以下为双方观点摘录，涉及对"天灾""人祸"的区分及其社会意义。请阅读、思考并提出自己的看法。

▶ 支持方

"霾"属于天气现象和污染现象交叉的复合现象，且问题已经十分凸显，成为政府和社会关注的重大问题。霾入法可以让政府部门尽更多的责任，让全社会更加关注霾的防治，统一行动，形成防霾治霾的有效保障系统。

▶ 反对方

> 霾的本质是人为污染，将霾列为属于自然灾害范畴的气象灾害，偏离了气象灾害范畴，还将产生污染者可以"依法脱责"等问题。
>
> 2010年起施行的《气象灾害防御条例》规定，气象灾害是指台风、暴雨（雪）、寒潮、大风（沙尘暴）、低温、高温、干旱、雷电、冰雹、霜冻和大雾等所造成的灾害。由此可见，我们所定义的气象灾害，其产生的根本驱动因素是大气物理过程，其本质都是基本不受人力控制，或者人为干预和贡献极其有限的自然现象。
>
> 霾是人类活动排放的污染叠加一定气象条件因素形成的污染问题。霾频发的地区都是工业生产和居民生活密集、大气污染物排放强度大的地区。形成霾的气象条件通常是静稳天气等，风速较小、大气流动性较低，不利于大气污染物的扩散。但是，霾并不具备气象灾害的特征，与暴雨、暴雪、寒潮、大风、高温等气象灾害的极端天气特点有着显著区别。
>
> 从这个角度来看，霾发生的根本原因在于人为活动产生的大量污染物排放，与《气象灾害防御条例》所列举的气象灾害在成因上有本质的不同。因此，霾不属于气象灾害的一种，不能把一种"人祸"通过法律定义成为"天灾"。

11.1.3 灾难新闻的功能价值

灾害所处的阶段不同，新闻报道的主要功能价值和报道内容均有所差异。

1. 灾害潜伏期：灾害事件发生之前

新闻媒体在灾害还没发生时，媒体凭借环境侦测、收集消息来源，获取专家学者对灾害事件潜在危机的评估，适时对民众发出预警，该阶段新闻报道因而具有预警功能。

试观察以下两例灾害预警新闻。第一个例子为中国青年网发布的中国中央气象台关于2021年第6号台风"烟花"的预警，详细提供了灾害的范围和影响，针对潜在危险进行了提醒（画线部分）；第二个例子为美国福克斯新闻网发布的对2021年热带风暴"萨姆"即将发展为飓风的跟踪预警消息。

紧急提醒！台风"烟花"加速！预计登陆时间提前！登陆地点北调！

中央气象台7月25日06时继续发布台风橙色预警：今年第6号台风"烟花"的中心今天（25日）早晨5点钟位于浙江省舟山市东偏南方大约140公里的近海海面上，中心附近最大风力有13级（38米/秒），中心最低气压为965百帕，7级风圈半径为200~300公里，10级风圈半径为80~100公里，12级风圈半径为40公里。

台风预测

预计，"烟花"将以每小时15~20公里的速度向西偏北方向移动，并将于今天中午到傍晚在浙江象山到江苏启东一带沿海登陆（台风级，12~13级，33~38米/秒）。登陆后强度逐渐减弱，并有可能在华东地区回旋。

大风预报

25日08时至26日08时，黄海南部、东海、台湾海峡及钓鱼岛附近海域、长江口区、杭州湾、江苏中南部及沿海、上海及沿海、浙江及沿海、福建中北部沿海、台湾岛西部沿海将有6~8级大风，阵风9~11级，其中东海大部、黄海西南部海域、浙江中北部及沿海、长江口区、杭州湾、上海及沿海、江苏东南部及沿海的风力有9~11级，阵风12~14级。

降水预报

25日08时至26日08时，浙江中北部、上海、江苏南部、安徽南部、台湾岛南部等地的部分地区有大雨或暴雨，其中，浙江北部、上海、江苏东南部、安徽东南部等地的部分地区有大暴雨，浙江北部局地有特大暴雨（250~360毫米）。

台风移动速度加快，预计登陆时间从"7月25日下午到夜间"提前至"今天中午到傍晚"。

台风路径北调，预计登陆地点有所变化，从"浙江舟山到三门一带沿海"调整为"浙江象山到江苏启东一带沿海"。这意味着，长三角一些人口密集地区可能更为直接面对台风影响。

如果你自己或有家人、朋友目前身处华东沿海请务必记得/告知

今天，非必要情况
不要出门！！！

Tropical Storm Sam strengthening

<u>Tropical Storm Sam has formed in the Atlantic becoming the 18th named storm of the year. It is forecast to become a hurricane tomorrow and eventually a major hurricane early next week as it continues northwest.</u>

Recent satellite wind data indicates maximum sustained winds have increased to near 50 mph with higher gusts. Additional strengthening is forecast over the next several days, and Sam is now forecast to become a hurricane tomorrow and be near major hurricane intensity by the end of the weekend. Tropical storm force winds extend outward up to 45 miles from the center. The estimated minimum central pressure is 1003 mb.

2. 灾害前期：灾害事件刚刚发生的阶段

在此阶段，由于信息不对称，公众容易出现恐慌情绪，媒体须迅速准确地发布灾情资讯。研究表明，公众在灾害发生后获得的信息越多，对有关部门的信任度就越高，媒体只有提供及时、全面、真实的灾害信息才能够有效控制流言，争取舆论的主动权。从这点来看，该阶段媒体关于灾害新闻的报道承担着告知信息和引导舆论的重要职责。

该阶段新闻以硬新闻居多，本章后续将主要探讨此类报道的撰写和编译范式。

比较下例中不同媒体对台风"菲特"前期灾害的差异化报道。

新华网中文版：新华网福州10月7日电（记者涂洪长、张逸之）据福建省气象台消息，今年第23号台风"菲特"7日**凌晨1时15分在福建福鼎沙埕镇登陆**，登陆时强度为强台风，近中心最大风力14级（42米/秒），中心气压955百帕，未来将继续向偏西方移动，强度逐渐减弱。

新华网英文版：FUZHOU, Oct. 7 (Xinhua)—Typhoon Fitow made landfall in **east China's Fujian Province in the wee hours on Monday**, packing winds up to 151 km per hour, the National Meteorological Center said.

法新社英文版：Beijing (AFP)—Typhoon Fitow, which barrelled into **China's east coast early Monday** packing winds of more than 200 kilometres (124 miles) an hour, killed at least five people and impacted 4.5 million, state media reported.

第一则为新华网中文报道。针对国内受众需求，提供了台风登陆的详细时间、地点，以及强度、发展趋势，旨在发挥及时告知和预警后续潜在灾害危险的双重功能。

第二则为新华网英文报道。针对国外受众的不同认知需求，降低了时间、地点信息的精度，省略了发展趋势，技术指数更为简略，重点突出了台风强度，主要发挥了告知功能。

第三则为法新社英文报道。针对国际受众，时间、地点信息的精度进一步降低，凸显了灾害的严重性和巨大影响，提供了详细的死亡和受灾人数，主要发挥了告知功能。

在灾害前期的报道中，国内外新闻报道由于意识形态、文化背景、媒体立场等的差异，往往呈现出差异化的价值诉求，在内容选择方面反映出较大不同。总体而言，国内报道注重媒体的社会责任，凸显救灾；西方主流英语媒体注重凸显人类面对大灾的无助，渲染灾害的震撼性、严重性。

青海门源县发生 6.9 级地震 西宁震感强烈

据中国地震台网测定，1 月 8 日 1 时 45 分，在青海海北州门源县发生 6.9 级地震，震源深度 10 公里。西宁市震感强烈。

地震发生后，国务院抗震救灾指挥部办公室、应急管理部立即启动国家地震三级应急响应，国务院抗震救灾指挥部副指挥长、应急管理部部长黄明和值班部领导尚勇、张永利同志第一时间赶到部指挥中心，与中国地震局、青海省应急管理厅、甘肃省应急管理厅和消防前突力量视频连线，调度了解震区情况，部署抢险救援救灾工作。应急管理部、中国地震局连夜派出工作组赴现场协助地方开展灾害核查、群众安置、地震趋势研判等工作。

地震现场情况

震中距门源县 54 公里，距西宁市 136 公里。震中 5 公里范围内平均海拔约 3 674 米，震中附近人口较为稀疏。

截至 8 日 7 时，当地已先后发生 8 次 3.0 级（含）以上地震。地震造成临近的甘肃张掖市、武威市、金昌市、兰州市、临夏州等多地震感明显。

专家：本次地震为主震—余震型，不会对西宁等地造成大的影响

经专家紧急会商，综合判定认为：本次地震为主震—余震型，余震活动水平为 5~6 级左右，不会对西宁、海东、海南、黄南等地的工作或生活造成大的影响，请广大市民正常工作生活。目前，网上出现的针对本次地震的各类分析和判断，如非官方正式发布，均系谣言。

> **青海启动重大地震灾害Ⅱ级应急响应**
>
> 青海省应急委于1月8日1时50分启动重大地震灾害Ⅱ级应急响应。经第一轮初步排查,暂未收到人员伤亡报告,详细情况正在进一步了解核实中。

上例为新华网2022年1月8日对青海门源地震的国内新闻报道。画线部分均为救灾信息,专家观点也起到安抚人心、避免恐慌的作用。

> **Tonga volcano erupted with force of more than 600 Hiroshima bombs**
> By David Aaro | Fox News
>
> The undersea volcano near the island nation of Tonga erupted on Saturday with an explosive force that was **more than 600 times as powerful as the atomic bomb dropped on Hiroshima**, Japan, according to scientists and reports.
>
> James Garvin, the chief scientist at NASA's Goddard Space Flight Center, told NPR that they came up "**with a number that's around 10 megatons of TNT equivalent**".
>
> That means the volcano blast was equal to the force of more than 650 "Little Boy" atomic bombs, one of which was dropped on Hiroshima, Japan in 1945 during WWII and had an estimated force of 15,000 tons of TNT.
>
> The Hunga Tonga-Hunga Ha'apai volcano erupted with **a blast heard thousands of miles away in New Zealand and Alaska.** It also produced a giant mushroom cloud in the sky and sent tsunami waves across the Pacific.
>
> Scientists say it was likely **one of the world's biggest eruptions in the past 30 years and probably one of the loudest events to occur on Earth in over a century.**
>
> "This might be the loudest eruption since the eruption of the Indonesian volcano Krakatau in 1883," Michael Poland, a geophysicist with the US Geological Survey told the outlet.

上例为福克斯新闻对2022年初汤加超级火山喷发的报道,多方面渲染了灾害的严重性。报道指出汤加火山爆发时威力超过600枚广岛原子弹,相当于15 000吨TNT炸药,数千英里外的新西兰和阿拉斯加都能听到爆炸声,天空中形成了巨大的蘑菇云,引发太平洋大海啸,为30年来世界火山爆发之最。

3. 灾难后期：灾情即将过去，媒体灾情报道告一段落，转而深入探讨灾难的成因、影响，以及灾后重建等问题的阶段

在灾难后期，新闻媒体的报道功能和主题有所转变，开始探讨灾难背后的结构性因素，发挥媒体监督职能。同时，借由议题设置，引导社会反思灾难的影响，形塑公众对灾难的理解、认知。例如，河南郑州 7·20 特大暴雨灾害发生半年后，新华网报道国务院调查组公布调查报告。3·11 日本大地震后，路透社网站报道医疗专家呼吁受灾群众关注心理健康的内容。

该阶段报道多以新闻特写、深度报道为主，本节不作详细探讨。

资深记者迈克尔·马科特（Michael Marcotte）曾总结出新闻机构在灾害中扮演的四个关键角色，可以看作是对上述功能的总结（Potter & Ricchiardi，2009：8）：

- It's a vital information resource, telling what is happening where, who is affected, how things are changing, and why.

  （重要信息源：告知灾情、影响、发展变化、成因。）

- It's a communication lifeline, saving lives by relaying critical information to and from affected parties.

  （通讯生命线：向受灾方传递关键信息，拯救生命。）

- It's an early warning beacon, transmitting timely, reliable information that prevents harm.

  （预警灯塔：及时、可靠地传递信息，防止伤害。）

- And it's a community forum, giving citizens a way to come together, share concerns and support one another during difficult times.

  （社区论坛：让公民在困难时期走到一起，分享关切，相互支持。）

正如雅基·优尔特（Jacqui Ewart）和哈米什·迈克林（Hamish McLean）所说，"记者在向受到灾害或危机影响的各种公众提供信息方面发挥着关键作用，他们在各个灾害阶段负有传播信息的重要社会和道德责任，新闻媒体在塑造公众对灾害的反应以及联系民众和社会方面发挥着重要作用。"（2019：1588）

11.2 中英文写作范式

11.2.1 灾难新闻的内容要点

1. 灾情

灾情报道一般可涉及以下信息点：

- 受灾时间、地点、原因；
- 震级、预警级数等灾情技术指标；
- 死伤人数、受灾人数；
- 财产损失；
- 目击者及官方陈述；
- 后续灾情预警。

> **小贴士**
>
> - 人员死伤比财产损失更为重要，是新闻工作者应首先关注的信息。
> - 现场采访可为报道增加生动性。英文鼓励多用直接引语，而非转述。
> - 对事故原因不能主观臆断，应等待官方消息引证。

2. 救灾

救援报道一般可涉及以下内容：

- 官方及志愿者情况；
- 救援措施；
- 人员疏散撤离情况；
- 救灾过程中涌现的英雄事迹；
- 特殊的救灾设备或技术。

3. 信源

关于预警以及人员死伤、财产损失数字的报道，要注意提供权威的消息来源，例如：

- 技术监控部门，如中国地震台网（China Earthquake Networks Center，CENC）、美国地质勘探局 US Geological Survey，USGS 等；
- 官方及公共事业组织机构，如民政部、国家减灾委、红十字会等；

- 医疗卫生部门；
- 警方和交通部门。

4. 后续报道

中后期的跟踪报道还可关注以下内容：
- 是否发生了抢夺事件；
- 是否引发围观；
- 是否涉及保险理赔；
- 是否涉及案件诉讼；
- 是否涉及逮捕拘留；
- 是否涉及调查勘测；
- 清理工作。

11.2.2 灾难新闻的价值点及排序

灾难新闻属于信息性文本，导语覆盖的重要信息点包括灾害类型、灾害发生地点、灾害发生时间、灾害严重程度（技术指标＋人员伤亡情况）、信源。其中，核心价值点一般是"灾害严重程度"，主要通过震级、预警级别等技术指标，以及人员伤亡情况予以体现。

按照英文硬新闻"重要性递减"的排序原则，技术指标和人员伤亡情况两者中较能引起读者关注的一个居于导语首位。所以英文灾难新闻导语内部信息的常见排序是：严重程度＋灾害类型＋地点＋时间＋信源。

中文灾难新闻导语内部信息一般按照时间、地点、人物、事件的逻辑排序，常见排序是：信源＋时间＋地点＋灾害类型＋严重程度。

> **小贴士**
>
> **数字凸显灾情**
>
> - 受灾及死伤人员数字往往具有直击读者心灵的作用。
> - 数字常与"at least""over""nearly"等模糊词搭配增加震撼力。
> - "tens of millions of"之类极言数字之多的模糊搭配也较为常见。

请观察下例中黑体部分的用词是如何凸显灾情的：

- **At least** six people were killed and eight others injured in a six car pile up as a result of a head-on collision between a delivery lorry and a sports car driving on the wrong side of the road. (*South China Morning Post*)
- In Southeast Asia **alone**, flooding of low lying areas is likely to displace **tens of millions of** people. (*The Baltimore Sun*)

11.2.3 灾难新闻的导语

请观察下例所示灾难新闻导语的信息铺排及连接方式：

Eleven passengers were burnt alive and two injured // **when** a bus exploded and burst into flames // in eastern Moscow, // fire services said. (Xinhua)

这是一则关于道路交通事故的英文新闻导语。其中分句一描述了人员死伤情况，即灾害严重程度，分句二是灾害类型，分句三是灾害发生地，分句四提供信源，按照"重要性递减原则"排列，用"when"连接为一个句子。

陕西延安一小轿车与重型半挂牵引车相撞，造成 4 死 3 伤

新京报讯（记者马新斌）11 月 22 日，**国道 G341 延安安塞段**，一辆罐车与一辆小轿车相撞，小轿车受损严重，事故造成 4 人死亡，3 人受伤。伤者无生命危险，正在医院治疗。事故原因正在进一步调查。

对比上面两个例子可以发现，例子一作为新华网英文版转发的国际新闻，面向大量国际读者，因此大幅度降低地点精度，仅仅提到事发在莫斯科东部（eastern Moscow）。而例子二作为中国地方媒体刊发的新闻，面向国内地方读者，报道的地点精细度高（具体到"国道 G341 延安安塞段"）。在编译国内新闻为国际英语新闻时，其地点精细度不可避免要进行调整（一般具体到省一级即可），同时需要针对国际读者的认知需求，添加国家名称及方位对省名进行解释。例子二中的地点在英文导语中多处理为"northwest China's Shaanxi Province"。

11.2.4 灾难新闻报道的主要框架

根据报道侧重点，灾难新闻可以梳理出六种主要框架，即灾情框架、经济后果框架、救灾框架、领导人框架、人情味框架、责任框架。

1. 灾情框架

采用该框架的报道聚焦灾情，围绕灾害等级、灾害发生时间地点、人员伤亡、财产损失（房屋、道路、通讯）等情况组织内容，中间多穿插灾民、目击者、地方官员、专家的评述。

灾情框架是西方主流媒体多用的框架，国内灾难新闻则多以灾情框架搭配救灾框架、领导人框架使用。

下例为《卫报》对中国地震的报道，采用了灾情框架组织信息，请结合右列批语理解其内容分布。

China hit by earthquake	
An earthquake hit a mountainous area of south-western China on Saturday morning, killing at least four people and injuring 10 others, according to state media and the China Earthquake Administration.	**导语：** 地震地点 死伤情况 信源
The quake, which was measured at magnitude 5.9 by the administration, and 5.8 by the US Geological Survey, shook several counties, including the scenic Shangri-La and Deqin counties in Yunnan Province, and Derong county in Sichuan Province just to the north.	**灾情：** 震级 受灾地区
The official Xinhua news agency quoted the Yunnan provincial civil affairs department as saying four people had died in Degen county.	**灾情：** 死亡情况
The department said the quake also destroyed 600 residential units and damaged 55,500 others. More than 9,000 residents were forced to relocate.	**灾情：** 房屋受损 人员安置
Xinhua said telecommunications and electricity supplies were affected in Degen and Derong hindering rescue efforts	
The mountainous areas of southwest China are prone to earthquakes. In May 2008 a powerful quake in Sichuan left nearly 90,000 people deador missing in April this year another quake in Sichuan killed 193 people.	**背景：** 地震多发区 历史大地震

2. 经济后果框架

该框架重点报道灾难带来的经济损失、对灾区企业和经济的损害等。西方主流媒体很少使用该框架，国内媒体使用纯经济后果框架报道灾害的新闻也不多见，一般与灾情框架、领导人框架结合使用。请观察下面以经济损失为主框架的两则报道，结合右列批语理解其内容分布。

云南景东县 4 级地震造成经济损失 3 214.6 万元

中新网昆明 2 月 21 日电 云南省景东县委外宣办 21 日发布，截至 21 日 17 时，发生在该县的 4.0 级地震共造成全县各村（社区）3 035 户 11 317 间房屋受损。地震造成总经济损失 3 214.6 万元。　　　　　经济损失

20 日 22 时 09 分 57 秒，景东锦屏镇西南 12 千米附近（东经 100.79 度，北纬 24.47 度）发生 4.0 级左右地震，震源深度 6 千米，城区有较明显震感。　　　　　灾情

灾情发生后，景东县委书记祁海带队到锦屏镇前所村、北屯村等重灾农户家实地查看灾情，并要求各乡（镇）、各部门党员干部扎在一线，精准实施救助帮扶，实事求是核查损失，积极开展生产生活自救，确保受灾群众基本生活有保障。　　　　　领导人

截至 21 日 17 时，全县各村（社区）共有 3 035 户 11 317 间房屋受损，其中 4 户房屋严重受损，转移居住 3 户 16 人，房屋初步估算损失 2 263.4 万元。教育基础设施损失 40.2 万元。市政基础设施损失 600 万元。医疗基础设施损失 8 万元。交通基础设施损失 303 万元（其中：桥梁受损 7 座、路面受损 890 平方米、路基坍塌 11 500 立方米）。估算造成总经济损失 3 214.6 万元。　　　　　经济损失

目前，无人员伤亡，未发现山体滑坡、地表沉陷等地质现象。通讯、供电、供水未受影响，群众生产生活正常，社会秩序稳定。　　　　　灾情

菲律宾国家减灾委：台风"雷伊"致菲律宾超 138 万人受灾

央视网 12 月 22 日上午，菲律宾国家减灾委发布通报称，台风"雷伊"导致该国逾 138 万人受灾，经济损失达 5.4 亿菲律宾比索（约合人民币 6 800 万元）。　　　　　灾情 经济损失

> 目前菲律宾减灾委统计的数据显示，农业方面的损失高达3.2亿菲律宾比索（约合人民币4 000万元），损失主要来自于农作物和渔业；基础设施方面的经济损失则超过2.2亿菲律宾比索（约合人民币2 800万元）。　　经济损失
>
> 12月21日，菲律宾总统杜特尔特宣布受台风影响严重的6个行政区进行入灾难状态，这6个行政区为民马罗巴区、西米沙鄢区、中米沙鄢区、东米沙鄢区、北棉兰老区和卡拉加区。　　灾情

3. 救灾框架

该框架主要以报道灾害事件引发的政府和社会行为为主线，如各相关部门派出的救灾人员、投入的救灾物资、采取的救灾措施等。国内灾难新闻报道中救灾框架使用的比例较高，与灾情框架搭配使用的比例也较高。

> **国家减灾委、应急管理部针对台风"烟花"启动国家救灾应急响应**
> 央视新闻 2021-07-25 23:50
>
> 记者从应急管理部获悉，7月25日14时，国家减灾委、应急管理部针对台风"烟花"给浙江舟山、绍兴、宁波等地造成的灾害，紧急启动国家IV级救灾应急响应，前期派出的工作组就地转为救灾工作组，深入灾区实地查看灾情，指导和协助地方做好受灾群众生活救助等救灾工作。
>
> 7月25日，应急管理部会同国家粮食和物资储备局再次向河南省调拨中央救灾物资，支持地方做好受灾群众转移安置等基本生活保障工作。

4. 领导人框架

该框架主要围绕国家领导人在灾难发生后的反应组织信息，主要报道领导人灾后的会议、行动、讲话、指示等。领导人框架主要在国内新闻报道中使用，可单独使用，也可与救灾框架、灾情框架搭配使用。

> 请扫描二维码，阅读新闻《习近平：全面准确评估灾害芦山地震灾害损失》（选自新华网）。

5. 人情味框架和责任框架

人情味框架主要是围绕灾难中人情味故事组织信息，侧重报道个体、小人物的特写故事。责任框架主要是围绕灾难后对相关问题的责任认定、对救灾过程的监督，揭露滥用赈灾款项等问题组织信息。

11.2.5　中英灾难新闻报道的差异

> **小贴士**
>
> **中英媒体灾难事故报道的差异**
>
> 我国媒体在对灾难事故进行追踪报道时，注重体现人性温暖，展现人们面对灾难时团结一致、人定胜天的精神。
>
> 西方媒体对灾难事故进行报道时，注重揭露灾难对人类造成的伤害，重现灾难发生时的恐怖情景及带给人类的痛苦。
>
> ——张洋（2017：50）

我国媒体与西方国家媒体对灾难新闻的报道，在报道功能、主题、语言等方面存在较为显著的差异。

1. 报道功能

我国媒体对灾难事故进行报道时，侧重的功能是安抚人心，因此语言结构平稳，内容注重凸显政府机构、社会团体在灾难事故中所采取的应对措施。西方媒体进行报道时，侧重发挥"第四权力"，发挥媒体的社会舆论监督功能，内容上强调及时对天灾和人祸进行全面报道。

2. 报道主题

面对灾难事故，主要进行正面报道还是负面报道，是我国媒体与西方国家媒体最为明显的区别。我国媒体一般尽力从正面展现灾后的人性温暖，避免过多描写灾难发生时的场景，强调救灾。西方媒体则不回避负面因素，大力宣传人类在灾难事故中所遭受的磨难。

3. 语言特点

我国主流媒体对灾难事故追踪报道时，用词方面往往带有振奋的情绪，描述和赞美团结一致、人定胜天的精神。西方主流媒体则着重再现人类在遭遇灾难事故时的无力和茫然，常带有恐惧和悲痛的情绪。商业小报则更擅用夸张的手法渲染灾情，追逐耸人听闻的效果。试对比中英文灾难新闻描写灾民的高频词：

> 中文：坚强、报平安、感动、希望、自救、互助、笑容、信心……
> 英文：terrible（恐怖的）、grief（悲痛）、tormented（痛苦的）、tortured（受折磨）、misery（痛苦）、trepidation（恐慌）、depressed（沮丧的）、boredom（烦闷）、despair（绝望）、excruciating（极痛苦的）、homeless（无家可归的）、traumatized（心理创伤的）、frantic（疯狂的、狂乱的）、huddled（蜷缩的）、mourning（悲坳）、wailing（恸哭）……

请观察下面美联社关于印度雾霾的新闻报道，体会其用词特色。

> **Smog chokes Indian capital as air pollution levels soar**
> By Sheikh Saaliq November 14, 2021
>
> NEW DELHI (AP)—Sky obscured by **thick, gray** smog. Monuments and high-rise buildings **swallowed** by **a blanket of** haze. People **struggling to breathe.**
>
> In the Indian capital, it is that time of the year again.
>
> The city's air quality index fell into the "**very poor**" category on Sunday, according to SAFAR, India's main environmental monitoring agency, and in many areas levels of the **deadly** particulate matter reached around six times the global safety threshold.
>
> NASA satellite imagery also showed most of India's northern plains covered by **thick haze**.
>
> Among the many Indian cities **gasping for breath**, New Delhi tops the list every year. The **crisis deepens** particularly in the winter when the burning of crop residues in neighboring states coincides with cooler temperatures that trap **deadly** smoke. That smoke travels to New Delhi, leading to **a surge in pollution** in the city of more than 20 million people and **exacerbating** what is already a public **health crisis.**

该篇新闻采用描述性导语，首段黑体部分的颜色词（thick、gray）以及动词（swallowed、struggling to breathe）渲染出了昏暗的天空、建筑物被雾霾吞噬轮廓不清、人们呼吸困难的可怕场景。

该篇新闻主体部分使用环境监控机构的空气质量监控指标以及 NASA 卫星图片凸显空气污染的严重程度。在分析印度城市尤其是印度首都新德里雾霾严重的原因和结果时，反复使用"crisis"及"deadly"等描写灾害的负面用词，制造了恐怖、阴暗、悲观的氛围。

11.3 气象灾难新闻编译案例分析与演练

> **小贴士**
>
> - 沙尘暴：2021 年 3 月，中国北方地区遭遇了近十年来最强沙尘暴天气。北京、呼和浩特等地出现黄沙漫天的情景。沙尘暴"卷土重来"引发各方关注。
> - 台风：每年影响我国的台风近 20 个，其中登陆的 7~8 个，约相当于美国的 4 倍，日本的 2 倍和俄罗斯的 30 多倍。台风给我国东南沿海带来的损失可谓巨大。
> - 雾霾：中国有近四分之一的地区受到雾霾影响，造成的经济损失和对人们健康的影响难以估计，减轻雾霾已经成为全社会十分关注的问题。

11.3.1 标题常见范式

1. 英文标题常见范式

英文标题常见的范式为：灾害类型 + 动作 + 灾害覆盖区域 + 灾害影响。

较之地震等地质类灾害，沙尘暴、雾霾等气象灾害的特点是影响范围广。表示灾害动作时，除了使用"hit""strike""ravage"之类的常用动词表示"袭击""肆虐"之意外，还使用表示大范围覆盖的动作动词。下例中的新闻标题均使用了"灾害类型 + 动作 + 覆盖区域"的主谓宾结构，请观察其中的黑体动作词：

- Strong sandstorm **ravages** NW China（中国网）
- Sandstorms **sweep across** northwest, **damage** crops (*China Daily*)
- Sand storm **shrouds** northwest China (Xinhua)
- Smog **envelopes** China during Lantern Festival (Xinhua)
- Smog **blankets** cities across China (MSN)
- Smog **chokes** Indian capital as air pollution levels soar (AP)

黑体动作词均十分生动。其中"sweep across"意为"横扫"，表示范围大，风力大。"shroud""envelope"和"blanket"都表示"笼罩"，主要强调灾害影响范围广，后两者还颇有隐喻含义，表示如信封、毯子一样把受灾地包裹起来，十分生动地表现了"笼罩"的意义。"choke"具有"使窒息、使不能呼吸"之意，与"smog"搭配，强调了雾霾这种灾害对人类健康的影响。

鉴于台风这种气象灾害不但影响范围广，而且强度大的特点，英语新闻标题中使用的动词还强调力度，以提高新闻的冲击性。由于台风造成的破坏性后果往往较为严重，所以标题中也经常补充这块内容，以提升标题的冲击力和新闻价值。观察下例中的黑体词和画线部分：

> - Typhoon In-Fa **hits** China's east coast, canceling flights (AP)
> - Typhoon **blows across** Shanghai, fills city roads with water (AP)
> - Typhoon **hits** eastern Philippines, causing power outages (AP)
> - Powerful typhoon **lashes** Philippines, killing at least 10 (AP)
> - Vamco **thrashes** the Philippines (NASA)
> - 375 dead, 56 missing after typhoon **slams** Philippines (AP)
> - More than 300 dead as monster typhoon **batters** the Philippines (CBS)
> - Typhoon **leaves** 31 dead, many homes roofless in Philippines (AP)
> - Hurricane Grace **lashes** Mexico, eight killed (Reuters)

台风来袭时往往狂风呼啸、暴雨如注，所以英文新闻使用"hit（袭击）""blow across（横扫）""lash（狂扫）""thrash（猛烈抽打）""slam（猛烈撞击）""batter（连续重击）"等极具强度和冲击力的动词。

台风的影响，如航班取消、道路积水、停电、人员死亡、失踪、房屋损毁等（如上例画线部分），构成新闻价值点。出现在标题中时，常用 ing 分词以及"as""when""after"等连接，从而构成标题范式的变体。

小贴士

"台风"和"飓风"的区别

台风（typhoon）和飓风（hurricane）的本质其实没有差别，都是北半球的强热带气旋，主要差异是所在海域不同。

> 在大西洋中的热带气旋统称为飓风，但是在太平洋形成的气旋并不一定都叫台风。准确来说，以国际日期变更线为界，以东形成的热带气旋也叫飓风，以西形成的才叫台风。
>
> 位于我国南海和北太平洋西部的热带气旋称为台风，在大西洋东部、加勒比海以及太平洋东部的就叫飓风。所以中国的"台风"和美国的"飓风"，只是称呼方式不同而已。

2. 中文标题常见范式

如前所述，灾难新闻主要价值点在灾害的严重程度及其影响，这在气象类灾难新闻的标题中体现较为充分。中文标题常见的范式为：灾型＋地点＋灾害影响。

请观察下面两个例子中新闻标题的画线部分。沙尘暴作为气象灾害的特点是影响范围广，例子一的标题强调了灾害的范围（"北方6省区市"），以及灾害影响（"北京城区空气质量爆表"）。

> 沙尘暴席卷北方6省区市，北京城区空气质量"爆表"（搜狐网）

例子二的标题聚焦北京沙尘暴。北京作为中国首都，引发的国际关注度较高。同时，对于久违的沙尘暴强势返场，各方面都十分关注其来源和成因。

> 时隔13天北京再现沙尘暴，沙尘主要起源于蒙古国（澎湃新闻）

只有中心附近风力达12级或以上的热带气旋才能称为台风，因此台风的出现本身就是新闻。预警类新闻较为关注台风预警级别以及影响范围（见下例）。

> 台风预警升级为橙色！浙江台湾等局地有大暴雨（中国天气网）

灾害发生后，鉴于台风的强悍，中文中"横扫""重创"之类的动作词较为多用，而造成的人员死伤构成重要价值点，以下标题结构较为多见（见下例）：台风名字＋地点＋台风影响（致**人死＋**人受灾）。

- 台风"雷伊"重创菲律宾保和省至少 49 人死亡（新华社新媒体）
- 菲律宾国家减灾委：台风"雷伊"致菲律宾超 138 万人受灾（央视网）
- 台风"雷伊"已致菲律宾 405 人死 约 450 万民众受灾（中新闻）

小贴士

台风的命名

世界气象组织从 2000 年起启用一套台风命名方法：由亚太地区受台风影响的柬埔寨、中国内地、朝鲜、中国香港、中国澳门、日本、老挝、马来西亚、密克罗尼西亚联邦、菲律宾、韩国、泰国、美国和越南等 14 个成员各自提供 10 个名字，制作一张 140 个名字的台风命名表，分成 10 组，按顺序循环使用。

台风的名字一般比较温柔，以期待它的破坏力小一些。一旦某个台风造成了巨大的破坏，它的名字就会从表中退役，人们会起一个新的名字代替它，而原有的名字就特指那次超强台风。

台风命名要求带有成员国/地区的特色。中国提供的名字包括悟空、风神、海燕、海神等。其他国家的名字，则直接翻译过来使用。例如：

• 2021 年第 1 号台风杜鹃，英文名称为 Dujuan，编号 2101，名称来自中国内地，含义是"杜鹃花"；

• 2021 年第 6 号台风烟花，英文名称为 In-Fa，编号 2106，名称来自中国澳门，含义是"烟花"；

• 2021 年第 7 号台风查帕卡，英文名称为 Cempaka，编号 2107，名称来自马来西亚，含义是"一种植物以其芬芳的花闻名的"。

在进行台风新闻编译报道时，台风的英语名字必须在列表中查询规范的说法。

雾霾预警新闻主要报道预警级别、影响范围及可能对交通及空气质量造成的影响（见下例）。

- 北京发布雾霾红色预警 空气质量**或**达重度污染（中新网）
- 京津等 10 余市**将启**雾霾红色预警 22 日重污染**或**改善（央广网）

灾害发生后，雾霾对交通和空气质量的影响成构成主要报道价值点（见下例）。

- 受雾霾影响 江苏多条高速公路封闭（人民网）
- 直击丨受加拿大野火烟尘影响，美国纽约被"橙色雾霾"吞没（澎湃新闻）

11.3.2 导语常见范式

导语是对标题的延展，气象灾难新闻导语需要对气象灾害的强度、影响范围、造成的破坏等进行较为详细的说明。我国气象灾害的强度经常使用前文提过的预警级别进行表述。

1. 气象灾害预警：预警方式及预警机构

如前所述，我国出台的《气象灾害预警信号发布与传播办法》依据气象灾害可能造成的危害程度、紧急程度和发展态势，将预警级别划分为四级：Ⅳ级（一般）、Ⅲ级（较重）、Ⅱ级（严重）、Ⅰ级（特别严重），依次用蓝色、黄色、橙色和红色表示。我国新闻媒体在报道气象灾害时，多使用该系统报道其严重程度。例如：

> BEIJING, May 4 (Xinhua) The National Meteorological Center (NMC) **issued a sandstorm blue alert**, the lowest level, saying that sandy weather will occur in most parts of North China, and parts of Xinjiang Uygur Autonomous Region, Inner Mongolia Autonomous Region and provinces of Gansu and Shanxi.

我国发布气象灾害预警的官方机构为"中央气象台"，为"中国气象局"（China Meteorological Administration，CMA）局直单位，其官方名称为"国家气象中心"（National Meteorological Center of CMA，NMC）。新闻媒体在描述时，多用"China's national observatory"加以说明，或用"the country's top meteorological authority"说明其功能和级别。

由于该预警系统并没有与国际接轨，主要在国内使用，所以英语媒体报道时，一般需要对其进行解释，告知颜色代表的警示级别，同时还需要在正文背景部分对此系统加以解释。例如：

> Beijing Municipal Meteorological observatory issued **a yellow alert, the second in a four-scale alert system**, at 11 a.m., urging drivers to reduce their speed to ensure safety. ...Chinese meteorological authorities use **a four-tier color-coded weather warning system** from "blue", "yellow" to "orange" and "red". (Xinhua)

上例为新华网报道，在"a yellow alert"后对其表示的级别加以解释（the second in a four-scale alert system），在主体中补充了一句话对整个颜色警示系统的解释（a four-tier color-coded weather warning system）。

颜色预警体现灾害严重程度，具有新闻价值，在新闻标题中也多加以使用。请观察下例中的黑体部分：

> - Beijing issues **red alert** for air pollution (CCTV)
> - China issues **orange alert** for rainstorms in parts of the country（CGTN）
> - China smog: **red alert** shut down factories, school (CNN)

2. 气象灾难新闻导语常见范式

气象灾难新闻英文导语按照"重要性递减原则"排序，主要包括灾害类型、地点、死伤及失踪人数、其他损害情况、信源等内容。连句使用分词、介词、从句等手段。请观察下面两例台风新闻导语的写作范式。

> Manila, Philippines—The death toll **rose to** at least 375 // **following** the strongest typhoon to batter the Philippines this year, // **with** 56 people still missing // and several central towns and provinces **grappling with** downed communications and power outages and **pleading for** food and water, **officials said Monday**. (CBS)

本则新闻的导语以"death toll"（死亡人数）开头，震撼人心，然后是灾害类型和地点，继而是失踪人数，最后是大面积通信中断、停电、缺少食品和水等情况。黑体部分为主要连句手段。

> Manila, Philippines (AP)—A super typhoon **blew into** the eastern Philippines with disastrous force Sunday, // **killing** at least 10 people // and **triggering** volcanic mudflows that engulfed about 150 houses // before weakening as it blew away from the country, officials said.

本则新闻的导语以"a super typhoon"开头，强调灾害严重性，然后是灾害地点、时间、死亡人数和次生灾害。黑体部分为主要连句手段。

11.3.3 篇章编译案例

下文是中新网综合编译报道的一则飓风新闻,请结合右列的分析阅读,注意文中画线部分对信源的编译。

飓风"尼古拉斯"登陆美国南部 导致大面积断电

中新社旧金山9月14日电 飓风"尼古拉斯"当地时间14日凌晨在美国南部的得克萨斯州登陆,并于当日转移至路易斯安那州,造成两州大面积断电。 导语:拓展标题信息

<u>《纽约时报》援引美国国家飓风中心的消息称</u>,美国中部时间凌晨0时30分后不久,飓风"尼古拉斯"在墨西哥湾沿岸的得州马塔哥达半岛东部登陆,最大风速为每小时120公里。"尼古拉斯"很快降级为热带风暴,并以强风和大雨袭击了得州,休斯顿的降雨量超过15厘米。 灾害严重程度

14日晚,在前往路易斯安那州的途中,"尼古拉斯"减弱为热带气旋。22时左右,"尼古拉斯"的中心位于路易斯安那州查尔斯湖以西约89公里处,最大持续风速已降至每小时56公里,并以每小时10公里的速度向东北偏东方向继续移动。 灾害严重程度

<u>美联社报道称</u>,气象部门预报说,"尼古拉斯"可能会在路易斯安那州停滞不前,并在未来几天为美国南部腹地带来可致命的洪水。路易斯安那州两星期前刚刚遭受飓风"艾达"的袭击,很多地区还处于恢复重建中,"尼古拉斯"的到来无疑将令重建工作雪上加霜。 受灾情况

<u>根据跟踪公用事业报告的网站 Poweroutage.us 的数据</u>,受"尼古拉斯"影响,得州一度有超过50万户家庭和企业断电。到14日下午晚些时候,该数字降至20万以下。受"艾达"影响,路易斯安那州约有9.5万客户仍然处于断电状态,"尼古拉斯"又令另外13 500客户无电可用。 受灾情况

<u>美国全国广播公司报道称</u>,休斯顿等地的学区取消了14日的课程。休斯顿和科珀斯克里斯蒂地区的多个新冠病毒检测和疫苗接种点也被迫关闭。路易斯安那州州长爱德华兹14日说,8 000多名国民警卫队队员以及80辆高水位车辆、23艘船只已经就绪。 政府反应

> 13日晚，美国总统拜登批准了爱德华兹关于"尼古拉斯"的紧急状态声明的请求。在"尼古拉斯"登陆前，得州州长阿博特也向风暴路径上的17个县发布了紧急状态声明。
>
> 2021年以来，已经有14场被命名的风暴袭击了美国，其中包括6场飓风和3场大型飓风。气象学家菲利普·克洛茨巴赫在社交平台上说，自1966年以来，只有2005年、2011年、2012年和2020年同期达到这一水平。"尼古拉斯"是美国今年飓风季发生的第5场风暴。气象学家称，由于气候变化和海水变暖，该类型风暴正变得越来越频繁。

政府反应

背景：美国飓风发展趋势

11.4 地震灾难新闻编译案例分析与演练

小贴士

China is an earthquake-prone country, spanning two major earthquake zones, along the Pacific Rim in the northeast and in the southwest hugging the Himalayas.

中国位于环太平洋地震带与欧亚地震带两大世界地震带之间，地震频度高、强度大、震源浅、分布广，地震报道备受社会关注。

11.4.1 标题常见范式

1. 中文地震新闻标题常用范式

中文地震新闻标题常用范式为：某地发生 ** 级地震 造成 ** 伤亡。

请观察下列地震新闻编译标题，尤其关注不同媒体对于墨西哥7.1级地震和美国8.2级地震报道的差异。

- 墨西哥南部发生7.1级地震（新华网）
- 阿富汗西部发生5.3级地震 **22人丧生**（新华网）
- 日本九州地区6.6级地震 **已致十余人受伤**（新华网）
- 印度凌晨发生6.1级地震，**目前尚无人员伤亡和财产损失报告**（新华网）
- 墨西哥发生7.1级地震 **震源深度50千米**（中新网）

- 墨西哥发生 7.1 级地震：**首都震感强烈 暂无伤亡报告**（中国日报网）
- 墨西哥发生 7.1 级地震 **全国多地震感明显部分断电**（腾讯新闻）
- 墨西哥发生 7.1 级地震 **天空出现异象**（腾讯新闻）
- **突发！**墨西哥发生 7.1 级地震（搜狐网）
- 墨西哥南部发生 7.1 级地震：**天空中四处闪着蓝光**（新浪网）
- 美国突发 8.2 级大地震！**海啸警报狂响 800 加拿大人连夜逃难！**（搜狐网）
- 美国发生 8.2 级大地震！**或引发海啸波及日本**（网易）

新华网、中新网、中国日报网等媒体注重客观、权威报道，基本沿用中文标题常用范式进行编译。商业门户网站则较为关注新闻的震撼力，多用两段式标题，第二段标题主要补充不同侧面具有冲击性的信息（见黑体部分），喜欢使用感叹号。

2. 英文地震新闻标题常用范式

灾难新闻英文标题主要采用主—谓—宾结构，地震新闻尤为如此，其优点是信息密度高而不失简洁。

- **主语**：一般为"earthquake"，标题中多用短小精悍的"quake"。在导语和主体中可与"shock""tremor"等交替使用，但注意"tremor"主要指小震。
- **谓语**：可在一系列表示地震动作的动词中选择（表 11-3），较之中文标题最常用的"发生"，英语用词更生动、冲击性强（观察表 11-3 中的黑体动作词）。

表 11-3　英文地震新闻标题常用范式

灾害严重程度	灾害类型	动　作	灾害地点	死　伤
修饰语（*adj.*）	主语（S）	谓语（V）	宾语（O）	
major/powerful/strong/moderate	quake/earthquake	hit/strike/rock/shake/jolt/rattle	Northern Italy	
7.9-magnitude/country name	shock/tremor	kill/injure	/	figures

- **宾语**：多用地震发生的地点（方位＋国别）或者死伤人数。
- **修饰语**：主语"earthquake"前可以添加修饰语，突出地震的严重程度，从而突出新闻价值点。添加的修饰语可以是表示地震严重性的形容词（表 11-4），也可是里氏震级（Richter Scale）。为实现标题简洁性，有时也把"国家名"直接放在"earthquake"

主语之前修饰，如"China quake"。

表 11-4　地震严重程度与英文用词对照表

修饰语	对应震级	破坏程度
巨大地震 Great	8.0~greater	彻底摧毁震中附近地区 Great earthquake that can totally destroy communities near its epicenter
大型地震 Major	7.0~7.9	造成严重破坏 Major earthquake causing serious damage
强烈地震 Strong	6.1~6.9	在人口稠密地区造成重大损害 May cause major damage in populated areas
中度地震 Moderate	5.5~6.0	对建筑物造成轻微损坏 Slight damage to buildings
轻度地震 Light	2.5~5.4	有震感，造成轻微损坏 Often felt, but only causes minor damage
小型地震 Minor	2.5~less	通常无震感，地震仪有记录 Usually not felt, but can be recorded by seismograph

如表 11-4 所示，表示地震严重性的形容词与震级之间存在呼应关系。中度地震（moderate）始于里氏 5.5 级；强烈地震（strong）超过里氏 6.0 级，可造成重大损害；大型地震（major）达到里氏 7.0 级或者更高，损害范围通常达到数百公里。

试观察下例中地震新闻标题的结构，注意其中黑体部分的用词。

- **Major** Earthquake **strikes** Southeast Iran (*The Washington Post*)
- **Powerful** quake **jolts** Iran, up to 20,000 **feared dead** (*The Guardian*)
- **Strong** earthquake **hits** Andaman Islands, India (CCTV)
- **Moderate** earthquake **hits** Salton Sea in southern California (ABC)
- **Strong** quake **kills** 2 in Mexico, **rattles** US (AP)
- **Strong 7.0-magnitude** quake **shakes** Peruvian Amazon (MSN)

11.4.2　导语常见范式

地震新闻导语是对标题的延展，一般需要对地震强度、震中、震源深度等技术参数进行说明。

1. 地震强度（Seismic Intensity）

里氏震级是最为通用的地震分级标准。美国物理学家、地震学家查尔斯·里克特（Charles Richter）把地震震级从低到高分为 1 至 10 级，每个级别都比上一级地震的运动和强度增加 10 倍。英语中"震级"用"magnitude"一词表示，可以配合动词"measure"等以多种方式呈现，请看以下示范案例黑体部分：

- People took shelter in corners of their homes and 78 were injured after the first earthquake, which **measured 6.9 on the Richter scale**.（使用从句，动词表示）
- The capital of Haiti, Port-au-Prince, suffered a devastating earthquake **measuring 7.0 magnitude** on Tuesday January 12th.（使用现在分词）
- The **7.2-magnitude** quake centered just south of the US border.（前置修饰语）
- A shallow quake **with magnitude of** 6.3 struck eastern parts of Indonesia on Monday.（介词短语）

2. 震中（Epicenter）

"震中"指地震发生时，地震震源向上垂直投影到地面的位置。由于震中所在地名未必为国际读者所熟悉，因此在英文导语中经常避免直接使用地名，而是使用震中临近中心城市（如首都、省会城市）的距离和方向来进行定位（如下例黑体部分），"epicenter"这个术语也未必一定要使用（如下例画线部分）。

- The earthquake had its <u>epicenter</u> two-hundred kilometers northeast of the capital.（使用名词术语 epicenter）
- The 7.2-magnitude quake <u>centered</u> just south of the US border near Mexicali was one of the strongest earthquakes to hit region in decades.（使用动词 center）
- The quake <u>struck</u> 57 miles northwest of the city of Chengdu at 2.29 pm local time.（使用动词 strike）

3. 震源深度（Focal Depth）

"震源深度"指震源到地面的垂直距离。震源深度在 70 公里以内的属于浅源地震，占全球地震的 90% 以上。同样强度的地震，震源越浅，造成的破坏越重。不少地震被描述为"shallow quake"，翻译为"浅源地震"，隐含之意是破坏性可能较大。震源深度可以用以下方式进行描述（如下例黑体部分）：

- **The epicenter was located 21.7 miles under the Earth's surface**.
- The quake is reported to **have a depth of 4 kilometers**.
- The quake **hit at a shallow depth of just 5 kilometers**, intensifying the shaking.

4. 破坏程度（Damages）

英文新闻导语中在描述地质灾害破坏程度的时候，用词十分丰富，在程度上也有所区别，请熟悉以下动词的意义和用法：

- **damage:** To damage an object means to break it, spoil it physically, or stop it from working properly.

- **destroy:** To destroy something means to cause so much damage to it that it is completely ruined or does not exist anymore.

- **devastate:** If something devastates an area or a place, it damages it very badly or destroys it totally.

- **shatter:** If something shatters or is shattered, it breaks into a lot of small pieces.

- **level:** If someone or something such as a violent storm levels a building or area of land, they destroy it completely or make it completely flat.

- **flatten:** To flatten something such as a building, town, or plant means to destroy it by knocking it down or crushing it.

- **raze:** If buildings, villages or towns are razed or razed to the ground, they are completely destroyed.

请观察下例中黑体词汇是如何描述破坏程度的。

- More than 20,000 were killed as the quake **razed** historic Iran city.
- The capital of Haiti, Port-au-Prince, suffered a **devastating** earthquake measuring 7.0 magnitude on Tuesday. Much of the city **was flattened** and at least hundreds—and probably thousands—of people have been killed.

5. 中英地震新闻导语范式

中文地震新闻导语范式如下：据 ** 报道 / 测定，北京时间 **，**（地点）发生 ** 级地震，震源深度**。截止**日**时，地震已造成**人遇难，**人受灾。（损失达**）。

中文地震新闻导语基本承袭以上范式，按照"信源＋时间＋地点＋地震技术指标"的顺序排列。如果是国内地震，震中地名会十分具体，以满足国内读者需求，并可提供经纬度。请观察下例的中文导语。

> **青海省玉树藏族自治州玉树县发生 7.1 级地震**
> 来源：新华网
>
> 新华网北京 5 月 29 日电 据国家地震台网测定，北京时间 5 月 29 日 5 时 49 分，在青海省玉树藏族自治州玉树县（北纬 33.1 度，东经 96.7 度）发生 7.1 级地震，震源深度约 33 公里。

如前所述，英文导语是对标题的拓展，因此所覆盖的信息应与标题呼应，主要提供地震地点、时间、震级、死伤人数、信源等信息。就顺序而言，是按照"重要性递减"原则，一般以震级或死伤人数开头，因此多用以下两种范式：（1）范式一：A **-magnitude earthquake struck ** (place) on ** (time), killing ** (toll) and injuring ** (casualties), ** said (source);（2）范式二：** people were killed, ** injured when an earthquake, measuring magnitude **, struck ** (place) on ** (time), ** reported (source).

需要注意的是，英语国际新闻主、次导语相辅相成，主导语在信息精度上相对较低：

- **地点：** 不是详细的震中，而只具体到某国某省级行政区，一般辅以在该国的方位进行解释。
- **时间：** 不出现地震发生的具体时间，而只具体到星期几（与中文不同，不使用几月几号）。
- **信源：** 不出现人名，而只描述其身份（如 officials），信源机构的具体名称可以出现，也可以不出现。

请观察下面两则地震新闻的英文导语。

> **Quake in western China kills 400, buries more**
> BEIJING (AP)—A series of strong earthquakes struck a mountainous Tibetan area of western China on Wednesday, **killing** at least 400 people and **injuring** more than 10,000 as houses made of mud and wood collapsed, officials said.

> **6.1 magnitude quake hits 141 km ENE of Bitung, Indonesia—USGS**
>
> Xinhua | Updated 2019-03-24 13:10
>
> HONG KONG—An earthquake measuring 6.1 on the Richter scale jolted 141 km ENE of Bitung, Indonesia on Sunday, **the US Geological Survey said**.
>
> The epicenter, with a depth of 37,44 km, was initially determined to be at 1.7088 degrees north latitude and 126.4233 degrees east longitude.

11.4.3 篇章编译策略

1. 编译过程

新闻编译应遵循以下流程：确定媒体立场、受众 → 选择框架、价值 → 选取内容 → 安排篇章结构 → 标题、导语按照范式重新设计 → 主体译写 → 背景添加。

2. 编译策略

灾难新闻英汉方向编译时，鉴于中英灾难新闻写作范式的差异性，一般要实现"四加四减"。"四加"即：详述人员伤亡情况，灾情报道细节化，多使用引语，解释引语来源；"四减"即：人名模糊化，地名简化，领导人报道简化，整合救灾细节。

3. 结构布局

灾情框架英文地震新闻报道可据以下清单设计结构。

- **标题**：宜突出危害程度，包括地震级数、人员死伤数字、失踪情况，按重要性递减原则排列；
- **主导语、次导语**：宜突出危害程度、震中，补充房屋倒塌、死亡、受伤、失踪、财产损失情况；
- **主体**：报告地震发生细节、后果；
- **主体**：穿插引用现场伤者、目击者说法，政府官员、警察、消防、医生说法；
- **主体**：说明各方救援情况；
- **背景资料**：补充当地地质结构，历史上地震发生的情况，损伤情况。

✎ **课后练习**

1. 请将以下信息连为一句，通过调整语法结构并增补连接词，构成一条交通事故新闻英文导语。

- Northwest China's Shaanxi Province
- a collision between a bus and a methanol-loaded tanker
- 36 people have been killed

2. 请将以下信息连为一句，通过调整语法结构并增补连接词，构成一条地震新闻英文导语。

- CCTV
- on Friday
- southwest China
- a series of earthquakes
- one of them measuring magnitude 5.7
- at least 20 people/killed

3. 请将以下信息连为一句，通过调整语法结构并增补连接词，构成一条台风新闻英文导语。

- Wednesday
- Japan's main island
- A powerful typhoon
- force the evacuation of 1.2 million
- cause the death of 13 people

4. 请将以下信息连为一句，通过调整语法结构并增补连接词，构成一条海啸新闻英文导语。可尝试分别使用灾害类型（undersea earthquake）、死亡人数（scores of people）、次生灾害（tsunami）开头，生成不同版本。

- A powerful undersea earthquake
- the south coast of Java, Indonesia
- Monday afternoon
- a tsunami created
- scores of people killed

5. 英译汉：请采用新华网中文版的立场，将以下英文地震新闻编译为中文，注意标题、导语范式及电头格式。

> **Powerful quake strikes off eastern Indonesia, no casualty reported**
>
> Source: Xinhua | 2022-02-02 10:02:58
>
> JAKARTA, Feb. 2 (Xinhua)—A 6.1-magnitude earthquake hit Indonesia's eastern province of Maluku early Wednesday, but no report of casualty or damages was issued, a weather agency and officials said.
>
> According to the Meteorology, Climatology and Geophysics Agency, the quake struck at 2:25 a.m. local time Wednesday, with the epicenter at 86 km northeast of Maluku Barat Daya district and the depth at 131 km under the seabed, the agency said.

6. 汉译英：请采用新华网英文版的立场，将以下中文地震新闻编译为英文。注意价值点的选择和信息结构的重新调整。

> **山西大同发生 4.5 级地震 北京西部有震感**
>
> 京华时报 4 月 5 日报道　据中国地震台网测定，北京时间昨天晚上 9 点 46 分，山西省大同市阳高县、大同县交界（北纬 40.0，东经 113.9）发生 4.5 级地震。
>
> 北京房山、门头沟、海淀部分高楼居民有明显震感，市民纷纷致电市地震局，热线电话一度被打爆。
>
> 半个小时后，地震部门宣布，此次山西地震对北京并未造成任何破坏性伤害。

译前思考题：

① 该地震震级较低，对内对外的报道价值在哪里？

② 面对国际读者，哪些信息可以简化处理？

③ 英文报道的信息结构如何安排？

④ 文中的地名解说性信息如何处理？

⑤ "热线电话一度被打爆" 这句如何翻译？

7. 篇章编译实战练习：请扫描二维码，阅读新闻《青海玉树强震伤亡严重 中国紧急展开救灾援助》（选自新华网），结合地震新闻编译策略，将其译为英文，总字数不少于 400 个单词。完成后可参照下表自评。

自评打分表

标　准	描　述	分　值	分项打分
编译意识 5%	在翻译前是否明确自身的媒体定位和意识形态立场	5	
报道框架 5%	能否根据媒体定位选定恰当的报道框架，选定价值点	5	
标题 10%	标题是否突出价值点	5	
	是否符合英文标题的格式要求；是否符合英语语言习惯	5	
导语 20%	导语能否与标题呼应	5	
	英文导语结构安排是否符合英文灾难新闻导语的写作范式	5	
	语言是否风格恰当、语法正确	5	
	能否突出价值点	5	
主体 40%	内容选择能否与导语呼应；能否与所选择的报道框架相适应	5	
	能否考虑到中英报道框架的差异性，对有关内容进行合并、压缩、补充	5	
	合并、压缩、补充得是否得当	5	
	是否具有国际传播意识；能否使用恰当策略对文中中国特色概念进行解释	10	
	英文表达是否符合逻辑	5	
	英文表达是否语法正确	5	
	英文表达是否符合新闻文体特征	5	
背景 10%	背景选择是否考虑到英语读者需求；行文是否通顺、符合逻辑	10	
批注 10%	陈述是否逻辑清晰；是否体现编译思维	10	
总分			

第 12 章　会议新闻

- **本章学习要点**

1. 了解会议新闻的定义、分类、功能价值；
2. 掌握中英会议新闻标题、导语常见的写作范式；
3. 掌握中英会议新闻主体常见的框架结构；
4. 了解中英会议新闻在价值点和撰写规范方面的差异；
5. 掌握中英会议新闻编译的策略与技巧。

- **课前思考**

1. 会议新闻的价值点主要表现在哪些方面？
2. 中英文会议新闻报道存在哪些差别？

小贴士

Meetings provide newspapers and broadcast stations with enormous amounts of news.（会议为媒体提供了海量的新闻资讯。）

——Melvin Mencher (2012: 324)

12.1　概述

12.1.1　会议新闻的定义

"开会是人类发挥集体智慧的必然体现。"（靖鸣，2007：58）"会议新闻是以具有新闻价值的会议及其内容为对象的报道。"（冯健，1996：81）该定义有两重含义：首先，会议新闻是关于"会议"本身的报道，对于只是在新闻报道中提及会议名称作为出处来源，或者只是以会议精神、决议、决策等作为线索另外采写的新闻，不属于讨论范畴；

其次，会议新闻是对"具有新闻价值"的会议相关信息的报道，这强调了会议新闻撰写的新闻价值性原则。

所谓"国际会议"主要是指数国代表为解决互相关心的国际问题、协调彼此利益、在共同讨论的基础上寻求或采取共同行动（如通过决议、达成协议、签订条约等）而举行的多边集会。

国际大会及会议协会（the International Congress and Convention Association，ICCA）提出国际会议需满足以下标准：固定性会议；至少3个国家轮流举行；与会人数至少在50人以上。

我国的国际会议推展协会对国际会议的界定标准与此类似：参加会议的国家（含主办国）至少在两国以上；与会人数需达50人以上；外国与会人数需占与会人数20%以上。

以上两则定义的共性是：国际会议通常为固定会议，应有多个国家参与，跨国与会人数应达到一定规模。

对于国际会议的新闻报道称为国际会议新闻。国际会议讨论的议题涉及政治、经济、社会、科技等各方面，关系到世界各国人民的利益，对当今国际政治和经济秩序都具有十分重要的影响，尤其是有我国参加的国际会议，对我国的意义和影响更加重大。因此，国际会议报道日益成为新闻报道的一项重要内容。

12.1.2 会议的分类

百科网站维基百科在"meeting"这个词条下列举了11种常见会议的形式，结合媒体报道中常见的形式，本书作如下总结（表12–1）：

表12–1 会议类别中英对照

英 文	中 文	英 文	中 文
conference	会议	assembly	大会
congress	代表大会	general assembly	会员大会
seminar	学术会议	symposium	研讨会
opening sitting	开幕会	final sitting	闭幕会
regular meetings	定期会议	interim meeting	临时会议
ad-hoc meeting/ special session	特别会议/ 非例行会议	private session/ closed-door meeting	闭门会议
emergency meeting	紧急会议	committee meeting	委员会议

（续表）

英　文	中　文	英　文	中　文
town hall meeting	市政厅会议	investigative meeting	调查会议
awayday meeting	外出会议	off-site meeting	场外会议
board meeting	董事会会议	management meeting	管理层会议
team meeting	碰头会	staff meeting	员工/团队会议
status meeting	汇报会	kickoff meeting	启动会
work meeting	工作会议	pre-bid meeting	标前会
one-on-one meeting	一对一会议	stand-up meeting	站立会议

请注意把握以下示范案例中会议术语的特殊意义和用法。

> After the one-day **ad hoc meeting**, the foreign ministers from six members of the Shanghai Cooperation Organization (SCO) signed a joint statement on Jan. 7 pledging to fight international terrorism. （1月7日，上海合作组织六国外长举行为期一天的非例行会议，签署联合声明，承诺共同打击国际恐怖主义。）

"ad-hoc meeting"指特别会议。指为应对特殊情况召开的非例行会议。"ad hoc"为拉丁语，意思是"for this"，引申为"for this purpose only"，即"为某种目的专门设置的，特别的"。

> The morning session will be open to the public but the afternoon session will be a **closed-door meeting** as some of the discussion may concern national security. （上午的会议将对公众开放，而下午的会议属于闭门会议，部分讨论可能涉及国家安全。）

"closed-door meeting"指闭门会议，即会议不对外公开，不邀请媒体参加或采访，闭门会议结束后，会根据具体情况向外界公布部分会议内容或是选择不对外公布。

> The UN **General Assembly** (UNGA) is the main policy-making organ of the Organization. Comprising all Member States, it provides a unique forum for multilateral discussion of the full spectrum of international issues covered by the Charter of the United

> Nations. Each of the 193 Member States of the United Nations has an equal vote.（联合国大会是联合国的主要决策机构。由所有会员国组成，为多边讨论《联合国宪章》所涵盖的各种国际问题提供论坛。联合国 193 个会员国均享有平等的投票权。）

"assembly" 指大会，强调是出于某种目的、以某种机制组织在一起，如 "UN General Assembly"（联合国大会）。

> **Congress** has criticized new government measures to combat crime.（国会批评了政府打击犯罪的新举措。）

"congress" 指代表大会，意为政党、工会等选举出来的成员正式议事的会议。大写时美国媒体用于指美国国会。

国际会议根据不同的标准，可划分为以下主要类别，请注意把握描述会议类别的英文表达方式（表 12–2）：

表 12-2　国际会议类型中英对照表达

分类标准	会议类型	
与会国家数量	双边会议 bilateral meeting	多边会议 multilateral meeting
与会代表性	民间会议 non-governmental	政府间会议 intergovernmental meeting
会议筹备发起	非国际组织会议 non-international meeting	国际组织会议 international meeting
覆盖地理区域	区域性会议 regional meeting	世界性会议 global meeting
经济发展程度	发展中国家会议 meeting of developing countries	发达国家会议 meeting of developed countries
与会代表级别	专家会议 expert meeting	首脑会议 summit meeting
	大使级会议 ambassadorial meeting	部长级会议 ministerial meeting
	高官会 senior officials' meeting	领导人非正式会议 informal leaders' meeting

表 12–3 总结了全球定期召开、影响较大的主要国际会议，请熟悉其中英文表达方式、常见会期（偶有调整）及主要议题。

表 12-3　主要国际会议

会议中英文名称	会　期	主要议题
世界经济论坛（达沃斯） World Economic Forum (Davos)	1月	经济议题为主，也讨论双边和区域性政治、经济问题
博鳌亚洲论坛 Boao Forum for Asia	3月	亚洲经济一体化（亚洲达沃斯）
世界卫生大会 World health Assembly	5月	全球卫生健康领域合作
上海合作组织峰会（SCO） SCO Summit	6月	政治、经济、安全等领域合作
七国集团峰会（G7） G7 Summit	6~7月	金融贸易问题为主，议题不固定
联合国大会（UN） UN General Assembly	9月/12月	《联合国宪章》规定的各种国际问题
二十国集团峰会（G20） G20 Summit	9月	金融贸易问题为主，议题不固定
金砖国家峰会 BRICS Summit	/	巴西、俄罗斯、印度、南非、中国等国家间交流合作
亚太经合组织领导人非正式会议 APEC Economic Leaders' Meetings	11月	亚太地区经济领域合作
东盟领导人峰会 ASEAN Summit	11月	东南亚国家经济合作、世界经济问题
联合国气候变化大会 UN Climate Change Conference 《联合国气候变化框架公约》缔约方大会 UNFCCC Conference of the Parties (COP)	12月	应对全球气候变化，推动全球共同行动

小贴士

《联合国气候变化框架公约》缔约方大会

签署：《联合国气候变化框架公约》（简称《公约》）于1992年5月在纽约联合国总部通过，同年6月在巴西里约热内卢举行的联合国环境与发展大会期间开放签署。

> **宗旨：** 全面控制二氧化碳等温室气体排放，应对全球气候变暖给人类经济和社会带来不利影响，是国际社会在应对全球气候变化问题上进行国际合作的一个基本框架。
>
> **缔约方：** 截至 2023 年 7 月，共有 198 个缔约方批准了《公约》。
>
> **成效：**《公约》1994 年生效，从 1995 年起，联合国每年在世界不同地区轮换举行气候变化大会，就《公约》延伸问题展开谈判，以确立具有法律约束力的温室气体排放限制目标，并确定执行机制。长达 20 多年的国际气候谈判进程中，随着《京都议定书》、"巴厘路线图"、《哥本哈根协定》《巴黎协定》等国际性公约和文件陆续出台，全球应对气候变化不断取得新进展。
>
> **中英文定名：** 联合国气候变化大会（UN Climate Change Conference），具体称为"《联合国气候变化框架公约》缔约方大会"，英文完整名称为"UNFCCC Conference of the Parties"。由于每年召开，媒体报道及会议主板上会采用"COP"（缔约方大会）并添加届别以示区别。如 2023 年在迪拜举行的联合国气候变化大会，其官方表述为 UN Climate Change Conference UAE 2023，简称为"COP28"（第 28 次缔约方大会）。

12.1.3　会议新闻的分类

厘清会议新闻的类别，对于准确把握撰写要点具有重要意义。出于这一考量，本书选择三种分类方式（靖鸣、李福光，2005）并结合案例加以介绍。

1. 按照会议的功能划分

1）显示性会议新闻

通过会议的形式以及与会者的行为、口号、情绪来彰显特定的政治和感情倾向，此类会议称为显示性会议，具体包括表彰会、庆祝会、纪念会、声援会、示威、抗议集会等。显示性会议本身不决定任何事项，而只是借会议的形式显示会议主体的选择倾向，并在更大的范围内造成影响。显示性会议一般具有较大的规模和声势，有的还有政要参加，其新闻价值按照重要性、显著性、接近性来选择，是媒体会议报道的重要内容。

> **"上海公报"发表 50 周年纪念大会在沪举行**
> 新华社上海 2 月 28 日电（记者吴宇、许晓青）①"上海公报"发表 50 周年纪念大会 28 日在上海举行。②中共中央政治局委员、上海市委书记李强出席大会开幕式并致辞，国务委员兼外长王毅向大会发表视频讲话。

会议本身为报道焦点，标题及导语第一句陈述会议名称及地点，第二句陈述出席领导人头衔，突出会议规格。

2）决策性会议新闻

此类会议新闻的报道对象是立法及管理机构对特定的问题作出决策的会议。由于政策方针的制定往往与经济社会发展有着紧密的关系，此类会议经常被各类媒体当作头条新闻进行报道和深度解读，具有对政策信号进行传递的政治功能。其新闻价值按照决策的超常性、接近性、影响力来选择。

> **G20 财长和央行行长会议强调协同行动推进全球经济复苏**
> 新华社雅加达 2 月 19 日电（记者汪奥娜）①为期 2 天的二十国集团（G20）财长和央行行长会议 18 日在印度尼西亚首都雅加达落下帷幕。②当天夜间发布的会议公报呼吁各成员采取协同行动，以控制疫情并推进全球经济复苏。

会议主题为报道焦点，导语第一句陈述会议名称及地点，第二句陈述会议达成的共识，凸显会议价值。

> **李克强主持召开国务院常务会议**
> 新华社北京 4 月 6 日电①国务院总理李克强 4 月 6 日主持召开国务院常务会议，②决定对特困行业实行阶段性缓缴养老保险费政策，加大失业保险支持稳岗和培训力度；部署适时运用货币政策工具，更加有效支持实体经济发展。

会议主题为报道焦点，标题及导语第一部分陈述会议名称，第二句陈述会议决策，凸显会议价值。

3）征询性会议新闻

此类会议新闻的报道对象是为获取特定的信息、消除问题不确定性而召开的会议，包括征求意见会、专题座谈会、民主评议会、对会话、价格听证会等。会议取得的征询结果，会议中出现的新情况、新问题，是报道的重点。

> **[1] 华为在英国参加听证会称：[2] 华为与中国政府没有关联**
> ①据央视新闻消息，英国当地时间 6 月 10 日下午 3 点到 6 点，英国科技委员会就英国电信基础设施建设举行听证会，华为应邀参加。②华为公司网络安全主管约翰·萨福克就华为设备的安全性及其与政府的关联性等问题，向英国科技委员作出解答。

会议主题为报道焦点。标题及导语第一部分陈述会议主题，第二部分陈述华为提供的征询结果，凸显新闻价值。

2. 按照会议新闻体裁划分

- **会议消息**：包括会议人物、议程、议题和结果的消息；
- **会议通讯**：工作性通讯，也可写成现场感很强的概貌通讯；
- **会议特写**：抓取会议精彩片断，写成花絮、侧记类的新闻；
- **会议述评**：对会议重点和亮点进行介绍并加以评论；
- **会议评论**：就会议和会议的重要议题或会议中某一有意义的问题展开评论，以引导舆论。

本书探讨的会议新闻，主要覆盖消息、通讯和特写。

3. 按照报道的时间段划分

1）会前新闻

重大会议在召开前，为了做好宣传工作，媒体通常会发布会前预告消息和有关会议的准备工作方面的消息，有些媒体为了争抢新闻，也会在会议未召开时，就会议要解决的问题作提前披露或进行分析预测性报道。

> **博鳌亚洲论坛 2022 年年会将聚焦疫情防治等六项议题**
> 新华社北京 1 月 12 日电（记者严赋憬、冯家顺）记者 12 日从博鳌亚洲论坛秘书处了解到，博鳌亚洲论坛 2022 年年会将聚焦疫情防治、世界经济、绿色复苏与可持续发展、数字经济、国际合作与全球治理、亚洲区域合作与全球合作的新发展等六项议题。

2）会中新闻

对于会期较长的会议，需要在会议进行中刊发消息。会议进行中的现场直播报道，也可以看成是一种会中新闻。

格拉斯哥联合国气候变化大会进入"加时"

新华社英国格拉斯哥11月12日电（记者郭爽 顾震球）原计划于12日在英国格拉斯哥闭幕的《联合国气候变化框架公约》第26次缔约方大会（COP26）进入"加时"阶段。大会主席阿洛克·夏尔马12日晚表示，希望13日下午完成相关谈判结束会议。

3）会后新闻

会后新闻包括会议总体报道、决议报道和与会人员在今后工作中贯彻落实会议精神的会议后续报道。

APEC领导人非正式会议强调合作应对挑战推动区域经济复苏

新华社曼谷11月14日电 亚太经济合作组织（APEC）第二十八次领导人非正式会议12日以视频方式举行。会议强调，各方应深化合作以加速经济复苏，共同应对新冠疫情、气候变化带来的挑战与机遇，促进亚太地区一体化进程。

12.1.4　会议新闻的功能价值

会议新闻是新闻报道中最为古老的形式，在国家舆论导向与政治经济社会发展中发挥着不可替代的作用。《会议新闻采访与报道》一书较为全面地总结了会议新闻的功能（靖鸣、李福光，2005）：

第一，报道信息和宣传政策。会议新闻能够及时宣传党和国家及各级党委、政府的方针政策。

第二，组织领导和推动工作。会议新闻能够最大化地宣传会议精神和要求，更有效地组织群众、部署任务、指导工作。

第三，社会监督和环境监测。其一是对会议本身程序议题的监督，其二是在会议议程中对社会经济发展热点、难点问题的客观报道。

第四，鼓动、激励、感染。会议新闻的这一功能是对会议本身的互动、激励、感染作用的延伸和强化。

第五，提高知名度和授受地位。新闻传播能够扩大和提升个人、团体和社会活动的知名度和影响力，增强其显著性，更为受众关注，有利于报道主体意志的最终实现。

会议新闻的价值可分为两层，一是会议本身的价值，通过会议规格（出席领导级别）、规模（参会人数）等因素表现；二是会议产生的价值，例如达成了哪些共识、能够解决哪些问题。值得注意的是，会议没能达成共识也构成价值，因为这往往意味着矛盾，符合前文所述的冲突性价值原则。

请观察下例中两条外媒会议新闻的标题及导语，看看是如何展现会议对国际经济社会发展的风向标作用从而凸显新闻价值的。

G20 finance leaders urge care in unwinding pandemic support 　　JAKARTA (AP)—Finance leaders of the world's biggest economies <u>called Friday for a cautious and well coordinated approach to navigating recoveries from the pandemic</u>.	会议达成共识（画线部分）
US-China discord: APEC summit wraps with no joint statement 　　(CNN) For the first time in its 25-year history, the Asia-Pacific Economic Cooperation summit ended on Sunday with its leaders <u>failing to agree on a formal joint statement</u>.	会议未达成共识，矛盾冲突凸显新闻价值（画线部分）

12.2　中英文写作范式

12.2.1　会议新闻的内容要点

针对会议新闻报道内容，曼切尔指出（Mencher, 2012: 321）：

　　Meeting stories usually begin with the major action taken. They include the purpose of the meeting, background to the major action and quotations from those who spoke.（会议新闻通常从主要行动入手。报道涉及会议的目的、主要行动的背景以及发言人的语录。）

此外，他还开列了一张具体内容清单，供记者们参考（Mencher, 2012: 325）：

- Major business transacted: votes, decisions, adoption of policies（会议的主要议程：投票、决策、出台政策）

- Purpose, time and location of meeting（会议议题、时间、地点）
- Items on agenda（会议议程上罗列的项目）
- Discussion and debate; length of session（讨论、辩论；会期）
- Quotes from witnesses and experts（目击者和专家语录）
- Comments and statements from onlookers, authorities and those affected by decision, vote or policy（旁观者、政府、受决策/投票/政策影响者的评论和声明）
- Background（背景）
- Unusual departures from agenda（偏离议程的异常情况）
- Agenda for next session（下届会议安排）

当然，以上清单中所列的内容，在报道中还是有主次之分。《中国新闻实用大词典》认为："会议的议题、讨论情况、达成的协议，是会议新闻中重要的内容。"（冯健，1996：81）在常见英文会议新闻结构中，上述内容根据"重要性递减原则"，以如下方式插入到新闻结构中（表12-4）。

表12-4 会议新闻常见结构

新闻结构	关注要点	内容详情
标题	会议名称	会议地点、议题、会议成果
主导语	会议名称、类型	会议地点、会议时间、会期
	参会人	/
	核心议题/会议成果	/
	简要背景	/
次导语	主要议题	展开详细说明
主体	会议议程	议程表上的议程；讨论、辩论；偏离议程情况
	引语	目击者、专家语录；各方评论、声明
	会议成果	共识、协议、公报、分歧；对读者的影响
	详细背景	/
	下次会议/下一步计划	下届会议安排

12.2.2 会议新闻的价值点

会议报道不同于突发事件，除极个别紧急会议外，会议召开的地点和时间一般都已事先确定，属于可预测事件。因此，会议报道是可准备、可策划的，但也因此容易出现模式化、脸谱化、程式化、礼仪化的顽疾。会议新闻编译报道的最困难之处在于如何在内容上挖掘出价值，在形式上焕发出新意，达到吸引读者、提升可读性的效果。在会议新闻写作过程中，一般可通过阐释和增补背景两种方式来凸显新闻价值。

1. 作出阐释

如前所述，会议新闻属于信息性文本，价值可分为两层，一是会议本身的价值，二是会议产生的价值。除极少数"显示性会议"外，其余大部分单就会议本身而言并不具有过多新闻价值，会议产生的真正价值往往蕴涵在会议内容之中，需得"挖掘"得出（张勤，2013：11）。

西方媒体的会议报道尤其擅长通过"解释性报道"帮助读者挖掘新闻价值。这包括对会议举行的原因、背景、意义作出解释；定位受到会议决议、决策或政策影响的利益群体，在报道中为他们作深度相关解读，分析会议对于受众的真正影响，对未来走势做出预测（吴世文，2009）。

这种深度解读往往具有明确的价值取向。西方媒体英文新闻导语的后半段，往往都是通过阐释搭建起认知新闻价值的框架。

2. 增补背景

为体现报道的客观性，避免记者过多主观发声，英文新闻多通过提供背景信息这种隐形手段来凸显新闻价值，增进读者认知。

在撰写和编译会议新闻时，可从以下方面补充背景信息，从而打通会内会外，"里应外合"，增加报道的厚度、力度、可读性，凸显新闻价值：

- **会议内容——提供社会呼应**。例如，某个会议出台了一项与民众生活密切相关的政策，在写作或编译这篇报道时，可以提供当地民众对这项政策的看法，从而增加报道维度。
- **会议问题——提供会外佐证**。例如，一个关于加强治安的会议，在写作或编译新闻报道时，可加入近期社会治安情况统计数字或重大的案例，以佐证会议必要性。
- **会议本身——提供历史追溯**。可以介绍一下历届大会的情况，过去的会议所解决的问题等，增进读者对会议的全面认识。
- **会议代表——提供人物小传**。例如，某个学术会议，邀请了一批著名的专家、学者，报道中就可以向读者们提供一些他们的基本情况，如有何科研成果、获过何种大奖等。

新华社高级记者袁炳忠（2002）根据其采访报道国际会议新闻的经验指出，可以从三个方面寻求国际会议新闻背景信息，增补到会议新闻报道中：

- **跟踪国内外要闻**。跟踪国内外大事，尤其是会议召开前国际社会关注的重大新闻。这些重大事件往往关系到与会方的利益，而会议是与会代表宣传其立场的最佳场所，他们不可能不就这些问题表态。从这个意义上讲，背景常常是国际会议的新闻价值所在，国际会议有时又是背景新闻的发展。

- **利用网站信息全面了解会议**。一般说来，目前召开的、影响比较大的国际会议都有官方网站，官方网站里提供的内容很多，包括会议的地点介绍、交通情况、安全情况、参加方的情况、会议的主题、主要议题、有关组织的历史等等。但是官方网站有一个明显的缺点，它提供的内容主要是主办方想要世人知道的，从中看不出会议的实质、焦点，尤其是各方的分歧、会议的难题等，都是会议主办方极力掩饰的。因此除官方网站外，还要到一些非政府组织和研究机构的网站去看看他们的评论，他们所提供的内容往往比较有新闻价值，能够看出会议的实质性问题。
- **政治准备**。国际会议是国际政治斗争的舞台，做好国际会议报道编译最根本的原则是必须坚持马克思主义的新闻观，以国家利益和民族利益为重，坚持正确的舆论导向。会前要注意了解我中央及政府部门的表态，了解会议的焦点，我方以及其他主要与会方在重大问题上的立场、需要注意的敏感问题等。只有做好政治上的准备，才能够坚持正确的舆论导向，使报道不出差错。

以下案例素材选自印度商业报刊《经济时报》（*The Economic Times*）2020年11月21日报道，是一则有关亚太经合组织2020年会的新闻，主要围绕会议就自由贸易达成共识、发表联合公报这一成果，凸显会议价值。其中画线部分从各个角度提供了丰富的解释和背景，详细分析了美、中、日、新西兰等国的态度和影响，帮助读者对会议及会议共识的成因、意义、影响产生了立体全面的认识，凸显了此次APEC会议的新闻价值。

APEC leaders, including Donald Trump, <u>agree on free trade</u>	标题：点题
Leaders from the Asia-Pacific Economic Cooperation forum, including US President Donald Trump, have pledged to work toward free, open and non-discriminatory trade and investment <u>to revive their coronavirus-battered economies.</u>	点明价值：达成共识
The leaders cast aside differences to issue <u>their first joint statement on Friday since 2017</u>, in which they agreed to further deepen regional integration by working toward a massive free trade agreement involving the 21 APEC economies.	背景：2017年来首次发表联合公报

This year's host, Malaysian Prime Minister Muhyiddin Yassin, told a news conference that the US-China trade war that had hampered talks in the past has "been eclipsed" by the COVID-19 pandemic. 　　间接引用
　　背景：中美贸易战影响

With growth in the Asia-Pacific region expected to slump 2.7% this year, from a 3.6% growth in 2019, he said APEC's focus was on accelerating economic recovery and developing an affordable vaccine. 　　背景：亚太经济下滑

APEC, whose members account for 60% of global GDP, has also "pledged to refrain from backtracking and resorting to protectionist measures to keep markets and borders open," he added. 　　背景：APEC 全球经济影响力

The APEC leaders' meeting was the first since 2018 after last year's host, Chile, cancelled the annual summit due to violent domestic protests. But at the Papua New Guinea summit in 2018, APEC leaders failed to issue a joint statement for the first time amid a US-China row over trade policies. 　　背景：2018 年会议未能发表公报

Trump's participation Friday, his first since 2017, came as a surprise as he challenges the outcome of the US presidential election, won by Joe Biden. Last weekend, Trump skipped the East Asia Summits and withdrew from speaking at an APEC CEO meeting earlier Friday. 　　背景：特朗普参会情况

Trump, whose "America First" policy has alienated trading partners, addressed the meeting but his speech wasn't immediately available. 　　背景：特朗普经济政策

Chinese President Xi Jinping, in his remarks, urged countries to "defend multilateralism" and called for the establishment of an "Asia-Pacific free trade zone at an early date."

He told the meeting that Beijing would also "actively consider" joining the Comprehensive and Progressive Agreement for Trans-Pacific Partnership, a trade agreement that includes Japan, Canada, Mexico and other regional economies but not the United States. Trump pulled out of the CPTPP's predecessor, the Trans-Pacific Partnership, which never took effect. 　　背景：CPTPP 成员情况

Xi's comments came just after Beijing and 14 Asian nations inked the Regional Comprehensive Economic Partnership, the world's largest free trade agreement. 　　背景：CPTPP 的价值

If China were to join the CPTPP, that would make Xi's government a member of the Asia-Pacific region's two biggest trade arrangements, while Washington is part of neither.	背景：中国入CPTPP的影响
APEC leaders adopted the Putrajaya Vision 2040, a new 20-year growth vision to replace the Bogor Goals named after the Indonesian town where leaders agreed in 1994 to free and open trade and investment.	背景：茂物目标
Earlier Friday, the leaders of Japan and New Zealand warned countries against the temptation of retreating into trade protectionism.	背景：日本、新西兰的态度
New Zealand Prime Minister Jacinda Ardern, who will be next year's APEC host, voiced hope that APEC leaders will join hands to bolster the regional economy.	背景：新西兰的态度
APEC brings together its members: Australia, Brunei, Canada, Chile, China, China's Hong Kong, Indonesia Japan, South Korea, Malaysia, Mexico, New Zealand, Papua New Guinea, Peru, Philippines, Russia Singapore, China's Taiwan, Thailand and the United States.	背景：APEC成员情况
New Zealand will also host next year's APEC meetings virtually due to the pandemic.	背景：下一届主办国

12.2.3　会议新闻的标题

会议新闻标题结构较为多变，主要可总结为以下几种范式。

1. 会议开闭幕

- **中文范式：** 会议名称 + 在某地 + 召开 / 开幕 / 闭幕；
- **英文范式：** 会议名称 + 动词（open/start / kick off / wrap up）+ 地点 + 时间。

- 十三届全国人大五次会议在京**开幕**（新华网）
- 金砖国家协调人第二次会议圆满**结束**（新华网）
- UN climate change talks **open** in Tianjin (CBC News)
- Russia-Ukraine talks **kick off** on Belarus Border (*Moscow Times*)

- EU leaders summit **to kick off** on Thursday (AA)
- National Judicial Committee meeting **to start** today (*China Daily*)
- Smart city innovation conference **concludes** in Shenyang (*China Daily*)
- The G20 leaders summit **concluded** successfully (Xinhua)
- ASEAN-India FTA talks **wrapped up** (AP)

如前文所述，英文新闻标题时态多使用新闻现在时，不定式表示将来，过去分词表示被动。表示"开幕"除常用"open/start"之外，还多用"kick off"；而"闭幕"除常用"conclude"之外，还多用"wrap up"。两个英语短语动词均具有隐喻含义，故而生动有力。

2. 会议开幕 + 焦点

- **中文范式 1**：会议名称 + 在某地开幕 + 最高嘉宾 / 会议主题。

此范式采取两段式标题，主题出现在第二部分，成为焦点。例如：

- 《生物多样性公约》第十五次缔约方大会在昆**开幕** 韩正**出席开幕式并致辞**（澎湃新闻）
- 世界经济论坛 2020 年年会**开幕达沃斯为全球可持续发展凝聚力量**（新华网）

- **中文范式 2**：会议名称 + 动词（聚焦 / 关注）+ 会议主题。

此范式采取一段式标题，后半部分的主题成为焦点。例如：

- 2017 商业新生态峰会**聚焦智能时代的商业机遇**（搜狐网）
- 清洁能源部长级会议**关注国产"智慧路灯"**（搜狐网）

- **英文范式 1**：会议名称 + 动词（begin/open）+（in 地点）+（时间）+ 主题。

此范式中，会议焦点往往使用介词短语"with focus on..." "amid..."，动词短语"meet to do..."，不定式短语"to discuss/ponder/tackle/decide..."等来体现。例如：

- Boao conference begins **with focus on** financial crisis (*China Daily*)
- APEC summit begins **with focus on** trade, integration (*Bankok Post*)

- World Food Summit **to discuss** needs, financing (VOA)
- Climate talks open in Panama **with** calls to extend Kyoto Accord (BBC)
- Biden's debt talks open Thursday **with** parties split on new taxes (Presti & Naegele)
- UN climate science talks open **amid** floods, fires (France24)

• **英文范式 2**：参会人 + 动词（meet）+（in 地点）+（时间）+ 主题。

为避免会议新闻标题千篇一律，让会议有"人气"和动态感，也可以将会议名称隐去，改用参会人作主语（下例英文黑体部分），接动词短语"meet to discuss/ponder/tackle/decide"（下例英文画线部分）来体现会议焦点，凸显价值，如下例中的英文标题。不过，中文媒体仍多采用"某会议"加以翻译（下例中文画线部分）。

- **G20 agriculture ministers** meet to tackle global challenges (USDA)
  维护世界粮食安全！<u>二十国集团农业部长会议</u>召开（澎湃新闻客户端）
- **NATO defense ministers** meet to discuss Libya (AP)
  <u>北约防长会议</u>总结利比亚战争（中国新闻网）
- **EU leaders** meet to thrash out debt deal (Channel 4)
  <u>欧盟峰会</u>全面应对债务危机（新浪网）
- **APEC leaders** meet in Honolulu to ponder regional economic integration, growth strategy (Xinhua)
  <u>APEC 夏威夷会议</u>即将开幕 关注区域经济一体化（中国日报网）
- **Cabinet** meets to discuss budget plans (*Irish Times*)
  <u>日本内阁会议</u>讨论年度预算案（中新网）

3. 会议闭幕 + 会议成果

• **中文范式**：某会议闭幕 + 会议成果；

• **英文范式**：会议名称 + 动词（end/conclude）+（地点）+（时间）+ 会议成果。

中文范式可使用两段式标题，第二段描述会议结果（下例中文画线部分）。英文范式常为一段，用"with"或"amid"引出会议成果（下例英文黑体部分）。

- 第 70 届世卫大会闭幕 选出首位来自非洲总干事（搜狐网）
- 第 19 届国际植物学大会闭幕 最高奖首次花落中国（搜狐网）
- UN wildlife meeting **ends with** conservation agreements (AP)
- DRC peace talks end **amid** hopes of opening dialogue (VOA)
- APEC Economic Leaders' Meeting **concludes with** adoption of declaration, Bangkok Goals (Xinhua)
- Moscow meeting **wrapped up with** a joint statement (*TOLO News*)

12.2.4　会议新闻的导语

1. 英文会议新闻的导语

英文会议新闻导语一般包括两块内容，一是有关会议本体的信息，多包括会议名称、举办地、举办时间；一是有关会议主题的信息，如致力于解决的问题，或者会议召开的背景，着重凸显会议新闻的价值。如前所述，英文导语是对标题的拓展，故而多在上述标题范式的基础上展开，用一到两句话完成对两块内容的呈现。最开头的位置一般为会议名称，然后按照时间、地点、主题、背景的顺序排列。常用范式如下所示（表 12–5）。

表 12-5　英文会议新闻导语常见范式

会议名称	开　幕	时间、地点	主题、背景
who	began a meeting	in + place	focusing on...
	are holding talks		to set a vision for...
	began a session		to ponder/discuss...
** meeting	opened	on + time	to draft a solution to...
	kicked off		amid...

The Boao Forum for Asia (BFA) Annual Conference 2009 officially opened // in the scenic Boao town of south China's Hainan Province on Saturday, // **focusing** on the role of Asian countries, especially emerging economies in this region, // **amid** the global financial crisis. (Xinhua)

这条会议新闻导语分为四个部分。其中第一部分是会议名称和开幕事实,第二部分是会议地点、时间,第三部分是会议议题,第四部分是会议背景。中间使用现在分词"focusing"和介词"amid"实现联句。

下面两条导语分别为新华社和美国之音(Voice of America,VOA)针对APEC亚太经合组织第19次领导人非正式会议报道撰写的导语。

> 导语一:HONOLULU (Xinhua)—Leaders of the 21 economies in the Asia Pacific Economic Cooperation (APEC) community arrived Friday to convene their annual summit, // while trade ministers and foreign ministers from the economies have focused their attention on trade and regional integration in the lead-up to the gathering.
>
> 导语二:HONOLULU, the United States, Nov. 13 (VOA)—Leaders from 21 Pacific Rim economies began their first session of the Asia-Pacific Economic Cooperation (APEC) 19th informal leadership meeting in Hawaii, the US on Sunday to set a vision for regional economic integration and sustainable growth amid fragile world economic recovery.

两则导语在结构上有区别,报道的侧重点也有所不同。

新华网导语以"while"为界,分别说了两个会议,一个是领导人非正式会议,一个是部长级会议。前者只介绍会议本身(名称、时间),后者给出了议题。火力过于分散,没能突出领导人非正式会议的价值。

VOA的导语采用了前文所述标准范式,依次提供了会议名称、地点、时间、议题、背景。重点突出、信息完备。

> The United Nations global climate summit in Glasgow, Scotland, **ended** over the weekend // **with an agreement** among nearly 200 nations to accelerate the fight against the climate crisis and to commit to tougher climate pledges. (CNBC)

这条会议新闻导语分为两个大部分。其中第一部分是会议相关事实,包括会议名称、地点、时间、闭幕事实,第二部分是会议成果,凸显了会议价值。用"with"联句。

> The leaders of the G20 group of major economies wrapped up their two-day annual meeting on Friday // **with promises to** finance the fight against climate change through the Green Climate Fund, protect the marine environment from oil spills, and promote low-carbon development strategies. (Xinhua)

这条会议新闻导语分为两个大部分。其中第一部分是会议相关事实，包括会议参会人、会期、时间、闭幕事实，第二部分是会议成果，用"with"联句，并列提出了三条行动，凸显了会议价值。

2. 中文会议新闻的导语

中文会议新闻导语分为普通会议导语和政府会议新闻导语。普通会议新闻主要指各企事业单位、学术团体主办的各类会议。此类新闻导语关注的事实一般包括会议名称、时间地点、规模、与会主要人员、主持人、议题等信息。值得注意的是，虽然中文会议新闻也采用倒金字塔形式在第一段综述会议信息，但其长度可达110字上下，因此包括更多信息，会议重要嘉宾的名字往往按重要性排序出现在导语中。例如：

> **"跨学科对话：百年中国与世界"学术论坛在北京大学举办**
>
> 2021年8月28日至9月18日，北京论坛组委会、北京大学人文社会科学研究院、北京大学中华人民共和国史研究中心共同举办了"跨学科对话：百年中国与世界"学术论坛。论坛采用线下与线上结合方式，分4个周末召开了16场讨论，来自中国、美国、英国、日本等国家和地区共9个学科87名学者参加了论坛。

> **北京大学举办第五届中华文化论坛**
>
> 2019年11月18日至19日，第五届中华文化论坛在北京大学举行。此次论坛由北京大学主办，中华全国台湾同胞联谊会合办。十二届全国政协副主席齐续春，中共中央台办、国务院台办主任刘结一，全国人大常委、中华全国台湾同胞联谊会会长黄志贤，台湾中华文化永续基金会董事长刘兆玄，全国人大常委、全国人大监察和司法委员会主任委员吴玉良，原文化部部长蔡武，北京大学党委书记、校务委员会主任邱水平以及国务院台办交流局、海协会秘书处、中宣部港澳台新闻局、外交部港澳台司、北京市政府台办主要负责人和台湾中华文化总会前主要负责人等出席论坛开幕式。

新华社编发的政府会议新闻导语带有一定新华体特征,开头喜用诗词渲染气氛。内容方面包括会议名称、举办时间、举办地点、参与人员、主要议题(价值、意义)等。例如:

> **全国政协十三届五次会议在京开幕**
> 新华社北京3月4日电 凝心聚力共圆伟大梦想,踔厉奋发再谱时代华章。中国人民政治协商会议第十三届全国委员会第五次会议4日下午在人民大会堂开幕。近2 000名全国政协委员将紧扣党和国家工作大局,深入协商议政、认真履职尽责、广泛凝聚共识,为全面建设社会主义现代化国家汇聚智慧和力量。

12.2.5　会议新闻报道的主要框架

英文会议新闻报道框架一般可包括以下内容:会议议题、主要活动、重要人物引语、会议是否达成共识、会议下一步计划、会议对读者的影响、会议背景等。

请观察以下案例中新华网中英文版对2022世界卫生大会的报道框架。

世界卫生大会聚焦新冠疫情及健康与和平 来源:新华网 5/23/2022	World Health Assembly to focus on COVID-19, health and peace Source: Xinhua　Editor: Huaxia 2022-05-23 06:21:28
新华社日内瓦5月22日电(记者刘曲)第75届世界卫生大会22日在瑞士日内瓦开幕,<u>这是新冠疫情暴发两年多来首次线下举行世卫大会</u>。除新冠疫情外,本届大会还将聚焦如何在全球冲突增加的背景下推进公共卫生和健康事业,以及加强世界卫生组织针对突发卫生事件的准备和应对等议题。	GENEVA, May 22 (Xinhua)—The 75th World Health Assembly (WHA) kicked off in Geneva, Switzerland, on Sunday to focus on major issues including response to the continuing COVID-19 pandemic and the global health for peace initiative. COVID-19 remains one of the top priorities of this year's WHA, <u>which has been the first of its kind held in Geneva and attended by delegates in person since the outbreak of the pandemic more than two years ago.</u>

虽然与今年1月奥密克戎毒株感染高峰时相比，目前各国向世卫组织报告的新冠确诊病例数明显下降，死亡病例数也降至2020年3月以来最低，但**世卫组织总干事谭德塞在开幕致辞中一再强调**，新冠疫情"除非在世界各地都已结束，否则在任何地方都不会结束"。

谭德塞表示，各国应尽快实现世卫组织设定的70%疫苗接种覆盖率目标，同时优先为所有卫生工作者、60岁以上及其他高危人群接种疫苗；所有国家应保持疫情监测和基因测序工作，并做好准备在必要时重新引入和调整针对疫情的公共卫生和社会措施。

新冠大流行并非当今世界面临的唯一危机。本届大会将以"**健康促和平，和平促健康**"为主题，讨论发生在阿富汗、埃塞俄比亚、索马里、南苏丹、叙利亚、乌克兰和也门等国的**人道主义危机**。

Although WHO data show that reported COVID-19 cases have declined significantly from the peak of the Omicron wave in January of this year and deaths are at the lowest since March 2020, **WHO director-general Dr. Tedros Adhanom Ghebreyesus stressed in his address** to the opening of the WHA that the pandemic is not over yet, and that "it's not over anywhere until it's over everywhere".

He called on all countries to commit to achieving the 70 percent vaccination coverage as soon as possible, while prioritizing the vaccination of all health workers, all over-60s and everyone at increased risk.

All countries should maintain COVID surveillance and sequencing, and be prepared to reintroduce and adjust public health and social measures as necessary, he said. Also, countries need to restore essential health services as rapidly as possible, and work with communities to build trust.

"The pandemic is not the only crisis in our world," **he said, echoing the theme** of the 75th WHA "Health for Peace, Peace for Health," and announced that the conference agenda will also include complex humanitarian crises in Afghanistan, Ethiopia, Somalia, South Sudan, Syria, Ukraine and Yemen.

"More even than pandemics, war shakes and shatters the foundations on which previously stable societies stood. It deprives whole communities of essential health services, leaving children at risk of vaccine preventable diseases... Indeed, war, hunger and disease are old friends," he deplored.

据世卫组织数据，仅今年以来，世卫组织已核实在14个国家和地区发生了373起针对卫生设施或人员的袭击事件，造成154名卫生工作者和患者死亡、131人受伤。**谭德塞说**："袭击卫生工作者和卫生设施违反了国际人道主义法，也是对健康权的攻击。"

本届大会为期7天，预计将是讨论议题和通过决议数量最多的世卫大会之一。大会还将选举新一任世卫组织总干事，谭德塞目前是唯一候选人。

WHO has verified 373 attacks on health facilities or personnel in 14 countries and territories so far this year. The attacks have claimed the lives of 154 health workers and patients and injured 131. "Attacks on health workers and health facilities are a breach of international humanitarian law. But they are also an assault on the right to health," **said Tedros**.

The seven-day WHA is expected to be one <u>with the largest number of topics discussed and resolutions passed</u>, including the appointment of a new WHO director-general for the next five years. The incumbent chief Tedros is currently the only candidate.

- **标题**：新华网中英文新闻标题均为程式化标题，价值选择保持一致，均聚焦世界卫生大会的主题。
- **导语**：中英文导语均为程式化导语，与标题呼应，聚焦大会议题。英文导语将同样的内容在主次导语中分别呈现；主导语提供会议名称、时间、地点、议题，而次导语说明会议受新冠疫情影响的情况以及是两年来首次线下会议。中文主导语仅有一段，信息量大，包括会议名称、时间、地点、主题；画线部分说明价值，指出此次会议是两年来首次举行线下会议。
- **主体**：谭德塞为世卫组织总干事，会议主体部分用两段聚焦他的发言。英文报道则继续采取引用谭德塞发言的形式分析会议主题，且占用了两段；中文报道仅用一段聚焦本次会议的主题和国际背景。中英文报道接下来均为背景，针对此次会议探讨的人道主义危机这一主题，补充了国际医疗人员遭到袭击的情况。
- **背景**：最后一段为整个会议新闻的背景，提供了大会的会期，指出了此次大会与众不同之处，如决议数量多、将选出新一任总干事等。

12.2.6　中英会议新闻报道的差异

中西方媒体由于新闻价值观不同、报道立场不同、报道角度不同，在会议新闻报道的角度、内容、结构、表现风格和语言习惯都存在很大差异。国内研究发现（彭梦婧，2011）：

就角度而言，中国媒体习惯于从正面角度和官方视角进行会议报道；美国等西方媒体主要从负面或中性角度和平民化视角进行报道。

就报道内容和结构而言，我国会议新闻报道内容比较全面，以直线式结构为主，因而缺乏侧重点，主题不太突出；美国媒体会议新闻善于选择比较新鲜、反常和对比性、冲突性较强的会议内容，从某个侧面深入报道会议主题，主题集中，以曲折起伏式结构为主。

就表现风格和语言特色而言，中国媒体庄重严肃，以"硬新闻"式报道为主，语言多间接转述，多表述和概括，表现力稍弱；外媒以"硬新闻软化"式的报道为主，语言生动形象，多直接引用，多解释和表现，表现力较强。

有关直接引语的使用问题，李希光（2004）曾指出，没有直接引语是中国新闻文风的癌症。以《联合国气候变化峰会在纽约举行》这篇报道为例，报道中"胡锦涛强调""胡锦涛指出""胡锦涛最后表示""潘基文在致辞中强调""美国总统奥巴马在讲话中表示"，构成了行文的基本程式，这种呆板、机械的叙述文本更像是一种"会议纪要"，而非"会议新闻"，会让读者感到兴味索然。

《人民日报》高频词用语分析显示以下形容词的出现次数较多："高度（评价）""建设性""热烈""积极"，在用语风格上表现出激情昂扬、铿锵有力、严肃庄重等特征，但用词多重复、少变化，难免给人以单调、乏味之感（丁柏铨、蒋潇，2010）。

12.3　编译策略与演练

基于前一节对于中英会议新闻差异性的描述，会议新闻双向编译可以考虑从如下方面进行：

1. 选题和新闻价值

中文会议新闻注重会议本身的价值，如参会规模和参会领导，英文会议新闻注重会议产生的价值，如会议议题、会议共识等。中文会议新闻注重官方视角报道，英文会议新闻注重专家和平民视角的报道。在选题和凸显新闻价值方面，中文翻译为英文时，应注意根据国际读者需求，跳出官方视角，从国际视野出发，选取与国际读者相关或普遍关注议题加以凸显。

2. 标题和导语

中英文会议新闻标题具有各自的写作范式，编译时应注意按照选题和要凸显的新闻价值，选取常见的写作范式。在选词时，尤其是具有情感色彩的词，要根据媒体立场、意识形态、主要受众群体来进行选择。导语是标题的拓展，中文导语虽然也采用倒金字塔结构，但信息量大、细节多，通常包含英文主、次导语的全部信息。在双向传译时，应注意英译中时的信息合并、中译英时的信息拆分。

3. 主体结构

会议新闻的常见内容结构如前节所述。英文会议新闻注重增加不同维度的背景，高频使用直接引语的特点较为突出。在中译英的过程中，应注意根据国际读者的认知需求，从媒体立场出发，考量要凸显的新闻价值，恰当增补背景信息，同时注重并用直接引语和其他引语形式，形成交相辉映的效果。

4. 主体用词

如前所述中文的会议新闻喜用积极、宏大的形容词，而英文会议新闻报道过程中主要是动词体现灵魂，个别情感负载词体现媒体立场。中文此类词汇直译为英文，往往国际传播效果不佳，编译时需要注意加以调整。而英语此类词汇在汉译过程中，应注意把握其中细微的意识形态立场差异，切忌被外媒"带节奏"。

课后练习

1. 请将以下信息连为一句，构成一条会议新闻的英文导语。

  - 会议名称：NATO defense minister meeting
  - 会期：two days
  - 会议时间：Wednesday
  - 议题1：how to end the six-month Libya mission
  - 议题2：make sure the ongoing transition in Afghanistan on track
  - 背景：in wake of Taliban attacks

2. 请将以下信息连为一句，构成一条会议新闻的英文导语。

  - 参会人员：European leaders
  - 参会地点：Brussels
  - 会议议题：finally draft a solution to the two-year-old eurozone debt crisis
  - 背景：the debt crisis threatens the economic stability of the entire region (according to

analysts)

3. 请扫描二维码，阅读新闻"*Politico*: A self-defeating G7 fails on all fronts"［选自《政治报》(*Politico*)］，结合会议新闻的编译策略，自选一家国内媒体，依据其媒体立场将其译为中文。

第 13 章　外交新闻

> ● **本章学习要点**
>
> 1. 掌握外交新闻的定义、分类、功能价值、生产机构；
> 2. 掌握我国外交部网站新闻的中英文写作范式；
> 3. 熟悉我国外交部网站新闻的中英文编译规范；
> 4. 熟悉外交新闻常用术语。
>
> ● **课前思考**
>
> 1. 你认为外交新闻的读者与其他主题领域新闻的读者有何区别？
> 2. 你认为国内媒体发布的英文外交新闻有何优点与不足？

13.1　概述

13.1.1　外交新闻的定义与分类

各类研究多将新闻分成国内新闻和国际新闻两大类。新闻机构网站的版块划分上也多秉承这一分类。例如，新华网首页设置"时政""地方"版块，人民网首页设置"党政""地方"版块，中新网首页设置"时政""社会"版块，这些都是报道国内新闻的版块，三家媒体均专门设置"国际"版块。然而，在国内新闻与国际新闻的交汇地带，似乎还可以分出一类新闻，那就是"外交新闻"。

从一国读者的视角出发，外交新闻与本国有关，因此具备国内新闻的属性；同时，外交新闻又有着显著的外国因素和国际影响，因此具备国际新闻的属性。在研究领域，何明智（2010）就借鉴张赞国等人的观点，将新闻分为国内新闻、外国新闻、外交新闻等三类：

- **国内新闻：** 是指本国国内（不涉及其他国家或本国外交）的有关个人、群体或其他实体的故事。

- **外国新闻：** 是指有关外国的（不涉及本国的）个人、群体或其他实体在其他任何国家的活动。
- **外交新闻：** 包括外交政策和国际关系两个方面的内容。外交政策是指决策者意图影响本国政体之外的国际行为者的个别的、不连续的政府行动。国际关系涉及与他国的关系，比如本国与另一个或多个国家的合资、贸易和文化交往等。

本书中，外交新闻指涉及国际关系和国际交往领域方面的新闻，主要包括外交活动（会见、会谈、磋商、通话等）新闻、外交政策新闻、外交言论新闻等类别。篇幅所限，本书后续将重点关注中外关系、中外交往领域方面的新闻。

虽然鲜有新闻机构在其网站上专门开辟"外交"版块，但外交新闻同时具有显赫性、新异性、切近性、冲突性等多重新闻价值，是新闻传播领域重要的组成部分。此外，美国南加州大学公共外交研究中心主任菲利普·塞布（Philip Seib, 1997）认为，新闻对外交有着重要的影响作用，其著作《标题外交》（*Headline Diplomacy*）的副标题即为"How News Coverage Affects Foreign Policy"，探讨了新闻报道与外交政策之间的关系。因此，认真总结外交新闻编译的基本要领是加强国际传播能力建设的重要任务。

13.1.2　外交部网站新闻编译项目

2009 年，西安外国语大学高级翻译学院与国内主流媒体环球网启动网络新闻编译合作项目。2013 年，双方合作成功竞标中华人民共和国外交部（以下简称"外交部"）网站英文新闻编译项目。项目后拓展至全国多所高校，译文质量受到有关领导高度评价。2018 年，参与项目译文审校的教师出版教材《外交新闻汉英翻译》。本节主要围绕外交部网站新闻编译工作展开讨论。

外交部中文网站的首页分为多个版块，项目主要进行"重要新闻""外交部长活动""外交部新闻""驻外报道"等版块新闻的英译工作，译文发布在外交部英文网站"Top Stories""MFA News""News From Mission Overseas"等版块。

以外交部网站翻译项目运行第一年（2013 年 11 月至 2014 年 10 月）为例，项目组完成稿件 611 篇。其中，外交部参与的会议、媒体活动（文章、采访、记者会）、讲话等主题新闻占比相对较高（图 13-1），分别为 47.1%、14.2%、5.2%，三者合计占比 66.5%，约占三分之二。其余三分之一的新闻涉及形式多样的外交活动，包括访问参观、致电致信、举办文化活动、签署协议、递交国书（副本）等。

外交部网站英文版新闻的编译原则取决于该网站承担的主要职能。尽管外交部网站上的不少新闻与国内通讯社（新华社、中新社）网站上的新闻在内容上基本一致，但外交部毕竟不是新闻机构，它主要通过及时、权威发布中国的外交动态以介绍中国的外交政策，宣示中国的外交立场，传递中国的外交声音。因此，这些稿件就不只具有新闻的性质，而且涉及国家的安全、利益、尊严、形象和国家间的关系（徐亚男，李建英，1998），其中的对外表态大都经过深思熟虑、反复推敲，具有很强的政治性、政策性、程式规范化（姜秋霞，2011）。

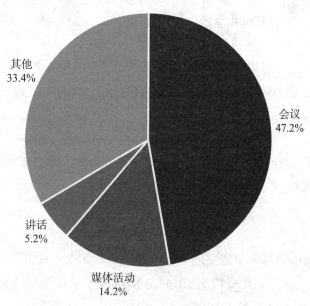

图 13–1　外交部网站新闻编译项目运行主题分布

及时、准确传递外交资讯新闻对国家治理、国际贸易、公共外交均具有战略重要性，误译会造成严重后果，因此，外交部网站新闻编译的首要原则是务必忠实。但强调忠实不等于死译或简单的形式对等，而不顾及传播效果、不进行编译。实际上，尽管不像其他新闻媒体网站可以通过另择主题、重组段落、转换引语、添加背景等方法在宏观、中观层面对原文结构进行较大的调整，外交部网站新闻翻译依然存在句子、词汇层面的调整，从而体现出编译在微观层面的应用。此外，外交部新闻司对某些语言形式乃至术语表述也都进行了规范，这也体现了功能翻译理论所述"翻译行为发起人 / 客户"（the initiator/client）对译文的影响。

13.2　中英文写作与编译范式

　　如上一节所述，在外交部网站新闻编译项目中，会议、媒体活动、讲话等主题占比相对较高，因此本节主要针对这些领域的新闻进行讨论。案例选自外交部网站发布的新闻原文和译文。为了使读者对外交新闻的双语转换工作形成较为全面的认识，部分案例还同时展示其他新闻媒体对于同一事件的英文报道。

13.2.1 基本体例

外交部英文网站上的译文遵循以下英文新闻写作的基本体例。

1. 标点

新闻标题可使用冒号代替中文的"说"和英文的"said"。例如:

> 原文:王毅:中方在朝鲜半岛问题上始终秉持公正、客观立场
> 译文:Wang Yi: China Always Upholds Impartial and Objective Position on Korean Peninsula Issue

新闻使用双引号表示直接引语或部分引语。除术语外,外交部中文网站上的原文很少使用直接引语,译文与原文保持一致。

2. 词汇

新闻标题可使用缩写以节省空间。如下例中的"亚太经社会"全称为"亚洲及太平洋经济社会委员会",UN 全称为"United Nations",ESCAP 全称为"Economic and Social Commission for Asia and the Pacific"。

> 原文:外交部副部长李保东出席联合国**亚太经社会**第 70 届会议
> 译文:Vice Foreign Minister Li Baodong Attends 70th Session of **UNESCAP**

需要注意缩写词在文中第一次出现时,使用"全称+(缩写)"的形式,后文使用缩写即可。

> 原文:2014 年 8 月 7 日至 8 日,**联合国亚太经社会**第 70 届年会部长级会议在泰国曼谷举行。
> 译文:From August 7 to 8, 2014, the Ministerial Segment of the 70th Session of the United Nations **Economic and Social Commission for Asia and the Pacific (ESCAP)** was held in Bangkok, Thailand.

3. 句法

英文标题使用新闻现在时态体现时效性。如下例中的"meets"。

> 原文：杨洁篪会见南非国际关系与合作部长马沙巴内
> 译文：Yang Jiechi **Meets** with Minister of International Relations and Cooperation Maite Nkoana-Mashabane of South Africa

文中主句一般使用过去时态，从句时态则视情况而定。如果从句明确介绍过去发生的事情，应使用过去时态；如果从句介绍持续发生、尚未完成的事情，可使用现在时态或现在完成时态。如下例中的"extended""said""have achieved"。

> 原文：杨洁篪祝贺中南联合工作组首次会议成功举行，表示中南同为重要的发展中大国，双方合作成效显著，在国际事务中协调配合，维护了发展中国家的共同利益。
> 译文：Yang Jiechi **extended** his congratulations on the success of the first meeting of the China-South Africa Inter-Ministerial Joint Working Group on Cooperation. He **said** that both being important major developing countries, China and South Africa **have achieved** remarkable results in cooperation, coordinated and cooperated in international affairs, and safeguarded the common interests of developing countries.

英文新闻标题使用"be to do"结构体现将来时态，且往往省略系动词"be"。如下例中的"to continue"。

> 原文：中国将继续加强与77国集团全方位合作
> 译文：China to **Continue** Strengthening All-round Cooperation with Group of 77

英文新闻标题使用省略系动词"be"之后的过去分词体现被动语态。如下例中的"held"。

> 原文：中英领事会晤在京举行
> 译文：China-UK Consular Meeting **Held** in Beijing

13.2.2　项目规范

在项目运行过程中，外交部新闻司及环球网对稿件中的具体表述提出了不少规范。

关于措辞，新闻媒体的英文报道一般使用小词，如用"OK"替换"approve"，用"deal"替换"agreement"等。而外交部网站上的新闻作为官方发布稿件，倾向使用较为正式的词汇，如将"关系"译为"relations"而非"ties"；具体到"建交"（建立外交关系）时，还规定使用"relationship"。

> 原文：王毅表示，中新建交 42 年来，两国**关系**取得跨越式发展。
>
> 译文：Wang Yi said that the China-New Zealand **relations** have made leapfrog development over the 42 years since the establishment of the diplomatic relationship between the two countries.

关于新闻事件发生的日期，新闻媒体的英文报道一般使用星期，如"Monday""Tuesday"等。外交部中文网站在第一段段首使用"年/月/日"或"当地时间年/月/日"，有时只说明"月/日"，外交部英文网站予以沿用，排列顺序为"月（英文单词）+日（阿拉伯数字）+逗号+年（阿拉伯数字）"（表 13-1）。

表 13-1　外交部中英文网站日期表达规范

中文日期	英文日期
2013 年 11 月 4 日	On November 4, 2013
2015 年 12 月 14 日晚	On the evening of December 14, 2015
当地时间 2017 年 11 月 12 日	On November 12, 2017 local time
当地时间 6 月 30 日晚上	On the evening of June 30 local time

关于外国人物的身份信息，在标题中，外交部中文网站一般使用"国名+头衔+姓"的顺序排列，外交部英文网站上的排列顺序为"头衔+全名+of+国名"，以示正式。

> 原文：蒙古总统额勒贝格道尔吉会见王毅
>
> 译文：**President Tsakhiagiin Elbegdorj of Mongolia** Meets with Wang Yi

在新闻主体中第一次出现该外国人物身份信息时，外交部中文网排列顺序仍为"国名+头衔+姓"，英文网排列顺序也仍为"头衔+全名+of+国名"，以示正式。

> 原文：2014年6月25日，**蒙古总统额勒贝格道尔吉**在乌兰巴托国家宫会见外交部长王毅。
>
> 译文：On June 25, 2014, **President Tsakhiagiin Elbegdorj of Mongolia** met with Foreign Minister Wang Yi at the Government Palace in Ulan Bator.

下文继续出现该外国人物身份信息时，中文均只使用其姓氏，英文则使用其全名。

> 原文：**额勒贝格道尔吉**说，不久前我在出席上海亚信峰会期间同习近平主席就发展蒙中关系深入交换意见，达成广泛共识。
>
> 译文：**Tsakhiagiin Elbegdorj** said that when he attended the Shanghai Summit of the Conference on Interaction and Confidence-Building Measures in Asia not long ago, he had an in-depth exchange of views with President Xi Jinping on developing the Mongolia-China relations and reached broad consensus.

关于驻外大使的身份信息，在标题中，外交部中文网站一般使用"驻某国大使＋姓名"的顺序排列，外交部英文网站上的排列顺序为"Ambassador to ＋ 国名 ＋ 姓名"。

> 原文：**驻墨西哥大使邱小琪**访问哈里斯科州
>
> 译文：**Ambassador to Mexico Qiu Xiaoqi** Visits State of Jalisco

文中第一次出现该驻外大使身份信息时，中文排列顺序为"中国驻某国大使＋姓名"，英文排列顺序为"H. E. 姓名, Chinese Ambassador to ＋ 国名"（H. E. 是英语 His/Her Excellency 的缩写，中文一般译为"阁下"）。

> 原文：2014年1月31日至2月2日，**中国驻墨西哥大使邱小琪**访问哈里斯科州。
>
> 译文：From January 31 to February 2, 2014, **H. E. Qiu Xiaoqi, Chinese Ambassador to Mexico**, visited the State of Jalisco.

关于驻外大使提及的当地"华人华侨"，英文使用"Chinese community"，而非"overseas Chinese"，以区分视角。

> 原文：目前在马**华人华侨**总数已超过5万人。
>
> 译文：Currently, the total population of the **Chinese community** in Madagascar has exceeds 50,000.

关于"共同关心的问题",如果是有争议的热点问题,英文使用"issues of common concern",其他问题一般使用"topics of common interest"。

> 原文:双方就叙利亚、伊朗核、阿富汗等**共同关心的地区热点问题**深入交换了意见。
>
> 译文:Both sides had an in-depth exchange of views on the Syrian, Iranian nuclear, Afghan and other regional **hot-spot issues of common concern**.

13.2.3 会议类新闻编译范式

在外交部网站新闻编译项目运行第一年完成的 611 篇稿件中,会议类新闻共 288 篇,占比 47.1%。其中常见的类型包括会见、出席会议、举行会谈、拜会、会议举行 / 举行会议、举行磋商、通电话等(图 13-2)。本节将逐一探讨常见会议类新闻的编译范式。

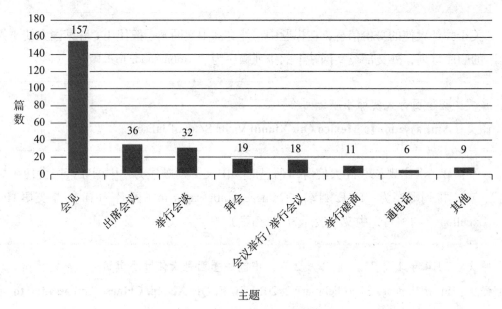

图 13-2 会议类新闻主题分布

1. 会见

此处的"会见"广泛适用于国家元首、政府首脑、党和国家其他领导人、外交部部长、外交部副部长、驻外大使等参加的会议,对应的英文为"meet with",取"meet"作为"have a meeting"的正式含义,而非"arrange or happen to come into the presence"的日常用法。

原文：　王毅**会见**伊朗外长扎里夫
译文：　Wang Yi **Meets with** Foreign Minister Mohammad Javad Zarif of Iran

下面通过一组案例分析了解此类新闻的编译规范。将外交部网站的英文新闻与新华网、美联社的英文新闻作对比，可以了解政务网站新闻与媒体新闻的差异。

▶ 外交部网站中文原文

新加坡总理李显龙会见王毅

当地时间2021年9月14日，新加坡总理李显龙会见对新进行正式访问的国务委员兼外长王毅。

王毅转达中国领导人对李显龙的亲切问候，表示中新建交30年来，两国关系始终保持发展势头，成为本地区一个重要的稳定因素。这得益于两国领导人的战略引领，得益于两国各界人士的共同努力，也得益于新方始终能够客观理性看待中国的发展变化，善于从中国发展中找到合作机遇，争取双赢前景。中新与时俱进的全方位合作伙伴关系定位恰如其分。中方愿同新方在后疫情时期进一步增进互信，深化交流，在变局中营造机遇，在乱局中保持定力，进一步推进两国各领域互利合作，为地区乃至世界的和平、稳定与发展贡献力量。

王毅说，中方将坚持睦邻友好，同东盟国家继续深化合作，开辟中国东盟关系的新前景。我们愿同东盟国家加快商谈"南海行为准则"，共同办好中国东盟建立对话关系30周年纪念活动，维护以东盟为中心的成熟地区架构，同各国分享发展红利，推动地区实现共同发展繁荣。

李显龙请王毅转达对中国领导人的诚挚问候，赞赏中方成功控制疫情。表示新中建交以来，两国各领域交流合作成果丰硕，新方珍视新中关系成就，希双边关系得到更大发展，打造新中关系的新时代。过去30年，东盟和中国关系全方位提升，这符合双方根本利益，也促进了地区的稳定、开放与合作。新方支持东盟国家和中国一道办好30周年纪念活动，巩固开放的地区合作架构，为双方提供新的发展机遇。中国在过去40多年里取得巨大成功，承担的国际责任也随之上升。希各方同中方实现良性互动，合力建设全球化时代的地球村，推动世界长远、可持续发展。

访新期间，王毅还会见了新副总理王瑞杰，同新外长维文举行会谈并共同会见记者。

在数据方面，中文原文共 693 字，除标题外，全文由 5 段、14 句组成。最长的段落有 6 句、共 248 个字。64% 的句子超过 40 个字，除标题外平均每句 48.6 个字。最长的句子有 82 个字，最短的句子也有 23 个字。总体阅读难度较大。

在内容方面，该新闻是外交部网站中文新闻的典型代表。标题与导语对应，总说新闻事件中的核心事实"会见"。下文两段先介绍本国代表即国务委员兼外长王毅的发言，第 2 段涉及中新关系，内容较多；第 3 段涉及中国与东盟关系，内容相对较少。第 4 段介绍外国代表即新加坡总理李显龙的发言，同样主要涉及新中关系、东盟与中国关系。第 5 段补充其他次要信息。全文内容与新华社同题中文新闻完全一致。

▶ 外交部网站英文译文

Singaporean Prime Minister Lee Hsien Loong Meets with Wang Yi

On September 14, 2021 local time, Singaporean Prime Minister Lee Hsien Loong met with State Councilor and Foreign Minister Wang Yi, who was on an official visit to Singapore.

Wang Yi conveyed the cordial regards of Chinese leaders to Lee Hsien Loong, saying that China-Singapore relations have maintained a development momentum since the two countries established diplomatic ties 30 years ago, and turned into a crucial stabilizing factor of the region, thanks to the strategic leadership of both countries' leaders, the concerted efforts of all walks of life in the two countries, and Singapore's objective and rational view of China's development and changes and its ability to spot cooperative opportunities from China's development for win-win outcomes. China and Singapore have a well-chosen positioning of an all-round cooperative partnership progressing with the times. In the post-pandemic era, China is willing to join hands with Singapore to further enhance mutual trust and deepen exchanges, create opportunities in the midst of changes and maintain focus in spite of chaos, so as to further promote the two countries' mutually beneficial cooperation in various fields and contribute to peace, stability and development of the region and the world at large.

Wang Yi said, China will uphold good-neighborliness, continue to deepen cooperation with the Association of Southeast Asian Nations (ASEAN) countries, and open up new prospects of China-ASEAN relations. We are willing to speed up the consultations on the Code of Conduct in the South China Sea with ASEAN countries, jointly organize the events in celebration of the 30th anniversary of the establishment of

China-ASEAN dialogue relations, uphold the mature regional framework with ASEAN at its core, share the development dividends with all countries, and facilitate common development and prosperity of the region.

Lee Hsien Loong conveyed through Wang Yi his sincere greetings to Chinese leaders and lauded China's successful containment of the virus. Noting that Singapore and China have witnessed fruitful exchanges and cooperation in various fields since the establishment of diplomatic relations between the two countries, Lee Hsien Loong said, Singapore cherishes the achievements of Singapore-China relations and expects to see greater development of bilateral relations to build a new era of Singapore-China relations. ASEAN-China relations have improved comprehensively over the past 30 years, which serves the fundamental interests of both sides and contributes to regional stability, openness and cooperation. Singapore supports ASEAN countries and China in launching events celebrating the 30th anniversary of ASEAN-China dialogue relations and consolidating the open regional cooperation mechanism, so as to provide new development opportunities for both sides. China has achieved great success in the past four decades and more, and its international responsibilities have risen as well. Singapore hopes that all parties will interact with China positively to co-build a global village in the era of globalization and boost the world's long-term and sustainable development.

During his stay in Singapore, Wang Yi also met with Singaporean Deputy Prime Minister Heng Swee Keat, and held talks and jointly met the press with Singaporean Foreign Minister Vivian Balakrishnan.

在数据方面，英文译文共509个单词，除标题外，全文由5段、13句组成。最长的段落有6句、181个单词，最短的段落有1句、29个单词。46.2%的句子超过30个单词，除标题外平均每句38.4个单词。最长的句子有87个单词，最短的句子有16个单词。弗莱士易读指数（Flesch Reading Ease）仅为13.85，阅读难度为"很难"。

在内容方面，译文忠实于原文，在宏观、中观层面与原文基本对应。在微观层面，译文基本遵循上文所述基本体例与项目规范。例如，标题中的"会见"使用现在时态"meets with"。文中主句使用过去时态。例如"会见"（met with）、"转达"（conveyed）、"说"（said）、"表示"（said）、"举行会谈"（held talks with）。

文中从句的时态视情况而定。请观察表13-2中的时态用法。

表 13-2　外交部网站英文译文的时态用法（一）

过去时态	
中新建交 30 年来	The two countries **established**…
现在时态	
中方愿同新方	China **is willing to**…
新方珍视新中关系成就	Singapore **cherishes**…
这符合双方根本利益	… which **serves**…
现在完成时态	
两国关系始终保持发展势头	China-Singapore relations **have maintained**…
两国各领域交流合作成果丰硕	Singapore and China **have witnessed**…
东盟和中国关系全方位提升	ASEAN-China relations **have improved**…
将来时态	
中方将坚持睦邻友好	China **will uphold** good-neighborliness…

　　文中第一次出现外国人名时使用全名，下文继续出现时均继续使用其全名。例如，原文中的"李显龙"均译为"Lee Hsien Loong"，而非使用姓氏"Lee"或替换为其头衔"Prime Minister"。

　　但该规则也存在例外。例如，按照规定，外国人物的身份信息排列顺序为"头衔＋全名＋of＋国名"，因此，原文中的"新加坡总理李显龙"应译为"Prime Minister Lee Hsien Loong of Singapore"，而译文则将国名的形容词前置，译为"Singaporean Prime Minister Lee Hsien Loong"。

　　文中外交领域术语较多。表 13-3 总结了案例中出现的外交术语。

表 13-3　外交部网站英文译文的术语清单（一）

中文术语	英文翻译
双赢	win-win outcomes
全方位合作伙伴关系	all-round cooperative partnership
互信	mutual trust
互利合作	mutually beneficial cooperation
睦邻友好	good-neighborliness
南海行为准则	Code of Conduct in the South China Sea

（续表）

中文术语	英文翻译
建交	establishment of diplomatic relations
根本利益	fundamental interests
地球村	global village
可持续发展	sustainable development

▶ 新华社网站英文报道

China, Singapore committed to further cooperation, China-ASEAN ties

SINGAPORE, Sept. 14 (Xinhua)—Singaporean Prime Minister Lee Hsien Loong met with visiting Chinese State Councilor and Foreign Minister Wang Yi here on Tuesday, with both sides expressing willingness to further promote cooperation in all areas and boost China-ASEAN ties.

During the talks, Wang said that the development of China-Singapore relations has maintained momentum over the past 30 years thanks to the strategic leadership of both sides, the concerted efforts of all walks of life in the two countries, and Singapore's rational and objective perspective towards China's growth and its ability to find cooperative opportunities from the growth to achieve mutual success.

Lee Hsien Loong agreed that Singapore and China have witnessed fruitful exchanges and cooperation in various fields since the establishment of the diplomatic relations between the two countries, which Singapore cherishes dearly.

He also expressed hope for a greater achievement in this regard in the future.

Wang said that China is willing to join hands with Singapore to strengthen mutual trust and deepen exchanges in the post-pandemic era, so as to further enhance mutually beneficial cooperation in various fields, and contribute to regional and global peace, stability and development.

Lee said that China has achieved great success over the past four decades, and consequently its international responsibilities have risen as well.

Singapore hopes that all parties will have positive interactions with China, and work with China to jointly build a global village in the era of globalization, so as to promote the world's long-term and sustainable development.

Touching upon China-ASEAN relationship, Wang noted that China would continue to consolidate ties with the Association of Southeast Asian Nations (ASEAN) countries, speed up the consultations on the Code of Conduct (COC) in the South China Sea, uphold the regional framework with ASEAN at its core and facilitate regional development and prosperity.

Lee, for his part, said that the ASEAN-China relations have improved comprehensively during the past 30 years, which conforms to the fundamental interests of both sides and contributes to regional stability, openness and cooperation.

Singapore supports ASEAN countries and China to celebrate the 30th anniversary of ASEAN-China dialogue relations, to consolidate the regional cooperation mechanism, and to provide new development opportunities for both sides, the prime minister said.

在数据方面，新华社英文报道除电头外共 373 个单词，除标题外，全文由 10 段、10 句组成，每段 1 句。70% 的句子少于等于 36 个单词，除标题、电头外平均每句 36.5 个单词。弗莱士易读指数为 19.32，高于外交部网站的英文译文版本，但阅读难度仍为"很难"。

▶ 美联社网站英文报道

Top Chinese, Singapore officials meet to reaffirm ties

SINGAPORE (AP)—China's top diplomat met Tuesday in Singapore with the wealthy city-state's prime minister, reaffirming the importance of trade and diplomatic ties between the two countries.

In a Facebook post, Singapore's Prime Minister Lee Hsien Loong said he had a "productive and candid" discussion with Chinese Foreign Minister Wang Yi covering international and regional developments.

"Singapore welcomes China's continued contribution in our part of the world, and will continue working with China to build a more harmonious and peaceful world," Lee wrote.

Singapore's foreign ministry said in a statement that Wang and Lee also affirmed "the positive momentum in both countries' cooperation amidst COVID-19."

Wang is on a week-long official tour, and had visited Vietnam and Cambodia prior to the two-day working trip in Singapore. <u>He is expected to visit South Korea after Singapore.</u>

> Wang's visit comes weeks after US Vice President Kamala Harris visited Southeast Asia and stopped in Singapore and Vietnam. Chinese state media have described Harris's trip as one that "sought to pit countries against China."
>
> While in Singapore last month, Harris had criticized China for its actions in the South China Sea, describing them as intimidation and coercion. She said that the U.S. would "stand with our allies and our partners" in the face of Chinese threats.On Monday, China's Wang also called on Singapore's Deputy Prime Minister Heng Swee Keat and Foreign Minister Vivian Balakrishnan.
>
> They discussed further ways to strengthen relations between the two countries, including advancing cooperation with China on Singapore's government projects and exploring new areas of cooperation such as the digital economy.
>
> Balakrishnan also welcomed China's interest in the Comprehensive and Progressive Agreement for Trans-Pacific Partnership, which is a free trade agreement between 11 countries that include Australia, Canada, New Zealand, Singapore and Vietnam.
>
> The Chinese Foreign Ministry said last week that the countries that Wang is visiting are close neighbors and important partners.

在数据方面，美联社英文报道除电头外共 320 个单词，除标题外，全文由 10 段、14 句组成，其中 72.7% 的段落由 1 句构成。71.4% 的句子小于等于 25 个单词，除标题、电头外平均每句 22.3 个单词，与外交部网站英文译文的平均句长（38.4 个单词）差异显著。弗莱士易读指数上升为 42.2，比前两则都简单些，但总体阅读难度仍列为"难"。

表 13-4 显示，新闻媒体英文报道的总字数均少于外交部官网的英文报道，说明根据报道需要有所删减。在形式上，新闻媒体英文报道的段落数明显更多，经常是一句一段，同时倾向于使用短段落、短句子，阅读难度明显小于外交部网站的英文报道，更注重可读性。

表 13-4 外交部、新华社、美联社新闻文本数据统计

数据指标	外交部网站中文原文	外交部网站英文译文	新华社网站英文报道	美联社网站英文报道
全文字数（不计电头）	693	509	373	320
段数（不计标题）	5	5	10	11
句数（不计标题）	14	13	10	14

（续表）

数据指标	外交部网站中文原文	外交部网站英文译文	新华社网站英文报道	美联社网站英文报道
最长段落句数	6	6	1	2
最长段落字数	248	181	62	42
最短段落句数	1	1	1	1
最短段落字数	37	29	14	19
最长句子字数	82	87	62	32
最短句子字数	23	16	14	9
句子平均字数	48.6	38.4	36.5	22.3
弗莱士易读指数	/	13.85（很难）	19.32（很难）	42.2（难）

就内容而言，经比较可知：

第一，新闻媒体的英文报道重点突出，主要新闻事实一目了然。例如，美联社英文报道的标题不仅提及双方会见（meet），还强调了会见的主要目的（to reaffirm ties）；新华社英文报道则在标题中直接舍弃了会见的信息，而是聚焦会见中的主要发言内容（further cooperation, China-ASEAN ties）。

第二，新闻媒体的英文报道行文灵活，富于变化。例如，关于新闻人物的处理，新华社、美联社英文报道在标题、主体中提及"新加坡总理李显龙"时先后使用了以下多种表达，美联社的用词还表现出注重面向国际读者增补各类解释信息（如 Top Singapore official; the wealthy city-state 等，见表 13-5）：

表 13-5 新闻媒体英文报道对比（一）

新华社	美联社
Singaporean Prime Minister	Top Singapore official
Lee Hsien Loong	the wealthy city-state's prime minister
the prime minister	Singapore's Prime Minister
Lee Hsien Loong	Lee Hsien Loong
Lee	Lee
He	he

再如，新华社、美联社英文报道在标题、主体中提及"国务委员兼外长王毅"时先

后使用了以下表达（表13–6）：

表13-6　新闻媒体英文报道对比（二）

新华社	美联社
Chinese State Councilor and Foreign Minister Wang Yi	Top Chinese official China's top diplomat Chinese Foreign Minister Wang Yi
Wang	Wang He China's Wang

此外，在引语使用方面，新华社、美联社英文报道也更为灵活，交替使用前置型、后置型信源以及直接引语、部分引语、间接引语。

间接引语：前置型信源

He also expressed hope for a greater achievement in this regard in the future. (Xinhua)

后置型信源

Singapore supports ASEAN countries and China to celebrate the 30th anniversary of ASEAN-China dialogue relations, to consolidate the regional cooperation mechanism, and to provide new development opportunities for both sides, the prime minister said. (Xinhua)

直接引语：后置型信源

"Singapore welcomes China's continued contribution in our part of the world, and will continue working with China to build a more harmonious and peaceful world," Lee wrote. (AP)

部分引语：前置型信源

Singapore's Prime Minister Lee Hsien Loong said he had a "productive and candid" discussion with Chinese Foreign Minister Wang Yi covering international and regional developments. (AP)

第三，新闻媒体的英文报道注重背景信息，内容丰富。例如，美联社英文报道在第5段、第10段添加了与国务委员兼外长王毅外访直接相关的背景信息（见报道画线部分）。

此外，美联社英文报道在第 6 段以次要语法结构的形式（after）添加了与此访问接相关的背景信息（见报道画线部分）。

美联社英文报道还在第 9 段以次要语法结构的形式（which）添加了与会谈话题（Comprehensive and Progressive Agreement for Trans-Pacific Partnership）相关的背景信息。

2. 出席会议

"出席会议"类报道主要涉及国家元首、政府首脑、党和国家其他领导人、外交部长、外交部副部长、驻外大使等参加的会议，"出席"常对应的英文表达为"attend"。

> 原文：外交部部长助理刘建超**出席**第九次"东北亚名人会"
> 译文：Assistant Foreign Minister Liu Jianchao **Attends** Ninth Session of "Northeast Asia Trilateral Forum"

有些新闻标题中表明出席会议的嘉宾"发表致辞"或"发表演讲"，英文可将"attend and address"连用。有些新闻标题中还表明出席会议的嘉宾"发表主旨演讲"或"发表重要讲话"，则需将对应的英文放在句末。

> 原文：外交部副部长张明**出席**中国—中东欧国家高级别智库研讨会主论坛并**致辞**
> 译文：Vice Foreign Minister Zhang Ming **Attends and Addresses** the Main Forum of the First High-level Symposium of Think Tanks of China and Central and Eastern European Countries

3. 举行会谈

"举行会谈"主要涉及国家元首、政府首脑、党和国家其他领导人、外交部长等参加的会谈。常对应的英文为"hold talks with"。

> 原文：王毅与新西兰外长麦卡利**举行会谈**
> 译文：Wang Yi **Holds Talks with** Foreign Minister Murray McCully of New Zealand

基于上文对《新加坡总理李显龙会见王毅》等一组案例的讨论，试分析以下案例。

▶ **外交部网站中文原文**

王毅同韩国外长郑义溶举行会谈

当地时间2021年9月15日，国务委员兼外长王毅在首尔同韩国外长郑义溶举行会谈。

王毅表示，中韩是搬不走的近邻，更是离不开的伙伴。明年我们将迎来建交30周年。近30年来，两国从相互隔绝到密切交流，从彼此生疏到建立战略合作伙伴关系，中韩关系不断迈上新台阶，愈发走向成熟和稳定。两国贸易额达到3 000亿美元大关，人员往来步入1 000万人次时代，相互投资累计近1 000亿美元。两国不仅在双边层面实现了互利共赢、相互成就，而且在国际地区事务中保持沟通，尽力协调，发挥了和平稳定维护者、发展繁荣促进者的积极作用。当今世界正经历百年未有之大变局，世纪疫情又加速了变局演变。在新形势下，两国应进一步树立共同体意识，持续扩大共同利益，不断发掘合作潜力，推动中韩关系提质升级，实现更好、更快、更稳、更全面、更可持续的发展。

王毅说，中方愿同韩方保持高层交往和战略沟通，锚定两国关系正确航向。支持中韩关系未来发展委员会深入交流，凝聚各方智慧，筹备好两国建交30周年纪念活动，规划下一个30年的发展前景。用好联防联控机制和必要人员往来"快捷通道"，深化抗疫和疫苗合作，反对将病毒溯源政治化、工具化。加快发展战略对接和自贸协定第二阶段谈判，加强集成电路、信息通讯、大数据等产业合作，推动两国务实合作高质量融合发展。办好"中韩文化交流年"，扩大两国人文交流。中方赞赏韩方支持中国举办北京冬奥会，支持韩方举办2024年江原冬青奥会。

王毅表示，中韩都主张维护多边主义和自由贸易体制，可加强在联合国、二十国集团、世贸组织等多边框架和气候变化、安理会改革等全球性问题上的合作，共同维护地区和全球产业链、供应链安全稳定，推动区域全面经济伙伴关系协定如期生效，促进全球数据安全。

郑义溶表示，韩中两国在疫情形势下保持高级别沟通，贸易往来逆势增长，各领域合作进一步扩大，树立了疫情背景下国与国交往合作典范。希双方继续加强高层互动，促进抗疫合作，尽快启动双边自贸协定第二阶段谈判，深化人工智能、半导体、新材料等领域合作，为双边关系发展不断注入新动力。韩方愿同中方抓住两国建交30周年和"韩中文化交流年"契机,充分发挥韩中关系未来发展委员会作用,扩大人文交流,进一步发展面向未来的韩中关系。希中方继续支持朝鲜半岛和平进程。韩方支持本着开放性、透明性原则开展国际溯源合作,不赞同将溯源政治化。支持中方举办北京冬奥会,愿同中方在联合国、二十国集团等多边机构加强协调配合,共同应对疫情、气候变化等全球性挑战,为促进世界和平与繁荣做出积极贡献。

　　双方同意建立两国外长经常性沟通机制,尽快举行两国外交部门新一轮高级别战略对话和外交安全部门2+2对话。

　　双方还就共同关心的国际和地区问题深入交换了意见。

▶ 外交部网站英文译文

Wang Yi Holds Talks with ROK Foreign Minister Chung Eui-yong

On September 15, 2021 local time, State Councilor and Foreign Minister Wang Yi held talks with Republic of Korea (ROK) Foreign Minister Chung Eui-yong in Seoul.

Wang Yi said, China and the ROK are and will remain close neighbors. What's more important, the two countries are inseparable partners. Next year, we will celebrate the 30th anniversary of the establishment of diplomatic relations. For nearly three decades, the two countries have brought to an end estrangement and unfamiliarity and engaged themselves in close exchanges and strategic cooperative partnership, while China-ROK relations have continuously reached new heights and become more mature and stable. The two countries have witnessed their annual trade volume exceeding the mark of 300 billion U.S. dollars, the annual flow of the people entering the era of 10 million trips, and accumulative mutual investments approximating 100 billion U.S. dollars. Both countries have not only achieved mutual benefit and win-win results at the bilateral level, but also stayed in communication and coordinated to their best efforts in international and regional affairs, thus playing a positive role as a guardian of peace and stability and facilitator for development and prosperity. The world today is undergoing momentous changes of a kind unseen in a century, and the COVID-19 pandemic has accelerated these changes. Under the new circumstances, the two countries should further establish the awareness that we are a community, continue to expand common interests and tap the potential of cooperation, and push for further quality improvement and upgrade of China-ROK relations and better, quicker, more steady, more comprehensive and more sustainable development.

Wang Yi said, China is willing to maintain high-level exchanges and strategic communication with the ROK and keep the bilateral relations on the right course. China supports the Committee for Future Development of China-ROK Relations in conducting in-depth exchanges, gathering the wisdom of all parties, preparing well for the events in celebration of the 30th anniversary of the establishment of diplomatic ties between the two countries, and planning for the development in the next 30 years. It is important to make good use of the joint prevention and control mechanism and the "fast track" for the flow of essential personnel, deepen cooperation on the pandemic response and vaccines, and oppose politicizing the COVID-19 origin-tracing and turning it into a convenient tool. The two countries should speed up the alignment of their development strategies and the second-phase negotiations on the free trade agreement (FTA), step up cooperation in such industries as integrated circuit, information and communication, and big data, and boost the high-quality, integrated development of bilateral pragmatic cooperation. The two countries should make the "China-ROK Year of Cultural Exchanges" a success and expand people-to-people exchanges. The Chinese side appreciates the ROK for supporting China in hosting the Beijing Winter Olympic Games and supports the ROK in hosting the 2024 Winter Youth Olympic Games in Gangwon.

Noting that both China and the ROK stand for multilateralism and a free trade system, Wang Yi said, the two countries can strengthen cooperation on global issues such as climate change and reform of the Security Council within multilateral frameworks including the United Nations (UN), the Group of 20 (G20) and the World Trade Organization, jointly safeguard the security and stability of regional and global industrial and supply chains, facilitate the entry into force of the Regional Comprehensive Economic Partnership as scheduled, and boost global data security.

Chung Eui-yong said, in the midst of COVID-19, the ROK and China have maintained high-level communication and recorded the growth of two-way trade against the headwinds and further expansion of cooperation in all fields, setting an example of state-to-state exchanges amid the pandemic outbreak. Chung Eui-yong hopes that the two sides will continue to strengthen high-level interactions, promote anti-pandemic cooperation, launch the second-phase negotiations on the bilateral FTA at an early date, and deepen cooperation in artificial intelligence, semiconductors and new materials, so as to inject new impetus into the development of bilateral relations. Together with China, the ROK is willing to seize the opportunity of the 30th anniversary of the establishment of diplomatic ties between the two countries and the "ROK-China Year of Cultural Exchanges", give full play to the role of the Committee for Future Development of ROK-China Relations, expand people-to-people exchanges, and further develop future-oriented ROK-China relations. The ROK hopes that China could further support the peace progress on the Korean Peninsula. The ROK supports carrying out international cooperation on origin-tracing in an open and transparent manner, and disagrees with politicizing origin-tracing. The ROK supports China in hosting the Beijing Winter Olympic Games and stands ready to beef up coordination and cooperation with China in multilateral organizations such as the UN and the G20 and jointly tackle the pandemic, climate change and other global challenges, in a bid to contribute positively to world peace and prosperity.

The two sides agree to establish a regular communication mechanism between foreign ministers of the two countries and hold a new round of high-level strategic dialogue between foreign ministries of China and the ROK and China-ROK "2+2" dialogue on diplomacy and security as soon as possible.

Both sides also exchanged in-depth views on international and regional issues of common concern.

▶ 美联社网站英文报道

Top S. Korean, Chinese diplomats meet amid N. Korea tensions

SEOUL, South Korea (AP)—The foreign ministers of South Korea and China met Wednesday for talks expected to focus on North Korea and other regional security issues, two days after North Korea claimed to have tested a newly developed cruise missile.

North Korea said Monday it had successfully tested the missile twice over the weekend that it said hit targets 1,500 kilometers (930 miles) away, a range that is enough to strike all of Japan including US military bases there. It was North Korea's first weapons launch in six months and came amid a stalemate in its nuclear diplomacy with the United States.

On Wednesday, South Korean Foreign Minister Chung Eui-yong was expected to ask China to play a more active role in persuading North Korea to return to the nuclear negotiations during a meeting with his Chinese counterpart Wang Yi in Seoul.

While there are questions about China's influence on North Korea, Beijing is still North Korea's last major ally and aid benefactor. More than 90% of North Korea's trade goes through China, though bilateral trade volume has nosedived since North Korea closed its international borders early last year at the start of the coronavirus pandemic.

During Wednesday's talks, some observers say Wang would also seek to strengthen ties with South Korea to try to prevent it from titling too much toward the United States amid intense rivalry between the world's two biggest economies. They say China worry about a US plan to recalibrate its foreign policy toward growing challenges posed by China and Russia following its troops' withdrawal from Afghanistan.

South Korea has been struggling to strike a balance between the United States and China. It's a key traditional US ally where about 28,500 American troops are deployed to deter potential aggression from North Korea. But its export-driven economy heavily relies on China, its biggest trading partner.

North Korea's cruise missile launch isn't a violation of UN Security Council resolutions that bar North Korea from conducting ballistic missile tests. Some experts say North Korea might have chosen a cruise missile, not a ballistic one, not to put its ally China, a veto-wielding UN Security Council member, into a difficult situation.

Experts say North Korea wants greater support from China as its struggling economy has been further slammed by the pandemic-related border shutdowns, US-led sanctions and natural disasters.

Wang has also recently traveled to Singapore, Cambodia and Vietnam.

4. 拜会

"拜会"主要适用于驻外大使参加的会议，对应的英文为"call on somebody"。

> 原文：驻清迈总领事巢小良拜会清迈市长
> 译文：Consul-General in Chiang Mai Chao Xiaoliang **Calls on** Mayor of Chiang Mai

有些标题中还表明驻外大使"辞行拜会"，可使用"call"的名词形式。

> 原文：驻约旦大使岳晓勇**辞行拜会**约旦领导人和各界人士
> 译文：Ambassador to Jordan Yue Xiaoyong **Pays Farewell Call on** Leaders and People of All Circles of Jordan

5. 会议举行 / 举行会议

这类新闻常把会议名称作为主语，使用省略了系动词"be"的被动语态"held"。

> 原文：**第六次中印战略对话**在北京举行
> 译文：**Sixth China-India Strategic Dialogue** Held in Beijing

这类新闻还可用举办方、主持人作为主语。

> 原文：**杨洁篪**与英国外交大臣黑格举行中英战略对话
> 译文：**Yang Jiechi** Holds China-UK Strategic Dialogue with Foreign Secretary William Hague of UK

6. 举行磋商

"举行磋商"主要适用于外交部副部长、外交部司长等参加的会议，对应的英文为"hold consultation"。

> 原文：中白外交部举行双边关系和独联体问题**磋商**
> 译文：Foreign Ministries of China and Belarus **Hold Consultation** on Bilateral Relations and CIS Affairs

7. 通电话

"通电话"主要适用于国家元首、政府首脑、外交部长等参加的会议,对应的英文为"hold telephone talks with"。

> 原文:王毅与俄罗斯外长拉夫罗夫**通电话**
>
> 译文:Wang Yi **Holds Telephone Talks with** Foreign Minister Sergei Lavrov of Russia

13.2.4　媒体活动类新闻编译范式

在外交部网站新闻编译项目运行第一年完成的 611 篇稿件中,媒体活动类新闻共 87 篇,占比 14.2%。其中,发表文章类 30 篇、接受采访类 28 篇、其他媒体活动(举行吹风会、会见记者等)29 篇(图 13–3)。

1. 发表文章

"发表文章"主要适用于驻外大使在《人民日报》(大使随笔)或驻在国主流报刊发表文章的新闻,对应的英文为"publish/contribute an article"。

> 原文:驻沙特大使李成文在《中东报》**发表署名文章**
>
> 译文:Ambassador to Saudi Arabia Li Chengwen **Publishes Signed Article** on *Asharq Al-Awsat*

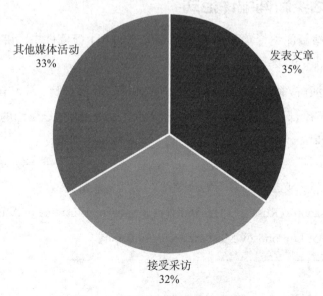

图 13–3　媒体活动类新闻主题分布

有些新闻标题中还会注明文章标题或文章大意。

> 原文：驻德国大使史明德在《欧洲时报》**撰文**谈中德关系
> 译文：Ambassador to Germany Shi Mingde **Writes Article** on China-Germany Relations for European Times

2. 接受采访

"接受采访"主要适用于驻外大使接受驻在国主流媒体采访的新闻，对应的英文为"give an interview to"。

> 原文：驻日本大使程永华**接受**日本《朝日新闻》**采访**
> 译文：Ambassador to Japan Cheng Yonghua **Gives an Interview to** the *Asahi Shimbun*

有些新闻标题中还注明"专访"，对应的英文为"exclusive interview"。

> 原文：新任驻克罗地亚大使邓英**接受**《晨报》**专访**
> 译文：Newly-appointed Ambassador to Croatia Deng Ying Gives **Exclusive Interview** to *Jutarnji List*

13.2.5　讲话类新闻编译范式

在外交部网站新闻编译项目运行第一年完成的 611 篇稿件中，讲话类新闻 32 篇，占比 5.2%。

"发表讲话 / 演讲 / 致辞"广泛适用于国家元首、政府首脑、党和国家其他领导人、外交部长、外交部副部长、驻外大使等参加的外交活动，有些以新闻的形式介绍讲话的主要内容，对应的英文为"deliver a speech"，多数则是讲话全文。

> 原文：驻俄罗斯大使李辉在莫斯科大学亚非学院**发表演讲**
> 译文：Ambassador to Russia Li Hui **Delivers a Speech** at Institute of Asian and African Studies of Lomonosov Moscow State University

13.3 编译策略、案例分析与演练

以下案例的中文原文为外交部中文网站 2020 年 9 月 16 日发布的一篇新闻,全文 758 个字,共 5 段。本节将对原文进行分析,为英译提供思路。

▶ **外交部网站中文原文**

蒙古国总理呼日勒苏赫会见王毅

当地时间 2020 年 9 月 16 日,蒙古国总理**呼日勒苏赫**在乌兰巴托会见国务委员兼外长王毅。

①**呼日勒苏赫**请王毅转达对中国领导人的诚挚问候。②**呼日勒苏赫**表示,王毅国务委员兼外长是蒙古国新一届政府成立后及疫情发生以来第一位访蒙的外长,蒙方高度重视,这体现了两国的传统友好和战略互信。③疫情期间,蒙中同舟共济,同甘共苦。④蒙方感谢中方提供的无私援助和防疫信息。⑤蒙中是永久邻居,发展对华睦邻友好合作是蒙古国对外政策的首要方针。⑥蒙方坚定奉行一个中国政策,**过去现在和将来都不干涉中国内部事务**,理解并支持中国各项内外政策。明年是蒙古人民党建党 100 周年,也是中国共产党建党 100 周年,希望双方加强党际交流,办好庆祝活动。⑦蒙方愿同中方深化全方位合作,不断为蒙中全面战略伙伴关系注入新的内涵。

王毅转达中国领导人对呼日勒苏赫的良好祝愿。王毅表示,蒙古国今年 6 月成功举行选举,保持政局稳定、社会和谐。相信在新一届政府领导下,蒙古人民一定能够持续迈向现代化的目标。我此访就是为加强后疫情时期中蒙全方位合作而来,双方达成了一系列重要共识。中方高度赞赏蒙方长期以来把发展对华关系作为外交首要方针,这完全符合蒙古国家和民族的长远利益。中方也将继续把加强对蒙友好作为中国周边外交的优先方向,这一方针坚定不移。

⑧王毅说,**中蒙是永久的邻居,更要做永远的朋友**,这不仅是两国领导人的共识,也应该成为两国各界和民众的共识。⑨中蒙合作有着巨大潜力和发展空间,我们要加紧规划好后疫情时期各领域合作,促进彼此的发展振兴。⑩我们愿同蒙古人民党加强治国理政经验交流,筹划好明年两党建党 100 周年庆祝活动。

王毅说,当前国际形势复杂多变,但只要中蒙双方坚定相互理解,相互信任,恪守共识,特别是相互尊重国家主权、独立和领土完整,不干涉对方内部事务,不断增进政治互信,中蒙友好就将牢不可破。

13.3.1 内容

译文应忠实于原文，在宏观、中观层面与原文基本对应。

13.3.2 时态

标题中的"会见"使用现在时态"meets with"。文中主句一般应使用过去时态，如"会见"（met with）、"请"（asked）、"表示"（said）、"转达"（conveyed）、"说"（said）。

从句时态视情况而定，如表 13-7 所示：

表 13-7　外交部网站英文译文的时态用法（二）

过去时态	
双方达成了一系列重要共识	The two sides **reached** a series of…
现在时态	
蒙中是永久邻居	Mongolia and China **are** permanent neighbors…
现在完成时态	
蒙古国……保持政局稳定	Mongolia **has maintained** political stability…
将来时态	
这一方针坚定不移	…and this policy **will remain** firm…

13.3.3 外国人物

标题、导语中的"蒙古国总理呼日勒苏赫"，英文按照"头衔 + 全名 + of + 国名"的顺序排列，为"Prime Minister Ukhnaagiin Khürelsükh of Mongolia"。下文三次出现"呼日勒苏赫"，均译为"Ukhnaagiin Khürelsükh"，而非使用姓氏"Khürelsükh"或替换为其头衔"Prime Minister"。

13.3.4 日期

导语中的"当地时间 2020 年 9 月 16 日"，英文按照"月（英文单词）+ 日（阿拉伯数字）+ 逗号 + 年（阿拉伯数字）"的顺序排列，为"On September 16, 2020 local time"，而非替换为"Wednesday"。

13.3.5 术语

在编译新闻时,应注意对相关术语的处理(表13-8)。

表13-8 外交部网站英文译文的术语清单(二)

高度重视	attach great importance to
战略互信	strategic mutual trust
睦邻友好合作	good-neighborly and friendly cooperation
一个中国政策	one-China policy
中国共产党	Communist Party of China
蒙古人民党	Mongolian People's Party
全面战略伙伴关系	comprehensive strategic partnership
周边外交	neighborhood diplomacy
治国理政	national governance
国家主权	national sovereignty
领土完整	territorial integrity
政治互信	political mutual trust

13.3.6 其他细节

外交场合注重细节,例如,蒙古国总理发言时称"蒙中同舟共济""蒙中是永久邻居""蒙中全面战略伙伴关系","蒙"在前,英文应保持原语序,视上下文译为"Mongolia and China"或"Mongolia-China";同理,中国国务委员兼外长发言时称"中蒙全方位合作""中蒙是永久的邻居""中蒙合作""中蒙双方""中蒙友好","中"在前,英文也应保持语序,视上下文译为"China and Mongolia"或"China-Mongolia"。

再如,第2段第⑥句中的表述"过去现在和将来都不干涉中国内部事务"具有显著的强调意味,英文也应予以突出,不能简略,可译为"never interferes in""has not interfered in""will not interfere in"等表达。

又如,第4段第⑧句中的表述"中蒙是永久的邻居,更要做永远的朋友"也具有显著的强调意味,英文也应重复,不能仅使用一次"permanent"。

课后练习

 请扫描二维码，阅读新闻《外交部副部长乐玉成同韩国外交部第一次官崔钟建举行视频会晤》（选自中国外交部网站），结合外交新闻编译策略，以外交部英文网站为目标媒体将其译为英文。

第 14 章 体育新闻

- **本章学习要点**
1. 了解体育新闻的定义、分类、价值、主要生产机构；
2. 掌握体育新闻标题、导语及主体的写作范式；
3. 掌握体育新闻的主要编译规范。

- **课前思考**
1. 体育新闻吸引读者的价值点主要表现在哪些方面？
2. 中英体育新闻报道存在哪些差异？

> **小贴士**
>
> The most heavily read section of the newspaper after local and entertainment news is sports news.（除去本地新闻和娱乐新闻，报纸阅读量最高的版块是体育新闻。）
>
> ——Melvin Mencher (2012: 425)

14.1 概述

体育比赛在世界各地时时刻刻发生着。一谈到体育新闻，人们首先会想到体育比赛或竞技体育，如奥运会（Olympic Games）、国际足联世界杯（FIFA World Cup）、美国职业篮球联赛（NBA），不一而足。竞技体育之所以具有如此高的关注度，主要源于"丰富的新闻源"和"极强的新闻性"（马胜荣等，2010: 247–248）。以体育符号为主的体育新闻信息经过专业化制作转换而成的媒介内容，可引发受众产生强烈的情绪情感共享体验（毕雪梅，2021）。

14.1.1 体育新闻的定义与分类

一般认为，体育新闻是关于体育赛事和运动员的新闻。美国哥伦比亚大学新闻学院提出新闻报道概念包含了三个层面：第一层面，是对主体新闻事实的直接性报道；第二层面，是发掘涉及主体新闻背后的原因及实质的调查性报道；第三层面，是在调查性报道基础上作出的解释性和分析性报道（王惠生、李金宝，2020）。本章中所讨论的体育新闻主要指第一层面的概念。

体育新闻除赛事报道，还包括明星特写、选手或者运动队非法或不得体的活动。其中赛事报道是体育新闻报道的主体。体育新闻的受众人群想知道参赛人员、其比赛表现、输赢情况以及原因分析，全国性比赛如此，区域性比赛更是如此（凯利·莱特尔等，2010）。赛事报道主体中的内容可以十分具体，包括关键比赛和选手、比赛中使用的策略、具体执行过程与效果、比赛得分、比赛转折点、比赛对排名的影响以及赛后访谈（马胜荣等，2010）。

体育新闻从文本类型划分，可分为动态消息、现场报道、访谈等。从报道的功能划分，可分为分析性报道、解释性报道、预测性报道等。从涉及领域划分，可分为体育娱乐新闻、体育政治性新闻、体育社会性新闻（马胜荣等，2010）。

本章所涉新闻主要包括体育赛事新闻和体育明星新闻。体育赛事新闻的核心还是对体育赛事事实进行常规报道，覆盖体育娱乐新闻、社会新闻范畴。

14.1.2 体育新闻的功能价值

体育新闻注重信息性、娱乐性、竞技性，三者互相支持，密不可分。以赛事报道为主的体育新闻注重对竞赛细节信息的报道，但其宗旨是让读者体验竞技体育的紧张激烈，产生身临其境的感受，从而娱乐身心。

总体而言，体育新闻具有娱乐功能，因此其报道的语言风格更倾向于轻松和活泼，不吝使用现代时髦口语、网络流行语以及日常白话口语来进行报道，力求增加感染力，让读者感到眼前一亮。

同时，体育新闻的娱乐性与其竞技性紧密相关。为凸显竞技性，现代体育新闻报道中大量使用与战争相关的隐喻表达方式，让观众产生"赛场即战场"的思维错觉，从而在紧张激烈的现场感中获取娱乐感。

在中文体育新闻报道中战争隐喻的使用频率明显高于英文体育新闻报道：

体育新闻中，比赛往往称为"……大战""……之战"；关键的比赛叫作"决战"；艰苦激烈的比赛叫作"鏖战""苦战""激战"；参加某项比赛叫作"出征"或者"讨伐"；

比赛的开始则是战争的开始，叫作"备战""开战""应战"等；进行比赛又称作"交火""交锋"。

比赛战术安排叫作"调兵遣将""排兵布阵"；"诱敌深入"和"杀回马枪"是赛场上经常用到的战略战术。

参加比赛的人员安排叫作"比赛阵容"；运动员情绪不好、不在比赛状态或不专心比赛叫作"士气低落"或者"军心不稳"，从而会导致"无心恋战"甚至是"临阵脱逃"。

比赛胜利除了常用的"战胜""击败"之外，还经常用"旗开得胜""告捷""歼灭"等；战胜了曾经打败自己的对手时称"报了一箭之仇"，轻松取胜叫作"兵不血刃"；比赛失败常说"饮恨""全军覆没"等；平局的说法是"握手言和"等。

从新闻价值看，体育新闻更加注重冲突性（竞争性）、知名性、切近性原则，因此运动员的表现（如赛场表现、违规表现、转会）以及比赛结果往往是体育新闻报道的焦点。

14.1.3　体育新闻的生产机构

体育新闻的生产机构主要包括报刊的体育版、电台的体育节目、电视台的体育频道等。

知名度较高的国外体育新闻媒体主要包括：

- Yahoo Sports（雅虎体育）：雅虎旗下体育新闻网站；
- ESPN（Entertainment and Sports Programming Network）：专注体育节目的美国全球有线电视网络，业务包括体育直播和录播节目、体育脱口秀节目和其他原创节目；
- *Sports Illustrated*（《体育画报》）：美国体育杂志，专营权属于媒体巨头时代华纳公司；
- *Sport*（《体育图片报》）：属于德国出版集团；
- NBC Sports（全国广播公司体育频道）：美国全国广播公司电视网的体育部，其节目主要包括奥运会、美国橄榄球联盟比赛、国家冰球联盟比赛、巴黎圣母院足球比赛、美巡赛等赛事；
- Sky Sports（天空体育）：英国最大的收费体育电视台，其开创的天空体育新闻网也具有较高的信度。

除此之外，世界知名通讯社、报社、电视台、广播电台等新闻机构的综合网站，不少都把体育报道放在显著位置。比如，在美联社官网主页，体育新闻栏目位居前四位，仅次于美国新闻（US News）、世界新闻（World News）、政治新闻（Politics）栏目。《今日美国》《卫报》《澳大利亚人报》（*The Australian*）和《洛杉矶时报》等知名媒体网站也都将体育新闻栏目置于显要位置。

2023年中国国内体育综合网站排行榜排名前十的有新浪体育、虎扑体育、腾讯体育、央视网体育频道、东方体育、搜狐体育、网易体育、体坛网、凤凰体育等。

14.2 中英文写作范式

14.2.1 体育新闻的标题

体育新闻的标题与前文所讲新闻标题特点和范式基本一致，多使用主—谓—宾结构和现在时。其独特之处在于：标题中含有大量的体育明星、球队、赛事名称（包括昵称、别名），多用阿拉伯数字表示的比赛结果，多用包含战争隐喻特征的表达，多用凸显竞技体育色彩的术语。

体育新闻标题的信息密度较高。下面重点分析常见类别体育新闻的标题范式。

1. 标题常见范式

如前所述，明星表现、比赛战况是最吸睛的体育新闻价值点。同时应注意，不同媒体的标题在风格上也存在一定差异性。

1）赛事预测类

热门赛事预测类新闻可以是对出场队员或阵型的预判，也可以是根据实力和以往表现对比赛结果的预测。此类新闻标题一般采用的范式为：预测提示 + 具体预测。

- 国足抗韩阵型提前曝光，00后小将疑似顶替蒋光太位置（搜狐体育）
- 逆袭之**战**！中国男篮被**看衰**，对手实力榜第一，杜锋盼**上演**第九奇迹（搜狐体育）

以上两则中文标题就结构范式而言，第一部分均为预测提示，告知读者是对什么比赛的哪方面预测，第二部分是具体预测结果。"曝光""看衰""上演"等用词体现了搜狐网喜用网络流行词的一贯特色，"抗""阵型""战"表现出体育新闻喜用战争隐喻烘托激烈冲突性的特点。

2）比赛赛况类

赛况类报道是体育新闻的重点内容，一般聚焦比赛结果。由于明星球员的表现关注度高，因此其在比赛中的亮眼表现也多在标题中呈现。此类新闻标题多使用以下范式：范式一：比赛类别 + 比赛结果 + 后续影响（晋级情况）；范式二：比赛类别 + 明星表现 + 比赛结果；范式三：明星表现。

用词方面，此类新闻标题还表现出如下特色：

- **多用战争隐喻色彩词**：多使用战争隐喻表达胜负结果，生动活泼，凸显竞技体育的激烈性。
- **多用体育术语**：竞技体育形成了对于某些赛场表现、战术、球员的术语表达，在标题中使用频率较高。如"帽子戏法""绝杀""处子球"等。
- **多用情感负载词**：记者和媒体对于本国、本地队伍的支持不加掩饰，在描写其竞技表现时常会使用情感负载词。如"惜败""险胜"等。

请观察以下案例，黑体部分均使用了战争隐喻、体育术语或情感负载词。

- 男篮亚洲杯—新西兰**大胜**叙利亚 晋级八强及 1/4 决赛将**对阵**韩国（新浪体育）
- 热身赛—马夏尔**传射** 拉什福德桑乔进球 曼联 3–1 胜（新浪体育）
- 英超**揭幕战**：拉卡泽特**处子球** 鲁吉**绝杀** 阿森纳 4–3（新浪体育）
- WTT 冠军赛王楚钦**意外出局** 林高远 3 比 2 **逆转**林昀儒（新浪体育）
- Spain **beat** Denmark to set up Euro 2022 quarter-final (Yahoo Sports)（2022 女足世界杯：西班牙 1–0 胜丹麦，晋级 1/4 决赛）

就结构而言，标题一采用范式一，聚焦比赛结果；标题二、标题三采用范式二，还囊括了球星表现；标题四注重选手个人比赛表现，采用范式三，其中使用"意外出局""逆转"等情感负载词及战争隐喻，有助于烘托气氛，吸引读者进一步阅读。

从用词特色来看，新浪体育的风格较为平实，使用的网络词较少，但战争隐喻使用较为频繁，如"揭幕战""对阵""大胜""逆转"。标题三使用了体育术语"处子球""绝杀"。

标题五选自雅虎体育，采用了范式一，包括比赛结果（Spain beat Denmark）以及该结果的影响（set up Euro 2022 quarter-final）。

3）明星转会类

明星转会往往涉及高昂的转会费用、俱乐部之间的讨价还价，是粉丝关注度较高的一类新闻，在体育新闻中占据不小的比重。根据转会意向是否达成，多采用两种范式：范式一：明星 + 未能签约某队 + 原因（或后续）；范式二：明星 + 签约某队 + 总价（或协议时间）。

请观察以下案例:

- 曝塞维拒切尔西对孔德的 5 500 万报价 蓝军将再报价（新浪体育）
- Hawks, De'Andre Hunter $20M apart on contract extension（NBC Sports）（NBA 亚特兰大老鹰队与前锋德安德烈·亨特续约谈判进展不大 合同差价 2 000 万）
- 拜仁官宣签下德里赫特 总价 7 700 万欧签约 5 年（新浪体育）
- JaMychal Green taking Thunder buyout, signing with Warriors（NBC Sports）（杰迈克尔·格林宣布计划底薪加盟勇士 已和雷霆达成了买断）
- James Harden to re-sign with Philadelphia 76ers on two-year contract（*USA Today*）（詹姆斯·哈登与费城 76 人队续约两年）

标题一、二为双方未能达成转会合作，属于范式一。中文标题多用两段式分述，第一部分交代未能达成一致的事实，第二部分说明原因或者后续发展。后三条标题为达成转会合作，属于范式二，说明了球星与某明星队签约，补充了合约总价或合约时长。

4）教练及球星言论类

球队主帅、明星球员由于知名度高，其对比赛、转会等发表的言论也会引发媒体和粉丝关注，因而在体育新闻中占据一席之地。此类标题兼具言论新闻的特点，其一般范式是：言论来源＋超常言论。

- 拜仁主帅：巴萨没钱还能引进那么多球员 太怪异了（新浪体育）
- 西蒙尼赞 C 罗是世界第一 他欢迎 C 罗加盟马竞（新浪体育）
  Aguero needs time to return to best form, says Man City Boss Guardiola (Reuters)（瓜帅：阿圭罗恢复状态需要时间，他做什么决定我都会祝福）
- Marcelo: Ronaldo is number one in the world (BeSoccer website)（马塞洛：罗纳尔多是世界第一）

2. 标题特点：多用专有名词

体育新闻往往围绕球星、明星俱乐部、体育赛事展开，所以标题中大量出现此类专有名词。由于阅读体育新闻的一般为球迷或者十分熟悉该赛事的爱好者，加之标题需要在保持密集信息量的基础上做到简洁，因此对此类专名多使用简称、昵称等。比如在英超联赛中，用"枪手"指阿森纳队、"红军"指利物浦队、"蓝军"指切尔西队。体育新闻撰写和编译的时候应注意使用。

> 标题：**Booker has** 36 points, NBA-leading **Suns beat Rockets** 129–112
>
> 导语：HOUSTON (AP)—**Devin Booker** scored 36 points, Mikal Bridges added 26 and the NBA-leading **Phoenix Suns** beat the **Houston Rockets** 129–112 on Wednesday night for their third straight victory.
>
> 参考译文：NBA 战况：布克**砍** 36 分，太阳 129–112 **轻取**火箭

上例英文标题中包括球星名"Booker"，体育赛事名称"NBA"，球队名称"Suns""Rockets"。英文导语指出"Booker"的全名是"Devin Booker"（德文·布克），"Suns"的全称是"Phoenix Suns"（菲尼克斯太阳队），"Rockets"全称是"Houston Rockets"（休斯顿火箭队）。中文标题译文为实现标题简洁性，使用了中国球迷熟悉的球星简称（"布克"）和队名简称（"太阳""火箭"）。英文标题只使用了"has""beat"等较为平实的表达，而中文译文则使用了战争隐喻"砍"和情感负载词"轻取"将之升级，突出了明星球员和球队的优秀表现，提升了竞技性和娱乐效果。

> 标题：**RJ Barrett** scores 31, **Knicks** beat **Trail Blazers** by 30
>
> 导语：NEW YORK (AP)—**RJ Barrett** scored 31 points, Julius Randle added 20 points and nine rebounds, and the **New York Knicks** beat the **Portland Trail Blazers** 128–98 on Wednesday night.
>
> 参考译文：巴雷**特** 31 分，尼克斯**大胜**开拓者

上例英文标题中的专有名词包括球星"RJ Barrett"，球队"Knicks"和"Trail Blazers"。英文导语提示球队"Knicks"全称为"New York Knicks"（前为所在城市名 New York，后为队名 Knicks，中文译为"纽约尼克斯队"），"Trail Blazers"全称是"Portland Trail Blazers"（前为所在城市名"Portland"，后为队名"Trail Blazers"，中文译为"波特兰开拓者队"）。中文标题译文使用中国球迷熟悉的球星（巴雷特）和队名简称（"尼克斯""开拓者"）。

3. 标题特点：多用首字母缩写词

美国合众国际社网站首页体育栏目下开设 4 个子栏目，分别是 NFL、MLB、NBA 和 Soccer，前三个都是首字母的缩写，代表北美四大职业运动项目。此类首字母缩写词在体育新闻标题中经常出现。

> **小贴士**
>
> ### 北美四大职业运动
>
> NFL：National Football League，美国国家橄榄球联盟。居北美四大职业体育运动联盟之首，也是世界上规模最大的职业橄榄球大联盟。
>
> MLB：Major League Baseball，美国职业棒球大联盟。美国最高级别的职业棒球比赛，历史悠久。
>
> NBA：National Basketball Association，美国职业篮球联赛。北美男子职业篮球组织，世界顶尖的职业篮球组织。
>
> NHL：National Hockey League，美国国家冰球联盟。由北美冰球队伍组成的职业运动联盟，全世界最高层级的职业冰球比赛。

标题：**Saints safety Malcolm Jenkins** retires after 13 years in **NFL**

导语：March 30 (UPI)—Three-time Pro Bowl safety **Malcolm Jenkins** will retire from the NFL, ending a 13-year career, he announced Wednesday on social media.

参考译文：**圣徒安全卫马尔科姆·詹金斯**宣布退役 NFL

上例谈到明星球员 Malcolm Jenkins（马尔科姆·詹金斯）退休，结束了为期十三年的 NFL 赛事生涯。英文标题中出现了联盟名首字母缩写"NFL"，以及"Malcolm Jenkins""Saints""safety"等专有名词。"Saints"是詹金斯服役的球队（全称"New Orleans Saints"，中文译为"新奥尔良圣徒队"），"safety"是其比赛位置（中文译为"安全卫"），导语中提到的"Pro Bowl"指 NFL 全明星赛（中文译为"职业碗"）。

标题：**NBA** fines **Trail Blazers' Jusuf Nurkic** $40K for throwing **Pacers** fan's phone

导语：March 22 (UPI)—The NBA fined Portland Trail Blazers center Jusuf Nurkic $40,000 on Tuesday for confronting a Pacers fan at a game in Indiana and throwing the individual's cellphone.

参考译文：努尔基奇扔步行者队球迷手机 联盟开出 4 万美元罚单

NBA 在全世界可以说是家喻户晓，在导语中同样没有使用全名。参考译文分两段表达，一段陈述球星 Jusuf Nurkic（尤素夫·努尔基奇）的反常行为，一段陈述 NBA 联盟对其行为的处罚。明星效应加天价罚单的超常性，构成该则新闻的价值。

4. 标题特点：多用战争用语

请观察以下新闻标题是如何使用战争用语渲染竞技性的。

- 欧洲联赛直播预告：意甲**重燃战火** 米兰拉齐奥**出战**（央视网）
- 欧洲杯 4 强：**不败之师**意大利**剑指**冠军！**三狮军团**坐拥天时地利人和（搜狐体育）
- 罗杰斯杯沃兹**鏖战击败** No.1 进四强**战**斯蒂文斯（新浪体育）
- 爆冷！巴西 3:1 **斩落**塞尔维亚 中国女排冠军在望（搜狐体育）
- Lyles leads US **sweep**; Jackson tops Jamaica 1–2 in 200 (AP)

14.2.2　体育新闻的导语

体育赛事报道导语基本使用概括性导语（summary lead 或 straight lead），在标题的基础上提供更多的新闻要素和相关信息。英文导语一般按照"重要性递减原则"排列，优先描写主要体育事实，然后交代次要事实。继续以明星球员努尔基奇吃 NBA 联盟罚单的新闻为例。

> 标题：NBA fines Trail Blazers' Jusuf Nurkic $40K for throwing Pacers fan's phone
> 参考译文：努尔基奇扔步行者队球迷手机 联盟开出 4 万美元罚单
> 　导语：March 22 (UPI)—The NBA fined Portland Trail Blazers center Jusuf Nurkic $40,000 on Tuesday for confronting a Pacers fan at a game in Indiana and throwing the individual's cellphone.
> 参考译文：NBA 官方宣布，对开拓者队中锋尤素夫·努尔基奇处以 4 万美元罚款。罚款的原因是努尔基奇在 3 月 21 日开拓者队在印第安纳州客战步行者队时，与场边球迷发生对峙，抢夺该球迷手机并将手机扔上观众席。

该例英文原文标题包含了三个要素（Who、What、Why），英文导语补充了两个新的要素（When、Where）（表 14–1）：

表 14-1　体育新闻英文标题和导语要素对比

要素	英文标题	英文导语
Who	NBA	The NBA
What	fines Trail Blazers' Jusuf Nurkic $40K	fined Portland Trail Blazers center Jusuf Nurkic $40,000
When		Tuesday
Where		Indiana
Why	for throwing Pacers fan's phone	for confronting a Pacers fan at a game in Indiana and throwing the individual's cellphone.

英文导语信息按照"重要性递减原则"排列，首先是 NBA 对明星球员开出大额罚单的超常事实，然后补充原因，即球员与球迷发生冲突。

下面再来看两则赛况报道新闻的英文导语。

> 标题：UConn tops Stanford 63–58, advances to NCAA title game
>
> 参考译文：康涅狄格大学 63–58 击败斯坦福大学，晋级 NCAA 冠军赛
>
> 导语：MINNEAPOLIS (AP)—Geno Auriemma and the UConn Huskies are **back in the NCAA title game for the first time in six years** after getting through one of the most difficult seasons of the Hall of Fame coach's career.
>
> 参考译文：在经历了**名人堂教练**职业生涯中最艰难的一个赛季后，吉诺·奥里玛率领康涅狄格州哈士奇队<u>时隔六年首次重返 NCAA 冠军赛</u>。

小贴士

美国篮球名人堂

全名"奈史密斯篮球名人纪念堂"（Naismith Memorial Basketball Hall of Fame）。名人堂的入门标准极其严格，球员退役 3 年后方可申请；教练须执教 25 年以上才有提名资格。名人堂资格的含金量远高于"球衣号码退役"或者"50 大巨星"之类荣誉。吉诺·奥里玛 2006 年入选美国篮球名人堂。

> 标题：LeBron James records 38-point triple-double, Lakers beat Cavaliers
>
> 参考译文：不老传奇！詹姆斯 38 分取三双 湖人客场发威灭骑士
>
> 导语：March 22 (UPI)—LeBron James totaled 38 points, 12 assists and 11 rebounds to lead the Los Angeles Lakers to a win over the Cleveland Cavaliers. The win was the second in six games for the 31–41 Lakers.
>
> 参考译文：北京时间 3 月 22 日，在今天早些时候结束的一场 NBA 常规赛中，湖人当家球星勒布朗·詹姆斯发挥出色，拿下 38 分、12 次助攻和 11 个篮板，带领洛杉矶湖人队客场击败克利夫兰骑士队。这是湖人队六场比赛中的第二场胜利，获得 31＋41 分。

以上两则赛况新闻中，英文导语均按照"重要性递减原则"排列。第一则以明星教练、明星球队名开头，第二则以明星球员及其亮眼表现开头，继而交代比赛结果。

应注意，两则英文导语都注重增补细节阐发意义，从而增加新闻价值。第一则导语补充奥里玛是名人堂教练，同时指出此次获胜是康涅狄格州哈士奇队（UConn Huskies）"时隔六年首次重返 NCAA 冠军赛"；第二则导语则补充了勒布朗·詹姆斯（LeBron James）"三双"的得分详情，并指出这是"湖人队六场比赛中的第二场胜利"。

> 标题：Pelicans rally past Lakers 114–111 despite Davis' return
>
> 参考译文：NBA 21–22 赛季鹈鹕 114:111 湖人，浓眉复出无力回天
>
> 导语：LOS ANGELES (AP)— ① CJ McCollum scored 32 points, ② Brandon Ingram added 29 against his former team and ③ the New Orleans Pelicans spoiled Anthony Davis' return from injury with another fourth-quarter rally ④ in a 114–111 victory over the Los Angeles Lakers on Friday night.

上例的英文导语同样以"明星表现＋比赛结果详情"排序。先交代 Pelicans（英文全称 New Orleans Pelicans，中文译为"新奥尔良鹈鹕队"）两位明星队员的个人得分情况（①②句）；然后交代 Lakers（英文全称 Los Angeles Lakers，中文译为"洛杉矶湖人队"）明星球员 Anthony Davis（安东尼·戴维斯，外号"浓眉哥"）伤愈归队无力回天（③句）；最后交代比赛结果（④句）。

如前文所述，中英新闻导语在篇章推进方式上存在差异。"一般情况下，中文导语的篇章推进方式是由新闻背景推向新闻事实，而英文导语则从新闻事实推向新闻背景"（陈彩云、王海，2011：65）。这种差异体现在体育新闻导语中，表现为中文导语多采用

"背景（时空架构）+事实"的原则排序。

> 标题：Curry scores 32 points, Durant 27 as the Golden State Warriors edge the Oklahoma City Thunder
>
> 参考译文：NBA：库里32+9+8 杜兰特27分 勇士轻取雷霆迎开门红
>
> 导语：Stephen Curry and Kevin Durant starred as Golden State Warriors began the defence of their NBA title with a battling 108–100 victory over Oklahoma City Thunder.
>
> 参考译文：人民网北京10月17日电①北京时间10月17日，②2018~2019赛季NBA常规赛正式开打，③勇士坐镇主场迎战雷霆，④凭借库里和杜兰特的关键球，勇士以108–100击败对手，取得开门红。

上例英文导语遵循"重要性递减原则"，顺序是"明星表现+比赛结果"。先总结两位巨星，Stephen Curry（斯蒂芬·库里）和Kevin Durant（凯文·杜兰特）的亮眼表现，然后提及Golden State Warriors（金州勇士队）卫冕冠军的身份，最后才是本场比赛的结果。中文编译导语则按照"背景+事实"的顺序，先交代新闻的时空架构（①②③句），然后交代新闻事实即比赛结果（④句）。

14.2.3 体育新闻的主体

1. 主体结构

体育赛事新闻多为硬新闻，多采用倒金字塔结构。主体是对导语的细化和补充，即对导语中提及的新闻要素进行细化，对导语中没有提及的新闻要素进行补充。布鲁斯·伊图尔（Bruce Itule）和道格拉斯·安德森（Douglas Anderson）总结了体育记者的注意事项清单，体现出体育新闻主体的特点（Itule & Anderson, 2003）：

- 使用概括性导语，但不必拘泥于此；
- 避免按时间顺序，把最重要的方面先交代出来；
- 好的报道应整合事实、事件转折点、引用、统计和分析；
- 避免使用老套过时的用法；
- 避免使用没有意义荒诞的直接引语。

对体育赛事的报道一般涉及运动队、运动员（主要是明星运动员）、赛事时间和地点、赛事结果、赛事影响等新闻要素。下面以一则2022年英超联赛新闻报道为例，分析中英文体育新闻报道的叙事结构。

第14章 体育新闻

▶ **环球网中文新闻报道**

英超：切尔西 0–0 狼队 两连平落后榜首 6 分

北京时间 12 月 19 日晚 22 点，英超第 18 轮，切尔西做客对阵狼队。两队 90 分钟 0–0 没有进球。上半场狼队曾打入一球因越位被吹，普利希奇上半场各错失一次好机会，最终互交白卷。此役过后切尔西联赛两连平，排名还在第三，但已经落后曼城 6 分。

英超积分榜上，切尔西 11 胜 4 平 2 负积 37 分，在曼城利物浦之后排名第 3。狼队 7 胜 3 平 7 负积 24 分，排名第 8。因为受到严重的新冠疫情影响，蓝军 7 人感染，此役切尔西只有 6 名替补。卢卡库、维尔纳、奥多伊、哈弗茨四名前锋缺阵。左翼奇尔维尔和中卫克里斯滕森受伤，若日尼奥和奇克双后腰也一同缺席。切尔西防线阿斯皮利奎塔、蒂亚戈·席尔瓦和吕迪格三人坐镇，阿隆索和詹姆斯在两边。查洛巴首发位置前提与坎特搭档后腰，芒特、齐耶赫和普利希奇组成攻击线。

开出不到 1 分钟，里斯·詹姆斯接队友中场挑传，禁区右侧推射被主队门将扑出。第 15 分钟，狼队快速反击，马萨尔左路传中，前点队友错过，波登斯后点包抄推射破门，但被吹越位在先进球无效。

第 42 分钟，狼队左路 45 度传中，禁区中路邓东科尔插上甩头攻门顶的太正，被门迪倒地抱住。上半场两队 0–0。

下半场切尔西换上萨乌尔，换下查洛巴。第 57 分钟，阿隆索接直塞，禁区左侧抽射被门柱挡出，但阿隆索接球时已经处于越位位置。第 74 分钟，切尔西左侧战术角球开出，科瓦契奇传中，后点队友头球攻门稍偏，科瓦契奇传球时先越位。

标题： 比赛结果；排名影响
两段式标题，前半段为比赛结果，后半段为对排名的影响

导语： 时空框架；比赛结果详情；排名影响详情
导语开头补充了比赛时空架构（19 日晚，第 18 轮，客场），继而对标题进行拓展，详述了此次比赛没有进球的过程，此战后切尔西队的排名情况（排名第三，落后第一名曼城 6 分）。

主体： 英超球队排行榜；此役队员情况

主体： Who/What
比赛亮点 1

主体： Who/What
比赛亮点 2

主体： Who/What
比赛亮点 3

> 　　第78分钟，阿隆索左路传中，普利希奇得球后单刀进禁区，面对若泽·萨的推射被扑出。第89分钟，芒特左侧角球传中，吕迪格后点头球冲顶高出。最终切尔西客场和狼队0-0闷平各拿一分。
>
> 　　两队出场名单：
>
> 　　狼队（352）：1-若泽·萨/23-基尔曼、16-考迪、27-赛斯/2-霍福尔、32-邓东科尔、8-内维斯、28-穆蒂尼奥、5-马萨尔/9-希门尼斯（89'11-特林康）、10-波登斯（79'37-特劳雷）
>
> 　　切尔西（3421）：16-门迪/28-阿斯皮利奎塔、6-蒂亚戈·席尔瓦、2-吕迪格/24-里斯·詹姆斯、3-马科斯·阿隆索/7-坎特、14-查洛巴（46'17-萨乌尔）/19-芒特、22-齐耶赫（65'8-科瓦契奇）/10-普利希奇

主体： Who/What 比赛亮点4

主体： Who 介绍出场队员

纵观整条新闻，主体还是在介绍队员在场上的表现（Who did what）。其他要素如When、Where 一笔带过，主体中没有太多笔墨。

▶ **ESPN 英文新闻报道**

> **Chelsea held to disappointing goalless draw against Wolves**
>
> 　　Chelsea produced another disappointing performance as they were held to a 0–0 draw against Wolverhampton Wanderers at the Molineux Stadium on Sunday.
>
> 　　Chelsea struggled to get into the match against a spirited Wolves side, who will be disappointed to only come away with one point.
>
> 　　The hosts dominated the majority of the match but lacked the cutting edge in attack, while Thomas Tuchel's side's best chance came from a second-half strike from Christian Pulisic, which was excellently saved by Wolves' goalkeeper Jose Sa.

标题： 比赛结果 记者态度

导语： 拓展标题； 补充时间地点

主体： Who/What

Chelsea fielded a depleted side on Sunday with eight senior players missing through injury or after testing positive for COVID-19, naming just four outfield players on the bench. An hour ahead of kickoff, they confirmed a request to postpone the match had been rejected by the Premier League.	主体: Who/What
Wolves started strongly and appeared to go ahead in the 14th minute as Daniel Podence slotted home a Marcal cross, but the strike was disallowed after it was ruled an offside Raul Jimenez interfered with play.	主体: Who/What
The hosts continued to cause problems for Chelsea throughout the half as Jimenez and Leander Dendoncker both went close, while the visitors struggled to create chances for themselves at the other end of the pitch.	主体: Who/What
Chelsea were much improved after the break, but failed to challenge Sa until Pulisic's chance in the 78th minute. The result sees them drop to six points adrift of Premier League title rivals Manchester City.	主体: Who/What 对排名的影响

纵观整篇英语新闻，整体上是倒金字塔结构。导语交代了比赛结果，用"disappointing"一词表明记者的态度。主体基本围绕比赛过程的亮点展开，最后一段交代了此役对 Chelsea（切尔西队）排名的影响，即与排名第一的 Manchester City（曼彻斯特城队，简称"曼城"）差距 6 分。

2. 用词特点

1）多用短小动词

动词是英文新闻的灵魂。英文体育新闻也十分善于使用短小的动词，生动再现赛场激烈的竞技气氛，如"blast""capture""conquer""slam""strike""grab""sweep""flatten""snap""demolish""quell""drub""thump""throttle""shock""crush"。

- Kiwis **snatch** last-ball victory（新西兰队**绝杀**险胜）
- Australia **thrash** England in 4th round（澳大利亚第四轮**横扫**英格兰）
- Blazers **topple** Pistons to end five-game skid（开拓者**颠覆**活塞 终结五连败）

> **小贴士**
>
> - If you snatch victory in a competition, you defeat your opponent by a small amount or just before the end of the contest. 以小比分或在比赛即将结束前击败对手称"snatch victory"（险胜、绝杀）。
> - If one player or team thrashes another in a game or contest, they defeat them easily or by a large score. 以大比分轻松击败对手，称"thrash"（屠杀、横扫）。
> - To topple is to (cause to) lose balance and fall down. 当一场比赛的结果完全出乎意料，彻底改变了之前的格局或预期，称"topple"（颠覆）。

2）多用体育术语

体育新闻导语和主体中高频出现有关体育比赛规则、战略战术的术语。如下例中出现了五个术语："rebound"（篮板）、"foul trouble"（犯规）、"foul out"（判罚出局）、"hack"（打手犯规）、"dunk"（大力灌篮）。

> Yao had 12 points and 9 **rebounds**, playing only 25 minutes because of **foul trouble**. He eventually **fouled out** with 59.8 seconds to go after **hacking** O'Neal on a **dunk**.（姚明因犯规出场仅25分钟，拿下12分和9个篮板。比赛结束前59.8秒奥尼尔大力灌篮，姚明打手犯规被判罚出局。）

下例中也出现了两个术语。

> **巴萨最近3次西甲补时打入制胜球绝杀比赛，阿尔巴都有参与**
>
> 阿尔巴破门帮助巴塞罗那2–1绝杀皇家贝蒂斯。据统计，在巴萨最近3次补时绝杀的西甲比赛中，阿尔巴都直接参与了进球。

- **绝杀：**"绝"和"杀"组合起来即意谓绝然杀死对手，不留给对手反扑机会。球赛中"绝杀"是指读秒阶段在最后时刻打入制胜一球，而对手没有能力反扑的情况。
- **制胜球：**两支球队在比赛中只因一个进球而决出胜负，这一球就叫"制胜球"。如果这一球并不是发生在比赛最后阶段，那就不能称之为"绝杀"，只能说是"制胜"。

3）多用战争词汇

英文体育新闻多用带有战争隐喻的词汇，中文体育新闻更是有过之而无不及，主体中对赛况的报道更是如此。表 14-2 是根据不同场景对常用战争用词的总结。

表 14-2 体育新闻常用战争用词

新闻要素	英文新闻常用战争用词	中文新闻常用战争用词
教练	commander, helmet, spearhead	主帅、掌门人、教头
球员	general, squad, army, force, enemy, opponent, warrior	众将、阵容、劲旅、弱旅、全军、对手、敌方、勇士、德意志战车、三狮军团
赛场表现	fight home, clash on road, beat, battle, combat, fight, firing, sweep, ward off an assault, shoot, hit	主场作战、坐镇主场、客场对阵、备战、征战、吹响集结号、角逐、会师、打响、争锋、交手、备战、全力开火、起脚轰门、击退攻势、攻门
战术	volley, intercept, block, counterattack, defense, attack, left-wing, bombardment, onslaught, clearance, close-marking defense, shoot-on-sight, total football tactics, in full retreat	截击、阻击、反击、阻截、防守、进攻、狂轰滥炸、猛攻、解围、盯人防守、抢射战术、全守全攻战术、全线撤退
比赛结果	win, defeated, loser, winner, victory, lose, disastrous defeat, crushing defeat, triumph	战胜、战败、失败、胜利、小胜、惨败、狂虐、狂屠、斩落、问鼎
比赛过程	fierce battle, tangled warfare, ending war, do or die clash	恶战、激战、鏖战、混战、收官战、生死战

14.3 编译策略、案例分析与演练

14.3.1 编译策略

总体上，我国目前体育新闻编译以英译中为主，奥运会、各类锦标赛、英超、NBA 等经典赛事在我国都有很大的消费群体，每赛季的新闻编译量较大。

体育新闻编译译文要求能够实现信息性、娱乐性、竞技性，满足读者对比赛信息的需求，同时要带给读者竞技体育的紧张感，能产生愉悦体验。

- **信息性：** 为提高信息密度，标题中专有名词及数字出现频率高。数字主要用于展现比赛结果、运动员表现等，编译时多继续使保留，用阿拉伯数字表示，具有吸睛作用。
- **娱乐性：** 知名球队、明星球员的昵称、外号（有些为中文独有）以其生动、亲切性，在编译稿中普遍使用。描述球员超常表现的术语有对等时多直译；没有时，也可根据赛况自行总结其他特征，或换用其他生动表达。

- **竞技性**：中英文体育新闻均多使用描述技战术、球员表现的术语，同时大量使用战争隐喻语言。中文标题和导语使用战争语言的频率远高于英语，英汉编译时往往要进行补充、升级，才能达到中文新闻稿的风格要求。

14.3.2 编译案例分析

以足球比赛为例，翻译新闻标题时可对以下几个方面的表达进行补充升级，以满足中文体育新闻稿的风格要求。

1. 增补球员的位置和作用

表 14-3　球员位置及常用竞技化表达

球员位置	英　文	中文表达
前锋	striker	神锋、锋霸
边锋	winger	飞翼、锋霸
守门员	goalkeeper	门将、门神
后卫	defender	铁闸、铁卫、清道夫

> 标题：Colombia 3–0 Greece: Armero, Gutierrez & Rodriguez give Pekerman's men **perfect** start
>
> 译文 1：**飞翼闪击　超新星补时破门**　哥伦比亚 3–0 希腊
>
> 译文 2：**阿尔梅罗闪击锋霸建功**　哥伦比亚 3–0 希腊
>
> 赛况：世界杯 C 组首场比赛，阿尔梅罗（Armero）第 5 分钟闪击，打进本届世界杯到目前为止的最快进球。古铁雷斯（Gutierrez）第 58 分钟进球，罗格里格斯（Rodriguez）补时阶段进球，最终哥伦比亚 3–0 击败希腊。

上例是 2014 年世界杯足球赛新闻。两个译文均采取"球星表现＋比赛结果"范式，同时对球星表现（原文为"perfect"）进行了表达上的升级。巴勃罗·阿尔梅罗（Pablo Armero）司职左边锋，故而被译文 1 称为"飞翼"。詹姆斯·罗德里格斯（James Rodríguez）简称"J 罗"，司职边锋，1991 年出生，所以在译文 1 中被称为"超新星"。特奥菲洛·古铁雷斯（Teofilo Gutierrez）场上位置为前锋，故而译文 2 将其与罗格里格斯并称"锋霸"。同时，译文对球员的表现，根据赛况分别升级为"闪击""建功"等，从而使得译文更具竞技体育色彩。

2. 升级球员表现

中文标题采用"球星表现＋比赛结果"范式时，还需对明星球员的表现加以总结，用具有竞技体育色彩的词予以呈现，如上例中的"闪击""建功"，下例中的"绝杀""逆转"等。

> 标题：Haris Seferovic scores **late goal** as Switzerland **come from behind** to beat Ecuador 2–1 (Sky Sports)
>
> 译文：瑞士 2–1 **逆转**胜厄瓜多尔 **奇兵**补时**绝杀**（腾讯）
>
> 赛况：上半场，厄瓜多尔队恩纳·瓦伦西亚头球破门。下半场，瑞士队穆罕默德头球扳平比分。伤停补时阶段，替补出场的塞费罗维奇打入**绝杀**助瑞士 2–1 **逆转**取胜。

译文采用"球星表现＋比赛结果"范式。哈里斯·塞菲洛维奇（Haris Seferovic）是伤停补时阶段替补出场，所以被称为"奇兵"。

小贴士

表示足球进球的新闻术语

- 全场第一个球：先下一城、首开纪录、打入/攻入第一粒进球
- 全场第二个球：再下一城、锦上添花
- 一个人进两个球：梅开二度、独中两元
- 一个人进三个球：上演帽子戏法、戴帽
- 平局：握手言和、互交白卷
- 常规技术动作下令人匪夷所思的进球：神仙球

---

3. 增补比赛进程

> 标题：Iran and Nigeria draw 0–0 in Curitiba (Sky Sports)
>
> 译文：**双方闷战**造本届首场平局 伊朗 0–0 尼日利亚（网易）
>
> 赛况：世界杯小组赛 F 组开战**首轮对决**，伊朗在库亚巴的洼地竞技场**对阵**尼日利亚。两队在比赛中均未能取得进球，最终 0–0 **握手言和**。

标题译文采取"赛程表现 + 比赛结果"范式。基于赛况，总结出"双方闷战"描述比赛进程。

4. 升级比赛结果

如前所述，英文新闻对于比赛结果的表达较为平实，中文则在程度描写方面更为细致，修辞方面更为生动，用词升级后感染力更强（表 14-4）。

表 14-4　比赛结果及常用竞技中英文表达

英文比赛结果	中文表达
win	战胜、大胜、狂胜、狂屠、力克、横扫、完胜
defeat	惨败、击败、狂扫、血洗
shoot	射门、爆射、狂轰、开炮、轰门、重炮、轰炸

标题：Germany 4–0 Portugal: Muller hat-trick downs 10-man Seleccao (Goal website)

译文：穆勒**戴帽**造佩佩红牌　德国 4–0 **狂胜**葡萄牙（搜狐）

赛况：巴西世界杯 G 组首轮，上届世界杯季军德国队 4–0 大胜拥有现任金球先生 C 罗的葡萄牙。第 9 分钟，穆勒罚入点球。第 30 分钟，胡梅尔斯头球叩关。第 37 分钟，佩佩对穆勒蓄意犯规吃到红牌。第 45 分钟，穆勒利用阿尔维斯解围的疏忽攻入个人第二球。第 78 分钟，穆勒门前抢射完成帽子戏法。

上例的标题译文采用"球星表现 + 比赛结果"范式。"戴帽"是术语，指托马斯·穆勒（Thomas Müller）一人进三球，上演"帽子戏法"。由于是 4∶0 的大比分获胜，所以中文译文将"down"升级为"狂胜"。

课后练习

请查阅资料，填充以下体育组织及赛事名称的中文译文。

	英　文	中　文
1	International Tennis Federation (ITF)	
2	Association Tennis Professional (ATP)	
3	Women's Tennis Association (WTA)	
4	Wimbledon Championship	
5	French Open	

（续表）

	英　文	中　文
6	Australia Open	
7	UEFA	
8	Euro Cup	
9	World Cup	
10	World Curling Federation (WCF)	
11	International Ice Hockey Federation (IIHF)	
12	National Basketball Association (NBA)	
13	The International Olympic Committee	
14	International Association of Athletics Federations (IAAF)	
15	International Rowing Federation (IRF)	
16	International Badminton Federation (IBF)	
17	International Baseball Federation (IBAF)	
18	International Basketball Federation (FIBA)	
19	International Boxing Federation (IBF)	
20	International Canoe Federation (FIC)	
21	International Cycling Union (UCI)	
22	International Gymnastics Federation (FIG)	
23	International Weightlifting Federation (IWF)	
24	International Handball Federation (IHF)	
25	International Hockey Federation (FIH)	
26	International Judo Federation	
27	International Federation of Associated Wresting Styles (FILA)	
28	International Tennis Federation (ITF)	
29	International Table Tennis Federation (ITTF)	
30	International Shooting Sport Federation (ISSF)	

第 15 章　经济新闻

> ● **本章学习要点**
> 1. 了解经济新闻的定义、分类和功能价值；
> 2. 掌握经济新闻标题、导语及主体的写作范式；
> 3. 掌握经济新闻的主要编译规范。
>
> ● **课前思考**
> 1. 经济新闻包含哪些类别的报道？
> 2. 经济新闻吸引读者的价值点主要表现在哪些方面？

15.1　概述

15.1.1　经济新闻的定义与分类

根据李道荣（2005：117）的定义，"经济新闻"是对"人类社会最新的经济活动、经济关系和最新的自然经济现象的报道"。新闻报道的经济活动可以包括"物质生产活动、商品交易活动、金融活动、消费活动等。"

胡润峰（2006）提出，"经济新闻"覆盖全部社会经济生活和与经济有关的领域，宏观上包括对整个国民经济全局报道，中观上包括对区域经济或产业的报道，微观上是公司新闻。

周俊博（2014）认为广义的"经济新闻"包括四种类型，"消费市场新闻"以消费者为主要受众，"财经新闻"以投资者为主要受众，"产经新闻"以产业经济和区域经济为核心内容，而"政经新闻"主要报道一个国家和地区的政经大局和经济安全。

本章讲解主要涉及政经、产经、财经三类新闻。

根据写作范式的差异性，赵智敏（2018）将经济新闻分为六种类型：信息速递型报道、深入调查型报道、立体解释型报道、图解政策型报道、主题报道型报道，以及经济新闻人物报道。本书的案例主要聚焦第一种类型。此类经济新闻多属于硬新闻范畴，提供的信息即时、全面，支持受众根据信息作出判断。

> **Interest rates likely to be stable this year**
> *China Daily* 2021-03-12
>
> **China's monetary authority** may not **cut policy rates** this year, although **monetary easing** is going on in other major economies to contain coronavirus risks, according to a policy adviser and a former member of the central bank's monetary policy committee.
>
> "It is likely that the **central bank** will **maintain a stable level of interest rates** this year, without **proactively cutting the policy rates**," said Li Daokui, a member of the 13th National Committee of the Chinese People's Political Consultative Conference. "The **market rates** may decline moderately, as the authorities will continue to **inject liquidity** and keep it at an adaptive level."
>
> That means the country's monetary policy will not be tightened sharply, as enterprises with high debt need **liquidity** to **avoid defaults**, said Li, who is dean of the Academic Center for Chinese Economic Practice and Thinking at Tsinghua University in Beijing.
>
> A sharp tightening of monetary policy elsewhere amid the pandemic could **lead to bankruptcies**, so while many major economies are extending stimulus measures to **inject huge liquidity** into the global market, China must prepare for **spillover effects**, Li said.

此条新闻属于上述定义所说的宏观经济新闻、政经新闻，主要围绕经济专家、清华大学中国经济思想与实践研究院院长李稻葵的观点对中国货币政策展开预测。此条新闻是对中国如何通过利率杠杆调节货币政策的预测，影响面广、力度大、国际关注度高。

此条新闻同时可归入言论新闻类别。第1段主导语主要陈述了李稻葵的观点，中国今年可能不会降息。第2段直接引用李稻葵的原话，指出央行将稳定利率，即便市场利率下降，幅度也不会很大。第3段以间接引用方式继续援引李稻葵，指出货币政策不会大幅收紧（收紧意味着上调利率，企业持有的银行贷款资金偿还压力会加大）。第4段是李稻葵对原因加以解释（大幅收紧可能导致企业破产；上调利率对于受新冠疫情打击的经济无异于雪上加霜）。

该报道体现了经济新闻的特点，术语概念较多，普通受众有一定的理解难度。其中出现的术语如下：

- **interest rate**：利率。
- **China's monetary authority**：文中还称"central bank"，即央行，指中国人民银行（the People's Bank of China）。
- **monetary easing**：放松银根。是货币政策工具，指一国的中央银行为阻止经济衰退，通过增加信贷供给，降低利率促使投资增加，促进经济增长的货币松动政策。
- **proactively cutting the policy rates**：积极降息。指实施量化宽松政策的背景下，多次大幅度降息。
- **market rates**：指由资金市场上供求关系决定的利率。市场利率因资金市场的供求变化而经常变化，一般参考伦敦银行间同业拆借利率、美国联邦基金利率。我国银行间同业拆借市场的利率也是市场利率。
- **inject liquidity**：注入流动性，就是提高货币供应量，通常指人们俗话说的"印钞票"。这个流动性指的是整个"宏观经济"（macro economy）的流动性，也就是在经济体系中"货币投放量"（the size of money supply）的多少。"流动性过剩"（excess liquidity）就是指有过多的货币投放量，于是就有了"经济过热"（overheated economy）的现象及"通货膨胀"（inflation）的危险。
- **tighten monetary policy**：紧缩性货币政策。是央行为实现宏观经济目标所采用的一种政策手段。在经济过热，总需求大于总供给，经济中出现通货膨胀时，央行采用紧缩性货币政策，旨在通过控制货币供应量，使利率升高，从而达到减少投资，压缩需求的目的。总需求的下降，会使总供给和总需求趋于平衡，降低通货膨胀率。
- **default**：违约。
- **spillover effects**：溢出效应。经济学中，指一国总需求、国民收入、经济政策变动对别国的影响。

15.1.2　经济新闻的属性与功能价值

经济新闻是新闻的一种，具备新闻的基本属性，也有自己的特有属性和价值，下面从专业性、时效性、实用性和预见性来解析经济新闻的特殊属性：

- **专业性**：经济新闻具有"数据化、理论化、学术化"的特点（解希民，2015：44-45），专业性比较强。理解经济新闻需要一定的知识，对普通民众来讲有一定难度。记者撰写稿件要在专业性和通俗性方面做到平衡。
- **时效性**：所有新闻都讲求时效性，这是新闻立命之本。而财经新闻对时效性的要求更高。财经领域的风吹草动都会影响市场参与者的决策，早一步可能抢占先机，晚一步可能损失惨重。

- **实用性：** 经济新闻为受众及时提供各种市场信息、经济形势、经济政策方面的参考。比如利率的变化，对投资者、对储户都有影响，进而影响受众的经济、商业、投资行为。麦尔文·曼切尔谈到经济新闻的重要性时提及，"经济新闻影响我们所有人，因为受众想了解生活成本、工作机会、利率高低走向、行业失业情形、持有股票和债券的价格变化"（Mencher，2012：520）。此外，经济新闻不能是数据和信息的堆砌，要注意把数据与受众的利益联系起来。

- **预见性：** 经济新闻给受众提供信息的同时，也是在帮助受众做经济走势的预测。比较典型的例子就是关于楼市的报道。受众从新闻报道中可以感受到未来楼价的基本走势，为受众的买卖行为等经济活动提供有益的参考。

LPR 连续 11 个月不变 货币政策将更兼顾稳增长和防风险

贷款市场报价利率（LPR）已连续 11 个月保持不变。3 月 22 日，全国银行间同业拆借中心发布新一期 LPR 报价，1 年期 LPR 报 3.85%，5 年期以上 LPR 报 4.65%，均与 2 月持平，符合市场预期。

民生银行首席研究员温彬认为，3 月 LPR 保持不变体现了利率水平与经济恢复程度基本适应。今年前两个月，我国宏观经济整体恢复向好，主要指标增幅明显，生产有所加快，需求稳步恢复，经济活动预期向好为利率水平保持稳定提供了支撑。

LPR 报价 11 连平在预期之内。3 月 15 日，央行等量续做 1 000 亿元 MLF，其**中标利率**维持在 2.95% 不变，即预示着本次 LPR 报价基础未变。此外，在影响 LPR 报价的**银行边际资金成本**方面，近期以 DR007 为代表的**短期市场利率**稳定在 7 天期**逆回购利率**附近，**银行同业存单发行利率**小幅上行。另外，融 360 数据显示，近半年**银行定期存款利率**也有所上升。

"这将在一定程度上抵消前期银行**结构性存款**、大额存单等**负债成本**下降带来的影响，意味着近期银行**平均边际资金成本**或稳中有升，报价行缺乏下调 3 月 LPR **报价加点**的动力。"东方金诚首席宏观分析师王青表示，同时，在政策利率保持稳定，政府工作报告强调"继续引导金融系统向实体经济让利"的背景下，也不存在银行上调 3 月 LPR 报价加点的空间。

政府工作报告强调，保持宏观政策连续性稳定性可持续性，促进经济运行在合理区间。宏观政策不急转弯，货币政策要把服务**实体经济**放到更加突出的位置，处理好恢复经济与防范风险的关系。同时提到，要推动实际**贷款利率**进一步降低，务必做到小微企业综合融资成本稳中有降。

上例来自《上海证券报》，该报是以证券为报道核心的一份专业报纸，其读者多为证券市场的利益相关者。

此条新闻也属于上述定义所说的宏观经济新闻、政经新闻，同样聚焦中国货币政策，但其中专业词汇更多，技术指标细节更多，专业性更强，普通读者不易理解（尤其是黑体词汇）。

本例新闻的标题中，第一部分信息（"LPR连续11个月不变"）总结过去的利率走势，第二部分信息（"货币政策将更兼顾稳增长和防风险"）是预测利率未来走势。第二部分对受众更有参考价值，体现了经济新闻的预见性和实用属性。新闻中的专业术语，如"贷款市场报价利率（LPR）""银行间同业拆借"等，体现了财经新闻的专业性。

就经济新闻的价值而言，根据具体类别不同，在侧重点方面还是稍有区别：

- **政经新闻**：属于宏观经济新闻，主要报道世界各国重要经济政策和决定，政经大局和经济安全。因此在新闻价值方面更注重凸显影响力、切近性原则，注重解读宏观经济政策对国家和民众的影响（利益相关性）。
- **产经新闻**：属于中观经济新闻，主要报道产业发展和区域经济，多涉及全球知名企业、品牌、跨国公司的经营活动、投资、并购及法律纠纷。因此在新闻价值方面更注重凸显知名性、新颖性原则，注重关注明星企业的新近发展动向。
- **财经新闻**：属于微观经济新闻，主要报道各生产要素的流动情况，涉及国际股票市场、各类交易所、市场的动态，以投资者为主要受众。因此在新闻价值方面更注重指导性和切近性原则，注重解读最新动态数据，做出趋势性判断，注重贴近读者作为投资者的投资需求。

15.2　中英文写作范式

15.2.1　经济新闻的标题

就标题语法特点而言，英语经济新闻与其他类型新闻在标题方面的特点具有相通性，在虚词省略、实词选用、时态变化、语态特点等方面均符合前文所述写作范式。打开各大通讯社和主流报纸网站，经济新闻标题语法特点一目了然，请看以下几个例子：

> 标题：
> - EU, US to resume trading oysters, mussels after long dispute (AP)
> - India, Britain launch talks on free trade deal (AP)
> - Amazon surges with record $190 billion gain in value (Reuters)
> - Stoltenberg to become Norway's next central bank governor (AP)
>
> 分析：1. "to resume" 表示将来时态；"EU" 和 "US" 中间的连词 "and" 用逗号替代；使用缩略词 "EU" "US"。
>
> 2. "launch" 使用现在时；"India" 和 "Britain" 中间的连词 "and" 用逗号替代。
>
> 3. "surge" 使用新闻现在时；注意使用阿拉伯数字抓取眼球。
>
> 4. "to become" 表示将来时态。

就标题的价值特点而言，如前所述，政经新闻更注重凸显影响力原则、切近性原则，注重解读国际宏观经济政策或举措对本国民众的影响（利益相关性）。产经新闻更注重凸显知名性、新颖性原则，关注明星企业（跨国公司）的新近发展动向。财经新闻更加注重切近性原则，注重解读市场最新动态数据，做出趋势性归纳或预测，注重为读者投资需求提供指向。

> 原文标题：US sets import duties on transport containers from China
>
> 原文导语：WASHINGTON (Reuters)—The US Commerce Department on Monday said it set final dumping duties on imports of rail and road transport containers from China after finding the goods were sold below cost in the United States.
>
> 环球网编译标题：美将对中国进口集装箱征收**反倾销关税 最高达 153.24%**

此条为政经新闻。路透社原标题中没有出现表明立场的情感负载词，使用主—谓—宾结构，用词平实，只是陈述了美国对中国集装箱征收进口税的消息，似乎属于正常征税。但是细看导语就会发现，此举的前提是，错误认定中国商品在美国的售价低于成本，从而对来自中国的铁路与公路运输集装箱收取反倾销关税。

实际上，此举正是中美贸易摩擦的表现。由于牵涉中国，且影响中国企业出口，因此对于国内读者而言，具有冲突性、切近性、影响性等价值。

环球网的标题译文准确地捕捉到了这条新闻表现出的冲突性，在标题中明确了所征收关税的税种为"反倾销税"，又挖掘主体中的税率在标题中体现（最高达 153.24%），很好地凸显了冲突性，有效吸引了国内读者的关注。

▶ 《金融时报》原文（标题及导语）

> **Fresh formats challenge Walmart in China**
>
> (*Financial Times*) Walmart's same-store sales have declined on an annual basis in each of the past four quarters for which it has announced results, most recently a 2.3 per cent year-on-year.

▶ 环球网编译报道

> **零售业格局瞬息万变 沃尔玛在华经营备受挑战**
>
> 【环球网综合报道】据英国《金融时报》5月14日报道，在过去20年间，诸多国际大型零售商涌入中国市场，挖掘中产阶级日益扩大的需求，而随着零售业格局的不断变化，诸多零售业头都陷入了艰难的境地。销售额排名全球第一的沃尔玛也未能幸免。
>
> 根据美国零售巨头沃尔玛公布的财报显示，沃尔玛同店销售额在过去四个季度中的每一个季度都出现同比下降，在截至今年1月的最近的季度里同比下降了2.3％，销售出现了连续放缓的势头。但其仍致力于在华扩张，仍固守大卖场模式。

这是一则产经新闻。沃尔玛（Walmart）在全球具有较高知名度，其在中国市场面对生存困境又具有矛盾冲突性，成为新闻价值点。《金融时报》英文原标题为主—谓—宾结构，用词较为平实。环球网标题译文则与其一贯媒体特征呼应，较为生动。具体而言，环球网采取两段式标题，前半段解释了困境的背景，照顾了读者的认知缺省。后半段根据导语内容选择四字表达"瞬息万变""备受挑战"，凸显零售业竞争的激烈和冲突性，同时工巧对仗，朗朗上口，符合国内读者审美。

中文经济新闻标题还有几个独特的特点，编译时应加以注意：

首先，由于经济新闻致力于提供趋势性信息，所以描述趋势的词汇如"surge""record high"等较多，结合数字，往往能够很好地吸引读者。标题编译时，要通过采取一定策略，帮助目的语读者正确解读与专业术语相关的数字并且凸显该数字的超常性。

其次，知名企业、金融机构及其掌舵人的国际知名度高，所以经常可以吸引原语读者，因而出现在标题中的频率很高。但目的语读者未必熟悉，往往需要在重新创设标题时对此进行调整或补充。

再次，经济新闻常使用概念隐喻。"帮助人们运用相对具体、熟悉的概念去认知和理解那些抽象的概念，以简明生动的形象化语言来概括高度抽象的内容，以拉近和读者的距离，快速传递信息"（彭欢，2013：105）。由于中文和英文在此类经济隐喻的使用方面具有共性和差异性，在翻译的时候应从凸显价值点处罚对隐喻意象进行取舍。几种常用的隐喻类型包括：

- 外资平板电视开**打价格战**、疫情下中国旅游业的**坚守与突围**（经济是战争）
- 经济"过火"，中国调控政策**应打"组合拳"**（经济是体育）
- 定投也要**定期体检**（经济是人）
- 华尔街股市**遭遇寒流**（经济是天气）
- 中石油国际化有望**再提速**（经济是交通工具）

15.2.2　经济新闻的导语

经济新闻基本属于硬新闻，其导语也多为概括性导语、多项事实导语。

导语包含新闻中最有新闻价值的内容，是对新闻标题的进一步补充和拓展，其新闻要素多于标题所含要素。如果标题中包含两个要素，导语一般会有三到四个要素，同时，会对标题中所包含要素进行进一步细节透露。

导语注重挖掘和凸显经济活动中具有超常性、冲突性、知名性、切近性、影响力的价值因素。

> **Bank of England hikes interest rates again as prices surge**
>
> February 3, 2022
>
> LONDON (AP)—The Bank of England raised interest rates for the second time in three months on Thursday, **putting the United Kingdom far ahead of the rest of Europe and the US** in moving to tame surging inflation that is squeezing consumers and businesses.

该导语主要包含四个新闻要素（Who、What、When、Why），具体如表15-1所示：

表 15-1　新闻要素分析（一）

新闻要素	英文原文	中文译文（编者译）
Who	The Bank of England	英国央行
What	raised interest rates	提高利率
When	Thursday	周四（中文新闻一般译为某月某日，此例中为 2 月 3 日）
Why	to tame surging inflation	抑制通货膨胀

此导语为多项事实导语，包括两部分。第一部分说明加息事实，突出其超常性，即"三月内两次加息"（second time in three months）。第二部分用分词（putting）连句，补充加息的原因，即抑制通胀，从而增加理解加息行为的认知框架；同时再次凸显新闻价值，即举措力度"远超欧美其他国家"（far ahead of the rest of Europe and the US）。

> **Goldman Sachs leads US banks in return to office**
>
> Feb 1 (Reuters)—Goldman Sachs' US-based staff returned to the office for the first time this year on Tuesday, with rival banks set to follow in the coming days as COVID-19 cases drop.

上例的导语主要包含四个新闻要素（Who、What、When、Why），具体如表 15-2 所示：

表 15-2　新闻要素分析（二）

新闻要素	英文原文	中文译文（编者译）
Who	Goldman Sachs' US-based staff	高盛美国公司员工
What	returned to the office for the first time this year	新年首次线下复工
When	Tuesday	周二（译为 2 月 1 日）
Why	as COVID-19 cases drop	新冠病例减少

此导语为多项事实导语，包括两部分。第一部分说明新闻事实，高盛美国公司员工复工，并注意突出其超常性，即"今年首次"（the first time this year）。第二部分用介词"with"连句，补充原因，即新冠疫情缓和，提供认知背景，凸显冲突性，其竞争对手也将陆续复工（with rival banks set to follow in the coming days）。

15.2.3　经济新闻的主体

经济新闻是经济与新闻的结合体，既有因信息传递而伴随的专业性，又有大众传播的大众性。"经济新闻需要面对普通群众，而经济学则是面对专业人士，如果采用经济学研究的方式来撰写经济新闻则会失去经济新闻的价值，使得经济新闻成为群众无法接受和理解的信息。"（赵浚琪、师萌，2018：115）因此，经济新闻应当关注读者认知背景和需求，"从实用性角度去解读经济政策，尽量避免对经济政策的直接叙述，并与日常生活结合起来，用通俗化、形象化、故事化的手法将专业经济知识表现出来。"（徐静君、徐涛，2017：106）也就是经济新闻"必须要寻找到经济学理论与新闻理论的交叉处，始终围绕这一交叉重叠区域来进行经济新闻报道。"（赵浚琪、师萌，2018：115）仅就英语经济新闻内容写作而言，可遵循英语国家主流媒体写作的规范，也要考虑文化差异等因素。

要写好英语经济新闻，还需要掌握以下主要语言特征。

1. 动词描述变化趋势

为凸显服务投资者的功能，经济新闻常需要对经济活动的走势进行描述，因而多使用趋势性动词，生动表现不同幅度上升或者下降。请观察下例中的黑体词。

- The so-called core CPI, which excludes food and energy, rose 0.3 percent in March following a 0.5-percent growth in the prior month. Core CPI **jumped** 6.5 percent over the last 12 months, after climbing 6.4 percent in February.
- Amazon is now valued at about $1.6 trillion. With Meta Platforms' stock **slipping** 0.3% on Friday, its value stood at about $660 billion.
- BP reported on Tuesday a profit of $12.8 billion in 2021, the highest in eight years, as natural gas and oil prices **soared** and the global economy recovered from the pandemic slump.
- The number of workers in the United States applying for state unemployment benefits **rose to the record high level** in more than a month.

常用的趋势性动词简列如表 15–3 所示，请注意区分其幅度差异：

表 15-3 常用的趋势性动词

表示"上升"的动词		表示"下降"的动词	
rise	上升	fall	下降
jump	跳升	drop	下落
skyrocket	暴涨	dump	狂泻
surge	急涨	plunge	猛跌
soar	剧增	retreat	回落
climb	攀升	dive	下跌
spurt	突升	tumble	急落
advance	上涨	decline	下降
inch up	缓升	slip	下滑
notch up	升高	shed	跌落
fly	飞升	dip	下降
rebound	反弹	roll back	回落
gain	增长	lose	降低

标题：US budget deficit soars to 2.24 trln USD in first nine months of fiscal year 2021

导语：WASHINGTON, July 13 (Xinhua)—The US budget deficit **soared** to 2.24 trillion US dollars during the first nine months of fiscal year 2021, which ends on Sept. 30, the US Treasury Department reported on Tuesday.

主体：Federal revenue for the nine-month period ending in June **rose** to 3.05 trillion dollars, while total outlays **rose** to 5.29 trillion dollars, driven by payments for jobless benefits and COVID-19 relief programs, according to the department.

主体：Earlier this month, the Congressional Budget Office estimated that the US budget deficit for fiscal year 2021 would **reach** 3 trillion dollars, close to the 3.13 trillion dollars recorded in fiscal year 2020, which was **the largest** relative to the size of the economy since World War II.

该则新闻描述了 2021 财年美国预算赤字猛增的趋势。从标题到导语到主体，均使用了趋势性动词，包括"soar""rise""reach"等。

2. 副词表示变化程度

对经济活动的走势进行描述，除了使用趋势性动词外，还可以使用程度副词搭配动词使用，表示不同程度上升或者下降。

表示发展幅度较大或速度较快的常用词有"fairly""rather""a great deal""much""dramatically""drastically""considerably""remarkably""markedly""sharply""significantly""apparently""tremendously""greatly"等。

> The Fed's last two rate cuts helped send the greenback **drastically lower**. (CNBC)（美联储两度降息美元价格暴跌。）

上例中使用"drastically"修饰"lower",表示幅度。

表示发展幅度较小或速度缓慢的常用词有"gradually""gently""slightly""slowly"等。

> Employment in the chemical industry posted a small gain this year, with an average 1.08 million jobs, **up slightly** from 1.07 million last year. (*New York Times*)（今年化工行业提供就业岗位108万个,较前一年的107万微增1万个。）

上例中使用了"slightly"来表达增长幅度。

3. 形容词比较级表示变化趋势

请观察以下例子。

> - Share Prices on the local stock market has **closed lower** on fear of a fall in New York. （由于担心纽约股市下跌,当地股市收盘下跌。）
> - The Hang Seng index ended the day 0.7 of a percent **down**.（恒生指数今日收盘下跌0.7个百分点。）
> - Japan also **closed lower**, for fears that there maybe selling pressure on Wall Street tonight after United States judge declared that software giant Microsoft was a monopoly.（由于担心美国法院裁定软件巨人微软公司垄断成立后,纽约股市今晚会有抛空压力,日本股市收盘也有所下滑。）
> - Shares in the Chinese mainland **closed lower** Thursday, with the benchmark Shanghai Composite Index **down** 31.87 points or 1.23 percent to close **at** 2,555.94.（中国大陆股市周四收盘走低,上证综合指数下跌31.87点,跌幅1.23%,报收2 555.94点。）
> - The Shenzhen Component Index **lower by** 45.85 points or 0.46 percent to **close at** 9,945.55.（深成指下跌45.85点,跌幅0.46%,报收9 945.55点。）

4. 股市趋势常用描述方式

股市趋势常用描述方式如表 15-4 所示。

表 15-4　股市趋势常用描述方式

英文表达	中文表达
end high	高价收盘
end low	低价收盘
end down	收市价格下跌
end steady	收市价格持稳
end firm	收市价位稳定
end soft	收市价位偏弱
end quiet	交易不活跃
end mixed	涨跌互现

- The stock **ended lower**.（该股收盘下跌）
- The NASDAQ is **trading higher** in the record region.（纳斯达克指数创历史新高）
- The stock is **moving higher (lower)**.（股票走高/低）

表示股市上涨（幅度逐渐增大）的动词主要包括：小幅上涨："advance" "gain" "climb"；大幅上涨："jump" "surge" "soar"；夸张说法："skyrocket" "on fire"。

请观察以下英语例句中表示"上涨"的表述方式。

- Dow Jones Industrial Average **up** 123.72 points.（道琼斯工业平均指数**上涨** 123.72 点。）
- S&P 500 index **gained** 18.21 last week.（标准普尔 500 指数上周**上涨** 18.21 点。）
- Citibank **climbed** 1% in the morning and Bank of America **jumped** 3% in the morning.（花旗银行上午**涨** 1%，美国银行上午**涨** 3%。）
- The B2B stock price **skyrocketed** last year.（B2B 股价去年**飙升**。）
- Biotech stocks are really **on fire** today.（生物科技股今天**暴涨**。）
- The stock is **riding a horse on fire**.（这只股票正在**暴涨**。）

表示股市下跌（幅度逐渐增大）的动词主要包括：小幅下挫："drop""fall""decline""slip""lose"；快速下沉："jump""sink""plunge""plummet""tumble"；直线下滑："get hammered""skydive""nosedive""fall like a free fall"；触底/失守："hit bottom""lose ground""dip into red"；

请观察以下英语例句中表示"下跌""平盘""反弹""低开高走"的表述方式。

- Russell 2000 **shed** 10 points to 321 points.（罗素2000指数下跌10个点位，**跌**至321点。）
- IBM **lose ground** and **dip into red** again.（IBM股价失守，再度**探底**。）
- Blue chips **slumped** another 5% after Greenspan's speech.（格林斯潘演讲后，蓝筹股再次**重跌**5%。）
- Internet stocks **got hammered** on the early day trading.（网络股早盘交易**遭重创**。）
- High techs are extremely **volatile** recently.（高科技股近期极**不稳定**。）
- High techs are **mixed** and Intel is **unchanged**.（高科技股**涨跌互现**，英特尔股价**平盘**。）
- ADI was **flat** in the morning.（亚德诺早市**横盘整理**。）
- After the short **rebound** in 10 a.m. the market starts to pull back again（早晨10点短暂**反弹**之后，市场开始再次回落。）
- Cisco **rallied** before close.（思科收盘前**反弹**。）

5. 英文缩略语：指代经济机构和事务

经济新闻内含常用的专业用语，包括普通名词和专有名词。专有名词包括政府间经济组织、政府经济机构、经济领域知名公司等。很多情况下，这些广为人知的机构常以英文首字母缩写的形式出现在经济新闻中（表15-5）。经济新闻写作和编辑过程中，要根据受众具体情况决定是否采用简写形式。一般情况下，第一次出现在新闻稿中应使用全称，后面可以使用简称。

表15-5　经济新闻常见知名组织和机构

类　目	中英文全称	英文简称
国际经济组织	国际货币基金组织 International Monetary Fund	IMF
	世界贸易组织 World Trade Organization	WTO
	经济合作与发展组织 Organisation for Economic Co-operation and Development	OECD

（续表）

类　目	中英文全称	英文简称
国际三大评级机构	惠誉评级 Fitch Ratings	/
	标普评级 Standard & Poor's Global Ratings	S&P Ratings
	穆迪评级 Moody's	/
国际知名证券交易所	纽约证券交易所 New York Stock Exchange	NYSE
	伦敦证券交易所 London Stock Exchange	LSE
	东京证券交易所 Tokyo Stock Exchange	TSE/TYO
主要指数	上证综合指数 Shanghai Stock Exchange Composite Index	SSE Composite
	深圳成份指数 Shenzhen Component Index	SZI
	（香港）恒生指数 Hang Seng Index	HSI
	道琼斯工业平均指数 Dow Jones Industrial Average	DJIA
	标准普尔 500 指数 Standard & Poor's 500 Index	S&P 500
	纳斯达克指数 NASDAQ Composite Index	NASDAQ
	罗素 2000 指数 Russel 2000	/
	日经指数 Nikkei Index	/
	孟买敏感指数 Bombay Sensitive Index	SENSEX30
	韩国首尔综合指数 KOSPI	KOSPI
常见经济指标	国内生产总值 Gross Domestic Product	GDP
	国民生产总值 Gross National Product	GNP
	通货膨胀率 Inflation Rate	/
	社会消费品零售总额 Social Retail Goods	/
	生产者物价指数 Producer Price Index	PPI
	居民消费价格指数 Consumer Price Index	CPI

6. 数据对比：揭示变化趋势

数据在经济新闻中经常出现，普通受众对枯燥的数据较难提起兴趣，但使用数据对比的方法，可以使数据更有解释力。请观察以下例子中的数据对比。

- The Czech economy recorded growth of 2.8% in the third quarter, **compared to the same period a year ago.** (AP)（与去年同期相比，捷克第三季度经济增长 2.8%。）

- Sales increased by 11.9% in January **compared with the same month last year,** the biggest increase since May last year, the British Retail Consortium said. (Reuters)（英国零售商协会表示，与去年同期相比，1 月零售额增长了 11.9%，这是自去年 5 月以来的最大增幅。）

- Export surplus was 72.54 billion francs, **compared with** 47.71 billion francs **in the same period a year earlier.** (AP)（与去年同期 477.1 亿法郎相比，出口顺差为 725.4 亿法郎）

- The December T-bond futures ended today at 117-13/32 in Tokyo market **against its previous closing** of 117-11/32. (AP)（东京市场 12 月国债期货合约今日收盘报 117-13/32，昨日收盘报 117-11/32。）

China's weekly farm produce prices rise 4.6 pct

Xinhua | Updated: 2019-10-30 16:08

BEIJING—Prices of farm produce in China continued to **rise** last week, data from the Ministry of Commerce showed Wednesday.

From Oct. 21 to 27, the overall price of farm produce went up 4.6 percent on a weekly basis, following a 2.6-percent **gain** in the previous week.

In breakdown, the wholesale price of pork **went up** 11 percent, with the growth widening from the 8.6-percent gain in the previous week.

Beef and mutton prices **edged up** 1.2 percent and 1.7 percent from the previous week respectively, while egg prices **saw a** 5.3-percent **rise**.

Food accounts for about one-third of China's consumer price index (CPI), a main gauge of inflation.

Data showed China's CPI **rose** 3 percent **year on year** in September, expanding from the 2.8-percent growth registered in August.

15.3 编译策略、案例分析与演练

15.3.1 编译策略

比较而言，新华网、中国网、环球网等综合门户网站的编译稿中，政经新闻的比例最高，产经新闻居于其次。如前所述，政经新闻更注重凸显影响力原则、切近性原则，注重解读国际宏观经济政策或举措对本国民众的影响。产经新闻更注重凸显知名性、新颖性原则，关注明星企业（跨国公司）的新近发展动向。财经新闻更加注重指导性原则和切近性原则，注重解读市场最新动态数据，做出趋势性归纳或预测，注重为读者投资需求提供指向。在编译时，往往需要结合目的语读者的特点进行调整，这样才能使得编译稿更好地凸显上述功能和价值。

标题一般需要根据经济新闻的类别和凸显的功能价值进行补充调整。在主体中，归并信息、添加背景等是常见的做法。对于部分读者不熟悉的经济术语，编译时需要进行替换或解说。

15.3.2 编译案例分析：政经新闻标题翻译

以下新闻标题均选自 2021 年 12 月 CNBC 网站，为宏观经济新闻，综合起来可以较为全面地了解美国 2021 年底的经济状况。请从国内读者认知需求、新闻价值、媒体立场、意识形态等因素出发，结合阅读 CNBC 网站上的新闻原稿，确定如何对以下新闻标题进行编译，注意对术语、专有名词进行查证。

> 原文：Key inflation figure for the Fed up 4.1%, the highest since January 1991
> 译文 1：美联储主要通胀指标**上涨 4.1%** 达 **1991 年 1 月来**最高水平
> 译文 2：美联储主要通胀指**爆表**达 **30 年**最高水平

译文 1 为直译，通过"最高水平"凸显新闻价值，但未能考虑到中国读者的认知需求。实际上，国内读者并不熟悉美联储通胀指标，对于 4.1% 这个幅度如何是缺乏认识的，所以，译文 2 将之修改为"指标爆表"。与此类似，为何是 1991 年以来的最高水平，中国读者也可能是不了解的，此处的背景是 1990 至 1991 年美国曾遭遇历史上十分严重的一次经济危机，通胀严重。为了避免认知过载，译文 2 将"1991 年 1 月来最高水平"改为"30 年最高水平"。

原文：Fed likely to become a tougher talking central bank, may end bod program sooner

译文1：美联储或成鹰派央行 可能提前结束国债购买计划

译文2：美联储或成鹰派央行 **加速缩减购债规模应对高通胀**

两个编译稿均将"a tougher talking central bank"翻译为"鹰派央行"，用政治中的"鸽派""鹰派"形象，使标题更为生动。除此之外，译文1基本为直译，而译文2对标题第二部分（may end bod program sooner）的处理，更加体现出对读者认知的关注。中国读者对于美联储提前结束购买国债计划的意义和原因并不一定了解，因此也未必能看出该则新闻的价值。因此，译文2将这部分改为"加速缩减购债规模应对高通胀"，点明意图和原因，从而有利于普通读者理解。

原文：Biden picks Jerome Powell to lead the Fed for a second term

译文：拜登提名鲍威尔连任美联储主席 **复苏敏感时期稳字当先**

尽管两位公众人物均具有知名性，但国内读者对于杰罗姆·鲍威尔（Jerome Powell）未必十分了解，也未必能理解拜登总统此次提名鲍威尔连任的深意和此则新闻的价值。此处的背景是，尽管美国左翼人士此前不断施压拜登领导的民主党政府，要求任命一位真正的自由派银行家取代共和党出身的鲍威尔，但白宫称，由于目前通胀上升的速度远快于大多数经济学家的预期，保持美联储董事会的稳定性和独立性至关重要。编译稿在译文第二部分添加了拜登此次提名的主要考量和经济背景，更有利于国内读者深刻理解该则新闻的价值。

原文：Weekly jobless claims pose stunning decline to 199,000, the lowest level since 1969

译文1：**19.9万** 美每周申请失业救济人数降至**1969以来最低水平**

译文2：美国上周申请失业救济人数降至**50年内最低水平**

译文1基本为直译，将阿拉伯数字19.9万放在最吸睛的标题前三个字的位置，吸引读者。但国内读者对这个数字的认知其实是有限的，每周申请失业救济人数19.9万是多是少，也没什么概念，只能通过后半段的"最低水平"来判断，同时，对于为何是1969年以来，也不清楚。所以，译文2使用了"降至50年内最低水平"确保国内读者能够理解。

> 原文：**Unusual** holiday home-buying surge pushes mortgage demand higher
> 译文 1：美假日购房异常强劲 抵押贷款需求旺盛
> 译文 2：美**反常**假日**购房潮**带动房贷需求**涨涨涨**

高通胀背景下，购房成为保值的主要途径。然而，考虑到美联储即将采取加息等货币紧缩政策来抑制通胀，购房贷款需求旺盛是否会再次引发次贷危机是值得警醒的。这则新闻也很好地体现了美国经济大系统的运行情况。译文 1 按照中文标题写作范式，采用两段式标题，语言较为平实。译文 2 为国内经济类垂直网站译文，商业性更强，"反常""购房潮""涨涨涨"等词汇的使用更为生动，从可读性角度更胜一筹。

15.3.3 编译案例分析：政经新闻篇章翻译

下面是一则涉及中美贸易摩擦的政经新闻，请观察《中国日报》英文版和新华网中文版的差异，归纳编译策略。

US probes into Chinese products for patent infringement	【编译：细化】美国对海尔和 Vizio 部分产品发起"337 调查"
① WASHINGTON—The US International Trade Commission (USITC) Friday launched a probe into certain products from China after several US companies alleged their patents were infringed.	【编译：信息整合】①美国国际贸易委员会周五通过一项投票，决定对中国海尔集团和中国台湾瑞轩科技旗下 Vizio 公司在美销售的部分电视及蓝光播放器产品展开调查，以确定它们是否存在专利侵权行为。
② The products in question include televisions and Blu-ray players produced by Haier Group of China and Vizio Inc under China's Taiwan-based Amtran Technology Company and sold in the US market, the USITC said.	
③ Five US technology companies filed a complaint with USITC last month, saying those products violated Section 337 of the Tariff Act of 1930 by infringing their patents. ④ Meanwhile, they requested the USITC issue an exclusion order and a cease and desist order against those products from China.	【编译：信息整合】②五家美国技术公司于上月向国际贸易委员会提出申诉，认为上述产品构成了专利侵权，违反了 1930 年《美国关税法》第 337 条款的规定，要求国际贸易委员会发布排除令和禁止进口令。

⑤ The trade panel is scheduled to set a target date for completing the investigation within 45 days after institution of the probe. If the complaint is approved, the agency will ban importation of those products.

⑥ The US move came at a time when protectionism is making a comeback in the United States amid sluggish economic recovery.

⑦ It is widely believed that such actions would only hurt US-China trade relations that are increasingly critical to global economic recovery.

【背景】③美国国际贸易委员会在启动"337调查"后，必须在45日内确定终裁的目标时间，并尽快完成调查。如果涉案企业被裁定违反了第337条款，美国国际贸易委员会将禁止相关产品进口。

【背景/评价】④美国经济复苏进程依然较为缓慢，导致国内贸易保护主义抬头。

【编译：补充背景，补充商务部严正态度】⑤今年以来美国多次对中国产品发起反倾销调查和"337调查"。中国商务部多次表示，希望美国政府恪守反对贸易保护主义承诺，共同维护自由、开放、公正的国际贸易环境，以更加理性的方法妥善处理贸易摩擦。

- **标题编译思路：** 本则新闻涉及中国企业，针对中国国内读者需要提供更为具体的信息。同时，海尔也是国内知名品牌，出现在标题中，符合知名性原则，有助于提高新闻关注度。
- **导语编译思路：** 中文导语信息量更大，包括英文新闻主、次导语的内容。因此编译时进行了信息整合。
- **主体编译思路：** 中文主体②段整合了英文③④段的信息，补充调查起因。中文主体③段呼应英文⑤段，对美国"337调查"的具体要求这一背景进行了补充。
- **背景编译思路：** 英文版⑥段为认知该行为提供框架，新华网中文版对此予以保留。英文版⑦段为评价，是对外指出此举会对中美贸易关系造成伤害。而新华网中文版是对内新闻，对此段英文背景进行了替换，变更为近年来的同类事实，并补充陈述了我商务部的严正态度，有利于国内读者建立对该则新闻的认知框架。

课后练习

1. 请将以下描述市场走势的句子翻译为英文。

   1）三月份棉花期货收市下降 0.46 美分，报 85.30 美分。

   2）收市价格上扬，交易额居中。

   3）上证综指下跌 0.45%，报 2 206.04 点

2. 编译下面这则股市播报，注意理解描述市场走势的表达。

Chinese stocks rally over 2% Friday

BEIJING—Chinese stocks **rallied** after a week-long **slide** on Friday with the benchmark Shanghai Composite Index increasing 2.01 percent, or 43.95 points, to **close at** 2,224.84.

In China's Hong Kong, the Hang Seng **slumped** 341 points, or 1.2%, to 28,501, while in Japan the Nikkei **ended nearly flat**, **down** 31 points, or 0.2%, to 15,924.

The South Korean Kospi **fared worst of all**, **sliding** 28 points, or 1.4%, to 1,906, while in India, the Bombay Sensitive Index lost 35 points, or 0.18%, to 19,930.

Only mainland China was different, with the Shanghai Composite Index **rising** 70 points, or 1.4%, to 5,161.

第 16 章 汽车新闻

> ● 本章学习要点
> 1. 了解汽车新闻的定义、分类、功能价值、生产机构；
> 2. 掌握汽车新闻标题、导语及主体的写作范式；
> 3. 掌握汽车新闻的主要编译规范。
>
> ● 课前思考
> 1. 汽车新闻读者在阅读期待方面与其他主题新闻读者有何区别？
> 2. 针对国内读者的汽车新闻编译报道突出哪些重点？

16.1 概述

汽车产业是国民经济战略性、支柱性产业，是支撑贸易高质量发展的重点产业之一。中国汽车工业协会表示，2022 年，全国汽车商品累计进出口总额为 2 486.5 亿美元。据公安部统计，2022 年，全国汽车保有量达 3.19 亿辆，汽车驾驶人 4.64 亿人。另据中国汽车工业协会数据，2022 年，中国汽车销量 2 686.4 万辆。无论从产值还是消费者规模来看，汽车产业在国民经济中都有着举足轻重的地位。国内外汽车领域相关资讯的准确、及时传播对于扩大高水平对外开放、发展民族汽车品牌的国家战略均具有重要意义。

16.1.1 汽车新闻的定义、分类、功能价值

汽车新闻主要指汽车领域的相关资讯，内容较为广泛，多涉及汽车行业发展、企业发展、产品、服务和营销等方面的新动向。汽车新闻主要以信息功能为主，兼具一定的商业功能。同时，读者阅读汽车新闻，除了解信息、选购汽车这样的实用性目的，也可能是出于欣赏、娱乐的目的。所以，在汽车新闻的编译过程当中，应注重以信息功能为基础，兼具呼唤功能和娱乐功能。不过不同主题的汽车新闻，着重凸显的功能会有所差别。

基于汽车新闻报道的主题和凸显的功能，本章对汽车新闻进行简单的类别划分（表16-1）。

表16-1 汽车新闻的主题及功能价值类型

功　能	主　题	
突出信息功能	产品表现	汽车召回
		汽车生产及销量
	品牌表现	并购及合作
		市场开发
		品牌销量
	行业发展	全球市场走势
		行业变革
突出呼唤功能	新车发售	
	技术创新	
	车展	
	媒体推介	
突出娱乐功能	名人	
	豪车	
	奇闻轶事	

第一大类是着重信息性功能的汽车新闻，主要包括产品表现、品牌表现和行业发展三个子类。产品表现类新闻是介绍汽车性能、销量方面的表现，其中汽车召回类新闻由于关系到消费者安全和切身权益，关注度较高。品牌表现类新闻主要介绍知名汽车品牌在并购、合作、市场及销售等方面的新进展。与前两个子类相比，"行业发展"类新闻相对比较宏观，主要介绍汽车产业全球发展走势、区域市场走势以及行业变革等。

第二大类是关注呼唤性功能的报道，旨在催生读者的购买意愿或行动。主要涉及的类型是"新车发售"和"技术创新"，对新车性能、外观、技术突破等加以描述，吸引消费者关注，满足好奇心，种草购买意愿。车展新闻以及媒体推荐由于与市场关联度高，语言风格也表现出较强的呼唤性。

第三大类是凸显娱乐性功能的报道，常见主题是与名人、豪车相关的新闻，借助知名度拉升点击率，当然也包括与车相关的奇闻轶事，以新异性、反常性取胜。

以环球网汽车频道为例,下设版块主要有"车坛要闻""车企风采""高层访谈""新车测评"等,其中"车坛要闻"版块主要囊括新车上市、汽车销量、品牌发展、技术创新等主题,专设"监督召回"栏目。涉及编译的主要是"车坛要闻""新车测评""监督召回"。例如:

> 新车上市:
> 英国劳斯莱斯第八代幻影全新上市 预计年底登陆日本
> 进一步丰富宝马本土化产品阵列 全新 BMW X5 重磅来袭
> 汽车销量:
> 雷诺—日产上半年销量超大众 初登全球榜首
> 品牌发展:
> 起亚宣布将投资 6.5 亿美元设立印度分部
> 技术创新:
> 澳大利亚将沿大堡礁建电动汽车高速路 可免费充电
> 监督召回:
> 外媒:因制动钳螺栓可能松动,特斯拉在美国召回近 6 000 辆汽车

就新闻的类型而言,据国内从业者(杨江霞,2019)统计,环球网汽车频道主要包括四类编译新闻:

一是资讯类新闻:占比最高,达到 40.4%,主要涉及全球车企的新闻动态、销量数据、车展快讯、综合排名等,译文篇幅多为 300~500 字。

二是新车类新闻:占比次之,为 28.8%,主要是国外推出的新车信息,译文篇幅为 500~800 字。

三是组图类新闻:占比排第三位,为 21.4%,包括国外改装车聚会、豪车聚会、汽车科技、车展新车、车模组图等趣味性组图及图片解说,译文篇幅约 100 字。

四是评论类文章:占比最少,仅有 9.4%,是国外媒体对汽车行业、厂商热点事件的深度评论和分析、车展评论、汽车评测,译文篇幅是这四类中最长的,篇幅为 1 000~1 500 字。

16.1.2 汽车新闻的主要生产机构

国内汽车新闻资讯生产平台主要包括专门提供汽车资讯的垂直网站和综合新闻门户网站专设的汽车频道两类,除提供国内汽车资讯外,均提供大量编译而来的车闻,涉及

国际汽车产业发展、汽车品牌等丰富内容。垂直网站影响较大的包括汽车之家、易车网、太平洋汽车网、爱卡汽车、懂车帝等。综合性新闻门户网站专设汽车频道的包括搜狐网、新浪网、凤凰网、腾讯网、环球网、中新网、参考消息网、中国经济网、网易、国际在线等。

据评测机构提供的 2023 年汽车网品牌榜，列入国内十大汽车品牌网站的有汽车之家、易车网、太平洋汽车网、搜狐汽车、凤凰汽车、新浪汽车等。国际上影响力较大、经常成为编译稿源的汽车资讯网站主要有（选自站长之家网站）Yahoo! Autos、Auto Trader、KBB、Edmunds、Auto Blog、Motor Trend、Car Max、Automotive、Car and Driver。

就汽车新闻编译而言，环球网与国内高校在汽车新闻公益生产方面的合作模式在全国媒体界产生了广泛而深远的影响。2009 年 6 月，环球网与西安外国语大学高级翻译学院启动网络新闻编译合作项目，合作的起点便是环球网汽车频道的网络新闻编译工作。经过不断摸索与完善，合作辐射至多频道、多语种，最终形成了辐射全国 15 个省份 66 所高校的新闻公益生产大编译平台。时至今日，汽车频道仍然是环球网重要版块之一。据不完全统计，环球网汽车频道已发布编译稿件 13 000 余篇。

16.1.3　中英汽车新闻的差异化特征

1. 文本可读性

使用文本分析器（Text Analyzer）对中英两种汽车新闻的可读性进行量化分析，结果显示，两者都是可读性较高、欣赏性较强的文本。但英文汽车新闻的平均句长为 11 个单词，中文汽车新闻的平均句长则高达 44 个汉字。英文汽车新闻的可读性指数（The Gunning FOG Index）仅为 5.8（6 为简单，20 为难），接受近六年的学校教育就能够读懂，可读性极高。而中文汽车新闻的可读性指数达到 8，也就是说，需要八年左右的学校教育才能够读懂。以上说明中文汽车新闻阅读难度高于英文新闻。

英媒：电动汽车环保性是五年前的两倍

【环球网综合报道】据英国媒体 8 月 17 日报道，研究发现，由于现在可再生能源设施如太阳能转化场和风力发电机的增加，电动汽车的环保性是五年前的两倍。

根据伦敦帝国理工学院的研究，2012 年为特斯拉 Model S 充电产生的二氧化碳为平均每公里为 124 克，但现在已经减少到冬季每公里 74 克，夏季每公里 41 克。

> 不过特斯拉 Model S 在冬季充电时仍然比丰田普锐斯产生更多的二氧化碳，丰田普锐斯平均二氧化碳排放量为每公里 70g，在夏季排放量更少。
>
> 但无论冬季还是夏季，日产聆风、宝马 i3 和三菱欧蓝德 PHEV 都比普锐斯还更环保。研究人员表示，"虽然普锐斯是市场上最环保的混合动力汽车，但像日产聆风和宝马 i3 这样的小型电动汽车充电产生的二氧化碳不到丰田普锐斯的一半。"

这篇关于国外电动汽车产能发展的新闻由环球网编译报道，被搜狐网、央广网、每经网等媒体转载，整体而言体现了网络汽车新闻可读性高的特点。比如，主导语（第一段）只有一句话，接下来进行了分段、切层，每一段的句子数保持在两句以内，多用短句。这些都是在汽车新闻编译过程中应注意的问题。

2. 凸显呼唤性：中文编译使用程度副词、形容词

较之英文汽车新闻标题，中文汽车新闻标题倾向于使用具有较高呼唤性的程度形容词或程度副词，这主要是为了实现汽车新闻的娱乐性和商业性。

> - GM monitors truck supplies as gas prices **rise** (Lx Forums)
> - 揭秘最新品牌好感度调查：丰田**骤降** 福特**飙升**（车质网）
> - New VW Beetle **launched** (Carwow)
> - 2013 款雪佛兰迈锐宝 迎新**震撼**上市（易车网）

上例列出的英文标题只用到"rise""launch"等较为中性、平实的用词，而中文标题则使用"骤降""飙升"等表示幅度的词，凸显价值性。此外，"震撼亮相""狂降""疯狂购车""完美落幕"等表达在此类标题中也较为常见。通过补充形容词，添加情感色彩，增加语言呼唤性，凸显娱乐性，实现商业性的这种做法，也是中文汽车新闻标题较之英文新闻的不同之处。

3. 凸显冲突性：中文编译使用战争隐喻

矛盾冲突性往往可以引发新闻读者的极大关注，同时也可增加新闻娱乐性。所以，很多汽车新闻标题都和体育新闻类似，使用战争隐喻来增加冲突性。下面几个标题均使用到了战争隐喻：

- 市场**硝烟四起** 欧系轻客现价格大战（开车人）
- 五月全球销量数据出炉 宝马引领豪车"**三剑客**"（汽车之家）
- 欧洲车市**点兵**：标致缺乏外援将**惨败**（凤凰汽车）

这种汽车新闻标题的创设手法值得编译人员关注。

4. 凸显娱乐性：中文编译使用昵称

很多汽车车型在国内翻译的时候，喜欢使用简洁、生动的昵称和绰号，比如称别克（Buick）为"鳖壳"、桑塔纳（Santana）为"老桑"，等等（表 16–2）。

表 16-2　英文车型与中文昵称

英文车型	中文昵称
Golf GTI, Volkswagen Scirocco	小钢炮
Mercedes SLK350	小银箭
Porsche 911 Turbo	蛙眼
Buick	鳖壳
Santana	老桑

"小钢炮"原指迫击炮，作为昵称，用来形容处于紧凑级或更小、两厢、动力突出、操控优秀、外形靓丽的车型，如高尔夫 GTI（Golf GTI）、大众尚酷（Volkswagen Scirocco）等。"小银箭"指代梅赛德斯奔驰跑车 SLK，喻指其具有速度和冲击力。"蛙眼"则主要用来形容前大灯的蛙眼式设计。请观察以下编译新闻标题案例：

- 高尔夫 GTI 的噩梦？ 韩系**小钢炮**有望国产，5.3 秒破百（买车网）
- 帅气的"猎路王子"试驾奔驰 SLK"**小银箭**"（环球网汽车频道）
- **银箭**终于回归，梅赛德斯 -AMG 推出全新 F1 赛车，又帅又快！（网易）
- 欧拉新车来了，两"**蛙眼**"前灯可爱风，配连屏内饰够靓！（网易）

16.2　中英文写作范式

路透社是国际知名通讯社，尤以报道商务与金融类资讯见长。考虑到路透社的专业程度和汽车新闻的经济属性，本章随机选取环球网汽车频道 2018 年 9 月至 2019 年 8 月编译的 50 篇路透社新闻作为分析素材（自 2019 年 9 月起，环球网汽车频道业务调整，极少发布路透社译文，本章选取此前一年的案例，文内不再标记案例来源）。虽然样本规模有限，但也可以一定程度上反映出汽车新闻编译的特征。下面对汽车新闻的标题、导语、主体等组成部分的编译范式逐一分析。

16.2.1 汽车新闻的标题

1. 长度

在长度方面，英文原文标题长度大致为 7~15 个单词，平均 10.5 个单词，其中 76% 的标题长度小于 11 个单词。中文译文标题长度大致为 14~25 个汉字，平均 19 个汉字，其中 80% 的译文标题小于 20 个汉字；19~20 个汉字构成的标题达 58%。总体而言，中文编译标题字符数大于英文原文，但由于每个汉字仅占两个字符空间，所以整体视觉效果看起来比英文短小。

2. 内容

在内容方面，一些情况下，原文标题本身比较完备，说明了新闻事件的主要内容，编译时不需要添加或删减信息。

在下列例子中，前四个例子的原文信息与环球网译文信息完全相同。后两个例子的环球网译文将原文中的"some"具象为"两种"，将原文中的"petrol"和"diesel"合称为"燃油"，与原文基本一致。

- Jaguar launches Slovak plant, sees output hitting 100,000 by 2020
  捷豹路虎斯洛伐克工厂正式投产 拟 2020 年产量达 10 万
- PSA Group may start production of Opel cars in Russia
  标致雪铁龙或将在俄罗斯生产欧宝汽车
- Toyota, Honda plan to attack costs to free up cash for new tech
  丰田与本田拟大力削减成本 为新技术释放资金
- BMW and Jaguar Land Rover to jointly develop electric car parts
  宝马与捷豹路虎合作研发电动汽车零部件
- Tesla to drop **some** color options for cars to simplify production
  特斯拉将减少**两种**车身配色 以简化生产
- Spain to propose ban on sale of **petrol**, **diesel** cars from 2040
  西班牙拟 2040 年起禁止**燃油**汽车销售

但上述译法总是少数。新闻文体的特殊性决定了，不管是处理主体还是标题，基本的、常用的策略都是编译，而非直译，译文标题不可避免地要进行调整，哪怕只是删减了一个词、一个短语。

> VW plans to sell electric Tesla rival for less than 20,000 euros—**source**
> 与特斯拉竞争 大众拟推 2 万欧元以下价位电动汽车

据上例原文导语可知，标题中的"source"为"a source familiar with the plans"，并非重要新闻人物，也未具名，新闻价值不大，中文译文将之删除。这则新闻的核心价值点一是冲突性（大众与特斯拉的巨头之争）；二是知名性（两家公司均为全球车企巨头，特斯拉更是一举一动牵动人心）。环球网译文在语序上有所调整，将"特斯拉""竞争"前置，突出矛盾冲突性，吸引读者关注。

如果英文原文标题信息较多，为了将中文译文标题的字数控制在 19 个字左右（见上文数据分析），可以考虑删除原文中的次要信息。例如：

> **Nissan brand** Infiniti aims to launch first electric car in three years, made in China
> 英菲尼迪三年内推首款电动汽车 将在华投产

英菲尼迪（Infiniti）是日产旗下高档豪华品牌，1989 年诞生于北美地区，中国是其全球战略推广的重点市场。考虑到英菲尼迪在中国已具有相当高的品牌知名度，足以引发读者关注，译文删去了原文中其母公司日产的信息（Nissan brand），以求简洁（保持在 19 个汉字左右）。需要注意的是，出于各种原因从标题中删除的信息并不意味着在译文中完全消失，还可以在下文中有所保留。比如，在上面两个例子的译文导语中均分别保留了"消息人士称""日产旗下高端品牌"的表述。

当然，新闻编译不仅仅只做减法，还会在字数允许的前提下做加法，补充必要信息，凸显新闻价值，提升标题吸引力。

第一，补充原文来源。从新闻编译体例的特殊性出发，有时可以考虑在译文标题中交代原文来源（另见后文关于汽车新闻导语的讨论），如"外媒""美媒"等。例如：

> Volkswagen strikes deal with Broadcom to end patent lawsuit: source
> **外媒：**大众与博通专利诉讼案达成庭外和解

第二，补充新车、新技术亮点。从汽车新闻读者作为消费者的角度出发，可以补充其关心的车型、新车售价、外观等亮点信息，提升新闻价值。如下例中的售价（"起价49.9万元"）、动力（"输出200马力"）、材质（"轻质环保"）。

- Tesla to start delivering Model 3 to China buyers in March
  起价49.9万元特斯拉宣布3月在华交付Model 3
- Toyota GT86 Cabrio might be built without Subaru's help
  丰田自主研发GT86敞篷车 **输出200马力**
- BMW to offer carbon fiber wheels in a year or two
  宝马拟一两年内推碳纤维轮毂**轻质环保**

第三，补充时间信息。著名车企发展、新车发布等活动的时间往往也受到国内读者关注，销量的时间范围具有统计意义。标题长度许可的情况下，可考虑添加以上信息，以提升新闻价值。如下例中的"年底""去年四季度"。

- Ford, Baidu to start self-driving road tests in China
  福特联手百度 **年底**在华启动自动驾驶汽车路试
- Jaguar Land Rover records sales and profits boom
  捷豹路虎**去年四季度**销量与利润创新高

第四，补充地点信息。原语新闻主要为英文本地新闻，鉴于编译受众为中国读者，所以有必要明确原标题中未提及的重要地点信息，如问题车召回范围、涉事地点，以避免国内读者误解。如下例中的"北美""底特律""成都""日本"。

- Ford recalls two million trucks over seat belt fire risk
  安全带存起火隐患 福特**北美**召回200万辆皮卡
- GM halts two renovation projects as it looks to cut costs
  通用压缩成本 叫停**底特律**两个改造项目
- BMW to offer ride hailing services in China from December
  宝马在华获网约车许可12月开始在**成都**运营
- Subaru halts bulk of global car output over part defect
  斯巴鲁**日本**工厂因零件缺陷暂停生产

第五，补充亮点新闻事实。如下例中的"重点推 SUV""合作打造新车""Corsair 年底在华投产""研发新技术""起火后两次爆炸"。

- Nissan redraws India strategy, to focus on premium cars
  日产调整印度战略 聚焦高端车型 / **重点推 SUV**
- Ford Motor to put $500 million into electric vehicle startup Rivian
  福特重金投资美国电动皮卡公司 **合作打造新车**
- Ford to build more Lincolns for Chinese market locally: CFO
  福特将提高林肯国产化率 **Corsair 年底在华投产**
- Renault and Nissan launch innovation lab in Tel Aviv
  雷诺－日产以色列成立创新实验室 **研发新技术**
- Tesla electric car catches fire after hitting tow truck in Moscow
  特斯拉电动汽车在俄撞车 **起火后两次爆炸**

第六，补充新闻事件的原因。如下例中的"技术领先美国""制动故障"（汽车召回原因）。

- Mercedes-Benz to ramp up business with China auto suppliers
  技术领先美国 奔驰将加强与中国供应商合作
- Recall roundup: Jeep Grand Cherokee in Australia
  Jeep 澳大利亚召回大切诺基 **制动故障**

第七，补充新闻事件的目的。如下例中的"欲恢复盈利""应对利润危机"。

- Ford to cut 12,000 jobs in Europe by end 2020
  福特宣布在欧洲裁员 1.2 万人 **欲恢复盈利**
- BMW and Daimler team up on automated driving
  宝马与戴姆勒联手开发自动驾驶 **应对利润危机**

第八，可以补充新闻事件的背景。如下例中的"欧洲排放测试新规 9 月实施""宝马"。

- Half of VW models in Germany not compliant with new pollution standard
  欧洲排放测试新规 9 月实施 大众德国半数车型尚未达标
- Electric Mini production to begin at UK plant in late 2019
  宝马英国工厂年底投产新款 MINI 电动汽车

汽车新闻标题的编译还可以减法、加法一起做。下例的译文删除了"trade war"（贸易战）这一背景原因，补充了降幅"12%~26%"这一读者更为关心的信息。

Tesla cuts China car prices to absorb hit from trade war tariffs
特斯拉承担关税 宣布在华降价 **12%~26%**

下例的译文删除了"Nissan's...brand"（英菲尼迪是日产旗下品牌）及模糊的消息来源"document"，补充了"提高运营效率"这一目的。

Nissan's Infiniti brand to move back to Japan from Hong Kong, China: document
英菲尼迪总部将从中国香港迁回日本 **以提高运营效率**

下例的译文删除了"US-bound"（墨西哥工厂所产汽车出口至美国市场）及模糊的消息来源"sources"，补充了"受新北美贸易协定影响"这一背景。

Honda mulls moving US-bound Fit production to Japan from Mexico: sources
受新北美贸易协定影响 本田考虑将飞度从墨西哥转产日本

16.2.2　汽车新闻的导语

1. 长度

在长度方面，英文硬新闻导语一般由 1 个句子构成。除电头外，长度从 22 个单词至 50 个单词，平均 34.9 个单词；其中长度在 30~39 个单词之间的导语占比最多，为 75.5%（图 16–1）。中文译文中，由 1 个句子、2 个句子、3 个句子构成的导语占比分别为 82%、16%、2%；除电头外，长度从 45 个字至 123 个字，平均 69 个字；长度在 50~59 个字、60~69 个字的导语占比较多，分别为 30%、26%（图 16–2）。

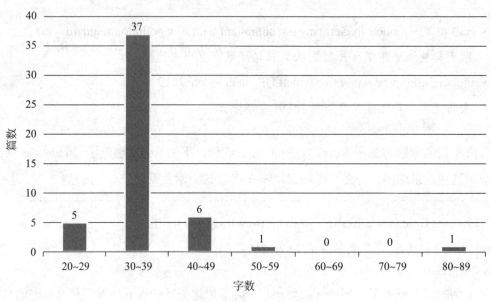

图 16–1　英文原文导语篇幅

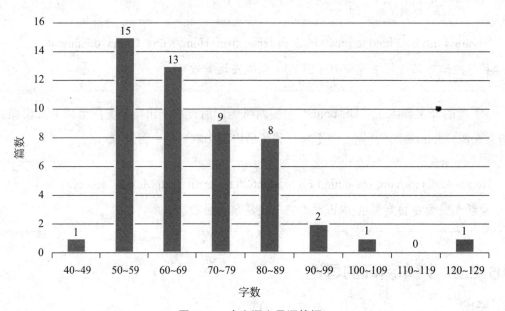

图 16–2　中文译文导语篇幅

2. 格式

在格式方面，环球网汽车频道译文首先在导语之前使用方括号注明译文媒体"【环球网综合报道】"，紧接着在导语起首部分开门见山地说明原文来源，最为常见的形式为"据英国路透社报道"和"据英国路透社某月某日报道"两种（表16–3）。

表 16-3　中文译文导语中的原文来源

形　式	数　量	百分比
据英国路透社报道	22	44%
据英国路透社某月某日报道	17	34%
据英国路透社消息	5	10%
据英国路透社某月某日消息/消息称	4	8%
据英国路透社某月某日称	1	2%
据英国路透社表示	1	2%

请观察以下两个编译案例的格式。

> FRANKFURT (Reuters)—German carmaker Volkswagen said only half of its VW branded passenger car models in Germany are compliant with a new pollution standard, thanks to a much tougher emissions testing regime.
>
> 【环球网综合报道】**据英国路透社报道**，德国汽车制造商大众称，由于即将实施更严格的排放测试程序，德国国内只有一半的大众品牌车型排放可以达标。

> MOSCOW (Reuters)—A Tesla Model 3 electric car caught fire after crashing into a parked tow truck on a Moscow motorway late on Saturday, with the Tesla driver saying he had failed to see the vehicle with which he collided.
>
> 【环球网综合报道】**据英国路透社 8 月 11 日报道**，一辆特斯拉电动汽车在莫斯科高速公路上与一辆停在路边的拖车相撞，随后起火并发生两次爆炸，特斯拉司机及车上两名儿童受伤。

3. 日期

密苏里大学新闻学院布赖恩·布鲁克斯等人强调，导语应当回答六个基本问题：何人、何事、何地、何时、何因、如何（The Missouri Group, 2014），这凸显了日期在导语中的重要性。在提及新闻事件发生日期的导语中，英文一般使用星期几（Monday、Tuesday 等）；中文一般使用"某月某日"或只用"某日"（如 1 月 1 日、31 日等）。此外，在实际操作中，也有不少中英文新闻并不在导语中提及新闻事件发生的日期（注意此处并非指原文媒体发布原文新闻的日期，如上文提及的"据英国路透社某月某日报道"），而是在下文说明，或因新闻事件发生日期与新闻报道发布日期一致而省略一处。

在环球网汽车频道案例中，24% 的英文原文、36% 的中文译文未在导语中说明日期。其余多数案例则体现了日期表达形式方面的差异。

> WASHINGTON (Reuters)—Ford Motor Co. said **on Thursday** it would recall 2 million F-150 pickup trucks in North America because of a seat belt problem that could generate excessive sparks and cause fires.
>
> 【环球网综合报道】据英国路透社报道，福特汽车公司 **6 日**宣布将在北美召回约 200 万辆 F-150 皮卡，因其安全带可能滋生火花存在起火隐患。

上例英文原文中使用"on Thursday"，而中文译文使用"6 日"。

> (Reuters)—Nissan Motor Co Ltd's U.S. arm said **on Thursday** it plans to lay off up to 700 contract workers at its Mississippi assembly plant, citing slowing sales of its vans and Titan pickup trucks.
>
> 【环球网综合报道】据英国路透社 **1 月 17 日**消息，日产美国公司**当天**表示，计划在密西西比汽车组装厂解雇将近 700 名合同工，主要是由于其货车和 Titan 皮卡销量下降，工厂将减产。

上例英文原文中使用"on Thursday"，中文译文中有两个日期：一个是原文发布日期"1 月 17 日"，一个是新闻事件发生日期"当天"。

4. 内容

标题是导语的浓缩，导语是标题的扩展。写作和编译时均需要做到新闻标题与导语的呼应，常见方法有：

- **重复**：在导语中重复使用标题中的某些关键词；
- **替换**：导语保留标题中某个表达方式的含义，但不重复使用这个词，而是使用其近义词；
- **拓展**：标题中出现了某个表达方式，但未详细说明，措辞比较笼统、含糊，导语对这个概念进行扩写，更加具体；
- **补充**：标题因为篇幅限制，无法将重要概念都容纳在内，导语的长度可以大于标题，补充标题中没有出现的信息，其表现形式五花八门。在新闻写作与编译的实践中，往往同时使用多种方法。

信息排序而言，如第 2 章所述，英文导语按照"重要性递减原则"排序，最具有新闻价值的信息放在最前，来源一般放在最后。中文导语则按照"来源、时间、地点、事件、详情"的逻辑排序。因此编译英文导语时，多要对原信息进行重新排序。

下面结合案例对以上所述进行分析。

VW plans to sell electric Tesla rival for less than 20,000 euros—source

FRANKFURT (Reuters)—Volkswagen intends to sell electric cars for less than 20,000 euros (17,400 pounds) and protect German jobs by converting three factories to make **Tesla rivals**, a source familiar with the plans said.

与特斯拉竞争　大众拟推 2 万欧元以下价位电动汽车

【环球网综合报道】据英国路透社报道，消息人士称，德国汽车制造商大众将与特斯拉展开竞争，计划推出售价低于 2 万欧元（约合人民币 16 万元）的电动汽车，并为此将三家德国工厂改造为电动汽车工厂。

上例中，英文原文导语与标题的呼应关系体现为：缩写"VW"替换为全称"Volkswagen"；"plans"替换为同义词"intends"；"to sell"重复使用；"electric Tesla rival"分解为"electric cars"和"Tesla rivals"；"for less than 20,000 euros"重复，但用括号补充其相当于"17,400 pounds"，以便英国读者理解；"—"替换为同义的"said"；"source"拓展为"a source familiar with the plans"；后半部分补充主要新闻事实"and protect German jobs by converting three factories to make"。

该条为"品牌市场开发"类汽车新闻，以信息功能为主。为凸显新闻价值，中文编译稿提取了原新闻中的冲突性（Tesla rivals）并加以放大，达到吸引读者的目的。

环球网中文编译标题采取两段式，第一部分用"与特斯拉竞争"点题，第二部分将竞争的具体做法作简要归纳，构成主要新闻事实"大众拟推 2 万欧元以下价位电动车"。

环球网中文编译稿的导语也同样与中文标题构成拓展关系，沿着标题思路展开，顺序是先强调竞争意图，再描述具体做法，具体排序为：消息来源＋动机＋做法（据英国路透社报道/消息人士称→德国汽车制造商大众将与特斯拉展开竞争→计划推出）。

需要注意的是，为满足中国读者的认知需求，译文对"Volkswagen"进行了阐释，拓展为"德国汽车制造商大众"。路透社原文针对英文读者，提供了欧元折合英镑的数字；环球网译文针对中国读者，提供了欧元折合人民币的数字。

> **Electric Mini production to begin at UK plant in late 2019**
>
> OXFORD, England (Reuters)—BMW will begin building its new electric Mini at its British factory from late 2019, with the first vehicles reaching customers from spring next year, the German carmaker said on Tuesday.
>
> **宝马英国工厂年底投产新款 MINI 电动汽车**
>
> 【环球网综合报道】据英国路透社 7 月 9 日消息称，德国汽车制造商宝马当天宣布，将于 2019 年底开始在其英国工厂生产新款 MINI 电动汽车，明年春季将向顾客完成首批车辆交付。

在上例中，英文原文标题与导语体现出呼应关系。如 "electric Mini" 拓展为 "its new electric Mini"； "production" 替换为近义词 "building"； "(is) to begin" 替换为同义的 "will begin"； "at UK plant" 替换为 "at its British factory"； "in late 2019" 替换为 "from late 2019"，形式稍有不同，但重复了核心概念。

该条新闻为品牌市场开发类汽车新闻，以信息功能为主。中文编译报道选取 "宝马 Mini 新款" 为价值点，利用宝马 Mini 的品牌知名性原则吸引读者关注。

中文编译标题为主谓宾结构，添加了 "宝马"，凸显知名性价值。

中文编译导语部分与标题呼应，前半段为标题信息的展开，后半段补充了细节（年春季将向顾客完成首批车辆交付）。具体排序为：消息来源 + 做法 + 细节（据英国路透社消息称 / 德国汽车制造商宝马当天宣布 → 将于 2019 年底开始在其英国工厂生产新款 MINI 电动汽车 → 明年春季将向顾客完成首批车辆交付。）

同样，为满足中国读者的认知需求，环球网译文对 BMW 进行了阐释，将之拓展为 "德国汽车制造商宝马"。

5. 新闻人物介绍

密苏里大学新闻学院布赖恩·布鲁克斯等人将导语分为 you lead（第二人称导语）、immediate-identification lead（直接披露新闻人物的导语）、delayed-identification lead（延后披露新闻人物的导语）、summary lead（总结性导语）、multiple-element lead（多成分导语）等五种（The Missouri Group, 2014），刘其中（2009a）在分析汉英新闻编译时也采用这一分类。

涉及重要或知名新闻人物时，使用"直接披露新闻人物的导语"，即在导语中直接说明其身份、姓名信息，刘其中称为"开门见山"（2009b：25）。

新闻人物或机构的知名度较低时，使用"延后披露新闻人物的导语"，即导语仅介绍其身份特征，后文才说明其具体名称，刘其中（2009b）称为"先虚后实"。不过在实际操作中，不少英文新闻在涉及重要新闻人物时也使用"延后披露新闻人物的导语"。而中文硬新闻的写作，不论新闻人物的知名度高低，大多均使用"直接披露新闻人物的导语"，和盘托出，直截了当，避免重复。这一差异在环球网汽车频道新闻编译中也有所体现。

> FRANKFURT (Reuters)—German carmakers only have a 50 percent chance of surviving as leading players in the auto industry unless they transform their businesses to meet new regulations and adapt supply chains, Volkswagen's chief executive said on Tuesday.
>
> 【环球网综合报道】据英国路透社表示，<u>大众汽车公司 CEO 赫伯特·迪斯（Herbert Diess）</u>表示，除非转型，以适应新的监管规定，并调整供应链，否则德国汽车制造商只有 50% 的机会保持汽车行业的领军者地位。

在上例中，英文原文导语为"延后披露新闻人物的导语"，其中的消息来源是"Volkswagen's chief executive"，到第 3 段才说明名字是"Herbert Diess"。中文译文则在导语中首次出现即直接说明其身份和姓名："大众汽车公司 CEO 赫伯特·迪斯（Herbert Diess）"。

> JAKARTA (Reuters)—Hyundai Motor Co plans to start producing electric vehicles (EVs) in Indonesia as part of an around $880 million auto investment in the country, the deputy minister for industry said on Thursday.
>
> 【环球网综合报道】据英国路透社消息，<u>印度尼西亚工业部副部长 Harjanto</u> 当天表示，现代计划在该国建立工厂以生产电动汽车。此举是其在印尼 8.8 亿美元（约人民币 60.69 亿元）投资计划的一部分。

在上例中，英文原文导语中的消息来源是"the deputy minister for industry"，第 3 段才指明是"Indonesian deputy minister for industry Harjanto"。中文译文在导语中完整介绍了其国别、头衔、姓名："印度尼西亚工业部副部长 Harjanto"。

> GENEVA (Reuters)—Forty countries including Japan have agreed on a draft UN regulation for advanced emergency braking systems (AEBS) for new cars and light commercial vehicles from early 2020, which the European Union says it will implement from 2022, **a UN agency** said on Tuesday.
>
> 【环球网综合报道】据英国路透社 2 月 13 日报道，<u>联合国欧洲经济委员会</u> 2 月 12 日宣布，日本、欧盟等 40 个国家和地区已就一项联合国针对新款汽车和轻型商用车提出的高级紧急制动系统（AEBS）监管草案达成协议。

在上例中，英文原文导语将消息来源模糊地表达为"a UN agency"，第 2 段才表明该机构名称为"the UN Economic Commission for Europe (UNECE)"。中文译文在导语中就说明其名称："联合国欧洲经济委员会"。

> (Reuters)—Ford Motor Co plans to start production of new luxury Lincoln models in China for that market as they are launched, starting with the new Corsair later this year, to benefit from lower costs and avoid the risk of tariffs, **a top executive** said on Monday.
>
> 【环球网综合报道】据英国路透社 5 月 15 日报道，<u>福特汽车公司首席财务官鲍勃·尚克斯</u>当天表示，从年底推出的海盗船（Corsair）开始，福特将开始在中国生产林肯车型，借助较低成本优势，并避开支付大额关税的风险。

在上例中，英文原文导语中的消息来源是"a top executive"，第 2 段才明确为"Chief Financial Officer Bob Shanks"。中文译文在导语中开门见山："福特汽车公司首席财务官鲍勃·尚克斯"。

16.2.3　汽车新闻的主体

1. 全文篇幅

在篇幅方面，除去电头，英文原文全文从 144 个单词至 689 个单词不等，平均 348.4 个单词，其中 66% 的原文在 400 个单词以内；篇幅在 200~299 个单词、300~399 个单词的原文占比最多，均为 26%，两者合计占比 52%（图 16-3）。

除去电头，中文译文全文从 187 个字至 667 个字不等，平均 393.9 个字，其中 70% 的译文篇幅在 450 个字以内；篇幅在 300~399 个字的译文占比最多，为 34%（图 16-4）。

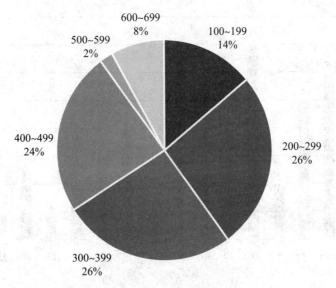

图 16–3　英文原文全文篇幅（单位：词）

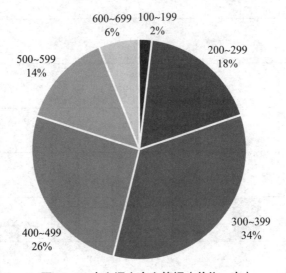

图 16–4　中文译文全文篇幅（单位：字）

2. 段落长度

全文段落数方面，英文原文从 5 段至 21 段（未计文内小标题、文末币值换算）不等，平均为 10.8 段，其中 64% 的原文段数小于等于 11 段；由 9 段构成的原文占比最多，为 14%，段落布局整体上较为随机，没有哪种段落布局占绝对优势（图 16–5）；平均每个段落长度约 31.2 个单词。

中文译文从 2 段至 8 段（未计文内小标题）不等，平均 4.7 段，其中 76% 的译文段数小于或等于 5 段；由 4 个段落构成的译文占比最多，为 40%，较为集中（图 16–6）；平均每个段落长度约 80.4 个字。

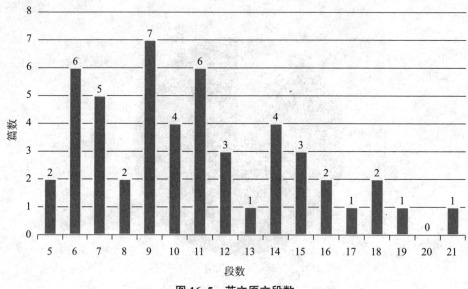

图 16–5　英文原文段数

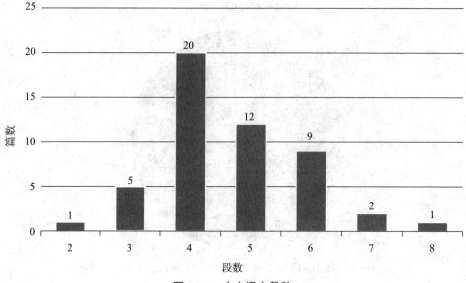

图 16–6　中文译文段数

3. 句长

就句子数而言，除标题外，英文原文全文句子从 5 句至 25 句不等，平均 13.1 句，其中 60% 的原文句数小于或等于 13 句；平均每个句子长度约 25.8 个单词；段/句之比为 1∶1.2，绝大多数段落仅由 1 个句子构成。中文译文全文句数从 3 句至 15 句（未计文内小标题）不等，平均 8.6 句，其中 66% 的译文句数小于或等于 9 句；平均每个句子长度约 43.7 个字；段/句之比为 1∶1.8，由 1 个句子、2 个句子构成的段落都不少。

可见，中文译稿多用长句，总句数少于英文。

4. 引语

在引语方面，专家学者都很重视直接引语在新闻写作与编译中的重要作用。李希光（2013）指出，很少使用直接引语是中国新闻写作的"癌症"。刘其中（2009b：67）强调："原语新闻中的直接引语，原则上应用直接引语译出。"

在环球网汽车频道的案例中，70%的英文原文使用了直接引语，仅有44%的中文译文使用了直接引语。在英文原文使用直接引语、中文译文未使用直接引语的案例中，除少数译文因篇幅、重要性等原因将原文直接引语的内容删除之外，其他译文是将原文直接引语改为间接引语使用。

在篇幅不受限制的情况下，可以考虑保留直接引语的形式。

> 引语原文："We will intensify scouting of Chinese suppliers. **China is more advanced than the United States in many areas of digital innovation**," Stark said on Thursday. （第5段）
>
> "**China will dramatically increase in importance**," Stark said referring to the raft of suppliers that Mercedes-Benz does business with. （第6段）
>
> "**In the area of connectivity services, the Chinese are ahead of the Americans**; we have no choice but to deepen our relationship with these suppliers," he said, naming China's Alibaba and Tencent as leading players. （第8段）
>
> 引语译文：奔驰的采购和供应商质量部门主管Wilko Stark表示，向电动汽车和联网汽车的转变使公司更加依赖来自外部的电池化学和联网汽车专业知识，中国在许多数字创新领域都比美国先进。

在上例中，英文原文、中文译文均强调了中国在汽车领域关键技术上领先欧美这一信息。

英文原文由17段构成，从导语开始连续8段引用"Mercedes-Benz executive Wilko Stark"的话，后文也有5段引用，共计7处直接引语、6处间接引语，分别使用"Stark said""he said""Stark added""Stark noted"等语言形式，显示了其作为言论类新闻的属性。在直接引语中，第5段、第6段、第8段共三处提及中国的领先、重要地位，作为对导语中相关内容的呼应。

环球网中文译文在合并段落的基础上，仅保留了英文原文第5段直接引语中第2句话的内容"中国在许多数字创新领域都比美国先进"，且形式改为间接引语，将其他与中国有关的直接引语予以删除。

> 引语原文："This change will provide the CEO with greater leeway for shouldering the strategic tasks faced by the Group," Volkswagen said in a statement, referring to Diess.
>
> 引语译文：大众在声明中表示，这一举措将为首席执行官承担集团战略任务提供更大的回旋余地。

在上例中，英文原文、中文译文均说明了大众重组管理职责将有助于 CEO 负责电动汽车量产战略。

英文原文由 6 段构成，使用 1 处直接引语、2 处间接引语。其中，位于第 5 段的直接引语呼应了导语中内容。

环球网中文译文在合并段落、调整顺序的基础上，在最后一段保留了直接引语的内容，形式则改为间接引语。

5. 背景

在背景信息方面，刘明华等人（2017）表示，背景的位置可依需要而定，天女散花，巧妙穿插。在实际操作中，英文新闻中背景信息的位置的确相对灵活，比较分散；中文新闻中背景信息的位置则相对集中，多位于文末。

> **BMW chief says considering second US manufacturing plant**
>
> LOS ANGELES (Reuters)—BMW is considering a second US manufacturing plant that could produce engines and transmissions, Chief Executive Harald Krueger said on Tuesday, shortly after a report that US President Donald Trump would impose tariffs on imported cars from next week.
>
> ① "The compromise on the table is something I can clearly support," he said. ② May is drumming up support for the divorce deal with the European Union ahead of a December 11 vote in British parliament.
>
> ③ BMW is considering changes to US operations as sales in the region grow, Krueger said. ④ BMW has a US vehicle assembly plant, in South Carolina, is planning to open a Mexico factory next year, and is considering changes to its current scheme of importing engines and transmissions.

"We're at the range where you could think about a second location" in the United States, he said, adding that such a factory would provide a natural currency hedge.

宝马考虑在美建第二座工厂 生产引擎与变速箱

【环球网综合报道】据英国路透社报道,宝马首席执行官哈拉尔德·克鲁格(Harald Krueger)表示,公司正考虑在美建立第二家工厂,用以生产发动机和变速箱。

克鲁格称,随着美国市场销量的增长,宝马正考虑对美国业务进行调整。宝马在美国南卡罗来纳州已设一家汽车组装厂,计划明年在墨西哥开设工厂,同时在考虑改变目前进口发动机和变速箱的现状。

克鲁格表示,我们目前正在考虑在美国第二家工厂的选址。在美国设立工厂将形成天然的外汇对冲。

上例主要新闻事实为宝马考虑在美国建立第二家工厂。

英文原文由5段构成,包括3处背景信息。导语主句与标题对应,从句介绍宝马考虑建厂的政治背景;第2段介绍了宝马首席执行官接受采访时发表的支持英国脱欧言论;第①句直接引语是对上文信息的支撑,第②句介绍了英国脱欧的背景信息;第3段第③句间接引语是对标题、导语主要信息的呼应,第④句介绍宝马业务背景信息;第4段直接引语、间接引语是对标题、导语主要信息及第3段第③句的支撑。

中文译文由3段构成,删除了原文导语中的次要信息及第2段、第3段与建厂计划没有直接关联的信息,译文第2段、第3段内容基本对应原文第3段、第4段。

从中文新闻常见报道模式出发,现有译文的第2段第①句与第3段均为宝马首席执行官言论,可以考虑将其合并为第2段(引语处理方法另见上文)。将现有译文的第2段第2句背景信息可置于文末作为第3段。

16.3　编译策略、案例分析与演练

16.3.1　编译策略

结合以上环球网汽车频道案例分析,本节试对汽车新闻编译要领做如下总结:

1. 标题

英译中时，标题宜在 18~20 个汉字；中译英时，标题宜在 9~11 个单词。

如英文原文标题信息较少，英译中时可视具体情况补充原文来源、新车售价、时间、地点、主要新闻事实、新闻事件原因、目的、背景等信息；如中文原文标题信息较多，中译英时可酌情删除此类信息。

如英文原文标题信息较多，英译中时可视具体情况删除次要消息来源、品牌母公司名称、次要语法形式等信息；如中文原文标题信息较少，中译英时可补充此类信息。

2. 导语

英译中时，导语宜为 1 句，50~69 个汉字；中译英时，导语宜为 1 句，在 30~39 个单词。

译文导语应交代原文来源。译文导语应通过重复、替换、拓展、补充等方法实现与标题的对应。

英译中时，导语应开门见山地交代新闻人物身份、姓名；中译英时，可先虚后实，导语仅介绍新闻人物身份特征，后文再说明其名称。

英译中时，日期应使用"某月某日"或"某日"；中译英时，日期应使用星期几。

3. 篇幅

英译中时，全文宜保持在 4~5 段，导语之外的其他段落宜保持在 1~2 句；中译英时，每段宜为 1 句。

4. 引语

原文包含与新闻主题相关的直接引语时，译文应保留直接引语。

5. 背景

英译中时，背景信息宜置于文末；中译英时，背景信息宜巧妙穿插。

16.3.2 编译案例分析

下面分析一组案例，素材为 2021 年 4 月 17 日发布的英文报道（选自美联社网站），全文 911 个单词，除标题外由 25 段组成，篇幅较长。为方便讨论，仅摘录倒金字塔结构中与新闻主题关联程度较高的前 8 段，共计 334 个单词。

第 16 章 汽车新闻

Union, automakers headed for fight over battery plant wages

NASHVILLE, Tenn. (AP)—The United Auto Workers union is calling on General Motors to pay full union wages at electric vehicle battery factories, thrusting what had been a festering conflict into the spotlight.

The union, **in a statement** reacting to **GM's** announcement Friday that it would build a second U.S. battery plant, said the company and its joint venture partner have a "moral obligation" to pay the higher wages at battery factories.

The statement sets the tone for the next round of contract talks in 2023 between GM, Ford and Stellantis (formerly Fiat Chrysler), **all of which** have plans to make significant numbers of battery-powered vehicles by then as they invest billions to transition from internal combustion engines.

However the conflict is resolved, it's likely to chart the course of American manufacturing wages into the next decade **as** the nation moves from petroleum powered vehicles to those that run on electricity.

GM said wages at the battery plants would be determined by Ultium Cells LLC, the joint venture with LG Energy that's running the factories.

GM and LG Energy Solutions, **its partner on the new plant in Spring Hill**, Tennessee, and another under construction in Lordstown, Ohio, near Cleveland, should work with the UAW "to make sure these are good-paying union jobs like those of their brothers and sisters who make internal combustion engines," the union statement said.

It also could draw President Joe Biden into the fray, **because** he is pushing the transition to EVs, which he says will create "good-paying, union jobs of the future."

Currently top-scale union production workers at internal combustion engine and transmission plants run by GM, Ford and Stellantis (formerly Fiat Chrysler) make more than $31 per hour. But when the Lordstown plant was announced in 2019, GM CEO Mary Barra said its worker pay would follow GM's component manufacturing strategy, where workers are paid less than top union wages. She said the plant would have to be cost-competitive.

1. 标题

原文来源美联社，首先是美国媒体，其次才是国际通讯社，其网站上发布大量美国国内新闻，很多标题并不指明新闻事件发生在美国。这与中国媒体发布中国国内新闻一样，中文新闻标题也不需要提及中国二字。在编译时，则应注意内外有别。如果直译原文标题无法体现国别因素，应在译文标题中添加"美（国）"之类的字样，否则就会误导中文读者，使他们在读到标题时，误以为这是在中国发生的事情。

英文原文标题使用复数概念"automakers"，但这条新闻的焦点其实是导语中的"General Motors"（通用汽车公司），美联社网站还罕见地在导语旁边附上了该公司的标识。因此，可以考虑在译文标题中明示这一概念，如"美工会与通用""美工会呼吁通用"。

2. 导语

英文原文导语篇幅不长，语法结构简单，编译起来不算困难。

首先，应在中文译文导语起首注明原文来源，如以环球网汽车频道为目标媒体，则为"据美联社 4 月 17 日报道……"。

其次，新闻事件的消息来源为汽车工人联合会，但该联合会本身不能直接说话，它要发布信息，必须依靠具体的人或文件之类。本书编者注意到，英文原文第 2 段有一个表达方式"in a statement"。显然，原文记者之所以能够写出这篇英文新闻，是因为该联合会发布了一份声明。上文指出，中文新闻的导语习惯开门见山，因此可将这一细节提前至译文导语之中、原文来源之后："美国汽车工人联合会发布声明……"

再次，上文指出，汽车新闻在很大程度上需要吸引作为消费者的读者注意，因此可以适当使用修辞手法来达到这一目的，但应注意分寸，不能脱离原文本来的含义，哗众取宠。例如，英文原文导语末尾的"into the spotlight"指汽车工人联合会的这份声明将其与通用之间的矛盾推到了聚光灯下，这是一种比喻意义，中文也存在这一说法，因此可以沿用。

3. 段落

英文原文的全文共有 8 段。如果用英文原文的一段对应至中文译文的一段，难免造成译文段落过短，信息分布零散，不符合中文新闻的写作习惯，不利于中文读者的阅读。因此，在保留原文主要内容、使用倒金字塔结构的基础上，可以合并译文段落，中文译文以五个段落为宜。

其次，英文原文信息分布相对零散。例如，作为主要信息，汽车工人联合会的声明内容分布在导语的主句、第 2 段的主句、第 6 段的主句中，以靠前、主要的语法结构凸显；作为主要信息的相关信息，通用关于建厂与工资安排的说法分布在第 2 段"GM's"引导的名词短语、第 5 段及第 6 段 its 引导的名词短语，以靠后、次要的语法结构弱化；

上下文穿插其他次要信息，如记者对事态的分析（第 3 段的主句、第 4 段的主句、第 7 段的主句）、背景信息（第 3 段"all of which"引导的从句、第 4 段 as 引导的从句、第 7 段"because"引导的从句、第 8 段）。因此，可以考虑重组信息，使译文逻辑更加清晰，方便读者阅读。

在此基础上可考虑如下安排：

中文译文导语来自英文原文导语；

按时间顺序，中文译文第 2 段介绍通用此前所宣布的建厂与工资安排决定，内容来自英文原文第 2 段"GM's"引导的名词短语、第 5 段、第 6 段"its"引导的名词短语；

按时间顺序，中文译文第 3 段介绍汽车工人联合会在声明中的回应，内容来自英文原文第 2 段的主句、第 6 段的主句；

英文原文第 8 段关于工资发放情况的背景信息与新闻主题关联程度较高，可用作中文译文第 4 段；

英文原文第 3 段"all of which"引导的从句、第 7 段"because"引导的从句是关于产业发展趋势的背景信息，与新闻主题关联程度较低，可用作中文译文第 5 段。

4. 引语

英文原文未使用直接引语，使用 4 处间接引语、3 处部分引语。其中，作为汽车工人联合会的声明内容，导语中的间接引语及位于第 2 段、第 6 段的部分引语是主要信息，应予保留；作为通用关于工资安排的说法，位于第 5 段的间接引语是主要信息的相关信息，也应保留；位于第 7 段的部分引语、第 8 段的间接引语是背景信息的组成部分，可以保留或部分保留。

上文指出，编译引语时，应保留原文形式，即将部分引语译为部分引语，将间接引语译为间接引语。虽然直接引语十分重要，但在原文未使用直接引语、其他途径也无法查到新闻人物所说原话时，不能在编译新闻时为间接引语加上双引号去编造直接引语。

5. 背景

上文指出，在一般的新闻报道中，英文的背景信息没有特定位置，哪里需要放在哪里；中文的背景信息一般放在末尾的一、两个段落。

在这一案例中，英文原文中的背景信息包括：第 3 段"all of which"引导的从句介绍，底特律三大车企已在汽车动力转型业务投资数十亿美元，计划在未来两年实现电动汽车的量产；第 4 段"as"引导的从句介绍，美国正在推动从燃油汽车到电动汽车的转型；第 7 段"because"引导的从句介绍，美国总统正在推动电动汽车领域发展，称其将创造前景光明的高薪工作；第 8 段提及三大车企收入较高的工人工资现状，以及通用此前对电池工厂工人工资的安排。

在编译时，可以先将汽车工人联合会的声明内容及其与通用的矛盾交代清楚，再将上述背景信息安排在行文靠后的位置。

6. 其他

首先，在分析事态时，英文原文第 3 段提到 "the next round of contract talks in 2023 between GM, Ford and Stellantis (formerly Fiat Chrysler)"。一般情况下，"between…and" 这一短语所涉及的是 "and" 前后的两方或多方。在这一案例中，是否意味着三大车企之间将进行谈判呢？答案是否定的。搜索相关背景知识可以发现，汽车工人联合会每四年与三大车企进行一次谈判，以保障工会会员的薪资；前两轮谈判分别在 2015 年、2019 年进行。因此，这里不能按字面直译。

其次，在介绍通用工厂时，英文原文第 6 段提到两处地点，即 "the new plant in Spring Hill, Tennessee" 和 "another under construction in Lordstown, Ohio, near Cleveland"。上文指出，新闻报道内外有别，中国媒体用中文报道国内发生的新闻事件时，可以将地点写得比较详细；编译成英文时，这些详细的地名可能对英文读者造成阅读障碍。同理，将英文新闻中比较详细的地名全盘照译为中文，也会因为陌生化信息过多而降低中文读者的阅读体验。因此，在这一案例中，如果需要在中文译文中提及地名，保留两家工厂所在的州名即可，即田纳西州、俄亥俄州。

再次，在介绍收入较高的工人工资现状时，英文原文第 8 段提到 "more than \$31 per hour"，货币为美元。译为中文时，应考虑中文读者的阅读习惯，在译为"时薪超过 31 美元"后按照当时的汇率补充 "（约合 202 元人民币）"。

 课后练习

请扫描二维码，阅读新闻 "Automakers push to reopen plants with testing and lots of masks"（选自路透社网站），结合汽车新闻编译策略，以环球网汽车频道为目标媒体将其编译为中文。

第 17 章　言论新闻

- **本章学习要点**

1. 了解言论新闻的定义、分类、功能价值；
2. 掌握英文引语的常见格式及编译技巧；
3. 掌握言论新闻的写作范式；
4. 掌握言论新闻的主要编译规范。

- **课前思考**

1. 什么样的言论最能吸引读者？
2. 直接引语、间接引语、部分引语的优缺点各有哪些？

小贴士

Speeches, hardly the most exciting stories a reporter covers, are a major part of the journalist's day-to-day work.（言论新闻，称不上记者笔下最激动人心的部分，但是构成记者日常工作的主要部分。）

——Melvin Mencher (2012：322)

17.1　概述

本章所说的言论新闻，主要指报道内容以各类公众人物或机构所发表的言论为核心的新闻。主要包括以下类别的言论：

- 政治领导人发表的重要意见；
- 与国家立场或媒体编辑政策一致的有关争议问题的声明；
- 公众人物违反常识、与公众舆论或媒体编辑政策相悖的言论；
- 公众人物生动、幽默、新颖、深刻、令人难忘的讲话。

由于名人的知名度高、影响力广，其发表的具有冲突性、超常性的言论，往往具有较高的新闻价值，容易引发读者关注。优秀的言论新闻往往能够发挥针砭时弊、释疑解惑、明辨是非的功能。

What Mitt Romney says about gun laws in wake of Texas school shooting

The mass shooting at a Texas elementary school that left 19 children and two teachers dead Tuesday has reignited the debate in Congress over gun laws.

Sen. Mitt Romney weighed in on the issue Wednesday when asked about it at the Capitol.

2022年5月，美国得克萨斯州尤瓦尔迪市罗布小学发生枪击惨案，一名18岁枪手射杀至少19名儿童和两名老师，随后被击毙。媒体普遍认为这是一起"令人深感震惊却熟悉的美国悲剧"。美国民众对枪支安全的担忧情绪急剧上升，引发广泛抗议。美国犹他州共和党参议员米特·罗姆尼一直是枪支管制立法的支持者，因曾在2012年作为共和党候选人参加总统竞选并与奥巴马竞争，在美国具有较高的知名度。在枪击事件频发、民怨沸腾的大背景下，罗姆尼在国会就控枪法案发声，关注度很高，构成了犹他州当地媒体《犹他新闻》（*Deseret News*）本条言论新闻的主要内容。

名人唇枪舌战由于其显赫性、冲突性往往具有极高的新闻价值。例如，美国总统拜登执政以来热衷于电气化改革，电动汽车巨头特斯拉首席执行官埃隆·马斯克（Elon Musk）经常与之隔空喊话，针锋相对。2022年6月，马斯克发表唱衰美国经济的言论，拜登在记者会上就此驳斥，引发了国内外媒体的广泛报道。

又拌嘴？拜登拿竞争对手嘲讽马斯克裁员言论，马斯克转发旧文回应

【环球网报道】又拌嘴？据美国《国会山报》报道，在特斯拉和SpaceX创始人马斯克发表对经济的"悲观"言论后，美国总统拜登当地时间3日亮明自己"**不屑一顾**"的态度，他先是称赞特斯拉的竞争对手们扩大在电动汽车领域投资，最后祝马斯克"登月之旅好运"。对此，马斯克则转发一篇去年的旧文并配文**讽刺**称，"谢谢总统先生"。

上例为环球网的编译报道。标题和导语使用百姓视角、百姓话语对言论加以解读，很好地体现了其媒体特色。标题前三个字"又拌嘴"，提供了老百姓熟悉的认知框架，凸显了此则言论新闻的冲突性。标题第二部分总结了言论内容，并添加了"嘲讽"这样的情感负载词，以强化冲突性、凸显新闻价值。导语是对标题的拓展，总结了拜登的主要言论，"不屑一顾""讽刺"等情感负载词进一步凸显言论的戏剧性、冲突性，从而提

高新闻价值。

公众人物的超常言辞经常构成言论新闻的素材被直接引用，甚至成为新闻标题。例如，美国前总统特朗普以说话随意著称，其炮轰现任总统拜登的惊人之语颇具超常性，每每被国内外各大媒体转发，甚至成为新闻报道的主标题。

> **特朗普又向拜登"开炮"："我们国家正走向地狱"，而"总统在和空气握手"**
>
> 【环球网报道】据俄罗斯卫星通讯社4月24日报道，美国前总统特朗普当地时间23日在俄亥俄州的一场集会上**批评民主党和拜登政府**正在摧毁美国，声称**"美国正在走向地狱"**。
>
> 据报道，特朗普在集会上说："事实是，选举被操纵和窃取，现在我们的国家正在被摧毁。我们的国家正在被摧毁，**我们的国家正在走向地狱**。我们从来没有过这样的事情。"

上例为环球网的编译报道。标题和导语再次体现环球网的媒体特色，使用百姓视角、百姓话语对言论加以解读。标题第一部分"特朗普又向拜登开炮"，提供百姓视角的认知框架，"开炮"是为普通读者熟知、生动易懂的语言。标题第二部分为特朗普言论中最具超常性、最吸引眼球的两句。

导语呼应标题并加以延展，交代了特朗普发表此番言论的背景（集会）和意图（批评民主党和拜登政府）。整个编译报道凸显了言论的超常性和冲突性，强化了新闻价值。

17.2 中英文写作范式

17.2.1 言论新闻的写作框架

曼切尔在《新闻报道与写作中》总结了言论新闻的主要内容，指出下述任何一点都可以成为言论新闻报道的焦点，从而被写入导语，但大多数言论新闻还是以凸显言论的内容为主（Mencher，2012：322）：

- What was said: speaker's main point（言论的主要内容）
- Who spoke: name and identification（说话人：姓名及身份）
- Setting or circumstances of the speech（发表言论的语境、背景）
- Any unusual occurrence（任何异常情况）

表17-1总结了言论新闻的常见结构模块及所涉内容。

表 17-1　言论新闻的写作框架

结构模块	内　容
标题	言论来源（说话人或机构简单指称）
	言论内容（直引、间引或局引）
	认知框架（情感负载词暗示媒体立场）
导语（拓展标题）	言论来源（说话人身份姓名或机构名称）
	言论语境（发表言论的时间、地点）
	言论内容（直引、间引或局引，多段呈现）
	认知框架（情感负载词暗示媒体立场；提供简单背景）
主体	更多相关言论（直引、间引、局引）
	背景（与言论相关的深度背景；累积同类言论）
	言论造成的反响（提供民众反响、对手反应等）

下面来看一个英文言论新闻的典型案例。针对马斯克不看好美国经济的言论，美国总统拜登在回答记者提问时做出回应。下文为 CNBC 基于此言论所做的新闻报道。该报道不仅提供了拜登反击马斯克的言论，还提供了此前马斯克和拜登互掐的言论作为理解本轮唇枪舌战的背景。根据 MBFC 的政治光谱评测可知，CNBC 为一家美国中左媒体，不时会在新闻标题中使用情感负载词。请注意阅读案例右列的分析。

"**Lots of luck on his trip to the moon**": Biden **shrugs off** Elon Musk's economic **fears**, **touts** Ford investments	**标题**：总结拜登对马斯克的态度。直引言论中的超常部分。
President Joe Biden on Friday **brushed off** Tesla CEO Elon Musk's reported "super bad feeling" about the US economy, while praising some of Musk's competitors for expanding their investments in electric vehicles.	**导语**：总结拜登对马斯克的态度，补充拜登褒扬马斯克竞争对手，凸显冲突性。
Biden then took a **dismissive-sounding swipe** at Musk, a frequent critic of his administration. "Lots of luck on his trip to the moon," Biden said of the SpaceX founder.	**本体**：拜登言论（直引）
The president had been asked about Musk after a speech in Delaware touting the solid jobs report released earlier Friday.	**背景**： 言论语境 美国就业数据

The Labor Department found that the US economy added 390,000 jobs in May, a better figure than expected, while the unemployment rate held at the low level of 3.6%.

Musk, meanwhile, told executives in an email Thursday that he has a "super bad feeling" about the economy and will need to cut 10% of Tesla's jobs, according to Reuters. Tesla shares fell on Friday. 背景：马斯克此前言论，看跌美国经济，准备裁员（局引）

Asked about Musk's reported feeling, Biden praised Ford and Stellantis. 拜登言论：褒扬马斯克竞争对手（间引）

"Well, let me tell you, while Elon Musk is talking about that, Ford is increasing their investment overwhelmingly," Biden said, pulling a notecard from his jacket pocket. 拜登言论：褒扬马斯克竞争对手（直引）

"I think Ford is increasing investment in building new electric vehicles, 6,000 new employees, union employees, I might add, in the Midwest," he said, adding that "the former Chrysler corporation, Stellantis, they are also making similar investments in electric vehicles." 拜登言论：褒扬马斯克竞争对手（直引）

Biden also noted Intel's plans to add 20,000 new jobs as part of an investment in Ohio. 拜登言论：褒扬马斯克竞争对手（间引）

"So, you know, lots of luck on his trip to the moon," Biden said with a wave of his hands. 拜登超常言论：呼应标题（直引）

Musk didn't immediately respond to a request for comment. But within minutes of Biden's remark, Musk tweeted "Thanks Mr. President!" along with an April 2021 press release from NASA announcing that SpaceX, Musk's rocket travel company, had been selected to land the next Americans on the moon. 马斯克回应（直引）

Musk, one of the world's richest people, is in the midst of a deal to purchase Twitter for $44 billion. He's recently taken to sharing more politically charged tweets, including one message last month bashing Democrats and vowing to vote Republican. 背景：马斯克购买推特，挺共和党

The president's put-down marked the latest point of friction with Musk, who has been openly critical of both the White House and Biden himself.	背景：马斯克批判白宫，与拜登互掐
In March, Musk bristled after Biden's State of the Union address cheered the electric-vehicle efforts being made by Ford and General Motors while failing to mention Tesla.	背景：拜登国情咨文引发不满
"Nobody is watching the State of the Union," Musk said in an email to CNBC.	背景：马斯克回应国情咨文（直引）
Two months later, Musk slammed the Biden administration as ineffective and said that "the real president is whoever controls [Biden's] teleprompter."	背景：马斯克抨击拜登政府言论（局引）
A spokesman for Biden shot back: "Count us as unsurprised that an anti-labor billionaire would look for any opportunity to nip at the heels of the most pro-union and pro-worker President in modern history."	背景：拜登发言人回应（直引）

17.2.2　直接引语、间接引语、部分引语的特点与用法

英文言论新闻报道会大量使用直接引语，同时注意交叉使用间接引语和部分引语，从而实现多维度、多侧面的表达。本节将逐一分析三种引用形式的优缺点，并借助案例说明言论新闻是如何使用三种引语形式展开报道的。

1. 直接引语（Direct Quote）

直接引语是指记者通过采访直接得到被采访者的原话。下例展示了如何使用直接引语来报道我国外交部发言人马朝旭的发言。

> "We are ready to work with the Indian side and conduct practical cooperation in various fields on the basis of equality and mutual benefit so as to further advance our trade relations," Foreign Ministry spokesperson Ma Zhaoxu **said** on Thursday.

在各类英文新闻写作教材中，对直接引语的优点有如下论述：

- By using direct quotes, you are telling your readers that you are putting them directly in touch with the speaker.（直接引语可以让读者产生身临其境、直面演讲者的感觉。）
- Like a letter, direct quotes are personal.（直接引语如同书信一样具有个性化特征。）
- Direct quotes add colour and credibility to your story.（直接引语可为报道增加色彩和信度。）
- Quotation marks signal the reader that something special is coming.（引号是一种信号，提醒读者接下来有特别的内容。）
- Direct quotes provide a story with a change of pace, a breath of air.（直接引语可以改变、舒缓报道节奏。）
- They also loosen up a clump of dense type.（直接引语可使密集的文本变得轻松。）

中文新闻写作教材中的相关主题词与此多有呼应和重叠，具体包括：现场感、真实可信、富有人情味、语言富有色彩、行文富于变化、生动亲切、印象深刻、规避责任等。其中"规避责任"这条功能十分重要，主要指记者使用直接引语时需要写明信源、忠实记述、客观呈现言论内容，从而在一定程度上避免承担该言论可能带来的负面后果。

2. 间接引语（Indirect Quote）

间接引语是指记者用自己的话来转述他人的言论，包括总结、阐释等方式。使用间接引语可以帮助记者更为精炼地表达言论。下例展示了如何使用间接引语来报道我国外交部发言人马朝旭的发言。

> Foreign Ministry spokesperson Ma Zhaoxu **said** on Thursday **that** China was ready to work with the Indian side to further advance trade relations between the two countries.

3. 部分引语（Partial Quote）

部分引语又称"不完全引语"，是指记者选择他人言论中的部分内容进行直接引用，这部分的内容往往是最有新闻价值、最值得关注的。如果直接引语过长，读者就容易抓不住重点，而记者采取部分引语则有助于规避这一不足，帮助读者迅速捕捉言论中最具价值的要害之处。下例展示了如何使用部分引语来报道我国外交部发言人马朝旭的发言。

> Foreign Ministry spokesperson Ma Zhaoxu **said** on Thursday **that** China was ready to work with the Indian side and conduct practical cooperation on the basis of equality and mutual benefit so as to "further advance trade relations".

2020 年 3 月 5 日，中国外交部发言人在例行记者会上驳斥福克斯新闻记者要求中国就新冠疫情道歉的言论。以下两篇分别为新华网英文版和中国青年网据此发布的言论新闻。请观察两篇新闻的报道结构以及引语的使用形式，尤其注意阅读右列的分析。

▶ 新华网英文报道

Spokesperson refutes US Fox News host demanding apology from China for coronavirus outbreak	
BEIJING, March 5 (Xinhua)—A spokesperson for the Chinese Foreign Ministry Thursday **refuted** a Fox News host demanding an apology from China for the novel coronavirus outbreak, **saying** the relevant remarks were preposterous and ridiculous, and fully revealed his arrogance, prejudice and ignorance toward China.	认知框架 言论： 间接引语
Spokesperson Zhao Lijian made the remarks at a press briefing when asked to comment on Fox News host's relevant remarks.	言论语境
The epidemic is a common enemy of mankind and every patient of the virus, wherever he or she is, is a victim, Zhao **said, adding that** at present, people all over the world are working together to fight against the novel coronavirus epidemic. The World Health Organization has repeatedly said that stigmatization is more dangerous than coronavirus itself.	言论： 间接引语
"What is the intention of certain individual and media to preach such an absurd logic?" Zhao **asked**.	言论： 直接引语
There is no basis and no reason to demand an apology from China, Zhao **said**. "The origin of the virus is still undetermined. No matter where the virus originated, China and all the other affected countries are victims of the virus and face the challenge of containing its spread."	言论： 间接引语 直接引语

▶ 中青网中文报道

美国主持人要求中国就疫情道歉，外交部发出一个"灵魂拷问"

在 3 月 5 日举行的外交部例会上，有记者就美国福克斯电视台主持人沃特斯要求中国就新冠肺炎疫情道歉一事提问，对此，发言人赵立坚在回应中**表示**，个别主持人的言论荒谬可笑，充分暴露出他对中国的傲慢、偏见和无知。 _{言论语境} _{言论：间接引语}

赵立坚**说**，我想强调几点：第一，疾病是人类的公敌，各国患病的人都是受害者，不知道"道歉论"从何说起？世界各国人民正在努力携手共同抗击新冠肺炎疫情，世界卫生组织多次表示，污名化比病毒本身更危险。在这个时候个别人散布这种毫无逻辑的言论，居心何在？ _{言论：间接引语}

第二，"中国道歉论"毫无根据也毫无道理。目前病毒源自何处尚无定论。无论病毒源自哪里，中国同其他出现疫情的国家一样，都是病毒的受害者，都面临阻击疫情蔓延的挑战。"2009 年美国爆发的 H1N1 流感蔓延到 214 个国家和地区，当年就导致至少 18 449 人死亡。谁要求美国道歉了吗？" _{言论：间接引语 直接引语}

第三，中国抗疫体现了一个负责任大国的应有担当。在此次疫情防控中，中国力量、中国效率、中国速度受到了国际社会的广泛赞誉，为了世界各国人民的健康和安全，中国人民也付出了巨大牺牲，做出了重大贡献。全球 170 多个国家领导人和 40 多个国际地区组织负责人，向中国领导人来函来电，发表声明表示慰问支持，对中国抗疫举措及其积极成效，以及为阻止疫情蔓延做出的巨大牺牲予以高度肯定。 _{言论：间接引语}

世界卫生组织总干事谭德赛**指出**，中国强有力的举措既控制了疫情在中国境内扩散，也阻止了疫情向其他国家蔓延，为世界各国抗击疫情树立了新的标杆。 _{背景 言论：间接引语}

中国青年网的标题为"灵魂拷问"，用词颇为符合青年网友的偏好。该篇言论新闻稿中只有一处以直接引语形式出现，且为问句，回应了标题所说的"灵魂拷问"。其他引用均为间接引语，虽然从人称判断应为发言人原话，但并未加引号，体现了中文此类新闻的常见习惯。结尾处补充了世卫组织总干事的言论，作为背景起到了整肃视听、引导国内公众的作用。

相较而言，新华网英文新闻直接引语和间接引语较为均衡，各使用了两次。导语中使用了间接引语，以便简洁明了地总结发言人观点。

2021年底，美国总统拜登盘点民众收入并发表相关言论，以下报道为彭博新闻社就此刊发的英文言论新闻。请观察报道结构以及新闻中引语的使用形式，注意阅读右列的分析。

▶ **彭博社英文报道**

Biden says how much richer Americans have become this year	**标题：** 间接引语
Americans now have $100 more each month than they did last year despite record inflation, US President Joe Biden **said** this week, commenting on unemployment insurance claims.	**导语：** 间接引语（拓展标题，给出观点）
"Americans are back at work at a record-setting pace. And families have more money in their pockets: Americans on average have about $100 more in their pockets each month than they did last year, after accounting for inflation," Biden **said** in a statement released by the White House press service on Thursday.	**言论：** 直接引语（拜登提供具体数字佐证观点）
According to the US Department of Labor, consumer prices in the US accelerated growth to 6.8% year-on-year in November from 6.2% a month earlier, and jumped 0.8% on a monthly basis. This means that annual inflation in the US has reached a high of nearly 40 years.	**背景：** 美国通胀水平创历史新高
At the same time, US core inflation—with the exception of food and energy prices—reached 4.9%, including growth of 0.5% in November alone. On a yearly basis, food prices rose 6.1%, while energy prices jumped by 33.3%.	**背景：** 美国通胀情况
These numbers reflect the pressures facing nearly all economies around the globe as they emerge from the Covid-19 pandemic, Biden **said**, **stressing** that lowering prices and getting people back to work is the priority of his administration in the near term.	**言论：** 间接引语（拜登对通胀的看法及对策）

"We have struggled—like virtually every other developed economy dealing with the pandemic—with rising prices and supply chain woes…Our economic recovery has two key components: Getting America back to work, and getting prices and supply chains back to normal. Simply put, it is about jobs and prices," he **stated**.	言论：直接引语（拜登对通胀的看法及对策）

彭博社报道在标题和导语中使用间接引语，注重在粗细程度上循序渐进。在正文提供直接引语，为美国人收入增加的言论提供数据佐证。随后补充美国高通胀的背景，与拜登言论形成对比。之后的间接引语简明总结出拜登对于通胀的看法和对策。最后给出拜登原话，以直接引语形式让读者接触到原汁原味的言论。

整个报道注重发挥间接引语和直接引语各自的优势，间接引语和直接引语的使用较为平衡。对同一言论先用间接引语转述总结，再给出直接引语呈现原汁原味，实现了对核心言论多角度的报道，体现出外媒在引语使用形式方面与国内媒体不同的特征。

2008年12月23日：中国国防部举行新闻发布会，发言人黄雪平大校发言指出：

> 航母是一个国家综合国力的表现，也是一个国家海军实力的具体要求。中国有广阔的海疆，维护国家海上主要方向的安全，维护中国的领海主权和海疆权是中国武装力量的神圣职责。中国政府将会综合各方面的因素认真研究考虑有关问题。

以下为《纽约时报》据此刊发的言论报道（节选开头两段）。请观察报道结构以及新闻中部分引语（黑体）的使用形式。

▶ 《纽约时报》英文报道

China Signals More Interest in Building Aircraft Carrier	标题：点题
BEIJING—In the clearest indication yet that China could soon begin building its first aircraft carrier, a Defense Ministry spokesman said Tuesday that the country was seriously considering "**relevant issues**" in making its decision about whether to move ahead with the project, according to Xinhua, the state news agency.	言论： 间接引语 部分引语
The spokesman, Huang Xueping, said at a news conference in Beijing that aircraft carriers were "**a reflection of a nation's comprehensive**	言论： 部分引语

> **power,**" indicating that Chinese government officials saw value in adding a carrier to the country's fleet. Mr. Huang said that China would use any aircraft carrier built in the future to safeguard its shores and defend "**sovereignty over coastal areas and territorial seas,**" Xinhua reported.

间接引语
部分引语

由于国防部发言人的言辞较为婉转隐晦，直接引语很难看出新闻价值点。外媒对发言人言论进行了解读，主要使用间接引语套用部分引语的形式。其中部分引语主要是发挥在媒体设置的认知框架内，让读者品读发言人弦外之音的作用。具体而言，报道中的部分引语共有三处（文中黑体部分）：

第一处的"relevant issues"（相关问题）指的就是"拥有航母"。由于是核心问题，因此使用部分引语凸显。

第二处后面配有外媒对此句弦外之音的揣测，即"indicating that Chinese government officials saw value in adding a carrier to the country's fleet"（暗示中国官方人士认识到海军增加航母的价值），用于佐证外媒对于中国要拥有航母的推断。

第三处的意图是指出中国航母的用途，凸显建航母保护海疆主权的用途。这句本是无可争议的事实，但结合岛屿争端，就颇有了"中国威胁论"的味道。外媒的这种做法，编译人员在对新闻进行编译时应多加留意。

曼切尔总结了言论新闻写作时使用引语的注意事项（Mencher，2012：323）：

> Unless there is an incident during the talk that would make the circumstances and the setting the most newsworthy item, the story will emphasize what was said with ample quotations at the top of the story.（除非言论发表的过程中出现状况，使得语境和背景凸显出更大的新闻价值，否则报道应关注言论内容，在报道开始处大量使用引语。）
>
> Resist the quote lead unless there is a highly unusual statement.（除非言论本身具有极端超常性，否则不要使用直接引语作为导语。）

第一条建议指明了言论新闻应通过大量引语关注言论本身的写法，应注意虽然可以添加背景或阐释，但不宜本末倒置。第二条建议提出，不要轻易使用直接引语作为主导语。这主要是因为直接引语本身具有一定语境依赖性，在没有语境的情况下直接作为导语出现，其意义相对模糊。读者如果不了解背景，就不容易抓取新闻价值。

17.3 编译策略、案例分析与演练

17.3.1 编译策略

1. 直接引语编译策略

如果原文使用的是直接引语,编译时原则上应用直接引语译出;

如果原文使用的直接引语太多,从方便读者阅读和提高传播效果出发,可在译文中将新闻价值相对较低的直接引语改译为间接引语;

直接引语不能凭空捏造,原文中的间接引语,译者在翻译时切勿随意加上引号;

如果原文没有提供直接引语,而译文非用不可,可能的选择是查找讲话原文,或与消息来源联系,请讲话人确认原文中以间接引语方式引述的内容。

切记提供消息来源。对译文读者不熟悉的人物,还应提供说话人的身份、职务或职业。

2. 间接引语编译原则

新闻人物言论内容较多,有些要点不明,可将最有价值的部分用直接引语加以引述,其他部分用记者的话总结凝练,点明要害;

为了避免结构上的重复,增加行文变化,提高新闻的可读性,编译人员往往故意将直接引语、间接引语和部分引语交替使用,形成交相辉映的效果。

3. 部分引语编译原则

新闻人物言论中个别用语或很有分量,或颇具争议,或透露某些玄机,可将这些说法以部分引语方式成文,加以凸显;

编译部分引语时,应注意所选取的内容不宜过分零星,不可有悖原意,不可掐头去尾、断章取义,更不可夸张扭曲。

4. 言论新闻编译原则

在编译言论新闻时应注意以下原则:

- 同一言论中蕴藏若干价值点,一般按照媒体立场筛选、转述。
- 言论新闻标题结构一般是:来源+核心言论(价值点)。
- 导语多使用间接引语、部分引语转述言论并添加认知框架。
- 主体部分应注重补充背景,增加认知维度。国内媒体在编译外电稿的时候应注重重选背景,引导国内受众正确看待外媒舆论。
- 言论引用不可掐头去尾、断章取义,不可夸张扭曲。

17.3.2 编译案例分析

自媒体时代,不少名人都喜欢在自己的推特、脸书等社交媒体账号上发文。其中不少言论颇具超常性,因此产生了广泛的社会影响力,成为言论新闻的重要素材。媒体在转发报道的时候,多会通过编译提供相应的语境和理解框架,而不会直接将一句没头没尾的引语扔给读者。以下案例是基于特斯拉总裁马斯克推文编译的两则言论新闻。

▶ 马斯克推特原文

Elon Musk
@elonmusk

Biden's mistake is that he thinks he was elected to transform the country, but actually everyone just wanted less drama

6:45 AM · May 13, 2022 · Twitter for iPhone

18.3K Retweets　3,397 Quote Tweets　164.2K Likes

▶ 奇象网编译报道

马斯克发声拉特朗普踩拜登!

特斯拉 CEO 马斯克 5 月 12 日在推特发文称:"拜登的错误在于,他认为人们选他是期待他改变国家,但实际上大家只是想少些戏剧性。"

马斯克另外表示:"尽管我觉得 2024 年有一个不那么分裂的总统候选人会更好,但我仍然认为特朗普的推特账号应该被恢复。"

据英国《金融时报》、《华尔街日报》、《华盛顿邮报》等外媒 11 日报道,马斯克此前表示,他将"推翻"推特对美国前总统特朗普的禁令。

马斯克在英国《金融时报》未来汽车峰会上发表讲话时说:"我确实认为,对特朗普推特账号的禁令是不正确的。这是一个错误,因为它疏远了这个国家的很大一部分人,并没有最终导致特朗普没有发言权。"

马斯克称这一禁令是"道德上的错误决定,永久性禁令破坏了人们对推特的信任"。他表示:"如果有错误的、糟糕的推文,这些推文应该被删除或隐去,暂停账号是合适的,但不应永久禁止。"

第 17 章
言论新闻

▶ 观察者网编译报道

> **马斯克嘲讽拜登：大家选你只是因为厌倦了特朗普太"抓马"**[1]
>
> （观察者网讯）"拜登的错误在于他以为自己当选是要来改造国家，但实际上大家只是不希望有那么多戏剧性。"
>
> 北京时间 5 月 13 日，最近刚宣布收购推特的全球首富马斯克发推，再度表态称推特应解封前任总统特朗普的账号，并且顺带拉踩了现任总统拜登，称大家选他只不过是厌倦了特朗普太"抓马（drama）"。

这则言论新闻的来源是马斯克 2022 年 5 月 12 日的一条推特发文，原文只有一句话。

奇象网的编译标题用一个"拉"一个"踩"总结了马斯克言论的态度，符合商业媒体贴合中国网友阅读喜好和认知习惯的媒体定位。导语对马斯克的原话进行了直译，并采用直接引语的形式，但补充了发声的时间和方式（推特）。该则新闻的后四段援引多家国外主流媒体报道，总结了马斯克在恢复特朗普推特账号这件事上的态度，呼应标题的"拉"字。

观察者网的编译报道风格与奇象网不同。第一段对马斯克的推特原文进行了直译，使用直接引语来占据整段。如前所述，缺乏语境很难判断某一言论的真实意图，不利于读者理解。所以，第二段更好地发挥了导语作用，交代了言论的时间、马斯克的身份，分析了言论表现出的立场（"拉踩"拜登），并总结了马斯克言论中最为吸睛和超常的一句话，与标题呼应。标题中使用"嘲讽"这样的情感负载词可以帮助读者理解马斯克言论的要点，使用"抓马"这样的网络流行词体现出其商业媒体立场，达到吸引读者眼球的作用。

▶ 库列巴推特原文

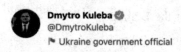

Calls to avoid humiliation of Russia can only humiliate France and every other country that would call for it. Because it is Russia that humiliates itself. We all better focus on how to put Russia in its place. This will bring peace and save lives.

9:09 PM · Jun 4, 2022 · Twitter for iPhone

---

1 "抓马"是"drama"的音译，本意是戏剧、剧本的，也可以指富有戏剧性的情节。在网络上，"抓马"的词义进一步引申，具有"戏剧性的、浮夸的"这类意思。

▶ **环球网编译报道**

> **马克龙提醒不能羞辱俄，乌外长：这呼吁"只能羞辱法国和其他国家"**
>
> 【环球网报道 记者王艺璇】据路透社报道，针对法国总统马克龙此前"我们绝不能羞辱俄罗斯"的言论，乌克兰外长库列巴4日在社交媒体上发文"**开火**"，**指责**马克龙的言论"**只能是在羞辱法国自己和其他国家**"。
>
> 库列巴4日发推特称："呼吁避免羞辱俄罗斯只能是在羞辱法国和其他所有呼吁这样做的国家。因为是俄罗斯在羞辱它自己。我们最好集中精力解决俄罗斯的问题。这将带来和平，挽救生命。"

乌克兰外长德米特罗·库列巴（Dmytro Kuleba）针对法国总统埃马纽埃尔·马克龙（Emmanuel Macron）的推特言论措辞激烈。路透社以此为基础刊发言论新闻，题目是 "Ukraine says Macron remarks on Russia 'can only humiliate France'"（乌克兰：马克龙言论只能羞辱法国）。环球网对此进行综合编译报道，形成以上言论新闻稿。标题简要交代了言论的来龙去脉，引用言论中最具超常性的内容（"只能羞辱法国和其他国家"）。导语拓展标题，使用"开火""指责"等词帮助读者建立此言论的认知框架，并提供部分引语，呼应标题，突出超常性。第二段以直接引语形式将推文内容完整译出。

▶ **《国会山报》报道原文**

Trump says he would not impose boycott against Beijing Olympics	**标题：** 特朗普核心言论（间引）
① Former President Trump **said** in an interview that aired on Sunday **that** he would not impose a boycott against the Beijing Olympics, **saying** such a move "almost makes us look like, I don't know, sore losers".	**导语：** 特朗普核心言论（间引、局引）
② When asked by "Sunday Morning Futures" anchor Maria Bartiromo if he would impose a diplomatic boycott against the 2022 Beijing Olympics like the Biden administration did, Trump **said**, "No, because I watched Jimmy Carter do it, and it was terrible. It was terrible. It hurts the athletes."	言论语境 特朗普言论 （直引）

③ "There are much more powerful things we can do than that, much, much more powerful things. That's not a powerful thing. It almost makes us look like, I don't know, sore losers," he **added**.	特朗普言论（直引）
④ Trump **said that** he would instead like to see US athletes perform well and "win every single medal".	特朗普言论（间引）
⑤ Earlier this month, the White House announced that it would be implementing a diplomatic boycott against the 2022 Beijing Olympics, **saying** no government officials would be in attendance. However, the administration stopped short of imposing a full boycott against the Games, which would have stopped US athletes from participating.	背景

▶ 观察网编译报道

特朗普反对抵制北京冬奥会： 让我们看起来像失败者	**标题**：采用两段式标题，将导语中的直接引语提到标题中，旨在提高新闻超常性。但"sore losers"翻译为"失败者"不够准确，应为"输不起的人"。
（观察者网 讯）美国前总统特朗普19日表示，他不支持抵制北京冬奥会，并希望美国运动员在比赛中赢得奖牌。	**导语**：总结言论核心观点，但后半段"希望运动员赢得奖牌"与标题第二段缺乏呼应。
据美国《国会山报》12月19日报道，美国前总统特朗普在周日（12月19日）接受采访时表示，他不会像拜登政府那样对2022年北京奥运会进行抵制，他说抵制行为会让美国看起来像"痛苦的失败者"。	**本体**：言论语境。 这段信息与标题呼应，似乎更合适充当导语；时间信息重复。
特朗普说："因为我看到，美国前总统卡特曾经的做法（1980年，卡特曾宣布美国抵制莫斯科奥运会）是很糟糕的事情。这对运动员是一种打击。我们完全可以采取更强有力的措施"。	**特朗普言论**：不支持抵制冬奥会的原因（直引）。括号中有关卡特的内容可作为背景写入主体。
"抵制北京冬奥会几乎使我们看起来像痛心的失败者"，他补充说。他反而希望看到美国运动员表现出色"赢得每一块奖牌"。	**特朗普言论**：信息与前重复（直引、间引）。
美国白宫12月6日表示，由于中国存在侵犯人权的行为，美国将不派官方代表团参加北京冬奥会。但抵制不会影响美国运动员比赛。	**背景**：白宫抵制北京冬奥会。

对此，12月6日，外交部发言人赵立坚表示，北京冬奥会是全球冬奥运动员和冰雪运动爱好者的盛会，他们才是主角。

赵立坚强调，冬奥会不是政治作秀和搞政治操弄的舞台，美国政客在没有受到邀请情况下，不断炒作"外交抵制"北京冬奥会，完全是自作多情，哗众取宠。政治操弄是对奥林匹克宪章精神的严重玷污，是赤裸裸的政治挑衅，更是对14亿中国人民的严重冒犯，只会让中国人民、全世界人民看清看透美国政客的反华本质和虚伪面目。美方应该做的是端正态度，践行"更团结"的奥林匹克精神，严肃对待中国关切，不将体育运动政治化，停止炒作所谓的"外交抵制"北京冬奥会，以免影响中美在重要领域的对话合作。如果美方一意孤行，中方必将采取坚决反制措施。

补充：我外交部立场及回应。

补充：我外交部立场及回应。

补充的背景仅能引导国内读者正确看待美国抵制北京冬奥会的问题，但对于深刻认识特朗普言论缺乏背景。

▶ **环球网编译报道**

蹭热度！特朗普声称反对抵制北京冬奥会：让我们看起来像是输不起的人

【环球网报道 记者张晓雅】据《国会山报》报道，特朗普说他不会抵制北京冬奥会。然而特朗普反对抵制这番表态背后的出发点，似乎并没有那么好心。他希望看到美国运动员表现出色，"赢得每一块奖牌"。

特朗普接受右翼媒体采访，又靠"碰瓷"中国蹭热度了。

美国"政客新闻网"、《国会山报》、俄罗斯卫星通讯社等多家媒体都注意到，被视为特朗普最大"拥趸"的媒体——福克斯新闻频道当地时间19日播出对前者的专访，其中多次讨论涉华话题。

"特朗普反对抵制北京2022年冬奥会"——《国会山报》等多家外媒打出这一标题。然而，这位美国前总统的表态却不是真的一下子那么"识大体"了。

《国会山报》：特朗普说他不会抵制北京冬奥会

当被福克斯"周日早间期货"主持人玛丽亚·巴蒂罗姆问到，是否会像拜登政府那样对2022年北京奥运会实施"外交抵制"时，特朗普回答说，"不会，因为我看过吉米·卡特这么做，那很糟糕。那很可怕。那会伤害到运动员。"

美国前总统吉米·卡特曾在1980年宣布抵制莫斯科奥运会，轻率的政治抵制行动将奥运政治化，象征和平、友谊的奥林匹克运动受到了巨大伤害。

然而特朗普反对抵制这番表态背后的出发点,似乎并没有那么好心。

他称:"我们可以做比这更强有力的事情。这几乎让我们看起来,我不知道,像是输不起的人。"特朗普还表示,他希望看到美国运动员表现出色,"赢得每一块奖牌"。

不过,他这样的说法并没有赢得多少认同,在外媒报道评论区,网友的表态仍充斥着对他的不满和讽刺。

针对个别西方国家拿"不派官员出席冬奥会"进行炒作,中国外交部发言人**近期多次强调**,冬奥会不是政治作秀和搞政治操弄的舞台,美国政客在没有受到邀请情况下,不断炒作"外交抵制"北京冬奥会,完全是自作多情,哗众取宠。政治操弄是对奥林匹克宪章精神的严重玷污,是赤裸裸的政治挑衅,更是对14亿中国人民的严重冒犯,只会让中国人民、全世界人民看清看透美国政客的反华本质和虚伪面目。美方应该做的是端正态度,践行"更团结"的奥林匹克精神,严肃对待中国关切,不将体育运动政治化,停止炒作所谓的"外交抵制"北京冬奥会,以免影响中美在重要领域的对话合作。如果美方一意孤行,中方必将采取坚决反制措施。

"特朗普要中国赔偿"——多家外媒同时注意到,同期节目中,特朗普还老调重弹操弄起疫情话题。

"中国必须支付赔款,但中国没有钱支付这些赔款。我认为,这不仅是指美国,而且是指整个世界的损失,共计60万亿美元。中国没有60万亿美元,但他们必须做些什么来弥补损失。"特朗普声称。

特朗普受访声称:中国需就新冠疫情进行赔偿

这也不是特朗普第一次信口开河,他曾多次不顾事实声称中国必须就新冠疫情对美国予以赔偿。据《纽约邮报》今年8月的报道,在威斯康星州一次集会上的录音讲话中,特朗普还在宣称:"中国和中国病毒——他们必须支付赔款。我们在死亡和生命方面受到了如此严重的伤害。"他甚至补充说,"就算他们支付10万亿美元,那也不够。"

而对于特朗普动不动张口就来"中国应就新冠肺炎疫情大流行向所有国家赔偿至少10万亿美元"类似说法,中国外交部发言人汪文斌也早已回应表示,特朗普在任期间美国累计新冠肺炎确诊病例超过2 400万,死亡病例超过41万。特朗普却一再罔顾事实,向中国甩锅推责,推卸自身疫情防控不力的责任,转移视

> 线。"美国人民心里有一本账，真正应当追究的是那些曾经高高在上却无视民众生命健康的虚伪政客的责任"。

美国政府政治抵制2022北京冬奥会。2021年底美国前总统特朗普在接受采访时发声，称自己不会抵制，该言论引发国内外媒体关注。观察网和环球网分别对该报道进行了编译，形成以上两篇中文编译稿。

根据右列的分析，观察网的编译版本在标题、导语、主体、引语、背景等方面的处理较为失败。但最主要的是，没能发挥媒体引领国内读者正确认识国外言论的功能。实际上，还有部分国内媒体简单解读《国会山报》此篇报道标题，直接以"特朗普力挺中国""特朗普支持中国"为标题发布编译稿。但特朗普到底是否转而支持中国了呢？看看环球网的编译报道版本，这才恍然大悟事实并非如此。

可以说，环球网的编译版本很好地发挥了国内媒体引导公众正确认知国外舆论的作用。首先，内容上没有止步于《国会山报》简单隐晦的报道，而是拓展至特朗普接受福克斯新闻采访的全部涉华内容，从而让读者对特朗普对华态度能够形成全面的认识。其次，对于特朗普提出不抵制北京冬奥会的言论，注意把握字里行间的意思，解读出其实际意思是认为抵制北京冬奥会没什么大用，不够强硬而已。第三，注意补充特朗普言论的反响。对于此次的言论，编译了社交媒体评论区的负面评价；对于特朗普此前的新冠疫情赔偿言论，给出我外交部发言人的驳斥，从而有利于多维度、全面认识特朗普此番言论。

就编译策略而言：

第一，突出环球网的媒体特点。使用百姓视角、百姓语言，比如标题中的"蹭热度"，就是一个老百姓熟悉的认知视角和网络词汇。

第二，注重发挥导读功能。在导语和主体中不止一次增加了对特朗普此番言论的导读，增加了"然而特朗普反对抵制这番表态背后的出发点，似乎并没有那么好心""然而，这位美国前总统的表态却不是真的一下子那么识大体了"这样的解读，从而避免国内读者误读。

第三，充分补充言论语境。补充对特朗普接受福克斯新闻早间节目采访的语境背景，补充福克斯新闻作为美国右翼媒体一贯支持特朗普的立场。

第四，对于言论中提及的吉米·卡特抵制奥运会产生消极影响，注意根据中国读者的认知需求，简要补充相关背景（"吉米·卡特曾在1980年宣布抵制莫斯科奥运会"），而且作为背景单独成段，使得编译稿行文从容不迫。

课后练习

2022 年 5 月毕业季，美国总统约瑟夫·拜登、音乐人泰勒·斯威夫特等分别参加美国名校毕业典礼并发表演讲。请观看演讲视频、演讲稿等素材，参考国内外媒体报道，自选视角，编发一则中文言论新闻。编译要求如下：

- 新闻要件齐全：需要有标题、电头、导语、主体、背景。
- 突出言论新闻特点：综合使用多种形式的引语。
- 字数：编译稿不少于 400 汉字，不超过 1 000 字。其中对言论的提炼不得少于 300 字。
- 背景信息：比例适度且与言论高度关联，不应冲淡言论。

完成后可参考下表进行自评：

自评打分表

标准	描述	占比	自评打分
编译意识	在翻译前是否明确自身的媒体定位和意识形态立场	5%	
报道视角	能否据此选择解读演讲的报道视角，选定相应框架；所选择的视角是否生动、具有读者吸引力	5%	
标题	标题是否突出报道视角和价值点	5%	
	是否符合言论新闻标题的格式要求，是否体现所选媒体的风格特色	5%	
导语	导语是否能与标题呼应	5%	
	导语结构安排是否符合中文言论新闻导语的写作范式，体现出中英文差异，语言是否风格恰当	5%	
	是否能突出价值点	5%	
主体	内容选择是否能与导语呼应，结构是否与所选择的报道框架相适应	5%	
	是否能考虑到中英报道框架的差异性，对有关内容恰当地合并、压缩、补充	10%	
	是否能够综合使用直引、间引、局引的方式，准确对原文言论进行多层次述评	20%	
	是否具有读者意识，能用恰当策略对中国读者不熟悉的概念和观点进行解释	10%	
	中文表达是否符合常识、符合逻辑、符合新闻文体特征	5%	

（续表）

标　准	描　述	占　比	自评打分
背景	背景选择是否考虑到中国读者特点和需求，与对言论的解读融为一体	5%	
陈述	陈述是否逻辑清晰；是否体现编译思维	5%	
PPT	制作是否具有系统性、清晰明了	5%	
总分			

参 考 文 献

白贵，彭焕萍. 2018. 当代新闻写作. 北京：中国人民大学出版社.
白薇. 2011. 灾难新闻的采写与解读. 北京：中国广播电视出版社.
毕雪梅. 2021. 体育新闻学概论. 北京：北京体育大学出版社.
陈彩云，王海. 2011. 中英新闻导语篇章推进方式比较及其对翻译的启示. 广东外语外贸大学学报，22（2）：65–69.
陈共. 2021. 财政学（第七版）. 北京：中国人民大学出版社.
陈明瑶，卢彩虹. 2006. 新闻英语语体与翻译研究. 北京：国防工业出版社.
程维. 2013. "再叙事"视阈下的英汉新闻编译. 中国翻译，（5）：100–104.
丁柏铨，蒋潇. 2010. 中美主流媒体会议新闻比较研究——以《人民日报》和《纽约时报》对联合国系列峰会和 G20 第三次峰会的报道为例. 新闻传播，（2）：6–9, 13.
冯健. 1996. 中国新闻实用大词典. 北京：新华出版社.
郭光华. 2014. 新闻写作. 北京：中国传媒大学出版社.
何明智. 2010. 国际新闻与世界图景的建构——CCTV9《环球瞭望》和 CNNI《世界新闻》比较研究. 北京：中国社会科学出版社.
胡乔木传编写组. 1999. 胡乔木谈新闻出版. 北京：人民出版社.
黄忠廉. 2000. 翻译变体研究. 北京：中国对外翻译出版公司.
黄忠廉. 2002. 变译理论. 北京：中国对外翻译出版公司.
姜秋霞. 2011. 实用外事英语翻译. 北京：商务印书馆.
解希民. 2015. 财政新闻如何大众化. 青年记者，（23）：44–45.
靖鸣. 2007. 会议新闻学. 北京：中国传媒大学出版社.
凯利·莱特尔 [美]，朱利安·哈里斯 [美]，斯坦利·约翰逊 [美]. 2010. 全能记者必备. 北京：中国人民大学出版社.
靖鸣，李福光. 2005. 会议新闻采访与报道. 南宁：广西人民出版社.
库尔特·卢因 [美]. 2002. 群体生活的渠道. 北京：中国传媒大学出版社.
赖彦. 2016. 英汉新闻转述话语比较研究. 北京：中国社会科学出版社.
黎信. 2009. 英语对外新闻报道指南. 北京：外文出版社.
李谷明，谷晓东. 2003. 新闻媒介的受众定位与功能定位. 学术交流，（5）：164–166.
李良荣，林琳. 1997. 浅谈新闻规律. 新闻大学，（4）：16–18.
李希光. 2004. 畸变的媒体. 上海：复旦大学出版社.
李希光. 2013. 初级新闻采访写作. 北京：清华大学出版社.
李晓明，谷晓东. 2003. 新闻媒介的受众定位与功能定位. 学术交流，（5）：164–166.

李遇春. 2007. 权力·主体·话语：20 世纪 40—70 年代中国文学研究. 武汉：华中师范大学出版社.

梁虹. 2021. 文化"走出去"背景下英国民众对北京文化的认知：社交媒体视角. 中国广播电视学刊，（9）：36–39，135.

刘明华，徐泓，张征. 2017. 新闻写作教程. 北京：中国人民大学出版社.

刘其中. 2009a. 汉英新闻翻译. 北京：清华大学出版社.

刘其中. 2009b. 英汉新闻翻译. 北京：清华大学出版社.

马丁·雅克［英］. 2010. 当中国统治世界：西方世界的衰落和中国的崛起. 北京：中信出版社.

马景秀. 2015. 新闻编译：一个亟待澄清的领域. 国际新闻界，（4）：71–82.

马胜荣，苟世祥，陶楠. 2010. 国际新闻采编实务. 北京：北京师范大学出版社.

彭欢. 2013. 财经新闻标题中的概念隐喻. 郑州航空工业管理学院学报（社会科学版），（6）：105–108.

彭梦婧. 2011. 中美会议新闻报道比较. 新闻爱好者，（5）：32–33.

孙志祥. 2009. 文本意识形态批评分析及其翻译研究. 北京：中国社会科学出版社.

田中初. 2005. 新闻实践与政治控制：以当代中国灾难新闻为视阈. 济南：山东人民出版社.

童兵，陈绚. 2014. 新闻传播学大辞典. 北京：中国大百科全书出版社.

托德·吉特林［美］. 2007. 新左派运动的媒介镜像. 北京：华夏出版社.

王虹光. 2013. 新闻编译中的标签策略与跨文化偏见. 理论月刊，（9）：87–89.

王惠生，李金宝. 2020. 体育新闻深度报道（第二版）. 长沙：中南大学出版社.

王君超. 2002. 是耶非耶"新华体". 报刊之友，（4）：4–9.

吴波，朱健平. 2011. 新闻翻译：理论与实践. 杭州：浙江大学出版社.

吴世文. 2009. 比较视野下的中西媒体会议新闻报道. 新闻传播，（10）：13.

辛斌，高小丽. 2019. 汉英报纸新闻中转述言语的语篇和语用功能比较研究. 上海：上海外语教育出版社.

新华社"舆论引导有效性和影响力研究"课题组. 2004. 主流媒体如何增强舆论引导有效性和影响力之一：主流媒体判断标准和基本评价. 中国记者，（1）：10–11.

徐静君，徐涛. 2017. 财经新闻节目专业性与民生性融合研究. 当代电视，（9）：105–106.

徐娟. 2011. 媒体的舆论引导之难——从富士康跳楼案和全国校园血案谈起. 青年记者，（17）：12–13.

徐亚男，李建英. 1998. 外事翻译：口译和笔译技巧. 北京：世界知识出版社.

徐英. 2014. 新闻编译中意识形态的翻译转换探索. 中国翻译，（3）：98–102.

许明武. 2003. 新闻英语与翻译. 北京：中国对外翻译出版公司.

杨江霞. 2019. 智媒时代以受众心理为变量的汽车新闻编译选题. 黑河学院学报，（4）：174–175，180.

袁炳忠. 2002. 国际会议新闻采写创新. 中国记者，（10）：66–67.

詹新惠. 2011. 网络新闻写作与编辑实务. 北京：中国传媒大学出版社.

张健. 2004. 新闻英语文体与范文评析. 上海：上海外语教育出版社.

张健. 2010. 英语新闻业务研究. 上海：上海外语教育出版社.

张磊. 2011. 大报、小报与浓缩报. 青年记者，（7）：76–78.

张勤. 2013. 中国报纸会议新闻报道融合论. 广州：世界图书出版广东有限公司.

张洋. 2017. 中西方灾难新闻报道差异研究. 新闻战线，（12）：49–50.

张遥. 2007. 主流媒体定位浅析. 科技创业月刊，（6）：159–161.

张志成. 2013. 新闻编译特点研究——从新闻编译的跨学科属性讨论. 新闻知识，（1）：102–104.

张志鹃. 2016. 叙事理论视角下《孔子传》的翻译及其叙事建构. 河南科技学院学报，（11）：81–85.

赵浚琪，师萌. 2018. 经济系统下的财经新闻研究——评《经济系统与财经新闻》. 广东财经大学学报，33（4）：115.

周俊博. 2014. 财经新闻英汉翻译教程. 武汉：武汉大学出版社.

朱伊革. 2008. 英语新闻的语言特点与翻译. 上海：上海交通大学出版社.

Bassnett, S., & Lefevere, A. 1990. *Translation, History, and Culture: A Sourcebook.* Shanghai: Shanghai Foreign Language Education Press.

Bielsa, E., & Bassnett, S. 2009. *Translation in Global News.* London / New York: Routledge.

Bonney, B., & Wilson, H. 1983. *Australia's Commercial Media.* South Melbourne: The Maemillan Co. of Australia Ltd.

Cappon, R. J. 1988. *The Word: The Associated Press Guide to Good News Writing.* Beijng: Xinhua Publishing House.

Conway, K. 2010. La traduction qui n'en est pas une: La traduction des nouvelles et ses enjeux [Translation that is not translation: news translation and its issues]. *Cahiers Franco-Canadiens de l'Ouest, 22*, 153–162.

Ewart, J., & McLean, H. 2019. Best practice approaches for reporting disasters. *Journalism, 20*(12): 1573–1592.

Goffman, E. 1974. *Frame Analysis: An Essay on the Organization of Experience.* Cambridge：Harvard University Press.

Gottfried, J. (May 26, 2016). News use across social media. Retrieved from Journalists website.

Gouadec, D. 2007. *Translation as a Profession.* Amsterdam/Philadelphia: John Benjamins.

Gutiérrez, M. 2006. Journalism and the language divide. In K. Conway & S. Bassnett (Eds.), *Translation in Global News* (pp. 29–33). Coventry: University of Warwick Centre for Translation and Comparative Studies.

Itule, B., & Anderson, D. 2003. *News Writing and Reporting for Today's Media* (6th ed.). Beijing: China Renmin University Press.

Lefevere, A. 1992. *Translation, Rewriting and the Manipulation of Literary Fame.* London / New York: Routledge.

Lippmann, W. 1922. *Public Opinion.* New York: Harcourt, Brace and Company.

Mencher, M. 2012. *News Reporting and Writing* (12th ed.). Beijing: Tsinghua University Press.

Orengo, A. 2005. Localising news: Translation and the "global-national" dichotomy. *Language and Intercultural Communication, 5*, 168–187.

Palmer, J. 2009. News gathering and dissemination. In M. Baker & G. Saldanha (Eds.), *Routledge Encyclopedia of Translation Studies* (2nd ed., pp. 186–189). London: Routledge.

Potter, D., & Ricchiardi, S. 2009. *Disaster and Crisis Coverage: A Manual for Journalists*. Trento: International Center for Journalists.

Rich, C. 2010. *Writing and Reporting News: A Coaching Method* (8th ed.). Boston: Wadsworth Publishing.

Seib, P. 1997. *Headline Diplomacy: How News Coverage Affects Foreign Policy*. Westport: Praeger Publishers.

Simpson, P. 1993. *Language, Ideology and Point of View*. London: Routledge.

Stetting, K. 1989. Transediting: A new term for coping with the grey area between editing and translating. In G. Caie, G. Caie, K. Haastrup, A. L. Jakobsen, A. L. Nielsen, J. Sevaldsen, H. Specht & A. Zettersten (Eds.), *Proceedings from the Fourth Nordic Conference for English Studies* (pp. 371–382). Copenhagen: University of Copenhagen Press.

The Associated Press. 2018. *The Associated Press Stylebook and Briefing on Media Law 2018*. New York: Basic Books.

The Missouri Group. 2014. *News Reporting and Writing* (11th ed.). Boston / New York: Bedford / St. Martin's.

Thompson, J. B. 2005. *Ideology and Modern Culture: Critical Social Theory in the Era of Mass Communication*. Cambridge: Polity Press.

Valdeón, R. A. 2012. Information, communication, translation. In Y. Gambier & L. van Doorslaer (Eds.), *Handbook of Translation Studies* (Vol. 3, pp. 66–72). Amsterdam: John Benjamins.

van Doorslaer, L. 2010a. Journalism and translation. In Y. Gambier & L. van Doorslaer (Eds.), *Handbook of Translation Studies* (Vol. 1, pp. 180–184). Amsterdam: John Benjamins.

van Doorslaer, L. 2010b. The double extension of translation in the journalistic field. *Across Languages and Cultures*, *11*(2), 175–188.

van Doorslaer, L. 2012. Translating, narrating and constructing images in journalism with a test case on representation in Flemish TV news. *Meta*, *57*(4), 1046–1059.

Vermeer, H. J. 1987. What does it mean to translate? *Indian Journal of Applied Linguistics*, *13*(2), 25–33.

Wimmer, R. D., & Dominick, J. R. 2003. *Mass Media Research: An Introduction*. Beijing: Tsinghua University Press.

教师服务

感谢您选用清华大学出版社的教材！为了更好地服务教学，我们为授课教师提供本学科重点教材信息及样书，请您扫码获取。

》最新书目

扫码获取 2024 **外语类**重点教材信息

》样书赠送

教师扫码即可获取样书